国家社会科学基金项目

花开异域

20世纪道学西用概论

吕锡琛 等著

岳麓书社·长沙

图书在版编目(CIP)数据

花开异域:20 世纪道学西用概论/吕锡琛等著．--长沙:岳麓书社,2024. 7. --ISBN 978-7-5538-2115-3

Ⅰ. B223. 15

中国国家版本馆 CIP 数据核字第 2024WY0516 号

HUA KAI YIYU——20 SHIJI DAOXUE XIYONG GAILUN

花开异域——20 世纪道学西用概论

作　　者:吕锡琛　等
出 版 人:崔　灿
责任编辑:彭卫才
责任校对:舒　舍
封面设计:刘　峰

岳麓书社出版发行
地址:湖南省长沙市爱民路 47 号
直销电话:0731-88804152　0731-88885616
邮编:410006

版次:2024 年 7 月第 1 版
印次:2024 年 7 月第 1 次印刷
开本:710mm×1000mm　1/16
印张:28
字数:364 千字
书号:ISBN 978-7-5538-2115-3
定价:79.00 元

承印:湖南鑫成印刷有限公司

如有印装质量问题,请与本社印务部联系
电话:0731-88884129

目　录

引　言

推动文明交流互鉴，坚持文化多样性，这是全球有识之士的共同呼吁！本书将要展现的，正是20世纪道学在西方土地上开出的中西文化交流互鉴的绚丽花朵！

20世纪是人类社会历史发展的重要时期，在这一时期内，伴随着全球范围的政治、经济、军事、科技、环境等诸多领域的巨变，东西方文化亦延续20世纪的浪潮，进一步地碰撞、交流和交融。同时，西方在政治、经济、社会、文化等方面皆面临着各种矛盾和危机及变化，人们对欧洲文明的优越性产生了怀疑。于是，一部分人士将目光投向东方。当西学东渐浪潮在中国高歌猛进的同时，古老的道学文化亦以其深邃而独特的智慧逐渐在地球的另一端吸引了一些有识之士的目光。他们突破了西方文化中心论、西方文化优越论的藩篱，开始以平等的眼光看待其他民族的文化，并以各自的方式吸收道学的智慧，进而应用于心理学、物理学、管理学、政治学、文学、教育、环境保护、为人处世、养生保健等多个领域，谱写着20世纪中西文化交流会通的新篇章。笔者将这种文化现象概括为“道学西用”。

本书所说的道学，是指以老子关于“道”的学说为理论支柱、包括道家道教的文化系统；而所谓“西用”，则是指道学思想对于西方人士产生影响并被其接受甚至崇尚，进而将其吸收、应用于各自的专业领域或社会生活之中。在20世纪，“道学西用”并非个案或偶然的文化现象，亦超越了汉学这一西方的小众领域，而是通过尼尔斯·玻尔、李约瑟、普里戈金、卡普拉、荣格、马斯洛等诸多文化精英的努力，在心理学、物理学、管理学、政治学、为人处世、养生保健等多个领域结出了硕果，甚至在某些领域作出突破性、开创性的贡献。

然而，令人遗憾的是，在较长时期内，道家、道教在它的故乡却颇受冷落，更遑论全面考察它在海外受到了怎样的崇尚和应用。对此，多年在海外学习和从事教学、科研的著名道家学者刘笑敢教授曾感慨地说："道家、道教的根在中国，但其命运多舛。中国人，特别是知识精英常把道家或道教看作消极的文化代表……对照道家在一般中国人心中的消极印象，我们似乎可以说，道家之根在中国，道家的现代之花却先绽放在海外他乡。"这是刘先生对耳闻目睹的相关文化现象进行对比考察和思考后发自肺腑的慨叹！

从某种意义上说，本书的写作是对刘笑敢教授上述感慨的一种呼应，更是作者对于中国传统思想文化之现代转换和发展繁荣的殷切期盼和努力！在有些人眼中，道学西用这一文化现象在西方主流文化的浪潮中也许只是一朵不算起眼的浪花。但是，我们却看到，它谱写了 20 世纪中西方文化交流会通的新篇章；它看起来波澜不惊，但却为西方有识之士提供着反省笛卡尔式的思维模式、构建"兴起中的新文化"、展开"真实意义上的文化革命"的重要文化资源；浇灌出了中西文化交融的崭新硕果。其实际意义和象征意义都是不可低估的。

"道家现代之花"在异国他乡特别是在西方主流文化层面绽放出了怎样的美景？这是一个令中华儿女深为心动但迄今又未见系统答案的问题。乐黛云先生曾在 2007 年主编《东学西渐》丛书时感叹说：学术界"研究西方对中国的影响的著作较多，从反方向研究中国文化对西方文化影响的专著却相对较少，尤其缺少这方面的综合性系统研究，特别是对于西方主流文化中的中国文化因素，更是几乎付诸阙如"。十多年过去了，这一状况并未见改善，特别是关于西方主流文化中道学因素的综合性系统研究，似乎更是"付诸阙如"。有鉴于此，笔者试图弥补这一学术空白。本书从跨文化传播和应用的角度，系统地考察和回顾道学与西方文化交融过程中发生的文化染色；概述道学西用的社会文化背景和理论基础；分析道学在西方受到推崇的内因；梳理道学西用的不同类型或方式；进而展现20世纪道学在自然科学、政治学、管理学、教育学、心理治疗、为人处世、养生保健等领域对西方人士的启迪及其具体应用概况；在这一基础上，笔者试图深化对于“道学西用”这一文化现象的思考，从中获取启示，总结经验，进而对其发展趋势作出一些展望。

我们希望通过这些努力，促使中国学者从他者的镜像反思和拓展中国哲学研究的方法、向度，深化关于中西方文化交流互补和道学现代转化的思考，为中华智慧在本土的新生提供理论借鉴和操作经验，为中华优秀传统文化的对外传播提供助力，从实践的层面发挥道学文化救世解危、启迪智慧和健心养生的作用，为中国优秀传统文化的“双创”工作贡献绵力。

诚然，这一问题涉及的领域太广，不仅资料搜集艰难，对其溯源寻根作出辨析更是不易，以笔者的微薄之力显然力不从心。但令人欣慰的是，进入21世纪以来，道学的文明之花在更为广阔的天地中盛开，“全球老学”“国际老学”“老子思想域外传播”等学术研究浪潮方兴未艾。这既是全球范围内“道学今用”在理论研究领域的折射，又为道学文化在全球的发展和应用奠定了更坚实的理论基础；而放开视野，进一步探索道学在更多国家和更多领域的接受和践行，亦将促进“全球老学”或“国际老学”在更广阔的生活土壤中结出更丰硕的现代文明之果。

在这个炮火不绝、冲突加剧、全人类面临空前危机的时代，人类多么需要道学的和平包容精神和生命智慧的启迪与滋养！我们期待更多的同仁关注这一课题，进一步发掘道学救世解危、健心养生等积极作用，润泽中华，普惠天下！

上　篇

道学西用之概况及其社会文化背景和主要方式

绪 论

第一节 道学西用掠影

自16世纪《老子》传入欧洲以来，“道”的学说逐渐被人们所了解，沿着岁月的长河而以各种方式逐渐渗透到异域的多个领域，给习惯于理性分析、二元对立的西方人带来了迥异的思维方法与生活体验。

进入20世纪以后，道学的哲学思想、生活态度和修身养性方法更广泛地被西方各个阶层的人士所青睐。20世纪最杰出的科学家之一、哥本哈根学派的创始人、丹麦科学家尼耳斯·玻尔在年轻时就读过丹麦文的《老子》并吸收其对立互补、主客一体等思想，从而在量子力学领域作出杰出贡献，对物理学的发展产生了深远的影响；世界著名科学史学家、美国国家科学院外籍院士、中国科学院外籍院士李约瑟博士于20世纪50年代出版了《中国的科学与文明》（中译本为《中国科学技术史》）一书，在该书第二卷《科学思想史》中对道家思想推崇备至，以大量篇幅论述了道家与科学技术的联系，“也许，最现代化的‘欧洲的’自然科学理论基础应该归功于庄周、周敦颐和朱熹等人的，要比世人至今认识到的更多”①，在西方引起了

① ［英］李约瑟著，何兆武等译：《中国科学技术史·科学思想史》，北京：科学出版社，上海：上海古籍出版社1990年，第538页。

广泛的影响。此后，更是出现了欧洲科学家从道家文化中获取灵感和启迪的“李约瑟现象”。

1987 年 1 月 26 日，美国总统里根在国情咨文中引用老子“治大国若烹小鲜”一语，以此阐明他的施政纲领；分析心理学创建者荣格及其后学、“人本心理学之父”马斯洛等一些西方著名心理学家将“道”“无为”等道家思想运用于心理治疗，为西方的心理治疗开辟了更具人文关怀的新天地；美国著名物理学家卡普拉等科学家认为，道家提供了“最深刻并且最完善的生态智慧”。美国著名的贝尔实验室所长陈熠耀博士在回答人们该所为何成果累累的问题时，以办公室墙上的条幅“无为而治”作为答案。下面还附有英文注释：“最好的领导者能帮助人，又让人感到不需要他。”陈博士将其奉为治所之道，他说：“领导者的责任要做到既在领导，又要做到别人并不以为你在干预他。”①

20 世纪下半叶以来，学道、悟道、行道的书籍更多地在西方世界问世，比如，《物理学之“道”》《入定之道》《心理学之道》《爱之道》《简易道》《道：情爱健身的瑜伽功》《道家菜谱》《道家管理》《自愈之道》《领导之道》《政治之道》《性之道》等；“美国道”和“欧洲道”在神秘学热潮中成了西方生活中的有机组成部分：各种“道教”式的心理、生理和性治疗充斥于市；太极拳、气功或者功夫几乎成了很多成人学校的必备内容；中国的风水术大受道家式“整体居室文化”的欢迎；1984 年，甚至还有一位名叫佩恩（David Payne）的华尔街道教信徒撰写了《一个华尔街道教信徒的自白》一书，被人们视为综合道家之道（Dao）和道琼斯指数之道（Dow Jones）。

进入 21 世纪以来，道学西用的热潮不减。著名汉学家顾立雅、彭马田等人亦撰文，将道学思想与西方宇宙认知、科研范式、生态学

① 杨先举：《老子与企业管理》，北京：中国人民出版社 1994 年，第 129 页。

等紧密联系在一起；更多领域的精英人物将道学智慧应用于心理治疗、行政管理、企业管理、医疗养生以及社会管理等诸多层面：例如，据“中国新闻网”2010年6月20日的报道，俄罗斯总统梅德韦杰夫主张遵循老子的教诲来应对世界金融危机；联合国秘书长潘基文表示要用老子“利而不害、为而不争”的智慧来践行《联合国宪章》精神①；一些现代管理学家亦将其中的思想原则奉为成功的行政首脑的圭臬；美国著名学者凯文·凯利在其著作《失控》中运用老子自然无为的思想并引用“上德不德”一章的内容来阐发反对控制的管理理念，倡导“无控制的控制或自由”。他甚至在该书中说：“老子的睿智，完全可以作为二十一世纪饱含热忱的硅谷创业公司的座右铭。”② 美国著名教育家韦恩·戴尔将《老子》应用于日常生活，帮助人们“改变思想、改变生活”，他甚至介绍阅读《老子》的神奇效果说：“有人借助于阅读和反复阅读这本古书的81章内容，竟然成功地戒掉了毒瘾。”③

道家养生和心理保健的智慧更是吸引了西方民众，著名美国道教专家Livia Kohn与刘迅、王蓉蓉等多位美国学者合作，先后在美国、中国、法国、德国等地举办道学国际学术会议，每次会议都有众多从事气功、针灸和道学养生的外籍学者或从业人员前来参会，她还编辑出版了*Daoist Contributions to Modern Psychology Health and Long Life：The Chinese Way*等关于道家健心和养生的系列论文集。

据多年研究海外《老子》译本的美国汉学家郤谧侠截至2023年4月的研究成果显示：目前已经发现了97种语言的2052种《老子》

① 张贵洪：《利而不害、为而不争——评联合国秘书长潘基文》，《领导之友》2011年第9期。

② ［美］凯文·凯利著，陈新武等译：《失控》，北京：新星出版社2011年，第188页。

③ ［美］韦恩·戴尔著，王强、刘飒译：《改变思想、改变生活——老子智慧的现代启迪》，天津：天津科技翻译出版公司2009年，“前言”。

译本，译本数量排名靠前的有 603 种英译本，178 种德译本，159 种韩译本，121 种西译本，107 种法译本，90 种日译本，69 种意大利语译本，63 种俄译本等。[①] 在武志勇、甘莅豪的《老子思想域外传播研究》这一老子思想对外传播的最新成果中，还提到了贞观二十一年唐太宗李世民命玄奘主持将《老子》译为梵文的史实。

以上事例充分说明，道学智慧吸引着世界上越来越多人们的关注，道学的哲学思想及其人生旨趣、修炼方法和生活方式已经进入西方民众的生活，融入西方社会的多个领域。

第二节　20 世纪道学西用的研究综述

随着东西方文化交流的日益频繁，“道学西用”这一文化现象开始被人们所关注，学术界对于道学在西方的应用状况进行了程度不一的考察和介绍，但迄今为止，这些成果主要是不同学科的学者在各自专业领域内对于道学某些概念的接受或吸收应用的研究，而尚未见到关于道学西用状况较为全面、整体的考察、介绍和研究。以下略作概述：

在心理学领域：这一领域的成果比较突出，主要研究成果有：著名文化心理学专家申荷永在《中国文化心理学心要》《荣格与中国文化》等论著中论述了道学对于荣格分析心理学的重要影响；笔者在《哲学研究》上发表的《试论道家哲学对人本心理学的影响》《道学与西方心理治疗学的互动及其意义》等文剖析了马斯洛、罗杰斯、荣格等心理学家对道学思想的吸收与应用，美国的戴维·罗森（David Rosen）撰、申荷永等翻译的《荣格之道：整合之路》等专著，台湾学者刘秋固的《荣格与道教内丹之心理分析——个体化》、

① ［美］邰谧侠：《〈老子〉译本总目：全球老学要览》，天津：南开大学出版社 2022 年，“前言”。

赖贤宗的《简论卫礼贤、荣格的丹道研究与〈太乙金华宗旨〉》、大陆学者王宗昱的《荣格的道教研究》、景海峰的《试析容格评论〈太乙金华宗旨〉的意义》等论文，皆论述了荣格的分析心理学对道学思想的吸收；许金声翻译的马斯洛的《自我实现的人》《动机与人格》等著作，李孟潮、李迎潮、杨广学等分别翻译的罗杰斯所撰《当事人中心治疗——实践、运用和理论》《个人形成论——我的心理治疗观》，张新立翻译的约翰逊、库尔兹所撰《〈道德经〉与心理治疗》，美籍华人李绍昆撰著的《美国的心理学界》《美国的道家心理学》等书中论述了马斯洛、罗杰斯、沈娥等美国心理学家对道学的吸收应用；李绍昆、张宝蕊合编的多期《精神学研究》学刊，主要从精神学即超个人心理学的视角刊载了中外学者关于中国哲学特别是道学在这方面的思想价值；于漫的《西班牙媒体解读〈道德经〉》：一剂疗治心灵创伤的良药》介绍了西班牙人士应用道学进行心理调治的情况，朱方的《道家思想与当代心理治疗理论》、曹鸣岐的《道家思想与心理咨询的本土化》等论文都在不同程度上论及西方心理学家对道家思想的崇尚与应用。

在西方自然科学领域：由李约瑟主编的《中国科学技术史》这一多卷本先后在世界和中国的出版，引发了人们对道学与科学技术的关系这一课题的关注，相关的研究成果有周瀚光的《李约瑟〈中国科学技术史·科学思想史〉述评》，许苏民的《论李约瑟的中西哲学比较研究》等论文。关于玻尔与老子思想的联系也曾引起中外学者的兴趣，但在这一问题上还存在不少似是而非的观点：有的西方学者将玻尔的互补原理的思想来源追溯到丹麦哲学家克尔凯郭尔（又译作克尔凯廓尔），有的追溯到美国哲学家兼心理学家詹姆斯的《心理学原理》甚至康德的思想；还有的仅仅将中国的太极图作为玻尔受到道学启示的证据。但随着玻尔全集的出版，关于这一问题逐渐得到了清晰的答案：丹麦 D. 否尔霍耳特的专著《尼耳斯·玻尔的哲学背景》、中国学者戈革的《尼耳斯·玻尔的哲学背景·译序》、束景南的《老子、太极图与玻尔》、李增智等的《玻尔的并协原理与我国古代阴阳学说》等论文，都在不同程度上论述了玻尔互补理论与《老子》思想的联系。

普里戈金（又译作普利高津）也是一位崇尚中国哲学的西方著名科学家，一些中外学者也注意到他的耗散结构理论与中国哲学的联系，20世纪80年代，他曾应邀来中国讲学，中国学者曾庆宏、沈小峰翻译出版了普里戈金等人的《从混沌到有序：人与自然的新对话》专著；湛垦华、沈小峰等编译出版了《普利高津与耗散结构理论》论文集；李曙华《演化与创造——普里戈金的科学自然观与历史观》一文论述了普里戈金的自然观与中国传统哲学特别是道家哲学的思想联系，其中提到了道家对他的影响。董光璧的《当代新道家》是中国学者中较早综合考察西方科学家接受道家思想的专著，还有李恩军的论文《道家思想对现代科学观的启迪》等，也论述了道家对西方自然科学领域的影响。

在政治学领域：德国学者汉斯-格奥尔格·梅勒所著的《〈道德经〉的哲学》中推崇《道德经》对于维护和平与秩序的积极作用。书中说："《道德经》是一本关于维持和平、社会秩序以及持久成功的书。这不仅可以应用于政治和战争中，而且可以应用到其他的社会性的、个人性的问题上。它建议领导者让事物'自然'运行，而不是试图强迫事物运行。"①

哈耶克与老子思想的联系也受到人们关注，台湾学者殷海光曾探讨哈耶克与老子思想之相似点，他认为，在中国的思想文化中，佛老思想与西方自由主义"能发生亲和作用"，但他并未就此进行深入探讨并论证二者思想的关联性。在这方面，台湾学者石元康可能是最早提出并论证老子思想与哈耶克自由主义有相似之处的学者。他在

---

① ［德］汉斯-格奥尔格·梅勒：《〈道德经〉的哲学——一个德国人眼中的老子》，北京：人民出版社2010年，第192页。

1986 年提交给国际中国哲学研讨会的论文《自发的秩序与无为而治》中，详细地论述了老子的无为而治思想与哈耶克的自发秩序理论的一致之处。他认为："哈耶克所提出的自发秩序与道家的无为而治，在结果上有许多相似之处，虽然它们的哲学基础是完全不同的。"盛洪先生感叹说："原来斯密所'发现'的原理，在两千多年前已经被中国的先哲们用另一种语言更为简洁和优美地表达过"；哈耶克"比斯密在风格上更接近中国古典哲学，尤其是老庄哲学"。① 另一位经济学家韦森也曾说，哈耶克"自发社会秩序"的分析理路与老子的无为而治的思想有着惊人的相似之处。还有一些学者围绕老子与哈耶克的思想联系亦进行过探讨和研究。如，笔者与美国留学生 Dan Sarafinas（中文名一波）合作撰写的《论老子无为而治与哈耶克的自由与有限政府思想》、王小权的《"道"与自发秩序》；沈湘平的《老子与哈耶克之自然秩序思想比较》、陈林林的《无为而治和自发秩序：历史的耦合与分殊》、种杨的《"道法自然"与"自发秩序"——老子与哈耶克政治哲学思想比较研究》等文都围绕老子与哈耶克的思想联系及其同异进行了论述。

西方学界亦有一些论著对老子和哈耶克的思想进行比较研究，一些学者认为哈耶克思想应该受到过老子思想的影响，尤其是他对"自生自发的社会秩序"的论述，与老子的思想非常接近；Edward H. Crane《民间团体 VS 政治团体：处在十字路口的中国》一书，从社会和政府管理的角度比较了哈耶克与老子的有关思想；Susan George 的《新自由主义的短暂历史》比较了哈耶克与老子的自由主义思想。在这些研究当中，主要是在比较或探讨哈耶克思想与老子思想的契合性，而鲜见系统全面地论述哈耶克与老子之间的相通及其思想渊源的成果。

在管理学领域：蔡觉敏的《论中国之"道"对西方管理科学的

① 盛洪：《现代经济学的中国渊源》，《读书》1994 年第 12 期。

启发》认为老子之“道”有助于西方“体道”管理者的自我实现并获得直觉管理能力，优化了管理行为；王华玲、辛红娟的《道德经的世界性》等论文在论述《道德经》的世界意义时特别突出了西方管理学家对道家管理思想的推崇和应用。

葛荣晋主编的《道家文化与现代文明》汇聚了 13 位专家的智慧，分别论述了从老子思想在为人处世、自然科学、企业管理、环境保护、“自然农法”、建筑、中医、养生、气功、文学、书画等领域的价值与启示，其中有些篇章谈到了西方的哲学家、生态学家、农学家、建筑学家、诗人对于老子相关思想的推崇和吸收；葛荣晋撰写的《中国管理哲学导论》一书中简介了西方管理学家对道家某些概念的推崇。

以上这些探索对于道学在西方的影响与应用积累了宝贵的资料，为我们进一步探讨道学西用的状况及其经验提供了有益的借鉴。

本书虽然将考察的时间段限制在 20 世纪，但是，思想文化的发展是一条绵延不断的长河，我们在这一时段内进行研究时，往往还需要追溯到 18 世纪欧洲的中国文化热；在探讨哈耶克与老子思想的联系时，不仅要追溯到亚当·斯密，还不可避免地要涉及亚当·斯密相关思想的源头，这就又追寻到了 18 世纪的重农学派。这方面的相关成果有：朱谦之的《中国思想对欧洲文化之影响》《中国哲学对于欧洲的影响》，谈敏的《法国重农学派学说的中国渊源》《中国与法国重农主义体系》等论著，特别是德国学者利奇温 1923 年在柏林出版的《十八世纪中国与欧洲文化的接触》、英国学者杰弗里·赫德逊 1931 年在伦敦出版的《欧洲与中国》、马里奥·埃儒迪于 1938 年在美国哈佛大学出版的《重农学派的公正管理学说》，1938 年在巴黎出版的《中国对重农主义学说的产生和发展的影响》，美国加利福尼亚大学教授马弗利克于 1946 年出版的名作《中国：欧洲的模范》、日本学者泷本诚一于 1931 年出版的《欧洲经济学史》的附录“西洋近代经济学的渊源在于中国的学说”等，都从不同的视角探讨了重农学派与中国文化之关系，显示出外国学者对这一问题的关注；还有台湾学者王漪的《明清之际中学之西渐》阐发了中国在十七八世纪欧洲思想转化中所扮演的角色，特别提到了魁奈对于中国文化的倾慕态度；王仲孚的《中国文化对世界的影响》中认为，魁奈曾深受中国学术影响；侯家驹的《中国经济思想史》中也肯定重农学派接受并传播了我国先秦儒家的若干经济思想。

著名学者乐黛云先生于2007 年主编了《东学西渐》丛书，收入了庞德、白璧德、卡夫卡、史耐德、莱布尼茨、荣格等19 至20 世纪的西方文化精英与中国文化的关系，有助于我们把握西方在不同历史阶段对中国的认识。以上这些成果为本课题的深入研究提供了重要的资料。

还必须指出的是，中国文化传入欧洲以后，与西方文化在接触过程中发生相互融合的现象，加上不少西方人士在考察中国问题时往往掺入己见，用西方的传统观点来理解和解释中国文化。使西传的中国文化在相当程度上丧失了它作为一个独立文化体系的本来面貌。在这样的情况下，要准确地展现道学西用的清楚轮廓恐怕是难以实现的。而且，有些思想的脉络是通过二传、三传而得以展开的。以道家思想与哈耶克的联系这一问题为例，人们承认哈耶克“自生自发秩序”理论与亚当·斯密的思想存在着渊源关系，而亚当·斯密“看不见的手”等市场经济理论又受到法国重农学派的启示，重农学派的“自然秩序”理论、“自由放任”主张受到老子思想的影响。而要清楚地判断重农学说中的这些思想因素，首先须对当时重农学派成员所接触的大量思想资料进行一番考察，把其中真正属于中国文化传统的内容，从那些扑朔迷离的纷繁解释中辨析出来，这一工作意味着要对欧洲有关中西文化交流的浩瀚文献史料进行细致的查阅整理和识别，此远非一人之力量所能完成。

为了弥补这一缺憾，我们主要根据现已掌握的资料，着重分析那些已能确定重农学派受中国思想影响的明显证据。同时，对资料中尚难确认二者内在联系的模糊部分，则辅之以比较分析的方法，将重农学派与古代中国的若干类似观点加以对比，借以为今后的研究提供一些线索。

但在开展这一研究时，遇到的一个颇为棘手的问题是，有些西方人士有意或无意地掩盖他的某些主张与道家思想的联系。据西方一些学者的观点，重农学派的创始人魁奈为了维系他在重农学派中的理论领导人地位，在他的著述中很少公开表明自己的思想来源，甚至对此有意掩饰。如，利奇温等一些西方学者就明确指出，魁奈“有意掩饰其思想来源以示高深莫测”；哈士巴克在《论魁奈及亚当·斯密政治经济学上的哲理》一书中亦指出，魁奈极力掩饰其材料的来源，以矜其独创；哈勒也批评魁奈从来不说明材料的出处。① 关于这一情况，我国致力于中外经济思想比较研究特别是对于法国重农学派的思想渊源有深入研究的著名经济史学家谈敏先生在其专著中曾予以说明。② 以上这些西方学者的批评是否合乎事实，魁奈是刻意掩饰其思想的来源“以矜其独创”，还是无法确认思想渊源或者是与这些思想不谋而合？对于这些问题，我们今天已然无法作出判断。但是，这些看法却从另一角度显示出探寻重农学派与道家思想之渊源的难度。

第三节　道学在西方传播的相关研究

随着国人文化自觉意识的觉醒，特别是习近平等国家领导人对于中国优秀传统文化的倡导，党和政府出台了实施中华优秀传统文化传承工程的意见，将全面复兴传统文化作为我国的重要国策。在这

① ［德］利奇温著，朱杰勤译：《十八世纪中国与欧洲文化的接触》，北京：商务印书馆1962年，第92、第144页。

② 谈敏：《法国重农学派学说的中国渊源》，上海：上海人民出版社1992年，第38页。

一形势下，道学研究日益呈现出欣欣向荣的景象，道学思想精华越来越为人们所认识，道学的域外传播状况日益吸引着人们的目光。

中外学界的主要关注点集中于西方汉学界道教学或道家思想的学术研究及其成果，如道教学者朱越利先生主持完成的国家重点社科基金项目《海外道教学研究》，推介了法、德、英、荷、加、美等国汉学家的“道教学”研究，他还组织学者陆续翻译出版“海外道教学译丛”，一系列著作正在陆续出版；四川大学道教与宗教研究所的詹石窗教授主持完成的教育部重大招标课题“道学百年精华”课题亦简介了“海外道教”的研究状况，陆续出版的《百年道学精华集成》介绍了海外道学的研究成果。刘笑敢、卜松山、吕鹏志、郜谧侠、邓联合、辛红娟、胡锐、蔡觉敏等学者对于海外学者的道教学研究成果亦进行了研究和推介。由中山大学哲学系（珠海）创办的《国际老学》年刊亦于2023年初正式出版，更好地汇聚了海内外学者关于道学在海外传播和应用的研究成果。

以上各位学者从学术层面论述和介绍西方学者对于道学的学术探讨及其理论成果，开创了“海外道学”“全球老学”这一新的研究领域，极大地拓展了道学研究的深度和广度，对人们了解道学在西方的研究动态具有积极的意义。

“道学西用”这一文化现象与道学在西方的传播密不可分。在这方面的研究成果主要有：武志勇、甘莅豪的《老子思想域外传播研究》一书全面地论述了自19世纪至2021年老子思想在世界各地的传播情况，是迄今为止关于《老子》域外传播状况的最新成果。辛红娟的专著《〈道德经〉在英语世界：文本行旅与世界想像》，高佩佩的《老子之道在欧洲的传播》，王充闾的《庄子在西方》，马钰滢、蒋述卓的《道家思想在美国的百年传播研究》等论文对道家思想在欧洲或美国的传播历史进行了系统的梳理；英国金斯顿大学从事思想史研究的克拉克教授著有《西方之道：道家思想的西化》一书，介绍了道家在西方的传播方式以及西方学者对道家思想的认识，对道家西化历程做了总结、评价和展望，具有思想史意义；德国学者卜松山的《时代精神的玩偶——对西方接受道家思想的评述》一文则本着“德里达道家”（Derridaoism）的精神，考察自 18 世纪以来道家在欧美留下的踪迹，介绍道学在西方传播并对西方人士接受道学思想影响的概况进行了论述。以上研究成果侧重从学术层面介绍道学理论成果以及道学思想在西方的传播情况，而较少论及在西方社会生活的具体领域中道学的应用情况。还要指出的是，卜松山的论文梳理了道学西传以及西方接受道学思想的概况，但他却因为在这一过程中曾出现道家思想被误解、“流于庸俗化”的现象，而以“时代精神的玩偶”来概括“西方接受道家思想”这一整体文化现象。① 卜松山的原意可能是希望提醒人们认识和警惕道家思想被误解、“流于庸俗化”这一倾向，但这种略带贬义、以偏概全的概括却是值得商榷的。

我们认为，由于道家的概念比较抽象，难免被误解或过度诠释，但这似乎并不能代表“西方接受道家思想”的主旋律；在西方主流文化的浪潮中，“道学西用”这一文化现象开启了东西方文化交融的胜景，并影响了玻尔、李约瑟、普里戈金、荣格、马斯洛、梅纽因等一批泰斗级的大师，其实际意义和象征意义都是极为正面的。

从以上的研究动态来看，中外学术界关于道学西用的状况至今尚无系统和全面的介绍和研究，更缺乏深入的回顾与总结。这一现象不仅限于道学，中国文化因素在西方主流文化中的影响同样鲜有提及，乐黛云先生关于学术界在这方面的研究“几乎付诸阙如”的反省，值得我们深思。在我们致力于中华优秀传统文化复兴，努力提高文化软实力的今天，这一状态是亟须努力改变的。

① ［德］卜松山著，赵妙根译：《时代精神的玩偶——对西方接受道家思想的评述》，《哲学研究》1998 年第 7 期。

第一章　道学在西方传播及其发展概况

道学在西方的传播是以《道德经》和老子之“道”的翻译为其发端而展开的。因语言和文化背景的不同，每一个《道德经》注解者几乎都有各自理解的“道”，传教士白晋、汉学家儒莲在老子的“道”中发现了“上帝”的存在；哲学家黑格尔以“理性”解道；诗人米修从老子之“道”获得创作灵感和心灵的沟通；汉学家阿瑟·韦利努力发掘《道德经》中道德关系的原意，他们对老子之“道”的独特解读，体现出欧洲这个多元化世界的多元社会文化景观。在这个过程中，《道德经》不仅给欧洲带去了宗教和哲学上的思考，更让欧洲人将《道德经》和老子之“道”推及政治学、经济学、心理学、文学、养生保健等诸多领域。

西方学者朱利亚·哈蒂（Julia M Hardy）将 18 世纪以来西方世界对《道德经》文本的阐释分为三个历史阶段，第一阶段是 18 到 19 世纪，这段时期的主要特点是将《道德经》与基督教教义相比附，第二阶段是 20 世纪初期到 20 世纪 70 年代，这个阶段的主要特点是，通过对“道之玄”的改造利用，将“道”看作指导生活之道，将《道德经》看作拯救西方、医治西方问题的“良药”。不过，在此阶段，仍有将《道德经》与基督教教义相比较的情形。第三阶段是从 20 世纪 80 年代到 21 世纪初期，不少学者致力于《道德经》的文献学研究，力图准确地再现这部古代中国经典的精意和风貌，以纠正前两个阶段的接受偏差。在这一阶段，西方的《道德经》研究最终摆脱了比附研究的地位，成为西方汉学领域的一门显学。

道学在西方的传播与应用是与不同时代的社会、历史背景密切相关的，它是一个复杂而多向度的中西文化交流互动的过程，朱利亚·哈蒂的上述分期当然并非十分准确，但还是向人们展现了以《道德经》为核心的道学思想在西方传播的粗略线索，便于人们梳理、叙述和把握、了解，以下我们试按这一线索对道家思想在西方的传播与应用作一简述。

第一节　道家思想在西方的早期传播

从 18 到 19 世纪是道学在西方传播的第一阶段，这是西方人对道学初识与初用的时期。这一阶段的传播主体是来华的天主教耶稣会士，由于当时在中国传教受到严格限制，他们于是致力于学术研究，将《道德经》等中国经典进行翻译介绍到西方，随后，拉丁文、法文、德文、英文等文字的《道德经》相继问世，老子思想逐渐在欧洲大陆得以传播。

由于道学早期传播的主体是来华的传教士，作为基督熏染早已深入骨髓的人士，必然在《道德经》英译的过程中染上浓厚的宗教色彩。据英国学者李约瑟考证，作为《道德经》最早的传译本之一的 17 世纪末比利时传教士卫方济拉丁文译本，其中“道”就被译为“理性”，这个“理”很大程度上是指西方观念中“神”的最高理性。这一点也代表了早期传教士们翻译时表现出的浓厚的基督文化色彩。较早将“道”与基督教的上帝相比附的是 1699 至 1722 年间在中国传教的法国耶稣会士傅圣泽，他说：“‘道’字系指基督教的最高神——造物主上帝。”1895 年，传教士亚历山大（George Gardiner Alexander）出版了《道德经》的英文译本，亚历山大将“道”译为“God”或“Creator”，认为“道”的内涵类同于西方哲学中的“第一因”（Infinite First Cause），并以“he”这个人称代词来指涉“道”，将老子之“道”转变为基督教文化传统中的有意志和位格的造物主。

受基督教思维方式和自身宗教信仰的影响，这些具有鲜明传教士和汉学家双重身份的人，在翻译和阐释《道德经》时自觉或不自觉地以基督教为中心，将《道德经》作为传教的工具，将老子思想与基督教精神相比附，在《道德经》中塞进上帝“三位一体”的观念，并且以基督教词汇对译书中的名词，他们的解读打上了鲜明的基督教印记。其目的是要让中国信奉儒释道的民众皈依为天主的臣民，并让欧洲人接受他们眼中的“中国形象”。辛红娟将这一状态称为“英译中的归化性策略”，她认为：“传教士们在翻译中国道家典籍时，出于强烈的政治目的，大多采取归化的方法，在翻译文本中随处可见对原文的曲解、变形，这种做法在文化交流上是对异质文化的有意误读，在接受中势必造成对读者的误导。”她在指出其文化侵吞性质的同时，也肯定在不同国家和民族文化之间的相互交流与渗透尚处于早期阶段时，“归化的可理解性”。①

又据德国学者卜松山的考察，欧洲对“道”的关注始于第一位汉学教授法兰西学院的雷慕沙（J. P. Abel-Rémusat），他节选翻译了《道德经》第1、25、41和42章，他认识到翻译“道”这一概念的难度，认为只有“逻各斯”（Logos）庶几近之，包括绝对存在（souverain Etre）、理性（raison）和言词（parole）这三层意义。此后，由他的学生和继任者儒莲（Stanislas Julien）完成的全译本将“道”译成了“路”，这一译本对欧洲学界精英产生了很大影响。

在这一阶段内，能够准确地翻译老子之道的翻译家或汉学家可谓是凤毛麟角。如，1894年，老瓦尔特·高恩（Walter Old）的译本中将“道法自然”翻译为“Tao is ruled by itself”（道自己如此），可谓精准地传达了“道法自然”的含义和老子“自然”思想的精髓。

① 辛红娟：《〈道德经〉在英语世界：文本行旅与世界想象》，上海：上海译文出版社2008年，第274—277页。

此处的"道"也不再是"God""way""Creator"，而是简洁明了地使用了"Tao"这个音译词，这就使老子的"道"脱离了上帝的笼罩，回归到中国哲学本来的面相。当然，由于"道"这一概念在西方缺乏相对应的词汇，难以用欧洲的概念来翻译，因此，使用"Tao"这一音译词亦未能表达出它原有的丰富内涵。不过，这也因此而留下了极大的理论创造和实际应用的弹性空间，成为融通多元文化、道学西用的载体。关于这一问题，我们将在第二章第四节《道学西用和流行的内因》中进行论述。

在这一阶段，老子思想对欧洲人的启示初见端倪。德国学者利奇温曾论述老子思想在18世纪欧洲罗柯柯艺术的影响，他指出："在老子的人格中，可以窥见罗柯柯的精神与东方的精神的汇通。产生瓷器及福建花纸的艺术，可以溯源到老子的精神。漆柜、瓷器及色丝，以及欧洲人称羡的中国物品，无不隐喻老子的精神。"① 而启蒙思想家更是对于中国文化产生了浓厚的兴趣，朱谦之的《中国哲学对欧洲的影响》、谈敏的《法国重农学派学说的中国渊源》等著作皆就这方面的内容作过详细的论述。朱谦之在书中说，法国文豪罗曼·罗兰所写的《卢梭评论》中就透露出卢梭思想与道家相关的信息："他最伟大的教师并不是任何一种书籍，他的老师是自然……自然渗透他的整个生命……他和东方的大神秘主义者呈现异样相似之点"，"尤其是他被陶醉于自然怀抱里的那几天，使他与宇宙混合为一体，他比任何西方人更能体会东方意义的完备的狂喜。"朱先生由此推断说："这种'复归自然'的思想实即得力于老子。狄德罗从日本人著书介绍知道中国有老子，把老子写成Rossi，卢梭写《学艺论》时和狄德罗往来最密，也可能接受这种影响。"②

---

① ［德］利奇温：《十八世纪中国与欧洲文化的接触》，商务印书馆1962年，第67页。

② 朱谦之：《中国哲学对欧洲的影响》，石家庄：河北人民出版社1999年，第310页。

法国重农学派的代表人物魁奈也在相当大的程度上受到儒家和道家思想的影响。他认为，自然法代替了上帝的功能，是超越一切社会现象而为永久存在的法则。人类应遵照这个法则，使我们的生活和它相合，有自然法人们才有更大的自由，享受更大的自然权利。但这自然法是什么？魁奈以为就是中国的天理天则，即中国先哲之所谓"道"。当然，也有学者对此表示质疑，认为重农学派所崇尚的自然法在西方早已有之。对此，谈敏在他的《法国重农学派学说的中国渊源》一书进行了缜密的分析，他将重农学派的自然法则与西方的自然法之异同进行了对比，从而证明了重农学派与道家的内在联系。关于这一问题，我们在第四章第一节《哈耶克"自发秩序"思想的理论渊源》中将进行详细的论述。

在崇尚中国文化的启蒙学者中，莱布尼茨是另一位具有代表性的人物。他认为，中西哲学和文化各有长短，"正宜两好合一，互相取长补短，用一盏灯点燃另一盏灯"。故不少西方学者曾明确指出莱布尼茨的单子论和先定和谐说与中国哲学存在着惊人的相似之处。例如，1923 年，德国学者利奇温（Adolf Reichwein）在《十八世纪中国与欧洲文化的接触》一书中说："认识中国文化对于西方文化发展的重要性，莱布尼茨实为第一人。他的灵子（Monads）学说，在许多方面和代表中国生活的三大派———老子、孔子及中国佛学所表示的'道'的概念，有很可异的一致的地方。"①

在传播老子思想的过程中，欧洲多国的汉学家功不可没。荷兰汉学家许理和（1928—2008）在《东西方的老子观》一文中说："在西方人眼中，《道德经》一书无论从任何西方的思想派别来看，都是中国最重要的哲学典籍，也最富于中国智慧。但其中许多研究并不完全是哲学性的，有的用福音的语词来解读老子，有的将老子的'道'与叔本华的'世界魂'或柏格森的'生命冲力'，或是印度的'大梵

① ［德］利奇温：《十八世纪中国与欧洲文化的接触》，第 69—70 页。

天’相比拟。虽看法各有不同，但都表示对老子《道德经》的重视。”① 从他的文章中我们看出，欧洲学者多元化的视角和广阔的学术视域为老子的研究打开了许多渠道。

哲学家对老子思想的阐发是道学传播的重要途径，关于西方哲学家与老子这一问题已有多位学者进行研究。如，R. 艾尔伯菲特的《德国哲学对老子的接受——通往“重演”的知识》一文立足于思考“如何能够深化对一个思想家的“接受”，以便做到对思想的‘重演’”。他考察了作为西方哲学重镇——德国的哲学家大师康德、黑格尔、谢林、雅斯贝尔斯和海德格尔等人对于老子思想的论述或接受。黑格尔（Georg Wilhelm Friedrich Hegel，1770—1831）是最早承认老子哲学的西方思想家之一，从目前的资料来看，他本人并未对《道德经》原文进行研究，而主要是通过法国人雷慕沙关于中国哲学的小册子中的描述来了解老子及其“道”的思想。据黑格尔说，雷慕沙给出了希腊术语“逻各斯（Logos）”来作为对“道”的最佳翻译。于是，他试图以西方哲学传统来理解老子的“道”，使用“理性”来进行翻译。他说：

> 《道德经》……是一部关于理性和道德的书……“道”就是指一般的道路，就是指引着方向、事物的进程，以及一切事物之所以存在其背后的理性根据和基础。②

虽然黑格尔对老子思想存在不少误解，但正是由于他对于老子的接受，亚洲哲学才被包含进了哲学史。在他看来，道家的“无”是终极的原则、最高存在、万物的起源。老子与黑格尔的最大相似点就是辩证法，黑格尔认为，“矛盾是一切运动和存在的基础，对立统一是世界的总原则”，他在《哲学史讲演录》中指出：

---

① ［荷］许理和著，张海燕译：《东西方的老子观》，《国外社会科学》1993 年第 9 期。

② ［德］黑格尔：《黑格尔历史哲学》，北京：九州出版社 2011 年，第 249 页。

> “道”（理性）的成立是由于两个原则的结合。像《易经》所指出的那样，天之道或天的理性是宇宙的两个创造性的原则所构成。地之道或物质的理性也有两个对立的原则“刚与柔”……道就是原始的理性……产生宇宙，主宰宇宙，就像精神支配身体那样。①

这些对于老子思想的论述虽然简单肤浅甚至有失偏颇，如，他认为老子的辩证表达只不过是对矛盾双方本身的确认，并不强调对立双方的统一。但作为当时的主流哲学家，他们将老子思想纳入其学术视野和理论体系，体现出对老子思想有一定程度的重视。

在 19 世纪 90 年代，道家思想开始在美国传播。第一部在美国流通的《老子》英译本是英国汉学家理雅各于 1891 年在纽约出版的《中国之圣书：道家经典》；而塞缪尔・约翰森的道家思想研究论文在 1893 年芝加哥世界宗教会议上获奖，这被视为“美国最早的关于道家研究的标志性事件……说明道家思想已经引起美国学界的关注”②。

第二节　对道学解读和应用的多元化

20 世纪初期到 20 世纪 70 年代是道学传播与解读、应用的第二阶段。在这一阶段中，西方对老子之“道”的解读逐渐摆脱了宗教和欧洲哲学固有观点的束缚，形成了西方人士所说的“欧道”。而且，在这一阶段中，传播道家哲学的主力军是哲学家，他们对于道家思想的理解和传播开始脱离基督教的色彩，展现出越来越多元化的哲学观察视角。

---

① ［德］黑格尔：《哲学史讲演录》第 1 卷，北京：商务印书馆 1959 年，第 126 页。

② 马钰滢、蒋述卓：《道家思想在美国的百年传播研究》，《东南学术》2023 年第 1 期。

20 世纪 30 年代，美国的《老子》的英译本有瑞特塞尔曼译本、欧阳心农译本，以及最重要的译本亚瑟·韦利的《道及其力量：〈道德经〉及其在中国思想中的地位》。其中韦利的译本在 1934 年出版后的 30 多年中一共再版 8 次。诗人宾纳的《老子的生活之道》将老子“自然”“无为”“不争”的思想视为西方人对付轰炸机、坦克、大炮等最重要的武器，表达出对幸福的向往和对生命的热爱，受到美国大众的喜爱。华人学者吴经熊、陈荣捷分别于 1961、1963 年出版的《老子〈道德经〉》《老子之道》。1942 年林语堂《中国印度之智慧》一书中对《庄子》内七篇（除《应帝王》外），及《秋水》《在宥》《胠箧》《骈拇》《马蹄》共 11 篇进行翻译，是较早的美国《庄子》英译本。汉学家、日本学家华兹生分别于 1964 年和 1968 年出版《庄子》节译本《庄子菁华》和全译本《庄子全译》；后者被美国许多大学列为必读书目，并入选联合国教科文组织的《中国系列丛书》代表性著作选集。①

现象学和存在主义哲学家在这一波的中西思想文化交流中构筑了一座桥梁。存在主义哲学家马丁·布伯是传播者中的重要一员。他的哲学与犹太教神秘主义运动（Chassidismus）有着至深的联系，他对于亚洲哲学予以重视。马丁·布伯认识道家首先主要是通过庄子来实现的。早在 1910 年，他就已经从英文文本翻译了《庄子的对话和寓言》，从此，庄子文字的大部分篇章得以首次进入德语。他通过《庄子》故事化的说理方式来体悟“道的教化”，他解读的庄子思想显示出一种更为根本的教化，认为人与“道”的真正统一只有在生命和自然的动态变化中才能本然地实现。马丁·布伯认为，老子就在境像的层级上，他的生命是在隐藏之中的生命。他也不对人们说什么，而就是进入“隐藏状态”之中。庄子吸收了这种境像，并且以

① 马钰滢、蒋述卓：《道家思想在美国的百年传播研究》，《东南学术》2023 年第 1 期。

诗的语言说出他的寓言、他的故事、那些应该把“道”的学说带入世界之中去的东西。“道”的学说因而就是统一性道路的一个学说。马丁·布伯把“道”翻译或“道路”（Weg）或者“路线”（Bahn），并指出它是不可认识之物，它没有“定在”（Dasein），每个事物都通过它的定在之道路、通过它的生活来暴露出“道”；因为，道是变化中的统一，这种统一不仅在事物的多样性中，也在每个事物的生命的前后相续诸环节的多样性中保持着统一。在“道”中，一切存在都是自身变化着的存在。它升起（出生）并落下（死亡）。在马丁·布伯那里，对老子的尊重主要不是出于哲学上的评估，而“毋宁说是发端于他自身的宗教体验（犹太教神秘主义），从中他感受到了与老子学说的某种联系”①。

根据中国学者高佩佩的研究，到了20世纪20年代时，马丁·布伯对道家思想的阐述从《庄子》转到了《老子》，他对道家思想的政治维度更感兴趣，他还把老子思想中有关政治学的篇章翻译成希伯来语。而且，马丁·布伯将“道”视为是没有定在的、不可识之物，这已经非常接近中国学者所认识的实存性的“道”。由此可见，西方哲学家已经逐渐认识到老子之“道”的真正含义，趋近于中国学者的解读，“显示相当的专业水准”②。

20世纪最重要的存在主义哲学家海德格尔（Martin Heidegger）对道家的接受起初并不引人注目，而随着时间的推移，人们越来越认识到其重要性。

在海德格尔与老子思想的关系问题上存在两种完全对立的看法：一种观点认为老子对海德格尔非常关键，另一种则认为老子对海德格尔毫无关系。海德格尔本人在1966年接受《德国镜报》采访时

① ［德］R. 艾尔伯菲特著，朱锦良译：《德国哲学对老子的接受——通往“重演”的知识》，《世界哲学》2010年第6期，第15页。

② 高佩佩：《老子之道在欧洲的传播》，《国学》2014年第2期，第69页。

说，自己的思想与东方思想完全无关；他的家人也否认他曾受过老子思想的影响。但是，事实却并非如此。韩裔美籍哲学家、美国布法罗大学教授曹街京曾对海德格尔与老子之间的关系做过深入的研究，2001年，他在“北京大学—香港大学现象学讨论会”上作了题为《海德格尔与老子思想》的报告，文中说：“中国学者萧师毅写过他曾经和海德格尔合作，试图翻译《老子》，他们交流了很多老子的思想。1957年2月29日，我（萧师毅）在海德格尔的山间小屋里访问了他，他给我拿出好几本《老子》的德文译本。”“无论如何，海德格尔曾受过老子思想的影响这是个事实。”当然，“他是有限度地接受老子思想的”。曹教授亦分析海德格尔及其家人否认与道家思想有所关联的原因说，可能是因为海德格尔曾加入过纳粹党，这成为其一个污点，他的家人可能出于想保护海德格尔的目的而否认其受过老子思想影响。

而据海德格尔专家张祥龙的研究，在公开出版的海德格尔的著作中，已发现四处与道家直接有关的文字，两处说到和讨论“道”的含义，两处引用《老子》和《庄子》的原话来阐发自己的思想。他在《海德格尔传》中，通过一则往事生动地说明，早在1930年10月以前，海德格尔就能在学术研讨会中随机援引《庄子》来说明自己的观点。书中记载说，1930年在学者科尔勒家中举行的一个学术研讨会上，当讨论中涉及“一个人是否能够将自己置于另一个人的地位上去”时，遇到了困难。于是，海德格尔向主人索取一本德文版的《庄子》。而主人科尔勒居然很快地找到《庄子》一书交给海德格尔。于是，海德格尔读了书中关于“鱼之乐”的故事，以“境域中构成”的方式来回答“主体间的交流可能”的问题，强烈地吸引了与会学者。从这一事例，张先生认为，海德格尔至少在1930年之前就认真阅读过老庄，并与之产生了思想上的共鸣和交流，很可能与他思想的转向有某种内在的关系。①

德国学者卜松山也指出，有不少熟谙海德格尔哲学的专家，尤其是海德格尔为数众多的日本和中国学生都强调，海德格尔读过卫礼贤和布贝尔的译文，甚至很有可能在表述其自有的开创性思想时，也受到道家核心思想的启发……比如，他将“无”视为充实的非虚无主义观点。

与马丁·布伯相似，“道”在海德格尔这里也接近于“道路”的意义。在他看来：“道”是“Weg”，“它向沉思的人允诺自身”（the reflective mind of man），是 the way of all ways，是人的思想力量的源泉，是“逻各斯”，Alles ist Weg（一切皆道，道即一切）②。因此，在他要表述自己关于物的本质的思想时，正好老子与他有一契合点，就将老子的话语以新的方式说了出来。其实质还是用老子的“道”来印证自己的思想。

德国学者 R. 艾尔伯菲特认为，“尽管在海德格尔迄今发表的作品中只能找到很少的一些对老子的‘道’的直接表述。但从那些地方已经能够可靠地得出结论：海德格尔从自身思想根据出发，已经有了一个通向老子和庄子的道家学说的伟大切近”。他引用了海德格尔直接涉及老子但没有标出老子之名的最为著名的段落来支持以上的论断。如，海德格尔的《物》这一论文中说：“构成壶并且使壶得以站立的壁和底，并不是真正的把捉者（das Fassende，又译，起容纳作用的东西）。而如果真正的把捉者依赖于壶之虚空，那么，在转盘上塑造壶壁和壶底的陶匠其实就没有制作这把壶。他只是把黏土构出形状来而已。不——他是把虚空构出形状来。为这种虚空，进入虚空之中并且从虚空而来，他把黏土塑造成形体。”艾尔伯菲特总结

① 张祥龙：《海德格尔传》，石家庄：河北人民出版社 1998 年，第 302、第 233—235 页。

② ［德］海德格尔著，孙周兴译：《在通向语言的途中》，北京：商务印书馆 2015 年，第 191、第 192 页。

说："海德格尔对老子的旨趣是独特的，他并非只是任意地选取这几处。（本书作者按：即《道德经》的第十一章、第十八章、第二十八章）在对辩证思维的克服中，他显然从老子那儿看到了一个同盟者。与老子一道，他尝试揭露出一个更深的根基，更准确地说是，非根基（Ungrund），此非根基把对立之物埋藏在自身之中。"①

与海德格尔及其家人刻意隐瞒他与道家思想的联系这一态度截然不同，20世纪另一位重要的存在主义哲学大家雅斯贝尔斯（Karl Jaspers）则非常坦率地表达出崇尚道家并致力于理解道家的态度。他对中国哲学和老子思想曾进行过系统深入的研究，著有《老子和龙树——两位亚洲神秘主义者》《大哲学家》等书，将老子与其他哲学家一同作为一位"亚洲的形而上学家"来进行研究。

雅斯贝尔斯对老子的研究以及对中国哲学的认识是构建其"世界哲学"蓝图的一个重要步骤，"而将老子作为思想范式的创造者，正是他运用'轴心时代'的思想，排除特定信仰内容，使之成为让西方人、亚洲人乃至全人类都可以信服的尺度的尝试。"② 雅斯贝尔斯对老子的《道德经》给予非常高的评价，称它"是一部卓越的和谐之作"，他在读后感言中说：

> 尽管书中并没有条理清晰的术语，但是从中依然可以把握住对事物整体性进行阐述的方法。它那充满悖论的语句所产生的说服力……它那缜密的态度以及它那被引向似乎是神妙莫测境界的思想深度，使这部书成为了一部不可替代的哲学著作。③

雅斯贝尔斯努力改变学院派哲学的体系传统，试图建立一种真

① ［德］R. 艾尔伯菲特著，朱锦良译：《德国哲学对老子的接受——通往"重演"的知识》，《世界哲学》2010年第6期，第19页。

② 李雪涛：《论德国哲学家雅斯贝尔斯对老子的认识》，《国际汉学》2012年第2期，第428页。

③ ［德］卡尔·雅斯贝尔斯著，李雪涛主译：《大哲学家》，北京：社会科学文献出版社2010年，第753—754页。

正对人的存在有实质意义的新哲学。在研究老子的思路和认知方式的过程中，老子的思维模式和对问题的阐述方式让雅斯贝尔斯耳目一新，促使这位胸怀建立世界哲学雄心壮志的哲学家“开始以崭新的视角来审视欧洲以外的文明和哲学”。他发现，无法按照形而上学、宇宙起源说、伦理学以及政治学这些古希腊哲学标签对老子的思想进行分类，在老子那里，所有这一切都包容在“一”之中。他领悟到，老子的“一”与自己的哲学中的“统摄”（das Umgreifende）这一核心概念非常接近。他不仅认为这两者可以相互比较，甚至认为在某种程度上这两者可以互为解释。雅斯贝尔斯解释“道”说：“如若要谈论道，那必然要用否定的陈述形式……如果想要肯定地说出其存在的话，这就意味着只是暂时的、有限的描述。”“道是先于世界之生成而存在的，故而它先于一切的差别……这一对立的一体存在（Einssein）不能随即被理解为世界之中的一个特殊存在，也不可能是世界的全部。它是先于世界而存在的，也是世界的终极。”①

老子的“道”论及其所使用的否定式的表达方式为雅斯贝尔斯认识“统摄”提供了很好的借鉴，即“如何用有形的哲学概念来表达无形的‘一’”。雅斯贝尔斯认为，“为了避免人们将之误解为有限的存在着意义上的东西，必须要用一种无限的统摄的抽象思想来代替对周围一切有限事物的想象。与‘统摄’一样，老子的‘一’也不在分裂之中”。他把自己哲学中“万象包容”这一基本概念，作为“道”的本真意义。可见，老子特殊的认知方式，“在达至终极真理的方式方面，给予了雅斯贝尔斯极大的启发”；而借助于雅斯贝尔斯的理解与诠释，“老子的思想才变得鲜活起来，从而更符合时代的要求”。②

---

① ［德］卡尔·雅斯贝尔斯：《大哲学家》，第755、757页。

② 李雪涛：《论德国哲学家雅斯贝尔斯对老子的认识》，《国际汉学》2012年第2期，第432、第434页。

海德格尔的学生罗姆巴赫被称为德国哲学对东亚的接受方面具有领军作用，在他在《结构人类学》一书中发展了行为（Handeln）的概念，这个概念更加切近道家思想。他依托于老子和庄子的直觉思维方式，强调“不是停留于精细的字面分析，而是直接切中直觉上的本质之物”。他认为：“‘道’并不从人那里要求别的什么，而只要求人们跟从它，在具体的事件发生时当下实现它”，“不是自己去‘行为’，而是让现实性完全通过自身来行为”，“他施行的乃是‘无为’，这是道家的最高德行概念”①。罗姆巴赫的分析虽然并未从道家的例子中寻求理解，但以上的观点却与老庄的思想相当接近。

自20世纪六七十年代以来，一些在第一线工作的西方科学家，开始关注中国的传统思想文化，自觉地从中吸取营养以推动自己的研究工作，深刻地影响了当代科学思想的演变。李政道博士说：“从哲学上讲，测不准定律和中国老子所说的‘道可道非常道，名可名非常名’的意思，颇有符合之处。”李约瑟对道家科学思想的积极意义的阐发日益为人们所认可，越来越多的西方科学家踏上了他所开创的道路。

美国物理学家卡普拉更是从思维模式的高度来认识中国哲学思想的现代启示。他认识到，过分强调科学方法，强调理性的、分析的思维方式“已经形成了一种根深蒂固的反生态的态度”，这种传统的思维方式“正是理解生态系统的障碍”②。因此，应当进行认识模式层面的转折，他说：

> 物理学已发生了数次观念革命，它们清楚地揭示了机械论世界观的局限性，并且走向有机的、生态的世界观，这种世界观与一切时代的神秘主义和古老传统（指中国传统——引者）显

① ［德］R. 艾尔伯菲特著，朱锦良译：《德国哲学对老子的接受——通往“重演”的知识》，《世界哲学》2010年第6期，第25页。

② ［美］弗·卡普拉著，冯禹、向世陵、黎云编译：《转折点：科学·社会·兴起中的新文化》，北京：中国人民大学出版社1989年，第31页。

现出一致性。①

卡普拉从《易经》和《道德经》中得到启示，他非常赞赏中国哲人关于世界的终极本质是“道”以及运动变化等观点，他分析说：

“道”的根本特性就是永不休止的循环性，一切发展从本质上看均具循环性……而在此循环模式中，阴与阳这对立的两极则作为循环之极限。②

卡普拉体悟到，中国古代文化有一个极重要的洞察，这就是把运动看作是宇宙的一个基本方面，“宇宙处于永不停息的变化运动之中，这种连续的宇宙过程也就是‘道’”③。他非常肯定地总结说：

合于“道”，一个人的行动必将成功，这正是老子那令人困惑的名言的涵义：“无为而无不为也。”④

卡普拉特别青睐道家的有机整体观，认为这种追求人与自然和谐共生的整体观是一种“生态智慧”，它对于西方世界具有积极的警示意义。他断言：“道家提供了最深刻和最美妙的生态智慧。”⑤

道学在心理学领域也产生了重要影响：德国学者用格式塔心理学的模型来解读《老子》；老子或道教的修炼作品曾引起瑞士心理学家荣格，美国心理学家马斯洛、罗杰斯等人的极大兴趣，并吸收其中的一些思想，将其融入他们创建的分析心理学和人本心理学的理论和实践之中。

诸多事实显示，道家思想中的有机整体观、对立统一观、直觉思维等成为现代科学家产生科研灵感的“源泉”。的确如普里戈金1987年在北京师范大学演讲时所说：“中国的思想对于那些想扩大西方科学的范围和意义的哲学家和科学家来说，始终是个启迪的源泉。”这

① ［美］弗·卡普拉：《转折点：科学·社会·兴起中的新文化》，第37页。
② 同上，第25页。
③ 同上，第27页。
④ 同上，第27页。
⑤ 同上，第310页。

成为20世纪西方自然科学发展的一个亮点，人们将其称之为“李约瑟现象”。

在“二战”结束后的20世纪50年代，道家还通过禅宗这一学脉而被西方接受。在“垮掉的一代”和“嬉皮时代”（Hippies）之后，西方在20世纪六七十年代兴起了“新时代运动”。在这一运动中，人们接受了从日本进口的禅宗，道家被广泛视为禅宗之源。如，作为加利福尼亚“新时代运动”精神领袖的瓦茨（Allan Watts）就在其影响很大的入门手册《禅宗之道》（1957）中就强调了这一观点，这对他们接受道家思想非常重要。瓦茨通过一系列活动及大量著作，特别是他死后于1975年出版的《道：水流之路》，遂使他与“垮掉的一代”的诗人如肯尼斯、雷克斯罗斯（Kenneth Rexroth）等人同被视为“美国道教之父”。瓦茨对道家思想作了颇为在行的介绍，而嬉皮运动使人们对替代性宗教和反世俗生活风格更容易接受，所以瓦茨的著作找到了众多的读者，对20世纪七八十年代始于美国、遍及西方的第二次道家热潮产生了决定性影响。一如20年代那样，“道”又被当作拯救物质泛滥而精神空虚的西方文明之灵丹妙药，这种通俗化的道家学说成了“新时代运动”的核心“哲学”。①

第三节　学理之道与生活之道的多向发展

从20世纪80年代到21世纪初是道学西用的第三阶段，在这一阶段中，道学在西方的传播与阐释具有了更多的学理性，在应用的层面也更加多元多向。

从学理层面来看，诸多在道家研究方面颇有建树的学者以研究促进翻译，他们在文献研究和学术讨论基础之上阐释《道德经》，包

① ［德］卜松山著，赵妙根译：《时代精神的玩偶——对西方接受道家思想的评述》，《哲学研究》1998年第7期，第40页。

括对出土版本的介绍、对术语的历史考证，揭示文本的原初意义，重建老学理念，加深了对于《道德经》的解读，纠正了过往的一些偏差，将“道”等同或比附成“最高神”或“绝对理念”的人越来越少。

在这一阶段中，欧洲学者不仅限于个人的学术研究或翻译，而且有计划地举办了各种关于道学传播和研究的学术活动。在这方面，君特·沃尔法特（Günter Wohlfart）是比较突出的。他是一位研究和接受道家思想的德国学界领军人物，自1986年以来，他就开设了一系列有关老子《道德经》的哲学讨论班或国际研讨会，由汉学家和哲学家报告他们的最新研究成果。据R. 艾尔伯菲特介绍，10年来，这类学术活动已经举办十余次。君特·沃尔法特对道家思想的兴趣主要表现在两个概念上：自然和无为。不仅深入地钻研这一概念，而且通过道家文本中生动的历史来阐述它们，这也推动了德国哲学界对道家思想的接受。在他的著作中，道学思想呈现在美学和伦理学两个领域：提出了“没有艺术的艺术”——自然无为的基础经验借此而让人看到了新的现象学结构；“没有伦理的伦理”——自然无为的基础经验反过来以新的方式让人们对伦理的现象进行发问。① 显然，这两个口号都浸透了道家自然无为、返璞归真的意蕴。

又据马钰滢、蒋述卓的统计，自20世纪80年代以来，美国的道家研究和译介亦呈现出全方位、多维度的态势，译者身份类别愈加多样，主体意识愈发突显，呈现多元解读趋势。其中20世纪90年代后出版及再版的资料约占总数的56%，翻译与研究成果蔚然。杨有维、安乐哲将陈鼓应的《老子今注今译》进行英译改编，几次再版。庄学研究更是取得了突破：梅维恒的《庄子研究论文集》是庄学研究的重要成果；陈汉生从语言角度论证庄子的怀疑论及其与西方思想

① ［德］R. 艾尔伯菲特著，朱锦良译：《德国哲学对老子的接受——通往“重演”的知识》，《世界哲学》2010年第6期，第27页。

之差异，肯定道家在中国哲学史上的地位，摒弃以往倾向于将道家视为儒家之补充的观点；陈鼓应在加州大学伯克利分校教授庄子思想；冯友兰在宾夕法尼亚大学举办系列讲座；刘笑敢任教于哈佛大学和普林斯顿大学，其《〈庄子〉分类》一书研究《庄子》篇章划分，加深了西方学界对庄子的研究。①

从应用的层面来看，越来越多的各界人士将《道德经》的智慧应用于社会生活之中。1987 年美国总统里根在国情咨文中引用“治大国若烹小鲜”来表达治国理念，这成为道学在美国引起普遍关注的一个标志性事件，迅速在美国掀起“老子热”，出版社争相抢购《老子》出版权。《老子》研究专家约翰·海德的《领导之道》从自然法则、生活之道和领导艺术等三个层面，探讨领导技巧、智慧和领导者素质等问题，深受管理层欢迎，多次再版。弗兰克·劳埃德·赖特从《老子》的“当其无，有室之用”抽绎出建筑学上的空间与砖瓦匠同等重要的原则。

德国汉学家卜松山先生曾系统地考察了西方社会接受老子思想的各种情形，例举了大批在道家思想催生下产生的科研成果。他说：“从卡普拉（Fritjof Capra）的《物理学之“道”》（1975 年）起不断地有大批推荐道家观点或‘悟道’的书籍问世”，他还向人们展现了“道教热中开出的一朵令人愉悦的花朵”，即道教在被视为最热门的金融行业中的应用。他举例说：1984 年，佩恩（David Payne）撰写了《一个华尔街道教信徒的自白》，据申克尔（Elmar Schenkel）的看法，这是“综合道家之道（Dao）和道琼斯指数之道（Dow Jones）痛苦的游戏尝试”②。

英国学者克拉克则认识到，道家思想在西方传播的过程中，已经

---

① 马钰滢、蒋述卓：《道家思想在美国的百年传播研究》，《东南学术》2023 年第 1 期。

② ［德］卜松山：《时代精神的玩偶——对西方接受道家思想的评述》，《哲学研究》1998 年第 7 期，第 41 页。

与本土文化融合而产生了一种“转化”。他在《西方之道：道家思想的西方转化》一书中说：“在过去的几年中……‘道’大量出版，涵盖了包括物理学、心理学、领导力、商业、饮食、棒球、人际关系、女性、耶稣、伊斯兰教，甚至穆罕默德在内的广泛主题。”① 可见，“美国道”和“欧洲道”在神秘学热潮中成了西方生活中的有机组成部分，充分显示出道学之“道”已经渗透到西方生活的各个领域之中。

当然，西方人迷恋道家思想，也是各取所需，各有所爱。在“西方中心论”的影响下，“道”就是上帝这一解读传统一直有所延续，一些人士对老子仍然怀有类似于宗教信仰般崇尚或从修炼角度解读《道德经》。如冯·布兰切勒的《老子〈道德经〉：美德之道》一书说，老子如同基督教的上帝，具有博爱与宽容的精神；又如美国畅销书作家翻译家史蒂芬·米歇尔翻译《道德经》是源于他 14 年的禅宗修行经历，他认为，《道德经》是“关于生活艺术的手册，文体简洁，充满幽默、宽容和智慧，是世界上的一大奇迹”，在这些人士中，较有代表性的人物是韦恩·戴尔、海灵格等。从表面上看，他们与早期传教士翻译《道德经》时将基督教与老子一些观念相比附的做法相似，但他却不是一种“归化”，而是出于对老子和《道德经》发自内心的虔敬。

综上所述，道学在西方社会展现出的丰富多彩的图景，充分显示出它在学理层面、生活层面和精神层面的多元发展趋势，这也从一个视角反映出，古老的道学早已走出它的故乡，逐渐汇入人类文化发展的洪流之中。

① J. J. Clarke, *The Tao of the West: Western Transformations of Taoist Thought*, London: Routledge, 2000. p. 3.

第二章　20 世纪道学西用的社会文化背景及理论基础

从《绪论》中所介绍的道学西传、西用概况来看，与 18 世纪法国启蒙运动时侧重于儒家思想的向度不同，在 20 世纪，西方学者对道家思想产生了更多的兴趣。因此，德国学者卜松山教授在评述西方接受道家思想的论文中说："西方接受道家要比儒家晚得多，然而却热烈得多。"汉学家们对《道德经》等作品的译介研究也成为 20 世纪欧洲汉学的重要内容之一。特别值得注意的是，此时，人们对道家思想不仅限于学术层面的解读，而且从多个具体学科的视域来诠释和应用道家智慧，这也逐渐成为这一时期道学西传、道学西用的特点。而这一特点的形成，则与 20 世纪西方的社会和文化背景有着密切的联系。因此，我们需要回过头来，对 20 世纪道学西用的社会文化背景及其理论基础作一番考察。

第一节　道学西用的社会背景

在欧洲历史上，曾经出现过 18 世纪法国启蒙运动时期的中国文化热潮，有学者探寻这一时期中国哲学和文化让欧洲人感兴趣的内在原因说，这是由于中国思想中的理性主义和无神论思想恰好与欧洲当时的理性主义和反神学思想极为合拍，适应了启蒙思想家的需要。进入 20 世纪以来，西方又出现了一波道家文化热，其波及的范围和波及的领域较之 18 世纪更为深刻和广泛，其社会文化背景也更为复杂。

随着科学及生产技术和商品经济的发展，西方各主要资本主义国家的政治经济发展失衡，造成了它们之间力量对比的变化，导致其民族矛盾日趋激烈，两次世界大战的相继爆发，集中地体现了资本主义世界政治经济和民族矛盾的白热化程度。战争造成了一个满目疮痍的世界，与之相伴随的经济危机更是雪上加霜，不仅给人们带来了生命和财产的巨大损失，更是从心灵上造成了深重的创伤。西方世界的各种矛盾和危机，特别是当权者的疯狂争斗，促使人们对自己的救世主产生了怀疑，对欧洲文明的优越性产生了怀疑。这种怀疑进而导致了现代西方世界最大的精神危机，欧洲人开始进行痛苦的反思。

同时，在现代社会，人类虽然在科学技术和知识积累、聪明才智等方面取得了突飞猛进的提高，然而在灵魂和德性的层面却停滞不前甚至倒退，道家曾洞察到的文明发展中物质生活进步与道德水平下降的矛盾现象更加突出。尔虞我诈、权力膨胀、唯利是图、道德虚伪、心理失衡、精神失落、空虚孤独等现象成为时代的痼疾，战争、冲突、失控、饥饿、疾病、污染等诸多问题更是给当代人类带来了极大的痛苦。

人类如何解脱痛苦，出路何在？一部分西方人士将目光投向了东方。在这些人当中，身处矛盾激化环境、危机感强烈的德国知识分子尤为急切。早在19世纪末20世纪初，以尼采为代表的西方文化悲观主义已经成为一种影响巨大的社会思潮，人们对现实感到悲观和不安，一切存在的事物都不确定的看法十分流行。许多人认为，这是一个革命的时代。这种观点也以文化的各种形式表达出来。

第一次世界大战的爆发，使西方文化悲观主义弥漫成一种社会思潮。战争的灾难似乎宣布了西方文明的破产，而在战败国德国，思想界对此有着更为深切的感受。在这种特殊的氛围下，通常被人们视为“失败者的哲学”、长于抚慰伤痛的道家思想自然更容易引起人们的共鸣，更有一些学者从《道德经》中发现了救治西方社会痼疾的良方。德国汉学家卜松山认为：“这时对中国思想的接受出现了与启蒙运动时代第一个接受阶段相类似的局面。启蒙思想家们鉴于30年战争的灾难性的破坏，他们认为，有道德秩序并崇尚和平的中国优于西方的野蛮……道家热席卷德国。特别是那些有和平主义倾向的思想家将追求和谐、宣扬‘无为’的道家真谛奉为典范。1919年诗人科拉邦德（Klabund）在一篇题为《听着，德国人》的文章中号召德国人按照‘神圣的道家精神’生活，要‘做欧洲的中国人’。”德国汉学家卫礼贤和魏尔奇将老子视为其发表对社会状况看法的“东风”。李约瑟也把《老子》当作救治西方社会之良方，他批判现代西方思想，主张代之以基于《老子》与其他早期中国经典的“有机自然主义”哲学。一些人士还认识到，老子提出的“复归于朴”、“抱朴守真”、自然无为、守柔不争以及庄子的“不与物迁”等思想，可以促使西方人从根本上进行反思，对于一些社会问题具有某种救弊补偏的作用，推动人性在更高层次上向真朴复归，升华人的道德境界，实现精神的超越。

美籍华人、心理学家李绍昆教授在他的《美国的心理学界》一书中的相关论述亦可反映美国在这方面的情形。他在介绍美籍犹太裔的荣格专家沈娥（June Singer）的一章中提到，他曾询问沈娥的心路历程和思想变化的原因，沈娥提示他阅读自己晚年的力作《爱的活力》一书第五章“四位寻求开悟的人”。李教授在那段文字中得到了清楚的答案。书中说，在20世纪五六十年代，在神圣与世俗之辩而“引起一场对基本价值问题的斗争中”，有四位代表性的“种子人物”，他们是荣格（Jung）、马斯洛（Maslow）、雅林·瓦滋（Alan Watts）、侯史敦·史米斯（Huston Smith）。这四位西方著名心理学家不约而同地“同自己的西方传统文化划清了界限，作出了决裂。他们都有一个共同的兴趣：喜好远东文化，尤其是道家的哲学，这对反文化运动都曾发生过微妙的作用。”① 这四位人物都有不同的文化背景：荣格原来是一位基督教牧师的儿子，自己是比较宗教学的专家；马斯洛出生于犹太家庭，自幼受到犹太教的传统熏陶；瓦滋更是一位英国圣公会的在职牧师；而史米斯则是出生在中国，是一位传教士的儿子。他们为何会热衷于道家思想呢？沈娥分析说：

> 这四位代表，一方面感到内心的精神需要和呼唤，另一方面又见到周围环境的迷惘和诱惑，他们不能不面对这种失调和失衡。在其不同的领域里，他们都拿出了最大的勇气，全力向过时的法制作斗争，并且为他们自己安排好新的途径，以便重新发现人心的宝藏。②

从以上这段话语中，我们既能找到喜爱道家文化的沈娥关于自己思想变化的原因，同时也理解到荣格、马斯洛等西方人士崇尚道家思想的动因，从一个真实而鲜活的角度折射出道学西用的社会、文化背景。

第二节　道学西用的文化背景

自近代以来，西方科学技术获得了突飞猛进的发展。产业革命所推动的科学技术的迅猛发展，是西方历史上前所未有的，也是西方文明自身发展的必然结果。西方文明的起点是向外做对象性的研究，希腊文明侧重于从科学计量的角度来理解时间和空间，理解世界。近代科学正根源于这种表象性、精确化和对象化的传统。在近代科学日益强大的影响下，自然主义和机械唯物论成为一般人世界观的基础，原有的思辨知识、直观知识、想象知识和信仰知识都失去了合法性，西

① ［美］李绍昆：《美国的心理学界》，北京：商务印书馆 2000 年，第 138 页。

② 同上，第 138 页。

方遭遇到了社会和文化的双重危机。

在科学领域，近代科学自身正发生着危机。传统的西方科学基本是建立在牛顿的世界观之上的，即认为世界是一个独立和孤立的物质相互作用的集合。① 过去一百年中，尽管西方科学取得了进展，但包括心理学和心理治疗在内的自然科学认同的仍旧是这种世界观。他们仍然将人视为彼此孤立之物，认为形体和大脑才是最重要的。例如，他们根据行为心理学认为“意识”甚至不存在。然而，20世纪初量子物理学的发现挑战了这一观点。② 海森堡和玻尔等物理学家发现牛顿范式不再适合亚原子世界，物理学领域的物质概念，受到了巨大的质疑。在20世纪的最后几十年里，科学界再次迎来了范式革命。这种趋势还影响到其他科学学科，特别是化学、生物学、医学和心理学等学科，这些领域也听到了对新范式的呼吁。③

美国著名物理学家、生态学家卡普拉更是相当全面地揭示了西方的社会文化危机。他在继成名作《物理学之“道”》之后撰著的另一影响广泛的《转折点：科学·社会·兴起中的新文化》一书中说：

> 我们自己正处于一场深刻的、世界范围的危机之中。这场多维的危机触及了我们生活的每一方面——健康、生计、环境质量、社会关系、经济、技术与政治，它也牵涉智力、道德、精神

---

① 译者蔡觉敏按：牛顿世界观认为，世界是一个独立和孤立的物质相互作用的集合，这里虽然也承认事物之间的“相互作用”，但其强调的是直线式因果关系。而在中国传统世界观中，事物之间的相互作用、相互联系却是一种网络状的关联。如，具有代表性的阴阳五行理论认为，事物之间的相互作用和联系，除了矛盾，还有互补；除了相克，还有相生。这里强调的是复杂的因果关系。因此，仅仅按字面意思翻译，则无法体现出东西方所言的“相互作用”之差别，故特此加以补充。

② Galina K. Thomas, THERAPY IN THE NEW MILLENIUM: New Sciences and Their Application to Therapy. Effectiveness of Systemic Family Constellations December, 2010, 6.

③ Influence of the Eastern the cultural renewal of the West, Bart van Steenberge, Highlight on culture, FUTURES August 1989, 374.

等许多层面，其规模和紧迫性都是人类历史上前所未有的。①

于是，卡普拉急切地发出了弃旧图新的呼吁。他说："无论是作为个人，作为社会，作为一种文化，还是作为全球的生态系统，我们都正在达到一个转折点"，"这场大规模的极为深刻的文化转变是不可抗拒的"。② 那么，应该以何种态度来应对这场转变呢？卡普拉的观点是："不应当去对抗，而应当欢迎，因为这是从痛苦、崩溃和僵化中得以解脱的唯一出路"，必须"对于我们过去的文化及其价值来一次深刻的再检验……重新认识曾被我们的文化所抛弃的一些价值观念"。③

他指出，现代物理学已经发生了数次观念革命，从而清楚地揭示了机械论世界观的局限性，因此，需要进一步超越笛卡尔世界观的模式，扩展新物理学的哲学意义来实行模式变换。他说：

> 从生理学到医学、心理学、精神治疗学、社会学、经济学，直到政治学。在所有这些领域中，笛卡尔世界观的局限都已变得很明显了。而要超越它，也就意味着必须超越机械论、还原论的方法，发展整体的、生态学的观念。④

卡普拉所说的"整体的生态学的观念"，正是他多次在论著中推崇的道家思想——"道家提供了最深刻和最美妙的生态智慧"⑤。

科学危机最深刻的表现是生活的危机——生活意义的丧失。海森堡的"测不准定理"让人们感觉到所谓"确定性"和自己生命的虚妄；自然主义用量化分析的方法来对待一切，包括人的生命；而历史主义则用偶然的世界观把一切有永久价值的东西相对化。总之，科学失去了其真正的基础——生活世界。另一方面，现代科学让人们疏

---

① ［美］弗·卡普拉：《转折点：科学·社会·兴起中的新文化》，第15页。
② 同上，第23页。
③ 同上，第23页。
④ 同上，第38—39页。
⑤ 同上，第310页。

离了人的生活世界，而由于自然科学的发展，科学逐渐控制人的思想。人们相信，只有通过物质的相互作用和机械的因果关系，才能得出合理、可靠的解释。于是，以科学取代哲学来解释形而上学的呼声和趋势也逐渐强大，这又预示着哲学本身的合法性危机。

伴随着科学技术的进步和发展，“祛魅”成为一个主导倾向，马克斯·韦伯（Max Weber）在20世纪初即把“世界丧失魅力”和“目的理性”主宰一切看成是我们时代的特征。自然界逐步被人们视为纯客观的物质集合体，客观世界无生命、没有喜怒哀乐，不再与价值、意义等精神现象相关，更不受人类思想感情的支配。世界丧失魅力导致20世纪日益脱离宗教维系，人们生活的世界越来越世俗化。

正如胡塞尔所指出的，现代科学的发展促进了人们对物质的重视，却忽略了对精神的追求，从而使人失去了价值和意义，使欧洲文明陷入危机。他批评实证主义漠视人、漠视人的主体性、将科学与人的精神生活割裂开来等弊端，使人的目的、意义、价值和人的尊严丧失殆尽。

哲学的合法性也在多方面显现出危机：经验主义和实证主义的泛滥，实证主义动辄以物理规律来解释人类心智和人的存在，导致产生取消哲学的倾向。而弗洛伊德的出现则打破了实证主义的垄断，改变了心理学本身的形象，他对无意识的揭示，粉碎了启蒙运动以来流行的理性的世界图景。近代哲学的知识论转向，以及传统形而上学对超验的终极实体的追求，也使得哲学对现实人生，尤其是个人生命的关注日渐淡漠，哲学丧失了它原有的品质，即指导现实生活的功能和智慧，人的自身价值和生活世界逐渐被遗忘。

针对实证主义漠视人、漠视人的主体性、将科学与人的精神生活割裂开来等弊端，现象学的任务就是要将人们从实证主义的这些谬误中解救出来，将哲学和科学还原到它最基本的原初——即生活世界中。胡塞尔之后的现象学及存在主义所关注的，实际上都是他所谓的生活世界。海德格尔的现象学不再用传统形而上学的对象性思维，而是用现象学的方法，为传统形而上学去蔽。传统形而上学把基础确立于在者（存在物）之上，而这个在者的“基地”却还晦暗不明，并且一直无人问津，海德格尔力图克服形而上学的偏颇，重新追问存在之根，通达本源。

西方现代哲学出现了由传统的形而上学向人的存在、生命的意义等存在论的转型。尼采哲学的出现，彰显了生命意义，突出了生命的主体精神。尼采批判西方自苏格拉底以来的传统哲学轻视生命价值的倾向，苏格拉底将生命的价值归结为对知识的追求，用知识去评价生活，这是对生命的变相否定。尼采认为，生命的真理是不成问题的，无须证明的，“如果一个哲学家总是把生命的权利看成一个问题，那么就要对他的哲学家资格提出异议，给他的智慧打问号”。换言之，对生命的态度不是一个认识问题，而是一个价值判断。归根到底，生命的价值起决定作用，其他价值都不是决定意义的。因此，在尼采这里，价值是以人的生命作为基础的，“当我们谈论价值，我们是在生命鼓舞之下，在生命之光照耀下谈论价值的；生命迫使我们建立价值；当我们建立起价值，生命又通过我们对之进行评价”。

沿着尼采高扬生命的价值这一方向，生命哲学反对机械论生命观，更彰显了生命的创造精神。生命哲学不再限于从生物学意义来定义生命，而是从本体论的高度赋予生命的本质；生命不是自然科学所研究的物质，而是一种富有创造性的活力。

与生命哲学的发展相联系，与科学进步同步发展、受笛卡尔身心分离论影响的现代西方医学虽然对人类诸多疾病的治疗和健康保障方面发挥了重要的作用，但也日益暴露出它的局限性，精神病医生只处理心智方面的问题，其他各科医生则只关心躯体及其相关器官，情绪与疾病的联系被人们所忽略，这种治疗思路无法理解和解决大多数疾病。对此，著名物理学家、哲学家卡普拉尖锐地指出：“生物医学模式已经与文化信念体系错综复杂地纠缠在一起，要摆脱它，除了深刻地变革文化外，别无蹊径。”① 他分析说：

> 医生们看不到疾病的潜在的有利因素。疾病被当做应当消灭的敌人，医学追求着一种企图消灭所有疾病的乌托邦式的理想。其实，正如杜博斯所说："全然没有疾病和斗争，生命过程便无法存在。”……人体的机械论观点和相应的工程学方法导致了对医疗技术的过分强调。“硬技术”成了现代医学的中坚。②

总之，自苏格拉底以来西方传统哲学轻视生命价值的倾向、近代自然科学背景下的“祛魅”潮流以及实证主义哲学的流行、一个没有生命的冰冷世界无法满足人类在情感和精神方面的需求。在以上这些因素的综合影响下，不少西方人陷入了迷惘和苦闷，他们希望寻找出路。而主张天人合一、主客互动、有机整体观、重视生命和直觉认知的中国哲学特别是道家哲学在他们面前展开了一条充满希望的新道路。加之，基督教“上帝”与道学之“道”的某种相通性，更是让他们在求索途中增添了几分熟悉和亲切。

正如卡普拉在他那本获得极大的关注的畅销书《物理学之“道”——近代物理学与东方神秘主义》的《后记》——《新物理学的未来》中所说：

> 现在正在发生的世界观的变化将不得不把价值观的深刻改变包括在内；实际上是情感的一次彻底变化——从主宰和控制自然界的意图转变为一种合作和非暴力的态度。这样的一种态度是极为生态学的态度，而并不令人惊讶的是……中国古代的圣贤们美妙地表达了这种态度：“遵从自然规律的人随着道的潮流而流动。”③

卡普拉在上文所引用的“中国古代的圣贤们”遵从自然规律，

① ［美］弗·卡普拉：《转折点：科学·社会·兴起中的新文化》，第109页。

② 同上，第101—102页。

③ ［美］F. 卡普拉著，朱润生译：《物理学之“道”——近代物理学与东方神秘主义》，北京：北京出版社1999年，第322页。

“随着道的潮流而流动”的态度，正是来自老庄的观念。① 因此，卡普拉非常崇尚道家这种“极为生态学的态度”，他说：

> 在伟大的宗教传统中，道家提供了最深刻并且最美妙的生态智慧。②

卡普拉所指出的西方世界正在发生的“从主宰和控制自然界的意图转变为一种合作和非暴力的态度”及其与老庄思想的契合，正是非常准确地道出了道学西用的文化背景。

第三节　道学西用的理论基础

以上我们讨论了道学西用的文化背景，即针对实证主义漠视人、漠视人的主体性、将科学与人的精神生活割裂开来等弊端，西方现代哲学由传统的形而上学朝人的存在、生命的意义等存在论的转向。在这一转向过程中出现的一些哲学流派则为道学西用提供了理论基础。

1. 柏格森的生命哲学

柏格森的生命哲学从西方传统的理性主义逆转过来，不仅对西方现代哲学产生了重要的影响，而且直接影响了西方一些现代科学家。柏格森认为，理性所借以进行判断推理的概念，是僵死的符号，不可能把握实在的运动性，不能把握那浑然一体的、永动不息的生命。而理性知识是以先在的概念表示的符号的知识，这只是一种相对的知识，而只有依靠直觉，才能把握事物的生命本身，这种直觉达到了绝对的东西。③

① 本书的译者在这段文字后面加页下注予以说明：《老子》第二十三章，故从事于道者，同于道。《庄子·大宗师》：“彼方且与造物者为人，而游乎天地之气。”皆此意。——译者

② ［美］弗·卡普拉：《转折点：科学·社会·兴起中的新文化》，第 310 页。

③ 谢庆绵主编：《现代西方哲学评介》，厦门：厦门大学出版社 1989 年，第 83—85 页。

因此，柏格森推崇直觉思维，认为直觉是发明创造的源泉，直觉将哲学和科学统一了起来，无论哲学或科学，根本上都依赖于直觉，而不能靠传统的理性分析或逻辑推理。直觉是朝向事物的内在生命的真实的运动，强调探寻生命的本原，体悟质朴的生命。而要进入直觉，就必须否定理性、弃绝分析、去除概念、撇开功利，才能感触到原本的东西的心灵搏动。而这种体悟需要在安静的状态下方能更为清楚。这一点，清晰地展现在他的《时间与自由意志》一书扉页上引用的古希腊格言："静观万象，体会一切。"

显然，柏格森的这些思想正与老子"为学日益，为道日损""致虚守静"等直觉认知方式十分切近。《老子》认为，在致虚守静的状态下，才能"万物并作"，"归根复命，复命曰常，知常曰明"，回归于生命的本原，体悟大道。这是一种不同于西方传统理性认知的直觉认知方式。在老子看来，只有通过这种独特的认知方式，方能体悟"道"这一生命的根源和事物的根本规律。

尽管一些西方科学家并不满足于柏格森试图一劳永逸地为科学的各个领域以及其他智能活动"引进一种方法"，但很多人还是肯定了柏格森的努力。如著名的比利时物理化学家和理论物理学家普里戈金就曾受到他的影响。普里戈金曾概括柏格森对于人的理性之局限性的认识，这就是："不能理解持续过程，因为他把时间约化成由某个决定论的定律连接起来的若干瞬时状态的一个序列。"因此，在这一问题上，"科学是无能为力的，这时需要的是直觉""直觉是获得精神、持续和纯粹变化的东西"，这种方法"更像是一个纲领，它正开始被科学正在经受的变形所实现"。① 这些与道家思想相契合的观点，为普里戈金接受和应用道家思想搭建了理论上的桥梁。

同时，普里戈金也欣慰地看到："柏格森所批判的局限性正在开

① ［比］伊·普里戈金、［法］伊·斯唐热著，曾庆宏、沈小峰译：《从混沌到有序：人与自然的新对话》，上海：上海译文出版社2005年，第95—97页。

始被克服。克服的方法不是抛弃科学研究或抽象思维，而是觉察出经典动力学概念的局限性，并且发现新的适合于更一般场合的表述。”①

2. 怀特海的过程哲学

英国著名哲学家阿尔弗雷德·诺思·怀特海是一位热爱中国文化的西方哲学家，他曾经说：“我们对中国的艺术、文学与人生哲学知道越多，就会愈羡慕这个文化所达到的高度。”他所创立的过程哲学与中国文化具有密切的亲缘性，过程哲学为西方人士接受道家思想等东方智慧作了很好的理论铺垫。

这一理论认为，过程就是实在，实在就是过程。整个宇宙是由各种事件、各种实际存在物相互连接、相互包含而形成的有机系统。自然、社会和思维乃至整个宇宙都是活生生的、有生命的机体，处于永恒的创造和进化过程之中。而这些机体的各元素之间具有内在联系的、持续的创造过程，机体之间可以相互转化，整个宇宙呈现为生生不息、不断变化的活动过程。因此，实际存在物是一个过程，这里存在着从状态到状态的生长，存在着整合与再整合的过程。整个宇宙包括自然、社会和人的生命在内都是由各种实际存在物的发展过程所构成的一条历史轨迹，它在相当程度上前后相承。与这种有机整体观相一致，怀特海亦迥然不同于笛卡尔的身心二元论，他强调，物质世界与精神世界并非相互独立的两个世界，身与心、物质活动与精神活动相互交织、相互联系。这些观点与西方传统的实在论、二元对立、分析方法大相径庭，而与中国传统特别是道家哲学中的有机整体论、身心一如、心物一体、变动不居等思想相当一致。的确如一些学者所言，过程哲学“是超越传统西方哲学中的实体实在论和主客二元对

① ［比］伊·普里戈金、［法］伊·斯唐热：《从混沌到有序：人与自然的新对话》，第97页。

立的思想方式的新尝试”①。过程哲学成为西方学界最能与道家相通并呈现道家思想特点的哲学，“中国的传统就信奉各种形式的过程哲学”②。怀特海本人亦曾坦言，与西方思想相比，“他的过程哲学更贴近东方，特别是中国人的思维，因为中国思维本质上是关系的和过程的”③。

上述思想家超越西方传统哲学的新思想为西方学者接受道家思想架起了理论桥梁，从普里戈金等深受道家思想影响的西方科学家的著作中，我们的确看到了怀特海对他们的影响。普里戈金在他的著作中曾多次提到怀特海的思想。如，他在书中曾专门列出一节介绍怀特海过程哲学的一些观点说：怀特海在“他最重要的著作《过程与实在》中，他把我们推回去接触经典时代的一些伟大的哲学，以及他们对严密的概念实验的寻求。怀特海也像柏格森那样指出了17世纪科学所开拓的理论图式的基本弱点”。作者批评西方传统的科学家和神学家对于世界的认识：

> 努力把自然描述成一个没有思想的被动的机构，而这基本上是和自由以及人类思想的目标不相容的，“一个呆笨的事物，无声、无臭、无色，仅仅是事物的混乱，无目的、无意义”，如怀特海所观察的那样。④

普里戈金正是从怀特海那里得到了启示，他称道怀特海建立的宇宙学就是在这方面的“最为雄心勃勃的尝试”。在怀特海的哲学理论中，“科学与哲学之间没有根本的矛盾……使人类经验和物理过程

---

① 杨富斌：《怀特海过程哲学思想述评》，《国外社会科学》2003年第4期，第75页。

② ［美］安乐哲著，彭国翔编译：《自我的圆成：中西互镜下的古典儒学与道家》，石家庄：河北人民出版社2006年，“序言”第10页。

③ 王治河：《过程哲学：一个有待发掘的思想宝库》，《求是学刊》2007年第4期，第6页。

④ ［比］伊·普里戈金、［法］伊·斯唐热：《从混沌到有序：人与自然的新对话》，第53页。

的问题在该领域内能得到一致的处理”。这种哲学能够容纳融通多种经验，即具有“一致性”，“这种一致性可以容纳经验的各个方面，不论他们属于物理学、生理学、心理学、生物学、伦理学等等”。①

普里戈金准确地把握了怀特海过程哲学的内核，即“哲学的任务就是对永恒和变化进行调和，就是把事物想象为过程，就是去证明演化组成实体，组成一个个诞生着和死亡的本体”。在怀特海看来，世界的万物都是变动不居的，不断变化的，“假如组成自然的各个成员均被定义成永恒的、单个的实体，它们在一切变化中和相互作用中都保持它们的同一性，那么就不可能想象出自然界的有创造力的演变。”② 显然，这种万物变化的思想与老庄的“反者道之动”“方生方死，方死方生”等观点相通。

3. 现象学和存在主义哲学

20 世纪 30 年代以来，心理学界的一些有识之士也看到了实证主义心理学方法论给心理学带来的危机，试图寻求新的出路。现象学和存在主义的兴起，为心理学研究方法的转型提供了思想资源，在这一转型中，现象学和存在主义与怀特海的过程哲学相类似，它们亦发挥了沟通东西的桥梁作用，它一头连接东方古老的道家，另一头则直接深刻地影响着一些西方心理学家，是道学西用的另一重要哲学基础。

一方面，现象学和存在主义与道家哲学有不少相通之处，例如，存在主义哲学创始人克尔凯郭尔反对社会对个人自由的压抑和限制，强调应该充分地关注个体的每一种情感，提出将“孤独的个体”作为哲学的研究命题。他认为，外在的束缚使人丧失了本质，丢掉了自我，丢掉了内在的精神，成为孤独的个体。要改变这种状态，就应当使人回归真正的自我。现象学大师胡塞尔所追求的现象学超越，是要

① ［比］伊·普里戈金、［法］伊·斯唐热：《从混沌到有序：人与自然的新对话》，第 98 页。

② 同上，第 98 页。

以本质直观和现象学还原的方法，悬置（悬搁）经验判断中所包含着的个人主观性，跳出任何一种现成文化习俗的框架规范，回归人类经验的本来源头，回归宇宙人生之本质而普遍的联系，回归我与他人、我与万事万物的本然统一。

这些主张与道家“绝学”、“弃知”、扫除成心、与道相合、返璞归真等追求相当契合。老子强调，人类现有具体知识的增长将令人产生智巧和感官欲望，阻碍对于“道”这一世界本质规律的领悟；故主张“绝学”“弃知”，“损之又损”，减少智巧和欲望，超越既有知识和文化习俗规范以及个人经验判断的成见，持守虚静的心态以体悟本原性的“大道”，去除外在人为束缚，回归于个体独特的真朴本性，以图达到自然无为、与道合一的境界。

不少西方现代心理学家从现象学和存在主义中吸收哲学智慧，这就为他们亲近和理解道学铺平了道路。20世纪50年代，传入美国的现象学构成了人本心理学的方法论；而存在主义实际上是现象学传播到法国而产生的哲学流派。它们先后对格式塔心理学、认知心理学、人本心理学和存在主义心理学等产生重要影响。例如，深受现象学的影响，格式塔心理学家主张用直观的方法去研究直接经验，他们所谓的直接经验就是主体直接感受到或体验到的一切，这种经验不带有任何前提，不分析为元素，又不进行人为的抽象，心理学的首要任务是对这些经验进行如实的、朴素而又丰富的描述。格式塔学派还强调整体性原则，反对构造主义元素学说和行为主义“刺激—反应”公式，认为人的每一种经验都是一个整体，不能简单地用其组成部分来说明，并提出了“整体大于部分之和”的整体性原则，他们又从物理学中引进了与现象学的整体观相一致的“场论”，提出了“行为场”“心理场”“心理物理场”等概念，以强调人的直接经验的整体性。

沿着格式塔心理学派的发展路向，人本主义心理学从现象学中吸取了更多的思想营养。如人本主义心理学家罗杰斯从现象学接受的理念主要有两点：第一，心理的现实是个人的直接现实。任何行为，包括心理病理性的行为，只有从当事人的角度才能得到最恰当的理解；第二，现象的世界是一个整体的世界，其中任何部分只有从其与整体的联系中，才能得到解释。任何一个部分的改变，总是会引起整体的改变。

可见，现象学和存在主义的哲学智慧促使西方心理治疗学开始超越实证主义的谬误和机械主义的歧途，发生了具有历史意义的转向。

另外，受到老子思想影响的玻尔在量子物理学领域内的新观点也启发了一些心理学家和心理治疗家。在很长时期里，他们认同的是牛顿的将世界视为独立和孤立的物质集合这一传统世界观，仍然将人视为彼此孤立之物，认为形体和大脑才是最重要的。例如，他们根据行为心理学认为“意识”甚至不存在。然而，20世纪初量子物理学的发现挑战了这一观点。因为事实证明，支配我们物理世界的定律在原子和亚原子水平上不起作用。诸如“非局域性”（两个粒子瞬间跨越时空交流的能力）、“观察者效应”等现象表明，世界远不只是我们所见到的。量子理论中出现的一些现象直接影响到了心理学世界。一个例子是“观察者效应”——观察者的意识会影响实验的结果，并且在某些方面会影响（一些科学家甚至认为会是塑造）现实。可见，著名物理学家尼耳斯·玻尔“既是演员又是观众”的认识论也对心理学世界产生了影响。

以上这些因素，都为荣格、马斯洛等心理治疗家感悟和吸收道学的思想营养、实现心理治疗模式的创新铺平了道路。

第四节　道学西用和流行的内因

以上我们从社会和文化的视角分析了道学西用的背景，这些还只是道学西用的外部原因。我们认为，道学之所以在20世纪对西方多个领域产生不容忽视的影响并流行，还与道学自身的特点有密切关系。

一些人认为，道家的“道”具有一定的模糊性和多义性，所以能给人多方面的启迪；当代英国汉学家和哲学家克拉克在《西方之道——道家思想的西化》一书的“前言”中曾讨论个中原因说，道学对那些寻求一种精神和自我实现的人越来越有吸引力……它提供了一种通过重新将人类生命与其在自然中的根源联系起来以发现意义的方法。① 这些看法不无道理，但我们认为，还有必要对这一文化现象背后的原因作更深入的分析。

道家自身的哪些特点促进了它在西方的接受呢？

1. “道”这一概念的抽象性具有极大的开放性和创造空间

老庄等道家学者所提出的“道”是一个高度抽象、极具普适价值和包容性且难以在西方找到相应词语的概念。德国特里尔大学教授卜松山曾引用西方学者布洛赫（Ernst Bloch）《希望的原理》一书中的评价说：“老子的‘道’要比任何东方宗教之基本范畴都难以用欧洲的概念来翻译。尽管如此，它不用言传却最易于意会。它是智慧的宗教范畴，与以忘却欲望来满足欲望的恬静相契合。”由于这一特点，“道家在西方被接受的过程中显出了令人惊异的应变能力。它含有使它能被各方面接受的因素。女权主义者们可以在《道德经》中找到许多章节证实阴更为强（以柔克刚），混沌学研究者或解构主义者则可在道家思想中为他们颇为吊诡的理论找到相似的哲学思考和佐证”②。

美国汉学家郜谧侠曾将《道德经》与《论语》进行比较，更清

---

① J. J. Clarke, *The Tao of the West*: *Western Transformations of Taoist Thought*, London: Routledge, 2000, 3.

② ［德］卜松山：《时代精神的玩偶——对西方接受道家思想的评述》，《哲学研究》1998年第7期，第43页。

楚地凸显出《道德经》的抽象性特征。他认为，《论语》中谈及很多先秦时期特有的文化或周朝传下来的礼乐传统，与现代人的生活存在距离，而《道德经》讲的道理和智慧，“无论读者在什么地方，用什么语言，有什么样的文化背景，都是比较容易接受的。从跨文化传播的角度，这是《道德经》的优势”①。

的确，以老子为代表的道家学派的这一特点是其实现跨文化传播的最大优长之处。但不可否认的是，这一优势同时也隐含了缺陷。一方面，它具有极大的解释空间，具有极大的理论创造和实际应用的弹性空间，有助于融通多元文化、适应不同人士的需求，为人们发展道家智慧提供了思想驰骋的广阔天地，也为人们在实践生活中应用这些智慧打开了通往多条道路的大门。另一方面，它又可能导致被误解和过度诠释的危险：“道家开放性中蕴含的多功能性使其具有吸引力，但也往往使得道家成为时代精神的玩偶，容易流于庸俗化……从社会全方位看，对道家思想的接受乃是一个极大的创造性误解。卫礼贤早已看到这一点：‘很多东方的东西今天在欧洲流行，要归功于原则性的误解。’”②

与这一特点紧密相连的问题是，以抽象性的“道”作为核心概念的《道德经》译本呈现出异彩纷呈的状态。例如，一些人士完全脱离《道德经》的原文，侧重从思想实质上阐发其中的精髓。比较典型的例子是，美国管理学家 Stanley M. Herman 在《工作中的道：带领和跟随》中将《道德经》八十一章逐一“翻译”，并且加入了一些浅显易懂而令人印象深刻的故事。③ 这类方式让《道德经》在海外

① ［美］邰谧侠：《〈道德经〉缘何成为外译最多的中国典籍》，中新社记者崔相光“东西问”专访，《中国新闻网》2023年9月8日。

② ［德］卜松山：《时代精神的玩偶——对西方接受道家思想的评述》，《哲学研究》1998年第7期，第43—44页。

③ S. M. Herman, *The Tao at Work: on Leading and Following*. Jossey Bass, 1994. pp. 7—8.

拥有了更为广泛的受众，但也让《道德经》在海外的传播路径更为扑朔迷离。因为，如果作者对其思想出处不加以说明的话，人们无法知晓这些思想的源头来自何方，这也是我们研究“道学西用”这一课题时常常遇到且无法解决的难题。或许，这也正符合《庄子·天运》中所推崇的“利泽施于万世，天下莫知”的理想境界吧。

2. “道”与基督教文化或上帝观念存在某种相通性

由于“道”这一概念的抽象性，与基督教文化或“上帝”观念存在某种相似性或显示出某种同通性。早在18世纪时，在中国传教的西方传教士就将“道”与基督教的上帝相比附，法国耶稣会士傅圣泽认为“道字系指基督教的最高神——造物主上帝”。传教士亚历山大（George Gardiner Alexander）在《老子》的英文译本中，将“道”译为“God”或“Creator”，认为“道”的内涵类同于西方哲学中的“第一因”（Infinite First Cause）。如果说，这只是辛红娟所概括的传教士们“英译中的归化性策略”，那么，到了近代以后的思想家那里，“道”与基督教上帝观念就在学理的层面上出现了更多的相通。

大致说来，在西方思想文化史的发展过程中，上帝这一观念经历了从中世纪哲学的信仰化到近代哲学的理性化。到了德国古典哲学家这里，“上帝”或成为道德悬设的最高准则（康德），或成为最高意义上的终极存在或终极价值（黑格尔）。同样，老子之“道”也是一种宇宙本源、终极存在或最高的道德准则和“上善”。

而在20世纪将老子思想融入现代生活的杰出代表韦恩·戴尔这里，更是将上帝创造物即世界万物与个体悟“道”的境界相联系。他所倡导的悟道方法是：“在每一个人以及上帝的创造物之中，你都会发现自己的身影，在这种简单的观察中，你会看见‘道’：我们就是整个世界。”① 他在阐发《道德经》第十五章“微妙玄通深不可识”这段时，推崇“若朴”“若谷”“静之徐清”“不欲盈”等道者那种柔韧平和的存在方式和状态，而且将这种道者气质与基督教推崇的人格形象相融通。他说：“这样一段关于‘道性’的描述，让我想起《圣经》上的那句话：‘保持静寂，我知道我是上帝。’”② 反映出他融通中西文化的胸怀。

这些例证说明，“道”与基督教文化或上帝观念存在某种相通性，也为西方人士喜好和接受道学提供了理论基础，为道学西用提供了广阔的想象空间和理论创新空间。

3. 道家对于生命的尊重和养生的智慧独具魅力

道家强调尊道贵德重生，充满了对于生命的珍爱和关怀，丰富的养生保健理论和方法是道学最为优长且最具有普遍意义和独特魅力之处。道学深刻地认识到躯体、心理和精神之间的相互联系，提出了身、心、灵互动紧联的生命整体观，推崇“我命在我”的生命主体论和俭啬寡欲的生命颐养观，倡导慈爱谦下、顺应自然，追求性命双修，身心两全，特别是为保养和延续人的整体生命积累了丰富的经验和可操作的方法，有助于当代人类的自我生命养护，弥补西方主流医学的短板。

反观西方医学，由于受到笛卡尔身心分离论的影响，正面临将身心分为两个孤立部分而导致的困境，正如卡普拉所揭示的那样：

> 精神病医生只处理心智方面的问题，其他各科医生则只关心躯体。这种支离给理解大多数疾病带来了困难，尤其是情绪与疾病的联系仍然没有得到医疗界的重视。③

---

① ［美］韦恩·戴尔著，王强、刘飒译：《改变思想，改变生活——老子智慧的现代启迪》，天津：天津科技翻译出版公司2009年，第45页。

② 同上，第64页。

③ ［美］弗·卡普拉：《转折点：科学·社会·兴起中的新文化》，第100页。

在对于西方现代主流医学的局限性进行反省的过程中，卡普拉将目光投向了道学的生命智慧，他说：

过程、变化、流动的概念，在系统论的生命观中至关重要，而这早已被东方神秘主义传统所强调，尤其为道家所强调。秩序的基础是流动，这在道家经典中是主题。道家的圣人意识到，流动在观察生命世界时具有重要意义。他们也意识到，对立但又互补的倾向看来是生命的精髓。在东方传统中，道家的生态视角最为清晰。①

卡普拉深刻地认识到，道家以变化流动的眼光来观察生命世界以及对立又互补的方法论，这些生命智慧正是西方文化中所缺少的。因此，卡普拉强调整合道家和中医等智慧对于弥补西方现代主流医学局限性的意义："要把东方医学和我们希波克拉底传统的富于特征性的一些方面纳入我们的保健体系中就会容易得多。"②

在这种情形下，道学的生命智慧更是具有特别魅力和启示以及超越时空的重要价值。应该说，这是道学西用和流行最深刻的内因。

4. 道家关于文明发展的危机及其批判引起了西方人士的共鸣

老庄为代表的道家深刻地认识到社会与文明发展给人类带来的危机，《道德经》第五十七章说："民多利器，国家滋昏；人多伎巧，奇物滋起。"人类与"道"相疏离之后，就一步一步地失去了与自然、社会、人际、身心和谐相处的理想生存状态，这正是《道德经》第三十八章中所说的："失道而后德，失德而后仁，失仁而后义，失义而后礼。夫礼者，忠信之薄而乱之首。"在这种情形下，逐渐丧失了纯朴本性的人类需要制定仁、义等伦理规范来协调人伦关系，最后只能依赖外在的礼制来束缚和规范自己的行为，这些话语表达了老

① ［美］弗·卡普拉：《转折点：科学·社会·兴起中的新文化》，第225—226页。

② 同上，第239页。

子对人类文明演化过程的无奈和感伤。庄子及其后学亦发出了“道术将为天下裂”“百家往而不反，必不合矣”（《庄子·天下》）等悲叹！出于对人类命运悲天悯人的反省，老庄疾呼绝仁弃义、返朴还淳、去奢崇俭，希图力挽狂澜。老庄这种批判精神具有穿越时空的启迪，它超越了纯个人的主观性的生命旨趣，对社会文化或人的存在进行了深刻的反省与批判，从而凸显出独特的价值和现代启示意义。

道家对于文化和文明独具前瞻性的批判意识让面临现代文明危机的西方人士产生了强烈的共鸣。正如德国学者卜松山所言：“自尼采和施本格勒以来，对西方文明的批判已经成了现代西方意识的基本组成部分……对西方很多人来说，‘现代的困扰’，已蔓延到现代生活世界的其它领域，比如技术和经济效益挂帅把现代人束缚于‘目的理性’思维的‘刚硬外壳’（韦伯），所以，道家文明批判观点可以对今天厌倦文明的欧美人发挥影响。”①

5. 道家思想为西方人士反省自身文化的弊端提供了启示

出于对西方文化之弊端的反省以及对现实生活中某些问题的警醒，这也是西方人士吸收、应用道学的原动力。有学者在考察了 20 世纪道学在美国的传播历程后指出：“就道家思想在美国的整体传播而言，它并非来自中国文化的自主传播，而主要取决于美国在不同历史阶段的发展需要与现实需求。20 世纪的美国在面对世界大战、经济危机、冷战等外部危机的同时，内部进行着一系列文化反思……‘希望东方世界的精神价值能够对现代西方文明中的理性主义和唯物主义起到重新反思的作用’。”②

以上分析颇为中肯。的确，道家智慧正是充满了对于理性和知识

① ［德］卜松山：《时代精神的玩偶——对西方接受道家思想的评述》，《哲学研究》1998 年第 7 期，第 43 页。

② 马钰滢、蒋述卓：《道家思想在美国的百年传播研究》，《东南学术》2023 年第 1 期。

限度的深刻认识。老子告诫说："知不知，上矣。"庄子主张去除人的认知分判之心、功利计算之心，即所谓"机心"，因为这将妨碍人们体悟大道这一更高的智慧。《庄子·天地》中以一则为圃者排斥子贡以槔取水浇地的寓言故事，表达了技术进步将戕害心性的忧虑。这位老农教训子贡说，以槔取水虽然省力，但是，"有机事者，必有机心。机心存于胸中，则纯白不备。纯白不备，则神生不定。神生不定者，道之所不载也"。因此，道家主张致虚守静，去除智巧，返璞归真，自然无为，"少私寡欲"，追求人与自然和谐共生，这些都成为给予西方人深刻启示的思想源泉。

例如，荣格意识到西方文化中意识过度发展对人的精神心理产生的危害，他看到，与西方意识片面发展的情形不同，中国人善于平衡理智和情感这两个对立方面。荣格毫不掩饰地批评说，西方文化中的片面性，尽管它提供了发展的动力，但是，"它仍然是未开化的标志。如今在西方发端的反抗理智崇尚情感或者崇尚直觉的这个反响，我认为是文明发展的一个标志，是意识对专横的理智设定的过分狭窄之界限的突破"。① 荣格希望采用道教的"自然无为"来抑制意识的过度发展，保持意识与集体潜意识的联系，以保证精神的正常发展。他通过对《太乙金华宗旨》的研究和自己的实践，发现"无为艺术"正是道教内丹修炼的方法或体验。荣格进一步认为：人们如果要促成自我的解放和人格的成长，就必须遵循"自然无为"这种东方道家的处世态度。②

卜松山也认为："可以将自然科学物理学最新的研究分支领域混沌学，放在道家哲学领域来看。"他还引用维特根斯坦在1948年的哲学笔记《杂记》中的话语："如果进行哲学思考，就必须沉入太初的

① ［德］卫礼贤、［瑞士］荣格著，通山译：《金华养生秘旨与分析心理学》，北京：东方出版社1993年，第76页。

② 同上，第118页。

混沌中，并在那里有在家的感觉。”“维特根斯坦于1918年发表的《逻辑哲学论》书末包含的悖论同庄子如出一辙……他越过逻辑实证主义的彻头彻尾的西方方法而接近了哲学的沉默，比如《逻辑哲学论》的末句写道：‘对不能言说的东西，就应当保持沉默。’”卜松山论述德里达与庄子思想的联系说：“德里达哲学通过攻击所谓的西方言说中心主义并拒绝征引以形而上学方式固定下来的现有存在，也同样接近了庄子（特别是《齐物论》，见Michelle Yeh，Hongchu Fu），以至现在有人称之为‘德里达道家’。”“所以，在道家中找到某些能使现代人产生兴趣的亲缘之处，是不足为奇的。”①

西方人士试图从道家思想中寻求走出困境之药方，在这方面，著名历史学家汤因比是具有代表性的人物。他在《人类与大地母亲》这部巨著中说：

> 对于道家来说，“道”是现象世界的终极实存之“道”，既存在于现象世界，又在现象世界之深层，还存在于现象世界之外。实存之道“无为”而不可抗拒，滋养万物，这三个特点都与“人道”相反。以“人之道”，人类往往是主动积极地行动，所谓的聪明才智更是让这种积极发展至狂热。在人类文明的任何之处，在所有哲学中，道家最早预料到，在通往文明的路上，人类无法与其生活、运动和存在的终极现象的灵性和谐相处，最

① ［德］卜松山：《时代精神的玩偶——对西方接受道家思想的评述》，《哲学研究》1998年第7期，第42—43页。

终影响了自己在宇宙中的状态。①

那么，如何改变这种不和谐的状态呢？汤因比认为，人类应该按照“终极实在”的精神来生活、行动和存在。因此，道家思想的意义不仅限于它产生的那个时代和环境，“而且与所有的时代和地区，尤其是20世纪70年代人类的全球状况有关”②。

汤因比以上关于道家思想之普适价值的论断绝非随意而出，而是来自他深入全面地考察和分析了人类的困境以及人与自然的关系之后所作出的结论，他在《人类与大地母亲》中总结说：

人类需要“保持地区性的人类共同体之间的和平，来重建人类与生物圈其余部分之间的平衡，因为这种平衡已被作为工业革命结果的人类物质力量的空前增长而打破”。他进而向人类发出了严厉的警告：“现在人类拥有使生物圈在不远的将来即变得无法生存的物质力量……人类这个大地母亲的孩子，如果继续他的弑母之罪的话，他将是不可能生存下去的，她所面临的惩罚将是人类的自我毁灭。”③

汤因比出于深刻的危机意识而发出的这些告诫，不仅可以回答道家思想为何“与所有的时代和地区，尤其是20世纪70年代人类的全球状况有关”，更揭示了20世纪西方世界接受和应用道学思想的深刻内因。

---

① Arnold Toynbee, *Mankind and Mother Earth: A Narrative History of the World* (New York: Oxford University Press. 1976), p. 220.（这一段中译本为：“对于道家来说，‘道’是现象世界之内、之后和之外的终极实存。实存的道是无为、不可抗拒和仁慈的，而且，按照所有的这3个特征，它与人之道是相对的。按照人之道，人类通过热病之为挫败自己，导致暴力行为，而且，这一切又由于人的聪明才智而不断恶化。在人类生存的任何地方，道家都是最早的一种哲学，它推断人类在获得文明的同时，已经打乱了自己与‘终极实在’精神的和谐相处，从而损害了自己在宇宙中的地位。”——徐波、徐钧尧、龚晓庄等译：《人类与大地母亲》，第275页。这段译文中的“人类通过热病之为挫败自己”等句比较费解，故我们查找了该书的这段原文并由蔡觉敏重新翻译）

② ［英］阿诺德·汤因比著，徐波、徐钧尧、龚晓庄等译：《人类与大地母亲》，上海：上海人民出版社1992年，第276页。

③ 同上，第725—726页。

第三章　道学西用的主要方式

老子是西方人眼中的东方三大圣人之一。《道德经》在西方世界被奉为智慧之言。但由于不同的社会文化背景、个人经历和兴趣、职业和身份以及对道学了解的不同程度等多种因素的影响，西方人士吸收和应用道学的切入角度和程度、方法可谓是丰富多彩，以下我们大致作一归纳。主要包括以下几种方式：奉为箴言或人生警句的创作灵感的开示，作为某种技术的应用，基于思维方式或方法论的启示，通过经典诠释融入生活，从文学意境或生活方式视角的应用。

第一节　基于思维方式或方法论的启示

我们在前面讨论道学西用的文化背景时指出，进入20世纪以后，那种认为世界是一个独立和孤立的物质相互作用的集合的西方传统思维方式遭到了越来越多的质疑。正如卡普拉在他的著作中所指出，现代物理学已经超越了笛卡尔世界观的模式，同时，在生理学、医学、心理学、精神治疗学、社会学、经济学、政治学等多个领域中，均显示出笛卡尔世界观的局限性，因此，卡普拉强调："必须超越机械论、还原论的方法，发展整体的、生态学的观念。"① 而且，这种超越或变换并非某些个别的方法或思想观点，而是需要扩展新物理学的哲学意义来实行模式变换，帮助科学家和大众"改变自己的哲

① ［美］弗·卡普拉：《转折点：科学·社会·兴起中的新文化》，第39页。

学基础，以便参与正在发生着的文化转变”①。

显然，这是在思维方式或方法论层面进行的变革，这一从哲学高度来吸收应用道学思想的倾向，反映出东西方文化在哲学层面的相遇和融会，这是具有非同寻常意义的。正如《转折点》一书的编译者冯禹、向世陵等人所指出：

> 从整体上理解和学习东方文化传统，吸收其核心观念、根本方法，这与那种旨在从东方传统中寻找一些细节性的东西来补充西方文化的做法很不相同。②

卡普拉的上述观点具有代表性，基于这些认识，他十分推崇道家的直觉思维和有机整体思维方式。我们知道，人类具有理性和直觉的两类知识或两种认识方式。理性知识来源于人们从日常环境中的事物所获得的经验。它的功能是辨别、区分、比较测量和分类。在这种方式下产生了一种具有理性特征的宇宙观，这种知识的主要特点是抽象。科学的研究手段主要是测定，用数量来表示测定的结果，进行分类和分析。然而，卡普拉认识到理性知识的局限性，他在书中说：“用这些方法获得的任何知识的局限性在现代科学中已经变得越来越明显了，特别是在近代物理学中。”“理性思维的抽象体系永远不能完满地描述或理解这个现实世界……因为所有的理性知识必然是有限的。”③

卡普拉看到，在西方传统思维方式影响下，“大多数人很难经常意识到理性知识的局限性和相对性。由于去理解对实际存在的事物的描述，要比去理解实际存在的事物本身容易得多。所以我们倾向于将二者混为一谈，并且把我们的概念和符号看作是实际存在的事物本身”。因此，卡普拉非常重视道家的直觉思维方式，他说：“对实在

---

① ［美］弗·卡普拉：《转折点：科学·社会·兴起中的新文化》，第71页。

② 同上，第11页。

③ ［美］F. 卡普拉：《物理学之“道”——近代物理学与东方神秘主义》，第15页。

的直接体验，它不仅超越理性思维，而且超越感性认识……老子把这个实在称为‘道’，并在《道德经》的第一句话中陈述了同样的意思：‘道可道，非常道。’”① 他又引用庄子的话说：“筌者所以在鱼，得鱼而忘筌；蹄者所以在兔，得兔而忘蹄；言者所以在意，得意而忘言。”②

卡普拉从老庄的思想中体悟到语言的局限性，他指出：“虽然人类的知识有了莫大的增长，但是两千年来并没有变聪明多少……充分地证明了绝对知识是不可能用言语来交流的。庄子说：‘使道而可以告人，则人莫不告其兄弟。’”③

卡普拉告诫人们，理性知识和理性的思维活动的确是科学研究的主要部分，但并不是它的全部。直觉常给科学家以新的领悟，并使他们富有创造性。他认识到，对于大多数人，特别是对知识分子来说，“这种意识完全是一种新的体验。科学家在他们的研究工作中，对直接的直觉洞察是熟悉的。因为每一项新的发现都来自这种不可言表的突然闪念”。

卡普拉在实践中觉察到，在科学研究的过程中，理性知识有可能会遮蔽那种可贵的“不可言表的突然闪念”，他说：

> 当头脑中充满了信息、概念和思维模式时，闪念的出现是极为短暂的。而在沉思中，头脑里除尽了所有的思虑和概念，这就为长时间地通过它的直觉方式起作用作好了准备。老子说：“为学日益，为道日损，损之又损，以至于无为。”指的就是研究工作与沉思之间这种显著的不同。当理性的思维沉寂时，直觉的思维方式就会产生一种特别的知觉，以一种直接的方式去体验环境，而不经过概念性思维的清理。庄子说：“圣人之心静乎！天

① ［美］F. 卡普拉：《物理学之“道”——近代物理学与东方神秘主义》，第15—16页。

② 同上，第15页。

③ 同上，第16—17页。

地之鉴也，万物之镜也。”与周围环境浑为一体的体验，是沉思状态的主要特点。在这种意识状态下，一切形式的割裂都停止了，消退为无差别的统一体。①

卡普拉的这段话非常值得重视，可以看到，他对于老庄等道家人物的致虚守静直觉思维方式有很到位的体悟。他认识到，人们在科学研究过程中，如果被以往的理性思维定式所束缚或不能适当地放下已有的理性知识，那些宝贵的灵感和创新性思维就有可能“极为短暂”或根本不会出现。作为一位杰出的物理学家，卡普拉这些来自科学研究实践的真实体验和总结的经验是十分富有启示意义的。

卡普拉吸收中国哲学智慧，对笛卡尔—牛顿的实在观念及其为代表的西方思维方式进行了深刻反思。他以新物理学的观点为指导，探讨了生物学、医学、心理学、经济学等学科中旧典范的影响和变革的方向，探讨一些带根本性的前沿课题，虽然难免有肤浅之论，但总体上是深有见地的。美国《西海岸书评》称它为“具有急进地改变我们生活的力量的著作”，《华盛顿邮报》评论它“是一部精心撰写的著作，它令人信服地解释了为什么世界上的许多事情看来正在越变越糟”②。而据书的译者介绍，他们曾将本译稿中涉及具体学科的专业性较强的部分呈送该学科的专家阅读，“大多得到了较高的评价，有的专家甚至拍案称绝，认为具有指导价值”③。这些评价，充分反映出卡普拉在书中的观点在东西方得到了广泛的认可。

在生态学的视域下，道学一些被视为具有神秘色彩甚至被斥为迷信的观念，也受到一些西方人士的关注。如环保主义者史蒂芬·奥汀认为，中国道家的“气”和道教的风水观呼应了西方20世纪的生态观念，即把地球视为“一个单一的活生生的有机体”，“远在我们

① ［美］F. 卡普拉：《物理学之“道”——近代物理学与东方神秘主义》，第26页。

② ［美］弗·卡普拉：《转折点：科学·社会·兴起中的新文化》，第3页。

③ 同上，第4—5页。

发现地球磁场之前，远在现代物理学发现力的线条理论之前，（道教）已把大自然理解为由流通的气组成的能量模式，气即生命的力量，一种交叉的阴阳力量形成的网线，在风水学上说就是所谓的龙脉，或龙虎之流脉”①。

对立统一的辩证思维方式是老庄的另一个基本哲学原则。老子看到，善恶、有无、难易、长短、高下、前后等对立面皆存在着相互依存、相互转化的关系。由此可以推论，对立事物之间的相互依存、相互联系、相互转化是事物发展变化的普遍规律，执着于一端、非此即彼的态度是不明智的。因此，高明的圣人不会偏颇地执其一端，排斥另一端，他提出了“善者吾善之、不善者吾亦善之”的主张，宽容不苛，兼收并蓄。《庄子・则阳》中更为具体地认识到天地自然和人类社会中各种事物或现象对立统一的辩证关系，并揭示出“穷则反，终则始，此物之所有”的客观规律。

这些思想对于荣格产生了重要的启示，关于这一点，我们从荣格对《太乙金华宗旨》的评述中可以得到证明。如前所述，荣格见到此书以前，虽然对于集体潜意识的研究已有 15 年之久，他一直试图从西方的诺斯蒂教中寻找启示，但却收效甚微。而与多年居住于中国的德国汉学家理查德・威廉（中文名字为卫礼贤）的交往并研读了他寄来的《太乙金华宗旨》译本后，情形发生了根本性的改变！这一道教典籍不仅仅使荣格理论的“轮廓蓦然清晰”，更重要的是，它还从方法论的层面对荣格予以启示。在对于两端对立、非此即彼、身心二元等西方文化进行反思的基础上，荣格希望克服二元论，借鉴道学对立统一的思想，达到一种身心完整的生活。

通过对《太乙金华宗旨》和《慧命经》的研究，他从实际操作的层面找到了一条实现人格整合的道路。荣格认识到，道教修炼是一

① 钟玲：《史耐德与中国文化》，北京：首都师范大学出版社 2006 年，第 15 页。

个结合对立面的过程，而《太乙金华宗旨》这部著作就是一条能够“消解对立因素相互冲突”“从对立面的对立中解脱出来的道路”，由此，荣格开辟出了一条整合意识与潜意识，促进精神正常发展的道路。这一东方典籍中富有哲理性的相对论在荣格的心中有着极不寻常的分量，他称它“具有无比贡献”，“非常欣慰而且欢迎它的出现”“根本没预料到它会对我们产生这么深远的影响力”①！道家智慧为他提供了批判西方以一端否定另一端的“错误观念”以及超越弗洛伊德理论之片面性的理论根据。

荣格认识到，实现对立面之间的统一这一优点正是以基督教为代表的西方文化所缺少的智慧，基督教比其他任何大宗教都更多地设法使对立的双方分离。但他却明白，相信对立的一方能够永远地征服另一方这只是一种幻想。因此，西方人必须学习东方人善于平衡的智慧。

荣格相信，人格心理学理论必须建立在对立原理或者矛盾的原理的基础之上。因为，由相互冲突的组元产生的张力恰恰正是生命的本质。没有张力，就不会有能量，人格之中无处不存在着对立，在人格面具与阴影之间，在人格面具与阿尼玛之间，在阴影与阿尼玛之间皆存在着对立。内倾态势与外倾态势相对立，思维机能与情感机能相对立，理性力量与反理性不断竞争……在生命的进程中，冲突是无处不在的事实。假如冲突能够被承受，那么，它们就可以为创造性的成就提供动力，并且赋予人的行为以活力。反之则会导致人格的分裂，或者濒临疯狂的边缘。因此，荣格一次又一次地为那些对立力量能够被综合的各种各样的途径提供证据，试图推进对立的统一，实现和谐、平衡、统一的人格的完形。

在心理治疗的实践中，荣格更是深刻地体认到道家智慧的重要

① ［瑞士］荣格著，黄奇铭译：《现代灵魂的自我拯救》，北京：工人出版社1987年，第75页。

性。他看到，道家善于“保持善与恶之间的平衡”，这正是西方传统观念中所缺乏的，西方传统思维的两端对立观点往往容易导致非此即彼的偏颇以及你死我活的冲突。他警告人们：“这样的镇压迟早一定会导致一种难以忍受的紧张局势。”因此，他告诫人们，缓解危险的最好途径就在于要学习道家的智慧，学会对于“对立双方均衡的认可”“在对立的双方之间再次建立起一种平衡”①。

由此可见，对立统一的原则成为荣格心理学的重要方法论，他运用这一原则，提出了整合意识与潜意识、阴影与光明、兼顾个体需要与社会需要以及阿尼玛与阿尼姆斯等一系列理论，在西方心理学领域内创建了独树一帜的宏大体系。

如果说，荣格是从心理学家的视角来看待和运用道学对立统一思想，那么，作为物理学家的卡普拉则是从科学和当代世界文化的高度来认识道家的现代价值及其对西方的启示意义。他在《物理学之“道”——近代物理学与东方神秘主义》中列出“道家”一个专章进行论述。书中对道家的世界观和方法论表现出极度的推崇，并且向读者介绍道家的对立统一思想。他说：

> 他们形成了一种从本质上来说是科学的看法……对自然界的细致观察……使道家的贤哲们得以具有深刻的见识，这些见识已为现代科学所证实。
>
> 道家把自然界的一切变化都看作是阴、阳两极之间能动的相互作用的表现，因此他们相信，任何对立的双方都构成有两个极的关系，两极中的每一极都与另一极能动地联系着。②

接着，卡普拉还引用《庄子·齐物论》中那段著名的话来印证这一观点：“是亦彼也，彼亦是也……彼是莫得其偶，谓之道枢。枢

---

① ［英］芭芭拉·汉娜著，李亦雄译：《荣格的生活与工作》，北京：东方出版社1998年，第238页。

② ［美］F. 卡普拉：《物理学之“道”——近代物理学与东方神秘主义》，第100页。

始得其环中，以应无穷。”充分显示出卡普拉对道家经典的熟悉和理解。

从对立面不断相互作用这一“道”的运动原则出发，卡普拉概括出道家关于人类行为的两个基本原则：这就是“从反面着手”的原则以及“容许他的某些对立物存于其中”的原则。卡普拉认识到，这种对立统一的原则突出地表现在人类的道德生活和道德评价的问题上。他说：

> 包括在这些对立物之中的，首先就是善与恶的概念。它们之间的关系与阴和阳之间的关系一样。道家的圣贤认识了善与恶的相对性，从而也就认识了所有道德标准的相对性。他们不再一味地追求善，而是试着保持善与恶之间的平衡。①

卡普拉认识到，道家这一思想与西方的传统是极不相容的，西方文化缺少这种实现对立面之间统一的智慧，他指出：

> 在西方思想家看来，这种关于一切对立物都隐含着统一性的观念极难接受。对于我们来说，自己总认为是相互对立的那些经验和道德标准，竟然是同一事物的不同侧面，这似乎是非常荒谬的。然而，在东方却常认为达到醒悟，“超出世俗的对立物”是必要的；在中国，一切对立物的两极关系，就是道家思想的依据。②

对于道家这种迥异于西方两端对立思维方式的思想，卡普拉表达出高度的赞同，他称其为“圣贤的处世之道”，是“一种比较高明的观点，一种能够清楚地看到一切对立面的相对性和两极关系的观点”；③ 中国的圣人们意识到了阴阳“作为生命系统的基本特征的两

① ［美］F. 卡普拉：《物理学之“道”——近代物理学与东方神秘主义》，第101页。

② 同上，第100页。

③ 同上，第101页。

极性”，“阴与阳对于和谐的社会与生态体系说来，都是极为必要的”。[①]

可见，荣格和卡普拉分别从心理治疗实践和思维方式、思想文化的高度对道家的对立统一观念予以首肯和应用。

道学的哲学理念还在更大的范围内受到关注和应用。《老子思想域外传播研究》的作者对1979—2019年《华盛顿邮报》关于老子的相关报道进行分析，结果发现，涉及的老子思想与报道的主题类型具有显著相关性。主要提及的部分为“无为而治”“对立统一”“事物发展变化”三个方面。其中关于“对立统一”的内容常在哲学类主题的报道中出现，用于论证事物存在和事物本身的矛盾属性，从而辩证地看待事物；“事物发展变化”的内容常在教育类主题的报道中被引用，阐释水滴石穿，量变达到质变的过程。[②] 由此可见，道学的哲学智慧已经渗入到西方现代生活的多个领域，这一切，向世界初现出东西方文化深度互鉴互补的曙光。

第二节　奉为箴言或人生警句的应用

吸收道学思想中的箴言或人生警句以获得对人类生存、社会生活及个体人生的启示，激发创作灵感，这是道学西用最为常见和普遍的方式。

《老子思想域外传播研究》的作者对1979—2019年《纽约时报》有关老子的报道进行内容分析，结果发现，报道呈现积极色彩，尊重老子思想的报道篇数呈现上升的趋势。体现出《纽约时报》对老子的关注程度不断提升，“作为世界意义的哲人加以尊重甚至赞赏崇

① ［美］弗·卡普拉：《转折点：科学·社会·兴起中的新文化》，第33页。

② 武志勇、甘莅豪：《老子思想域外传播研究》，北京：商务印书馆2023年，第125页。

拜”“证明了西方媒体对于身为哲学家与思想家的老子的极高评价”①。在相关报道中，老子经常伴随着其“智慧格言”一同出现，作者选择老子的一些箴言加以呈现、重新解读并对意义进行本土化创造。他们的研究发现，《纽约时报》涉及的老子思想与报道的主题内容具有显著的相关性：“道法自然”作为出现次数最多的思想，常在书籍文学/书评主题中成为老子的代表性思想，且被详细论述具体内涵；“少思寡欲”常在个人相关的报道中出现，用来反思其过于发达的物质文明，起到精神指引的作用；“无为而治”则常在国家政治、政府报道中被引用论证，拥护资产阶级社会一贯的自由主义主张。②

同样，该书作者通过对 1977—2021 年《华盛顿邮报》有关老子的报道进行内容分析发现，美国新闻报刊对老子及其思想的重视程度逐年提升，一些名言被西方媒体用于各个领域的报道中。

体现着道家政治智慧或管理智慧的警句箴言是道学西用中最为醒目、影响最大的内容。根据《老子思想域外传播研究》一书作者的研究，在《华盛顿邮报》涉及的老子思想与报道的文章中，“无为而治”作为出现次数最多的思想，常在商业类主题中成为老子的代表思想，且会对其具体内涵展开叙述。③ 体现道学管理智慧的名言被一些行政高官或企业高管应用于西方的社会管理和企业管理之中，这就在较大范围内促进了西方读者了解、认同和接纳了道家思想，对于道学在西方社会的传播和应用产生了更大的影响。

例如，作为连任两届并被美国人誉为“最伟大总统”的美国第 40 任总统里根是将道家的箴言应用到社会管理领域的典型人物。他在 1987 年的国情咨文中，引用了老子“治大国若烹小鲜”这句话来阐明其施政纲领。我们知道，老子“治大国若烹小鲜”的比喻反映

① 武志勇、甘莅豪：《老子思想域外传播研究》，第 107 页。
② 同上，第 107—108 页。
③ 同上，第 125 页。

了老子“清静无为”的治国思想，意思是说，治理大国应该像烹小鱼一样小心谨慎，不要轻易干涉老百姓的生活，不能朝令夕改，如此，才能治理好国家。的确，在里根的执政实践中，有些措施和理念与老子无为而治思想有相通之处。我们知道，1980 年里根当选时的背景是，由于“二战”后运用凯恩斯主义指导经济，20 世纪 70 年代出现了经济“滞胀”，主张减少政府干预的新自由主义抬头。里根执政以后，实行“三个少”的改革，减少国家对经济的干预，放松政府对企业的管制，减少税收，减少福利开支，里根实施的放权松绑的改革措施促使美国经济迅速好转。

里根将老子名言引入国家治理的事例被一些人士所效仿，老子思想成为评判或批评政治人物之言行的理论根据。1993 年 6 月 15 日，《纽约时报》刊登了一篇题为《老子给克林顿的建议》的评论文章，其中引用《道德经》中多句名言来点评这位新上任总统的言行。全篇评论仅有 576 个词，但文中引用的《道德经》名句约占了全文篇幅的三分之一。例如，引用“不失其所者久”告知克林顿要坚持民主党的立场；引用“为者败之”来指责克林顿对波斯尼亚的草率行动；引用“治大国若烹小鲜”来建议克林顿不要过度管理；引用“悠兮其贵言”和“不自是故彰”来说明不要只会承诺而不实际行动。①

一些现代管理学家则将老子的思想奉为成功的行政首脑的圭臬，如艾博契特所著的《二十二种新管理工具》中推崇《道德经》“善用人者为之下，是谓不争之德，是谓用人之力”这句话，认为“管理的历史也就是试图实践这项基本观念的历史。一些现代管理学家亦将其中的思想原则奉为成功的行政首脑的圭臬。美国著名学者凯文·凯利在其新作《失控》中运用老子“上德不德”、自然无为等思想阐发其反对控制的管理理念，倡导“无控制的控制或自由”。

---

① 武志勇、甘莅豪：《老子思想域外传播研究》，第 99—100 页。

在相关案例中，美国的肯尼思·克洛克等管理学家经过 30 年时间在 100 多个组织进行调研而推崇应用老子思想的结论可谓是最有说服力的。这些组织包括世界 500 强企业、政府部门、非政府组织，研究结果在 21 世纪初出版，书中举了大量案例论证自我管理的功效。文中在多处引用了老子的话语，书中说：

领导者必须能够与被领导者一起并肩前进，而不是凌驾于他们之上。基于这个原因，民主型组织要求领导者必须能够聆听他人、善于分权、在组织中培养信任气氛和良好的人际关系、友好的合作与协商并解决争端。与此同时，民主型组织中的领导者还必须能够接受和允许别人领导自己。就如中国大哲学家老子数千年前说的那样："如欲先之，必先后之。"①

本书作者区分了三种类型的领导："第一种是专制和控制型的领导，他为别人负责并替他人决策；第二种是什么都不管的领导，这种领导者放弃管理职责，并让别人替他受过；最后一种就是民主和协同型领导，这种领导者鼓舞、激励、授权、批评和支持他人，为决定负最终责任，并允许其他人员共同参与决策过程。"作者紧接着就将这三种类型的领导与老子的相关论述相联系说：

中国古代的大哲学家老子这样描述这三种类似的领导才能："太上不知有之，其次亲而誉之，其次畏之……悠兮其贵言，功成事遂，百姓皆谓我自然。"准确来说，无处不在的领导就是"不知有之"，这种领导随时随地都让人感到非常自然，他总能及时出现，尤其是在紧急情况下。"不知有之"的领导是民主式的领导，他不以身份、地位、金钱、权力和特权来区分领导者和

① ［美］肯尼思·克洛克、琼·戈德史密斯著，王宏伟译：《管理的终结》，北京：中信出版社 2004 年，第 156 页。（此处所引"如欲先之，必先后之"的原文应为"后其身而身先"——作者）

被领导者。[①]

作者将老子所说的“不知有之”的管理境界诠释为“无处不在的领导”，其内涵并非指时时处处在监管控制下属，而是融入了员工之中，这种领导的特质是“让人感到非常自然”“不以身份、地位、金钱、权力和特权来区分领导者和被领导者”，这虽然并未完全合乎老子的原意，也未能准确地把握老子“无为而治”管理模式的精髓，但作者将其与“专制和控制型”“什么都不管的领导”相区别，将“没有管理的管理”作为贯穿于全书的主线，特别是以“管理的终结”这一书名表达出作者追求的管理最高境界——即“没有管理的管理”，这显然还是与老子“无为而治”宗旨相通。

一些重量级学者对于道学名言的应用则产生着更深刻而久远的作用。在这方面，伟大的历史学家汤因比是一个突出的例证。我们知道，《人类与大地母亲》这一巨著是汤因比花费毕生精力成就的作品，其描述了人类文明的起源发展、相互交往和彼此融合的全过程，系统地介绍了世界各时期、各区域的文明类型，是从全球角度对世界历史进行全景式的考察，展示了人类与其生存环境即大地母亲的相互关系。他从人类生存的高度来看待道家思想的重要价值，认为道家思想与“所有的时代和地区……人类的全球状况有关”[②]！因此，在汤因比这里，老子的箴言更是具有关乎全人类命运的重要意义。

汤因比揭示人类日益面临的困境说：“到20世纪70年代，生物圈仿佛已处于濒临覆灭和被污染的危险之中。或许它已基本被它自身的创造物和居民——人类弄得不再适于任何生命物种的生存。”[③]

汤因比认识到，人类的生存危机不仅由于无止境地征服和破坏大自然，还来自人类相互之间的矛盾和无止境的争斗。如何制止危

① ［美］肯尼思・克洛克、琼・戈德史密斯：《管理的终结》，第162—163页。

② ［英］阿诺德・汤因比：《人类与大地母亲》，第276页。

③ 同上，第711页。

机，拯救人类呢？他将目光投向了倡导和平、节俭、知止的道家思想，从人类生存的高度来看待《道德经》关于知止、节制等告诫。汤因比警告说，作为一种身心合一、有意识的生物，“人类获得意识以来的目的就一直是使自己成为环境的主人。在我们这个时代，他的这种努力已经成功在望，自身的毁灭可能也已遥遥在望了。”一味地凌驾于自然之上，一味地征服大自然，必然导致人类日益走向毁灭的边缘。但是，汤因比又心怀希望，因为他还看到，“人类的另一个家园精神世界也是全部客观实在的一个组成部分，它与生物圈的区别，在于它是非物质的和无限的。在精神世界的生活中，人类发现它的使命不是谋求在物质上掌握环境，而是在精神上掌握自身。”①

如何才能在“在精神上掌握自身”呢？汤因比认为，这就是要努力收敛自己的行为和意志。他举出了一些历史名篇中关于“两种相互对立的目标以及引起这两种目标的两种不同的观念”。一种观念是：“让人类使自己成为生物圈的主人的权威命令，载于《圣经·创世纪》的第1章第28节：‘要生养众多，遍满地面，治理这地；也要管理海里的鱼、空中的鸟，和地上各样行动的活物。’这一命令清晰而明确。”显然，这种观念必将导致人类对生物圈的肆意掌控从而形成破坏，汤因比对此是坚决否定的。他赞许以《道德经》为代表的另一种明智目标和观念，认为这种观念“也同样清晰而明确”地抵制了前面那种主宰、攫取自然的观念，他说：“在《新约全书》之前，《道德经》一书就已宣称，人类技术上和组织上的进步是一个陷阱：‘民多利器，国家滋昏；人多伎巧，奇物滋起；法令滋彰，盗贼多有。’‘持而盈之，不如其已。’”他接着又援引《道德经》第80章的思想说：“人们可以造出那些东西，尽管人们的发明可以成十倍、成百倍地减轻劳动，但人们不使用它们……‘虽有舟舆，无所乘之；

① ［英］阿诺德·汤因比：《人类与大地母亲》，第22页。

虽有甲兵，无所陈之。’”①

汤因比接着又将《道德经》中的这些话语和《新约全书·马太福音》第6章第28—29节中的内容相联系，认为该书中也有类似的表达：“你想：野地里的百合花怎么长起来；它也不劳苦，也不纺线。然而我告诉你们：就是所罗门极荣华的时候，他所穿戴的还不如这花一朵呢。’这些正是对那种要我们全力追求力量和财富的号召的抛弃。”②

汤因比还在形而上的层面看到了道学对于人类精神提升的重要意义，他认识到，在人类历史上，道家最早预料到，在通往文明的路上，人类无法与其生活、运动和存在的终极现象的灵性和谐相处，最终会影响自己在宇宙中的状态。③ 如何挽救这一危机呢？汤因比将希望寄托于人类从精神层面依从“道”的宗旨：“人类应该按照‘终极实在’的精神生活、行为和存在。”④

一些文化艺术领域的名人也将老子的箴言运用于生活之中，如美国著名小提琴家梅纽因就认为《道德经》是世界上最伟大的书籍之一，能够帮助人们在喧嚣的世界中平衡身心，一本德文版的《道德经》伴随他50多年之久。

第三节　作为方法或技术的应用

老子的“无为”主张常常被人误解为无所作为，而这一理念也曾被一些人利用，成为消极无为的托词。对此，卡普拉曾给予批评说，一些西方人把这个术语解释为消极、“无所作为”，“这是相当错

---

① ［英］阿诺德·汤因比：《人类与大地母亲》，第22页。

② 同上，第23页。

③ Arnold Toynbee, *Mankind and Mother Earth*: *A Narrative History of the World*. New York: Oxford University Press. 1976. P220.（《人类与大地母亲》中译本的这段话的译文似不太准确，故此处引用蔡觉敏的英文版译文——作者）

④ ［英］阿诺德·汤因比：《人类与大地母亲》，第275页。

误的”。他进而辨析说，道家所说的“无为”不是禁绝一切行动，而是禁绝“那些与宇宙过程不合谐的行动”。①

而在荣格等西方心理学家那里，老子的“无为”思想则成功地实现了从理论到实践的转化，成为一种心理治疗技术或方法而应用于临床实践之中。西方心理学家对于无为思想的推崇及其实际应用源于他们对于西方传统人性理论的反思，更基于对道家人性本朴论的服膺。

道家认为，“朴”是道的本性，也是人的本性，它纯朴无邪、柔弱恬静，但容易受到物质欲望的诱惑和环境的污染，导致智诈、情欲及由此产生的一系列罪恶。故道家主张保持人类所共有的纯朴自然本性，“见素抱朴”，“敦兮其若朴”，反对为外物或世俗陈规所束缚、迷惑而泯灭质朴本性，丧失“真我”。显然，道家对源自“道”的本朴人性是持肯定评价的，认为“朴”是一种最高的善，将保持这种真朴的人性视为人生的理想境界，因此主张返璞归真。

在人性本朴的基础之上，道学建立了自己的修炼理论和修炼目标。其认为，人的真性与具有普遍意义的宇宙节律——“道”在本质上是同一的、相通的，心是性的载体，性由心生，当心处于无为清净的状态时，则显现出“一尘不染”的本性。正如《太乙金华宗旨·劝世歌》中所说：“意识忘后见本真。”因此，通过虚静炼心以求“明乎本心”乃是体认“至道”、展发本性的根本途径。

显然，以人性本朴为基础的修炼理论迥然不同于建立在性恶论基础上的压抑、控制人的本能或自然本性的西方心理治疗和心理调节方法。荣格、马斯洛等心理学家正是由此出发，开始了超越西方传统的探险，吸收道家自然、无为作为核心理论，开发基于对人性的高度信赖、以发现和舒展自然本性为宗旨的心理治疗理论和方法。

荣格深刻体悟到《太乙金华宗旨》中的“无为艺术”对心理治

① ［美］弗·卡普拉：《转折点：科学·社会·兴起中的新文化》，第27页。

疗的意义。他写道："为了获得自身的解放，这些人究竟都做了些什么？就我所知，他们什么也没有做（无为），而只是让事情任其自然地发生，正如吕祖在本书中所传授的那样，如果一个人不放弃自己的俗务常事，光就依其自然的规律运转。让一切顺其自然，无为而为，随心所欲，在心灵方面，也一定要顺其自然。"①

他意识到，无为而为的技术正是西方文化中所没有的，针对西方后天意识过度发达而带来的弊端，道教自然无为的修炼方法正是一种对治之法。他说："对我们来说，这的确是一种鲜为人知的技艺。"在意识过分发展的西方文化中，"意识总是与心灵的发展掺合在一起，吹毛求疵，好为人师，从未让心灵在平静的环境中质朴地发展。"而如果改变这种做法，以质朴无为的态度处事，"问题就会变得十分简单"②。

荣格以对于欲望的节制方式为例，来证明道学无为方法的高明。荣格对于基督教强制性的禁欲道德进行了深刻的反省，特别是对20世纪西方的基督教表达出强烈的不满，认为"20世纪基督教被糟蹋得不成样子了"。他将道教修炼和基督教进行比较说，《太乙金华宗旨》等道教修炼作品虽然亦要求节制欲望，从表面上看，"这似乎与基督教的禁欲道德并不相距太远"，但是，它们却与基督教有极大的不同，因为它是顺应了人的本性，"建立在原始的本能之上"，因此，节制欲望的方式不是通过"专断的道德指令对本能的侵犯……中国人根本不存在粗暴地压抑本能的冲动"③。从《太乙金华宗旨》一书中，荣格发现，道家节制欲望的方式是在自然无为宗旨支配下，通过致虚守静的内丹术修炼方法，"炼精化气、炼气化神，炼神还虚，炼虚合道"，这是在循序渐进、自然而然的程序中进行心性修炼，化解

① ［德］卫礼贤、［瑞士］荣格：《金华养生秘旨与分析心理学》，第84页。
② 同上，第84页。
③ 同上，第117页。

欲望。因此，在这里，不存在荣格所说的基督教“粗暴地压抑本能的冲动”那样的方式。从荣格的理论来理解道家自然无为、返本归原的修炼方法和目标，其实就是要消除在人格中的潜意识与意识的对立，使得先天之气在一身之内流行，以恢复元神的主宰，恢复人之本真存在状态。荣格正是通过心理治疗实践来印证了道学的“无为”原则对于保证精神正常发展的作用。

人本主义心理学的创立者马斯洛也是将道家的无为理论成功地应用于心理治疗学的另一位西方心理学家。据著名心理学家周冠生所言，1967 年在国际心理学界马斯洛第一个提出了“无为的动机”（metamotivation）及“无为的意志”（willfree），他在论文中常常使用“let-be”一词。马斯洛坦言，这些概念都是从老子的“无为”“法自然”“守静笃”等思想中获得的。①

高峰体验是马斯洛十分推崇的一种心理状态，认为其对于人格的发展具有积极的意义。如何能够进入高峰体验呢？马斯洛将自然无为作为重要的方式。在他的《谈谈高峰体验》一文中说：“高峰体验降临于人，而人则必须能够做到听其自然……这类体验我们只需让其自然发生。”② 周冠生先生将马斯洛的“高峰体验时的存在认知与缺失性认知理论”，视为“老子无为心理学说的现代版”“是在两千余年后，对老子无为气思的继承与发展”③。这一看法是很确切的。

第四节　立于经典诠释和文化融合的应用

在道学西用的多种方式中，韦恩·戴尔是最为独特的，他撰写的《改变思想，改变生活——老子智慧的现代启迪》是通过诠释《道德

① 周冠生：《东方心理学》，上海：上海文化出版社 2003 年，第 492 页。

② ［美］马斯洛著，许金声译：《谈谈高峰体验》，林方主编：《人的潜能和价值》，北京：华夏出版社 1987 年，第 373 页。

③ 周冠生：《东方心理学》，第 510 页。

经》来展开对于道学智慧的应用。

与绝大多数汉学家不同，作为著名的作家和教育家、又被无数读者誉为“精神之父”的韦恩·戴尔并不懂中文，他先后对《道德经》的多个译本进行研读，“被它迷住了”，于是，他在列出各章的原文之后，进而分别摘取其中对他有所启发并能引起共鸣的语句，撰成81章，并加上自己的阐释。他不仅只是对《道德经》进行理论上的阐发，而且将之运用于具体的生活实践之中。他在阐发《道德经》每一章思想之后，还专门开辟了“现在行道”这一栏目，指导人们如何根据本章的思想或者他所理解的核心意旨，提出如何将《道德经》的思想运用于当下生活的建议，以指导人生。可见，他对《道德经》智慧的阐发其实可视为中国的经典诠释和西方现代诠释学相结合的特殊类型。

刘笑敢先生根据中国经典诠释的历史，将古人诠释经典的向度分为顺向、逆向、异向，他认为，王弼、郭象和朱熹分别是这几个诠释向度的代表。受这一思路的启示，笔者认为，西方人对《道德经》的诠释也可以从这样的视角去梳理。但需要指出的是，西方的诠释学不仅是一种理论上的阐发，而且还包括实践的向度。中国大陆学人多将西方当代诠释学作为一种理论或阐释经典的方法，而忽略了它还包含“一种实践智慧”这一层面。洪汉鼎先生在梳理西方诠释学的起源及其发展脉络的基础上，曾对当代诠释学的基本要素进行概括说：“诠释学传统从词源上至少包含三个要素，即理解、解释（含翻译）和应用的统一。”他认为，至少要从以下四个方面来把握诠释学一词的意义：“理解、解释、应用和实践能力，前三个方面是统一过程中不可分的组成成分，而最后一方面的意义则说明它不是一种语言科学或沉思理论，而是一种实践智慧。”① 从这一角度来看，韦

① 洪汉鼎主编：《理解与解释——诠释学经典文选》，北京：东方出版社2001年，《编者引言：何谓诠释学?》，第7页。

恩·戴尔通过分章阐发《道德经》的智慧并将其应用于社会生活的方式是否也是以西方诠释学的某种方式对中国经典进行诠释呢？

还有一个值得讨论的问题是，以往不少研究者认为，西方人从基督教的角度来解读《道德经》，将道家的“道”与上帝相类比等，这是一种误读或者误解。笔者认为值得商榷。如果从西方诠释学的传统来看，他们对于上帝有上百种不同的理解和诠释，而且，按照伽达默尔的“视域融合理论”，诠释者从当下的境遇出发，对前人的经典进行解读，从中发挥出对于当下富有启发意义的思想或观点。从这一理论来看，西方人从不同的角度或不同意义上对于老子的“道”进行诠释，似乎亦不必对其作出误读、误解之类的价值判断。

如，冯·布兰切勒的《老子〈道德经〉：美德之道》一书说，老子如同基督教的上帝，具有博爱与宽容的精神；特别是在韦恩·戴尔这里，他将基督教的上帝与老子的“道”相比附是他诠释《道德经》的一大特点。在笔者看来，这样似乎更有利于道学在西方的传播。

韦恩·戴尔侧重于从实践层面来诠释《道德经》，可谓是西方人士诠释中国经典的杰作。他将《道德经》视为“以和谐、道德、崇高的态度对待世间万物的生活总则”，对其逐章进行感悟和诠释，让他从中深受启迪，并改变了他的生活。由此，他以自己的解读和经验现身说法，劝说西方人遵循老子的智慧去改变他们的思想和生活，以《改变思想，改变生活》的书名呈现于世。这种跨文化的解读。反映出西方人如何引用东方经典、如何看待东方经典。让我们更深刻地认识到古老的中国经典在当代的意义，亦为我们提供了重新认识先贤智慧的新视角。正如本书译者王强先生在该书译后记中所感言的那样：吾人没觉得是回事的，西人可能敷衍出一大篇话来，常使吾人有视而未见之憾，也会让先哲们有始料未及之感。韦恩的解读有一些是有这方面的意义的，所以这本书也给吾人指出了一些认识经典的新路径。

特别有意思的是，韦恩·戴尔和荣格在阐发老子的思想时，他们的基本出发点和立场有很大的甚至是相反的差异，他们对于基督教与《道德经》的关系持截然不同的态度。荣格认为，基督教是一种“非此即彼”的对立思维方式，因而导致了西方历史上的多次宗教战争，给西方人带来了灾难，因此需要从《道德经》的两端一致、对立统一等思想中吸取营养和启示，来矫正西方人的错误观念；与荣格基于反思西方传统思维方式来吸收道学智慧的思路不同，韦恩·戴尔却是从基督教与道家之“道”相一致的视角进行阐发。他对于老子的“道”怀着类似对上帝般的崇敬来进行解读和应用，正因为如此，他对于《道德经》的领悟和受益，就完全不同于一般学者的理论阐发，而是获得了接近于神启的感受和灵感，他对于《道德经》的应用和践行也超出了一般学者，甚至超出了很多中国人都难以企及的深度。

还要指出的是，韦恩·戴尔对《道德经》的解读既有对于伽达默尔诠释学所提出的“视域融合观”的运用，又在研究方法上有自己的独特创造。他在《改变思想，改变生活》一书的“前言”中就言及了这一问题，“写作这本书是一种思想上的完全的折中，看起来不太符合逻辑的一致性，也不适合于线性的理性的方法”，他称之为“神圣的写作”。让我们了解一下这种独特的写作：清晨，他凝视老子的画像，阅读《道德经》中的话语，让这些话语陪伴着自己，“把生命的内外之力全部调动起来”，他在心中垂问老子：“对于那些在今天想要按照这些具有魔力的教义来生活的人们，你又会给他们什么启迪呢？”在该书的“后记”中，韦恩·戴尔更是充满深情地说，在写作过程中，“总是感觉到老子的存在”，“对我有一种神秘的吸引力……感觉到老子是在直接地对我说，并通过我传达给你，甚至是下一代的人们……这关乎一个文明社会的存亡”。这真是一幅生动的现代人与中国先贤千年神交的画面，而它居然发生在遥远的大洋彼岸一个美国学者的身上，着实令人感动！也正是在这种状态下，韦恩·戴尔的文思如潮，“通过我紫色的笔徜徉于页面，流淌出我所称之为的无意识写作。我知道我不曾拥有它，我知道我无法触摸它，感觉它，甚至命名它，但是这些话语触及世间万物。”这些喷涌而出的智慧让他感激、震惊而又充满欢喜。我们看到，他常常在行文中使用“老子给现代人们的建议”这类话语。这些究竟是韦恩·戴尔在以上创作状态下的思想呈现，还是他对经典诠释的一种特殊表达方式，我们不得而知。但是，韦恩·戴尔的写作与传统的经典研究和诠释方式迥然相异，他的写作体验亦是绝大多数学者从未经历过的。这种试图直契古人的经典诠释方式颇有几分神秘色彩，但这种别具一格的研究方式似乎值得关注。

因此，本书不同于西方任何关于《道德经》的作品。它按照《道德经》的顺序依次将81章的内容在每一章的开头列出，然后，根据他所理解的核心章旨，以“生活”为主语概括出本章的标题，如第一章为“神秘生活”，第二章为“充满矛盾的生活”，第九章为“知足生活”，第18章为“反制约的生活”，第25章为“伟大生活”，第30章为“没有武力的生活”……文中的内容既非对文本进行逐字逐句地意译，又不等同于整章的解读和疏通，而是不即不离地就文本的大意，紧贴社会生活进行自由的阐发。接着，围绕该章宗旨列出几条“老子给今天的世界提出的建议”，最后则以指导当下践行的“现在行道”作为全章的结尾。应当说，这一方式相当有独创性，且能更好地帮助西方民众吸收道学智慧以应对生活的困境，改善和提升人生。

第五节　从文学意境和生活方式视角的应用

西方不少有识之士看到，地球母亲已经到了疮痍满目、遍体鳞伤的地步，而相对落后的地区，在“弱肉强食”的丛林法则支配下，更是加倍地承受着发达国家以高能耗、高代价、高污染为特征的“物化文明”所带来的生态劫难。言念及此，我们重温一番庄子的“顺物自然”“人与天一”“天与人不相胜”等一系列生态哲学主张，以及由此衍生的尊重自然、顺应自然、保护自然的生态文明理念，该是何等亲切，又是何等震撼！

因此，一些西方人士觉悟到，必须从生活方式的角度对当下的生活进行反省，他们向往道家的精神境界，从文学创作的视角与道家的世界相契。林语堂就曾指出19世纪美国著名的哲学家、文学家梭罗与庄子的相似性，认为二人“在生活的坎坷、坚强和对个人主义的渴盼上都特别相似”。

梭罗崇尚简朴生活，追寻、体验清新、空灵、诗意的生活方式，他不遗余力地鼓动人们，要简化生活，取消娱乐，腾出时间来用于体验生命、品味人生；同时，通过自己的实验，告诉世人不要被纷繁复杂的生活所迷惑，从而失去生活的方向和意义。为了践行自己的生活主张，梭罗孤身一人来到无人居住的瓦尔登湖边，自建起小木屋，种植玉米、豆类、萝卜和马铃薯，自食其力，过着原始、简朴的生活，总共住了两年两个月零两天。他以自己的实际行动向人们彰显这种回归自然的理想生活方式。

我们认为，虽然梭罗在《瓦尔登湖》中只是引用了孔子的一些语录，而并未表达出对老庄的崇尚或对道家思想原文的引用。但是，老庄那种回归自然、顺应本性、简化物质生活、追求精神生活、倾听内心的声音等理念却是贯穿于全书的字里行间。因此，两百多年以来，梭罗、小木屋以及瓦尔登湖，已经成为道家天人合一、抱朴守真理念的展现，更成为人们融入自然、挑战物质文明、告别城市喧嚣生活态度的一种象征。

张璐曾考察梭罗的《瓦尔登湖》与道家思想的联系，文中说：“虽然梭罗的思想在表面上与儒家思想有着惊人的一致性，但瓦尔登湖的内在品质与道家完全相同”，二者存在着“令人惊讶的亲缘关系”。作者举例说：“梭罗热爱自然，他把人看作是自然的一部分，这类似于道教关于自我与宇宙的认同的观点。梭罗强调简单的必要性，这与老子主张回归简单和自然有关”，他围绕二者对“人与自然关系的态度、生活方式和政治观点等方面进行比较研究，以证明非常熟悉东方哲学的梭罗深受道教的影响”①。作者虽然是一位青年学者，但这些通过认真比较之后得出的结论是有根据的。

在20世纪，盖瑞·史耐德是一位热爱并深入而全面地研究中国文化的美国作家之一，他推崇玄奘与禅宗的百丈、怀海等中国佛教大师，研习《道德经》《庄子》《金刚经》与《坛经》等佛道经典，他的作品中吸纳了佛道的很多思想、文学模式，在他的不少诗歌创作中，直接或间接都有《道德经》的痕迹。如他曾把道家“无为”的思想写入自己的诗作。他因此而成为美国“逆向文化运动”（包括“垮掉的一代”与“嬉皮的运动”）中青年人的偶像，他对中国文化的热忱与认识，感染并影响了好几代美国青年。②

更值得一提的是，在推行环境保护方面，史耐德是美国文化界的先行者和精神领袖，他从佛道教思想以及与印第安人的信仰中吸收精华，建立自己的生态观。而《道德经》中“道”“朴”等基本观念，都成为他生态学的基石。他在流行的深度生态学基础上创造了“深层生态学”这一名词，其内涵包括能量转换的观念、人类应该对自己的食物感恩、动植物都应该有与人类同等的地位等；他还研究大自然各系统之关系、能量转换相互之关联以及因果网络；他的研究目的是，昭示世人，生物世界已面临崩溃的危险。③

阿根廷著名作家博尔赫斯也是文学家将庄子智慧化入文学创作的例子，鉴于他在世界文学史上独特的地位，因此，他虽然超出了本书“道学西用”的范围，但我们还是愿意介绍这位对庄子顶礼膜拜和推崇备至的世界著名作家。早在青年时代，他就通过一个英译本，

① 张璐：《梭罗〈瓦尔登湖〉中的道家思想研究》，山东师范大学硕士学位论文2015年，第37页。

② 钟玲：《史耐德与中国文化》，第4—5页。

③ 同上，第69页。

潜心研索《庄子》，并在作品中屡屡引用。他对《天下》篇中惠子讲的“一尺之棰，日取其半，万世不竭”无限着迷；“庄周梦蝶”的寓言故事，更使他悠然神往，竟然像发现新大陆似的，向阿根廷著名作家马塞多尼奥讲解，并把它写进作品《漆手杖》里：“我瞅着它，我想起了庄子。庄子梦见自己变成了蝴蝶，醒来后不知道究竟是人做梦变成蝴蝶，还是蝴蝶做梦变成人。”博尔赫斯还把《庄子·齐物论》中“方其梦也，不知其梦也；梦之中又占其梦焉，觉而后知其梦也，且有大觉而后知此其大梦也”这段话作为小说《圆形废墟》的主题。据著名作家王充闾介绍，博尔赫斯的创作划开了 20 世纪现代主义文学与后现代主义文学的分水岭。早在 20 世纪 30 年代，他就写出了《叙事的艺术与魔幻》的论文；日后，更以其魔幻现实主义的创作实践，使东西方文学界受益无穷。从他开始，传统的文学观念发生了很大变化，诸如，文学种类的界限被打破了，客观时间被消解了，幽默与荒谬结合、写真与魔幻统一，等等。作为拉丁美洲魔幻现实主义的开创者之一，博尔赫斯在他的小说中，模糊以至抹杀了真实时间和虚构空间的界限，“虚构”这一美学概念，在他的艺术世界里，占据了最重要的位置。可是，他却谦虚地说：“魔幻文学祖师爷的头衔轮不到我，两千多年前梦蝶的庄周也许当之无愧。”① 博尔赫斯的这些话语非常明确地体现出庄子对他的创作思想和方法的影响，在他心目中的崇高地位。

以上我们只是进行了十分粗略的归纳，但实际上，在地球的另一边，钟情、热爱并应用道学的远不止这几种方式。比如，《老子》中的“雌”“母”的隐喻，也引起了西方女权运动者的兴趣；练气功和拳术的人们、传统医学的从业者、环保主义者、和平主义者、从《道德经》寻找经营理念的商人，还有试图消解现代性弊端的后现代主义者，哈佛知名讲师泰勒·本-沙哈尔（Tal Ben-Shahar）用《道

① 参见王充闾：《庄子在西方》，《文化学刊》2013 年第 3 期，第 186 页。

德经》诠释“幸福学”，他们都以各自的方式从道学思想中寻找精神养料与灵感源泉。

从文化传播的经验来看，人们对于“异文化”的研究和吸取往往决定于其自身的处境和条件，“当他们感到本文化暴露出诸多矛盾，而对现状不满时，他们又往往将自己的理想寄托于异文化”。这是乐黛云先生对十八九世纪西方文化主流学者对中国文化理解和吸收的不同状况的总结，在某种意义上也适用于评价 20 世纪道学西用的历程。在这一过程中，道学文化发生了各种文化染色和变形，人们对于道学的一些思想、概念存在着各种误读、改写、吸收、重建，这是我们应该加以注意的。

下　篇
道学在西方诸领域的应用

以上笔者综述了道学西传和西用的国内外相关研究动态；回顾了《老》《庄》等道家典籍传入西方的概况以及道学西传过程中的文化染色；分析20世纪道学西用的社会、文化背景、理论基础及道学西用的内因；梳理道学西用的主要方式；考察道学与西方文化交融和应用过程中发生的文化过滤或变形。

以下我们将具体考察道学在西方的自然科学、经济学、心理治疗、教育、经营管理、民众生活、养生保健等领域的影响或应用。但是，这一课题所涉及的领域太多、太广，资料搜集的范围和难度太大。根据目前搜集的资料和应用的实况来看，在篇章结构的安排上，很难按照具体的应用领域或典型人物等类别进行分章，这是令人遗憾而又无奈的。因此，我们只能根据手头掌握的材料，或以典型人物，或以应用领域进行分章，并根据大致的时间先后顺序来展开道学西用的发展脉络或概况，让我们开始这一艰难的探索吧！

第四章　老子思想在西方经济学领域的回声——以哈耶克为例

奥地利裔英国经济学家、社会思想家哈耶克（Friedrich August Von Hayek，1899—1992）是一位曾影响了20世纪人类经济社会发展进程和现代经济学理论的伟大学者，也是1974年诺贝尔经济学奖得主，是20世纪最重要的自由主义理论家，他还涉及法学、心理学、思想史、社会学、知识论甚至脑神经等多个领域。而英国经济学家亚当·斯密更是西方经济学领域的泰斗级大师，他们二位对于西方经济理论大厦的建立发挥了重要的作用。但是，一些学者却发现，他们的思想并非纯粹来自西方学术，而是与中国的道家思想有着某种渊源关系。

中国著名经济学家张维迎教授于2011年访美期间，在一个高端会议上的发言中指出："老子可能是人类历史上第一个自由主义思想家。"他认为，老子"无为而治"和小政府的主张与亚当·斯密的自由放任思想是一致的，他还提到，有学者认为，亚当·斯密受重农学派的启发，而重农学派则是受了老子思想的启发。① 作为一位著名的经济学家，张维迎的以上说法颇具代表性。但是，也有一些人认为以上观点只是毫无根据的推测。我们认为，老子、亚当·斯密和哈耶克三位是中西方文化的代表性人物，以上论点无论在中西方文化交流史还是在中西文化互动融会的现实生活中都具有重要的意义。但真实的情况到底如何，老子思想与亚当·斯密和哈耶克这两位西方经

① 张维迎：《从老子到亚当·斯密》，《第一财经日报》2011年11月23日。

济学领域的奠基巨匠有何联系？对于这一重要问题，学术界仍然语焉不详，这是令人遗憾的。

哈耶克“自生自发秩序”思想的理论渊源出自何处？它与老子思想究竟有哪些方面相通或相似？它们建立在什么样的理论基础之上？二者之间的差异又是什么？本章着重对这些问题进行探究，以窥探老子思想在西方经济学领域中的回声。

第一节　哈耶克“自发秩序”思想的理论渊源

我们知道，哈耶克1960年在其《自由秩序原理》中，借用自然科学中的“Spontaneous”一词，提出了“自生自发秩序”概念，并把社会秩序分为两类：自生自发秩序和“人造秩序”，这是让他名垂经济学史的一个贡献。

哈耶克的“自生自发秩序”提出之后，中国学者惊讶地发现，哈耶克的理论与中国古代哲人老子的思想有着惊人的相通之点。中国台湾学者殷海光曾探讨哈耶克与老子思想之相似点，他认为，在中国的思想文化中，佛老思想与西方自由主义“能发生亲和作用”，但他并未就此进行深入探讨并论证二者思想的关联性。在这方面，中国台湾学者石元康可能是最早提出并论证老子思想与哈耶克的自由主义有相似之处的学者。他在1986年提交给国际中国哲学研讨会的论文《自发的秩序与无为而治》中，详细地论述了老子的无为而治思想与哈耶克的自发秩序理论的一致之处。他认为：“哈耶克所提出的自发秩序与道家的无为而治，在结果上有许多相似之处，虽然它们的哲学基础是完全不同的。”① 盛洪先生感叹说：“原来斯密所‘发现’的原理，在两千多年前已经被中国的先哲们用另一种语言更为简洁

① 石元康：《自发的秩序与无为而治》，《国际中国哲学研讨会论文集》1986年。

和优美地表达过”；哈耶克“比斯密在风格上更接近中国古典哲学，尤其是老庄哲学”。

还有一些中国学者围绕老子与哈耶克的思想联系亦进行过探讨和研究。如王小权的《“道”与自发秩序》；沈湘平的《老子与哈耶克之自然秩序思想比较》；陈林林的《无为而治和自发秩序：历史的耦合与分殊》；种杨的《“道法自然”与“自发秩序”——老子与哈耶克政治哲学思想比较研究》等。在这些研究当中，主要是在比较或探讨哈耶克思想与老子思想的契合性，而鲜见系统全面地论述哈耶克与老子之间的相通及其思想渊源的成果。

随着《道德经》被翻译成各国语言，其中的思想在世界各地得到广泛传播，对多个领域产生着影响。在经济学、政治学等领域，不少学者亦注意到哈耶克和老子思想之间的相似之处。例如，自由主义思想家 David Boaz 写道：“第一个已知的自由主义可能是公元前六世纪左右的中国哲学家老子……它建议统治者不要干涉人民的生活。”① 另一位经济学家韦森也在《哈耶克与老子》中说：“不管哈耶克读没读过《老子》，其‘自发社会秩序’的分析理路与老子的无为而治的思想有着惊人的相似之处，这是一件明显的表层事实。”另一方面，具有汉学和哲学背景的英语语言学者虽然承认哈耶克和老子在概念上的相似性，但往往对自由经济学家和自由主义者宣称的感知对等持怀疑态度。例如，美国的哲学学者 James Behuniak 反对用自由主义的“市场道家”概念来模糊老子，理由是“市场道家在历史上或哲学上对《道德经》几乎没有公正性”。② Aleksander Stamatov 忽略了经济预测，将《道德经》中类似的知识主题与哈耶克典型的自由主义思想联系起来，指出“书中自由的意义不仅在政治上，而且在形而

① David Boaz, *Libertarianism: a Primer* (New York: Free Press, 1997), 27.

② James Behuniak, "Two Challenges to Market Daoism," in *Value and Values: Economics and Justice in an Age of Global Interdependence*, eds. Roger Ames, Peter D. Hershock (Honolulu: University of Hawai' I Press, 2015), 284.

上学的层面上，即人类应该有自由获得和培养他们原本由‘道’赋予的自然朴素的性格”①。

西方一些学者对老子和哈耶克思想进行比较研究，也产生了一些论文和专门的著作。如，Edward H. Crane 在《民间团体 VS 政治团体：处在十字路口的中国》这部著作中，从社会和政府管理的角度比较了哈耶克与老子的有关思想；又如，Susan George 的《新自由主义的短暂历史》等，也比较了哈耶克与老子的自由主义思想。一些学者认为，哈耶克应该受到过老子思想的影响，尤其是他对“自生自发的社会秩序”的论述，与老子的思想非常接近；有人甚至认为哈耶克将老子奉为“思想教父”。

诚然，哈耶克研究专家邓正来先生曾指出，哈耶克的思想渊源特别繁复，主要的渊源有：门格尔首创的奥地利经济学派、苏格兰的启蒙运动思想和康德的道德哲学，还有马赫、维特根斯坦、波普尔、波兰尼等人。② 而且，哈耶克与老子思想的联系，并没有如荣格、马斯洛、海灵格、韦恩·戴尔等人士那样有直接的证据，这显然给我们探究哈耶克与老子思想的内在联系增加了难度。

从目前的资料来看，无法确切地了解到哈耶克是什么时候读过《道德经》并曾吸收过老子的思想。但我们却可以从一些零星证据见到哈耶克至少读过《道德经》和儒家文化的一些经典作品，这可能是没有疑问的。如，在他晚年的巅峰之作《致命的自负》中的第七章，哈耶克就曾引用了孔子的两句话，并把其中的一句话用作这一章论述的画龙点睛的引语。他甚至还认为《道德经》中“我无为，而民自化；我好静，而民自正”的话语是对他自发秩序理论最经典的描述和概括。1966年9月，在朝圣山学社（Mont Pelerin）东京会议

① Aleksandar Stamatov, “The Laozi and Anarchism,” *Asian Philosophy* 24, no. 3 (2014): 265.

② 邓正来：《规则、秩序、无知——关于哈耶克自由主义的研究》，北京：三联书店2004年，第107页。

上，哈耶克作《自由主义社会秩序诸原则》的演讲时，当他谈到自发秩序理论时，激动地反问道：

> 难道这一切不正是《老子》第 57 章的一句“我无为，而民自化，我好静，而民自正”吗？①

足见他对老子思想的了解程度。我们认为，哈耶克说出这番话并非一时心血来潮，而是有其思想根源。

一些西方学者却否认哈耶克曾受过老子思想的影响，认为哈耶克的“自发秩序”理论是亚当·斯密自由经济理论的重要发展和补充。我们认为，这并不能否定哈耶克与老子思想的联系，因为我们可以继续追寻亚当·斯密的自由经济理论的思想源头。

众所周知，亚当·斯密的学说与法国重农学派或重农主义相关，而重农主义译自 Physiocracy 一词，原意为自然的主宰，有服从自然法以求最高福利的意思②，他们首次提出了自然法则、自由放任等思想。法国重农学派有一个完整的理论体系，其诸多理论的哲学基础是“自然秩序”理论。一些研究成果证明，中国传统哲学中的自然法则、无为而治等主张是重农学派的重要思想来源之一。因此，我们的考察先从重农学派的代表性人物魁奈和杜尔哥开始。

1. 魁奈与中国哲学思想的联系

说起法国重农学派与中国文化的关系，我们首先要考察的就是重农学派的创始人、被称为“欧洲的孔子”的魁奈。魁奈年轻时是“国王御医”，他与同期的“御前数学士”兼科学院院士、法王路易

---

① 这段话的原文是：“Is this all so very different From what Lao-Tzu says In his fifty-seventh poem?：If I keep from meddling with people they take care of themselves，if I keep from commanding people，they behave themselves，if I keep from imposing on people，they become themselves. —— “The Principles of a Liberal Social Order.” [Il Politico 31，no. 4（December 1966）：601—618.]

② ［法］魁奈著，吴斐丹、张草纫选译：《魁奈经济著作选集》，北京：商务印书馆 2011 年，第 3 页。

十四派遣到中国的5位传教士关系密切，从他们那里吸取了中国的“无为”思想，并第一个把“无为”译成“自由放任”（laissez-faire）。魁奈受中国儒家和道家思想的影响，崇尚自然，他本人也属于一个叫“自然法则政治论者”的知识分子集团，创立了依赖自然法则的重农经济学。英国学者约翰·霍布森（John M. Hobson）在他的《西方文明的东方起源》一书中更进一步指出，魁奈思想当中有很多概念受惠于中国的政治经济学概念，而其中最重要的是把“无为”概念译成法文的laissez-faire（自由放任主义）。魁奈与启蒙运动的具体结合，可以从他强调科学方法核心地位的事实中找到，如他在《经济表》（*Tableau Economique*）中所表述的那样（尽管有些晦涩），其科学方法原理深受中国思想的影响。①

重农学派的理论核心之一是重视对于自然法则的倡导与遵循，在魁奈看来，自然法则是最高也是最基本的法则。

自然法则确立对人类最有益的自然秩序，确切地规定适合于一切人的自然法，这是永恒存在的、不可改变的、显而易见是最好的法则……因此使得一切智慧之士和所有人类理性都无条件地服从于它们。②

魁奈将自然法则推展到人类社会的诸多领域，他举例说：“为了认识结合成社会的人的自然权利的范围，必须尽可能以作为最好统治基础的自然法则为依据。这个人们必须服从的统治，对于结合成社会的人来说，是最有利的自然秩序，同时也是实定法的秩序。”③ 显然，在魁奈这里，自然法则与道家所说的“侯王若能守之，万物将自宾”的“道”具有同样的权威（有学者认为魁奈所说的自然法则

---

① ［英］约翰·霍布森著，孙建党译：《西方文明的东方起源》，济南：山东画报出版社2009年，第176页。

② ［法］魁奈著，谈敏译：《中华帝国的专制制度》，北京：商务印书馆2018年，第136页。

③ ［法］魁奈：《魁奈经济著作选集》，第332页。

概念其实类似于西方传统的“自然法”，愚以为值得商榷。关于这一问题我们将在后面进行讨论）。

尽管魁奈以上的思想与道家“无为”“道法自然”等观念非常相似，但他却并不明言这些思想源于何处。利奇温等西方一些学者就明确指出，出于维系自己在重农学派中理论领导人的地位，魁奈“有意掩饰其思想来源以示高深莫测”。利奇温还列举了其他西方学者的类似观点，如，哈士巴克在《论魁奈及亚当·斯密政治经济学上的哲理》一书中指出，魁奈极力掩饰其材料的来源，以矜其独创；哈勒也批评魁奈从来不说明材料的出处。① 以上这些西方学者的批评是否合乎事实，魁奈是刻意掩饰其思想的来源“以矜其独创”还是无法确认思想渊源或者是与这些思想不谋而合？对于这些问题，我们今天已然无法作出判断。但是，这些看法却从另一角度显示出探寻重农学派与道家思想之渊源的难度。

魁奈虽然并未清楚地说明上述思想的理论来源，但他对中国文化的崇尚态度却是毫不掩饰的。他试图找出中华帝国古老而繁荣不息的终极原因和规律。在其《中华帝国的专制制度》一书中，魁奈认为，所有的国家都忽视了按自然法则来建立自己的国家，只有中国是例外。因为在他看来，中国以天为最高立法者，以合乎人性的道德准则为法，因此，中国的法律就是自然法。难怪他说：“中华帝国的政治制度和道德制度是建立在对于自然法则认识的基础上，而这种制度也就是认识自然法则的结果。”② 这一观点在他的著作中一再被强调。他认为：

> 确立自然秩序的那些规律是永恒的和颠扑不破的。统治中的混乱现象只是由于这些永恒的规律遭到破坏的结果……中华

① ［德］利奇温：《十八世纪中国与欧洲文化的接触》，第92页、第144页。

② ［法］魁奈：《中华帝国的专制制度》，第125页。

帝国不是由于遵守自然规律而得以年代绵长、疆土辽阔、繁荣不息吗?①

当然，魁奈的这些看法充满了对于中国社会和专制政治制度的理想化成分，而与中国当时的实际状况相差甚远。但这充分说明，他对包含了“自然秩序”的中国文化极度崇尚，期待人类社会能够通过遵循“自然秩序”，而在长满荆棘的迷宫中平安地前进。重农学派还从自然秩序引申出经济自由主义，提出“自由放任”的著名口号，显然，这与老子“太上，不知有之”“自然无为”“无为而无不为”等主张如出一辙。

当然，出于历史和环境的限制，魁奈无法对于中国的政治状况和社会状况进行确切地了解，他完全未能认识到中国专制政治制度和社会现实中的消极因素，他所赞颂的中华帝国也并未能保持长久的繁荣。正如有学者说的那样，“魁奈及其法国重农学派‘中为法用’(套用‘洋为中用’)的做法，毋庸讳言对古代中国存有不少言过其实、夸大美化之处。但毕竟他山之石，可以攻玉。法国重农学派根据自己学说的需要，精心取舍来自中国的一切，从而服务于他们自己所倡导的原则，客观上极大地冲击了欧洲中世纪以来的污泥浊水，迎来了思想大解放的新时代。”② 其历史意义也是不容否认的。

2. 杜尔哥与中国文化的联系

重农学派另一个代表人物是政治思想家、经济学家杜尔哥(Turgot)。他是魁奈思想的继承者，曾担任财政大臣，十分崇尚中国文化，曾与两位留学法国的中国青年学者高类思和杨德望在学术上有密切的交流，这对于重农学派的一些人物产生了重要影响。

不少史料说明，高、杨二人的身份虽然是留法的学生，但其水平

① ［法］魁奈:《魁奈经济著作选集》，第 458 页。

② 耿兆锐:《法国重农学派视野里的中国形象》，《中国经济史研究》2015 年第 4 期，第 137 页。

并非一般留学生可比。他们于 1754 年来到法国在拉弗累舍的皇家学院学习法文、拉丁文和神学、逻辑学，6 年后到巴黎继续学习，1763 年准备回国。杜尔哥得知二人情况后，认为这是了解中国真实情况和吸取各种知识的绝好机会，于是说服当时同样关注中国事务的贝尔坦大臣，以政府的名义邀请这两位中国青年续留一年，得以让他们了解法国的科学、农业和工业，同时，亦能让他们更好地收集中国的类似资料传给法国。杜尔哥的建议被贝尔坦采纳并得到路易十五的批准，还特批给二人经费资助。在留学延长期内，高、杨二人遵奉路易十五之命，到法国各地考察，并学习物理、化学、博物、绘画等课程。授课的教授们惊叹这两位中国学生的观察力和学习能力超过一般法国学生，研究中法文化这段交流历史的学者也称赞高、杨二人“具有非凡智识”。

值得注意的是，高、杨二人不仅是法国文化的学习者，更是中国文化的传播者和受人尊重的学者。在此期间，他们还参加重农学派每周一次的聚会，受到魁奈及其朋友们的接待，并常常被各界邀请去进行讲学，“在法国人眼中，他们并非正在学习的留学生，而是专家学者”。高、杨二人在法国广为人知，人们常将他们称为“杜尔哥的中国人”①。还有人把高类思称为“当时法国科学界中一位显要人物”，还有人断言，魁奈“一定从那里学得许多具体的东西”②。

杜尔哥与二人交往的意义还在于，由此而诞生了西方经济学史上一部重要的经济学著作——《关于财富的形成和分配的考察》。据谈敏的研究，在此期间，杜尔哥向他们提出了 52 个经济问题，这就是《中国问题集》，让二人归国之后，“在研究本国经济状况及经济制度的基础上予以解答，以资法国人士全面而系统地掌握有关中国的经济资料。”这些问题共包括四个部分：第一个部分是中国的财

① 谈敏：《法国重农学派学说的中国渊源》，第 89—90 页。

② ［德］利奇温：《十八世纪中国与欧洲文化的接触》，第 91 页。

富、土地分配与农业。主要询问有关中国的富人阶层及其收入、放债收息、税收制度，官吏俸禄等属于财富分配领域的内容、粮食的自由买卖与北京粮米的年平均价格等；第二个部分为“工艺”，包括造纸术、印刷术、纺织术等；第三部分为“自然史”，主要是了解中国矿产的种类、分布及蕴藏情况；第四部分为“几点历史上的问题”，包括在华犹太人的历史和他们使用的《圣经》、苗人的语言、体形和肤色等问题。[①] 为了使这两位中国学生理解上述问题，杜尔哥又对此做了一个简略的分析，这就形成了《关于财富的形成和分配的考察》一书。

杜尔哥多次在给友人的信中提到，这一小册子“全不是为刊行而作”，而是应“当时在法兰西之两中国人的愿望，而使彼等明了关于彼等本国的经济状态及其制度之若干问题而做的”。故杜尔哥将《关于财富的形成和分配的考察》称之为《中国问题集》的“序论”。可见，《中国问题集》与《关于财富的形成和分配的考察》原来本是相辅相成的作品，但是后世的经济学者却将“作为其姐妹篇的《中国问题集》，则弃置不顾”[②]。

根据以上的史料，我们可以看到，杜尔哥的《关于财富的形成和分配的考察》这一经济学史名著的问世，乃是基于对高、杨两位留法博士提出的52个经济问题——《中国问题集》的阐发。从杜尔哥提出的问题来看，他对传入西方的中国知识相当熟悉，对中国各方面的状况有着浓厚的兴趣，是一场深入涉及中国经济、文化和制度等多个领域的互动式交流，中国的相关思想和概念在这一交流互动中

① 谈敏：《法国重农学派学说的中国渊源》，第92—96页。

② 同上，第92页。

融会是十分自然的。①

因此，谈敏先生认为：

《考察》中许多经济理论的提出，均与研究中国事物有着不同程度的关联，或者是期待着从中国的实例中得到验证，或者是受中国问题的启发而予以进一步发挥，或者是直接从中国古代思想中吸取滋养，至少是提出了与中国思想极相类似的观点。因此，日人石田干之助称《考察》一书"蒙受中国的影响最深"，实非妄论。②

还可以补充一点的是，哈耶克本人亦对杜尔哥的思想相当熟悉，他在《科学的反革命》一书中谈到实证主义的思想来源时，以十分赞赏的口吻说，这位23岁的年轻人（指杜尔哥）在巴黎大学1750学年发表"语惊四座、才华横溢的演说，以及在同一时期的《论普遍史》的草稿中，概述了我们的自然知识的进步如何伴随着一个逐渐摆脱各种拟人论的过程"③。从这段话似乎可以推测，哈耶克对杜尔哥的思想也许有着更为直接的了解。

3. 从重农学派的思想内涵考察它与中国传统思想的联系

自然秩序学说和自由放任思想是重农学派的重要思想，而它们均与中国哲学思想特别是与道家的概念有极大的相似性。④ 关于二者之间的联系在20世纪中叶西方经济史方面的一些研究者这里得到了

① 有学者认为，高、杨二人曾参加了《考察》一书的编写工作，见张平：《二百年前法国的中国文化热》，载《外国史知识》1983年第8期，但这一说法"在目前较具影响的有关专著中尚未找到确凿的证据"。参见谈敏：《法国重农学派学说的中国渊源》，第92页。

② 谈敏：《法国重农学派学说的中国渊源》，第98页。

③ 哈耶克：《科学的反革命》，上海：译林出版社2012年，第109页。

④ 需要指出，中国古代重农思想与西方"重农学派"在出发点、内容、根本目的等方面均有很大区别，"法国重农学派有一个完整的理论体系，其诸多理论的哲学基础都是'自然秩序'理论。而中国古代重农思想则时空跨度大、系统性不强，更多的是一个思想体系。"（耿兆锐：《法国重农学派视野里的中国形象》，第137页）

承认。Ken McCormick 提到："Spengler（1964）和 Young（1996）等学者主要关注伟大的中国历史学家司马迁，而 Spengler（1980）主要关注儒家和法家。道家或多或少是顺便提到的。"① 从这段话我们可以看出，20 世纪中叶西方经济史专家对道家的重视程度还比较低，但是，在几十年以后，情况发生了变化。到了当代西方学者这里，对自由主义概念如自由放任和道家思想，特别是老子之间的相似性的认识要明显得多。正如一位学者指出的那样："理解道家政治思想的最佳方式是，把它看成是早期中国人对 Nozick 自由主义的最低限度的'守夜人'状态的预期。"②

关于重农学派与中国思想特别是与道家思想的渊源关系这一问题，中国的西方经济史专家谈敏曾做过相当深入的研究，他在《法国重农学派学说的中国渊源》一书中，分别以《自然秩序思想探源》和《自由放任思想与中国古代的'无为而治'论》两个专章来论述这些问题，对二者的相关概念进行比较和对照。

以下我们参考谈先生的研究以及其他相关研究资料，分别就自然秩序学说、自由放任思想与道家思想的联系作一概述。

1. "自然秩序"思想与道家思想的联系

"自然秩序"学说是重农主义体系的中心思想或哲学基础，学术界不少学者认为重农学派的这一思想源自古希腊的自然哲学和古罗马的法哲学思想，直接受启示于法国的启蒙理性思想，还有的学者将其与西方传统的自然法观念相提并论，但是，我们认为这些看法值得商榷。

诚然，"自然秩序"和西方传统的"自然法"都与人为制定的实

① Ken McCormick, "The Tao of Laissez-Fair," *Eastern Economic Journal* 15, no. 3 (1999): 331.

② Alex Feldt, "Governing Through the Dao: A Non-Anarchistic Interpretation of the Laozi," *Dao: A Journal of Comparative Philosophy* 9, no. 3 (2010): 336.

际法规相区别，都具有永恒不变、普遍适用和完美无缺的性质，二者都肯定超越人类之上的立法者的存在，但二者也存在着相当大的差异：

第一，重农学派“自然秩序”体系中所说的“自然法”是指一般意义上的自然法则，它取代或远超出了西方传统自然法单纯的法理学含义。魁奈虽然强调“实在的立法”要以“自然法”为依据“才能成立”①，但他这里所说的“自然法”或“自然秩序”是具有更为丰富和深刻内涵的概念。在他这里的“自然法”，“可以作为所有实在法的基本规律”，也“可以作为最完善统治的基本规律”；它是“物体的规律”和“道德的规律”二者的结合。“物体的规律”指的是“对人类最有利的自然秩序所产生的一切实际事件的运行规则”，而“道德的规律”则是指“明显地适应对人类最有利的实际秩序的道德秩序所产生的一切人类行为的规律”。“这两个规律结合在一起，就是所谓自然法。”而世间的实在法，“很明白的不过是对于人类最有利的、有关自然秩序的管理的规律”②。他还提醒人们说：“违反自然法是使人遭受不幸的实际罪恶的最普通，也是最一般的原因”，相反，如果人们能够“受形成宇宙的实际规律的秩序所支配，那就会获得很好的发展。因而，实际的善行和实际的罪恶，以及道德上的善行和道德上的罪恶，显然的都在自然法中各有它的源泉”③。看到这些话语，我们是否感到它们与道家“为无为，则无不治”等教诲十分相近？

显然，魁奈心中的“自然法”是人类一切政治经济和社会活动的最高准则。在他看来，人类的经济活动与自然界的物质运动一样，存在着不以人的意志为转移的客观规律，社会秩序应该以之为依据，

① ［法］魁奈：《魁奈经济著作选集》，第334页。
② 同上，第333页。
③ 同上，第326、328页。

方能达到一种和谐的理想状态。这一特点与中国文化不无关联。虽然中国古代没有自然秩序这个名词，但在中国先贤特别是在道家学派的著作中，与之相同或相近的思想观念比比皆是，这些观点比自然法更加“注重支配人类社会而非外部自然界的自然规律的研究。此所以那一时期的欧洲人纷纷赞扬中国人发现了社会自然秩序的法则”①。现代西方学者也认为，重农学派的“自然法”是借鉴了欧洲社会契约学说和古典中国的理论而设计的一个体系。②

第二，重农学派的自然秩序思想的一个根本点是自然规律或最高法则的客观性与可知性的统一。在他们看来，这种统一是通过人类的理性及“理性之光”“智慧之光”来实现的，这也是重农学派的自然秩序思想不同于古代和中世纪自然法观念的一个显著特征。重农学派主张借助人类理性获取有关客观自然规律的知识，从而更好地认识和遵从自然规律，这与中世纪的“理性是上帝的理性”或“神的理性”是很不同的（在欧洲历史上，理性在不同时期的含义不同），在“神的理性”那里，人类只须受神的启示来认识自然法。这种纯粹的宗教观念与重农学派旨在揭示自然规律的理性思想大相径庭。因此，不少西方学者在谈到重农学派的自然秩序思想起源时，很少将它与中世纪的神学自然法观念直接挂钩。

一个显而易见的事实是，十七八世纪欧洲流行的理性主义思潮盛行之时，正处于“中国古代思想风靡全欧洲的狂热时代，故这一理性思潮的形成，除了基于欧洲本身的精神与物质条件而外，从先行思想材料方面考察，绝不能排除受到中国传统思想影响的可能性”③。

第三，在重农学派的自然秩序思想中，与物质秩序相配合，提出了道德秩序和道德规律的命题，这是不同于西方传统自然法观念并

① 谈敏：《法国重农学派学说的中国渊源》，第223页。

② ［英］G. F. 赫德逊著，李申、王遵仲、张毅译：《欧洲与中国》，中华书局2004年，第272页。

③ 谈敏：《法国重农学派学说的中国渊源》，第122页。

且有别于近代自然法论述的一个崭新观点。在前面我们提到，魁奈所说的“自然法”是“物体的规律”与“道德的规律”二者的结合①，这是西方传统“自然法”观念和近代“自然法”观念中所没有的。在古希腊时代，道德只是作为与法律密不可分的一种评价标准。罗马法学家基本上只是因袭古希腊的思想，将道德规范与法律规范合一，而在新的条件下予以发展。到了中世纪，阿奎那在论述道德及其与法律的关系时，更是处处弥漫着上帝决定一切的宗教观念。可见，传统的自然法观念很少从单纯道德的角度去考虑一般社会科学意义上的客观基本规律问题，更没有将“道德的规律”独立出来而与“物体的规律”共同作为“自然法”的组成部分。不仅古代欧洲如此，近代自然法学者亦认为无必要对道德和法律加以区别，即便将二者分开，也不过是以道德需要“心中法庭”管辖，与法律之由“心外法庭”管辖有所不同而已，都不曾像重农学派那样明确提出道德规律的概念，并赋予它以探索社会经济领域内之客观规律的特殊含义。

第四，自然秩序思想的另一基本特征是它的有机体性质。在古希腊哲学家的著述中，虽然也使用“秩序”或“普遍的秩序”一词，但大多是附带提及。到罗马帝国时代，开始出现关于“秩序”思想的专门论述，基督教思想家奥古斯丁就认为，秩序就是“有差异的各个部分得到最恰当的安排”。所谓自然的秩序，仍不外乎是“指《圣经》中最高的上帝的指导”。中世纪的阿奎那也认为，在人的身上可以发现神的秩序、自然秩序与政治秩序的所谓“三重性秩序”，宣扬“上帝所建立的自然秩序”。这些“秩序”或“自然秩序”之论，都是乞灵于上帝的旨意，尽管从字面上与魁奈的“自然秩序”一词完全相同，“在内涵上却毫未触及魁奈的‘秩序’思想中的有机体理论”。一些西方学者也认识到，有机论原理在西方是进入17世纪以后才出现的新的思想产物，而且体现了其时代欧洲思想发展主流

① ［法］魁奈：《魁奈经济著作选集》，第333页。

之外的独创性。[1]

可见，重农学派的自然秩序并非一些中国和西方学者所说的那样，完全出自欧洲传统的自然法观念，“它们或者超出传统自然法观念的单纯法理学范围，或者与传统观念貌合而神离，或者根本为传统观念所未曾论及如道德秩序和有机论原理等”[2]。其中某些非西方固有的涵义，它们恰恰出现在十七八世纪受中国思想影响的欧洲，其真实来源显然是耐人寻味的。

一些外国学者的论点也从不同的角度表达了“自然秩序”与中国思想特别是与道家思想的联系。英国学者赫德逊在他的《欧洲与中国》一书中，也承认了魁奈的“自然秩序”理论，“同样大量地得自传统的中国理论”或“受到中国概念的修正”[3]。日本学者泷本诚一在《欧洲经济学史》书末附录《重农学派之根本思想的探源》中认为，魁奈的“自然秩序”思想“完全是以中国太古之王制的理想，几乎无条件地把那种思想全部采纳，而构成了自由学派经济学及法国大革命之根本的思想”[4]。

对中国传统科技思想有深入研究的李约瑟也曾论述“自然的秩序”与“道”的内在联系及其与欧洲传统的自然法观念的区别。他认为，中国的“道”是这种秩序包罗万象的名称，可以译为“自然的秩序”。“它按照一种极为有机的方式以其全部作用产生影响。”与西方的“自然法”思想对比，他认为有以下两点显著的区别：第一，中国人的秩序观念不涉及法律，“当秩序和体系以及模式被看作是周行于整个自然界之中的时候，它们通常并不是作为‘礼’，而是作为道家的‘道’或理学家的‘理’，这两个哲学原理都没有法学的内

---

① 谈敏：《法国重农学派学说的中国渊源》，第123—124页。
② 同上，第124、125页。
③ ［英］G. F. 赫德逊：《欧洲与中国》，第272、274页。
④ 谈敏：《法国重农学派学说的中国渊源》，第163页。

容”①。第二，中国人的“秩序观念”不涉及上帝。他们认为，所有万物的和谐协作，不是来自自身以外的至高无上的权威的指令，而是基于以下事实：“它们都是构成宇宙和有机体的统一体系的组成部分，它们所服从的正是其自然界的内在指令。”“即使在今天，中文的自然法则……也是如此之毫无通融地保持着古代道家对一个有人格的上帝的否定态度。”② 正是这种对上帝的否定态度，李约瑟将道家与现代科学的世界观会通了起来。他在《人法与自然法则》这一重要论文中特别强调说：

> 极其有趣的是，自拉普拉斯的时代以来，欧洲人就觉得可以不需要上帝这一假说作为自然法则的基础。就此而言，现代科学在某种意义上已经回到了道家的观点。这正说明了为什么许多道家著述读起来会有那种奇特的现代感。③

我们知道，拉普拉斯这位法国科学家运用牛顿引力理论成功地说明了所有行星运动，他的星云假说提供了理性和富有成效的方法，解决了恒星如何起源的问题，提出了解释太阳系起源的理论。根据他的理论，太阳系本质上具有一种自我纠错机制而不需要神的力量来实现归位。也就是说，拉普拉斯的重要理论贡献是从“理论上将上帝赶出了宇宙”。显然，李约瑟的上述观点清晰地展现出重农学派的自然法则与西方中世纪自然法观念的显著特征：即重农学派的自然法则来自人类理性获取的对自然规律的知识进而遵从自然规律，而西方中世纪自然法观念则是来自“上帝的理性”或“神的理性”，二者的理论来源和内涵具有根本的区别。这也正是李约瑟之所以认为“许多道家著述读起来会有那种奇特的现代感”“现代科学在某种意义上已经回到了道家的观点”的内在原因。

---

① ［英］李约瑟：《中国科学技术史·科学思想史》，第615—616页。

② 同上，第598—599页、第616页。

③ ［英］李约瑟著，张卜天译：《文明的滴定》，北京：商务印书馆2020年，第310页。

综上所述，我们追寻重农学派有机的“自然秩序”学说之源头，应该将眼光进一步扩展到欧洲以外的其他思想来源。

2. 自由放任思想与老子思想的联系

自由放任也是重农学派的一个重要主张。有人认为，自由放任这一概念，在英国富商蔡尔德那里已有其早期倾向；也有人认为，在法国的柯尔贝尔时代已见端倪。但是熊彼特认为，蔡尔德等人的观点，“在科学的经济学史上没有地位”；也有人指出，在英语国家，这个学说的更早历史是模糊的，“它是17世纪后期至18世纪前期这一阶段的思想产物，而且主要归功于法国思想界”。自由放任是个很平常的日常用语，从经济学说历史发展来看，它是被一个有名的学派用作口号时才显出其理论意义，“只有经过重农学派的系统论证和大张旗鼓的宣传，才形成一个鲜明地体现经济自由主义思想的完整而充实的思想原则和经济政策，成为标志着新时代的战斗口号，并对后代的经济理论和实践产生深远的影响”①。

在中国古代，自由放任的代表观点就是无为而治，这一思想主张的流派各异，寓意丰富，常常用作对付社会经济困难或财政危机时的权宜之策。在中国古代社会中，这一主张一直长盛不衰，这在西方历史上是不存在的。

重农学派从自然秩序中引申出自由放任的准则，他们提出的自由放任思想几乎在其所有重要含义中都能从中国古代的无为而治观念中找到其思想萌芽：

第一，自由放任的同义语是反对政府干涉，经济生活受自然规律的调节，国家不得对经济事务进行干涉。（如，《道德经》第三十七章说：“道常无为而无不为，侯王若能守之，万物将自化。”）

第二，国家应当实行自由主义的经济政策，让社会成员在追逐个人利益的过程中实现社会利益的最大化。（如，《道德经》第五十七

① 谈敏：《法国重农学派学说的中国渊源》，第233页。

章："我无事而民自富。"）

第三，在理想的自由放任状态中，政府的职责主要是认识和遵守自然秩序的法则。（《道德经》第六十四章中要求为政者"以辅万物之自然而不敢为"。）

这和古代中国要求君主无为而治的观点相当一致，因此，英国学者赫德逊、日本学者泷本成一等现代学者在分析重农学派的自由放任思想之来源时，纷纷把它与中国古代的无为思想联系在一起。①

当然，还应当指出的是，在当时，道家学说远不及儒家学派流行，魁奈最崇尚的是儒家的观点，而对道家学派存在误解，他不了解道家无为论与儒家无为论的相通和一致之处，不了解后来的学者在无为论方面援道入儒的思想发展趋势。

诚然，作为法国人的魁奈，他的理论与西方思想亦存在着渊源关系。如，有学者认为，魁奈的自然秩序中的若干思想因素可以追溯到古希腊、罗马，从中世纪并一直延续到魁奈所处的启蒙时代。尽管如此，我们还是不禁要问："魁奈为什么事事均以中国为例，只有较少的地方才引证希腊之说？"答案就在于："重农学派体系中的许多理论观点，尤其是其中那些被公认为新颖而独特的内容，几乎都能在中国古代找到其先行思想材料。相反，倒很难从西方传统思想中找到其整体的继承关系。"② 这是谈敏先生通过对大量资料的考察和梳理之后而得出的结论。

尽管对这一结论还存在着争议，但是，法国重农学派在创建他们的经济学术体系中，曾吸收了包含道家在内的中国哲学的智慧，这却是无法否认的。

需要注意的是，法国重农学派对于中国思想的崇尚，是为他们的反封建斗争提供理论依据；他们关于道家的"无为"等来自中国的

① 谈敏：《法国重农学派学说的中国渊源》，第250—252页。

② 同上，第365页。

思想主张“是经过他们自己的咀嚼和消化才发生作用的”。因此，“他们所理解和表述的中国文化，已经或多或少地被他们加工改造，以满足反对封建、为资产阶级革命鸣锣开道的需要，因而已与其原来的面貌不同了”①。

4. 亚当·斯密与重农学派的思想联系

作为自由主义经济学家的哈耶克与重农学派的思想联系是通过亚当·斯密而达成的，而不少中西方学者认为，斯密创立的自由经济理论受到重农经济学派的影响。

这些观点是有亚当·斯密的活动记载及其自己的书信为根据的。1764年2月至1766年10月，斯密进行了为期近3年的欧洲大陆之行。1764年7月5日，斯密在图卢兹给休谟的信中写道：“为了消磨时光，我已开始写一本书（就是《国富论》）。”亚当·斯密于1765年12月至1766年10月在巴黎逗留，这段时期内他会见了许多著名的思想家和政治家，如重农主义者魁奈、杜尔哥、奈穆尔、老米拉波等。在巴黎期间，斯密还曾将他正在创作中的《国富论》一书的观点，征求过魁奈、杜尔哥等人的意见。

回国后，斯密即开始《国富论》创作，1773年春，他携带初稿前往伦敦，准备出版时，他又收到了杜尔哥特地寄给他的一些“稀世珍本”材料。为此，他又用了3年时间对初稿修改和补充。到1776年3月9日，《国富论》这部经济学巨著终于问世。斯密与魁奈、杜尔哥的多次讨论，以及杜尔哥为其提供的重要材料，对他的研究思路和框架具有重要的帮助，而重农学派对中国道家无为而治观点的认可也对斯密自由经济思想产生了一定影响。特别值得一提的是，在斯密会见杜尔哥的那段时间内，我们前面提到的两位来自中国

① 阎宗临：《传教士与法国早期汉学》，郑州：大象出版社2003年，第120—131页。李军：《西方经济思想的中国渊源：基于文献的初步回顾与总结》，《古今农业》2008年第1期，第3页。

的留学生高类思与杨德望正在杜尔哥那里工作。①

有西方学者据此将重农学派视为道家思想间接影响亚当·斯密的媒介。英格兰经济学家 Young 则推测，斯密直接从这两位中国学者或者经杜尔哥那里了解了司马迁的思想，司马迁在《货殖列传》中极力倡导自由市场，并用“低流之水”来比喻市场机制。②而值得注意的是，司马迁《货殖列传》中有非常明显的黄老道家色彩。黄老道家继承和改造了《道德经》思想，既主张遵循规律，因顺自然，又倡导“与时迁移，因物变化”“适时而争”，经世致用。我们看到，《货殖列传》中首先就强调，为政者最高明的管理办法是因任自然——“善者因之”。文中主张“人各任其能，竭其力，以得所欲……各劝其业，乐其事”，如此，百姓就会“若水之趋下，日夜无休时”，不待召唤自己就赶来，物产不须征求就生产出来，这难道不是合乎“道”的规律、顺应自然的证明吗——“岂非道之所符，而自然之验邪?”③ 这段话语中的黄老道家意味是非常浓郁的。

英国经济学家马克·布劳格亦曾在他的经济思想史名著《经济理论的回溯》一书中提到魁奈对斯密的影响：“亚当·斯密关于中国经济发展的新奇见解，显而易见是得自于魁奈，而魁奈认为中国实行官僚专制主义，尊重农业，并听任自然秩序的支配。”④ 这里虽未提及斯密本人的经济学说是否受到中国影响的问题，但却揭示了他通过魁奈来了解和吸收中国思想。而在斯密的《国富论》中，我们可以看到他对中国资料和文献的大量引用，也可以作为受重农经济学影响的一个证据。

另一个较有力的证据是，亚当·斯密坦言杜尔哥《关于财富的

---

① 谈敏：《法国重农学派学说的中国渊源》，第 7—9、88—89 页。

② ［英］L. Young：《市场之道：司马迁与看不见的手》，《太平洋经济评论》1996 年第 2 期。

③ 司马迁：《史记》，北京：中华书局 1963 年，第 3253 页。

④ 转引自谈敏：《法国重农学派学说的中国渊源》，第 9 页。

形成和分配的考察》一书曾对他的思想形成有过重要影响，让他“想到了许多他本人永不会想到的问题，同时还给他提供了一些他本人永远不会想到的词汇。”① 显然，如果书中的内容只限于西方文化的视域，亚当·斯密是不可能产生“许多他本人永不会想到”的“问题”和“词汇”的。亚当·斯密有一句著名的口号“最好的政府就是最廉价的、最无为而治的政府”，认为政府不应干预经济生活，政府对经济问题的操心不仅是多余的，而且是十分危险的。② 亚当·斯密反对垄断，他提出防范垄断的唯一办法，就是建立完全竞争的经济模式，听从事物在“自然秩序”中自由发展。③

“自然秩序”是亚当·斯密提出的另一个著名主张，这是一种完全竞争的经济模式，在这种模式中，人们能够任其自然发展，即“一切都听其自由，各个人都能自由选择自己认为适当的职业，并能随时自由改业”④。他还坚决反对奢侈，认为“奢侈者所为，不但会陷他自身于贫穷，而且将陷全国于匮乏”，“无论就哪一个观点说，奢侈都是公众的敌人，节俭都是社会的恩人”⑤。他更反对政府主观妄为，他说：“妄为的结果，和奢侈相同，农业上、矿业上、渔业上、商业上、工业上一切不谨慎的、无成功希望的计划，对于雇佣生产性劳动的基金，都有使之减损的趋势。”⑥ 这些主张与黄老道家因性而为、各便其性、以俭治国、无为而治等思想相通。

当然，完全竞争和经济自由放任的政策主张也是亚当·斯密一

① ［法］杜阁：《关于财富的形成和分配的考察》，北京：商务印书馆1981年，“英译本序”第14页。

② 参见宛樵、吴宇辉：《亚当·斯密与〈国富论〉》，长春：吉林大学出版社1986年，第228页。

③ 同上，268页。

④ ［英］亚当·斯密著，郭大力、王亚南译：《国民财富的性质和原因的研究》上卷，北京：商务印书馆1972年，第91页。

⑤ 同上，第312、313页。

⑥ 同上，第313页。

贯坚持的思想，有学者认为这个思想的提出，甚至比重农主义还要早。在1755年魁奈发表第一篇经济论文的前一年，他就向学生阐述了天赋自由学说。[①] 我们认为，这并不能成为否定亚当·斯密与重农学派之思想联系的证据。常识告诉我们，一个人已有的思想基础，往往会让他更容易与类似思想产生共鸣，并在此基础上进一步补充和完善已有的思想。亚当·斯密与老子思想有那么多的共同点，也绝不是他原来的"天赋自由学说"所能涵盖的。

还值得指出的是，曾对英国古典政治经济学理论体系的形成起过重要作用的代表人物大卫·休谟也曾非常关注中国的资料。他是亚当·斯密的挚友，又是其最为尊敬的长者。休谟关心中国情况并注意从中国文化中获取养料的思想特征，很可能也会在亚当·斯密的思想上留下他的印记。

还需要澄清的是，有论者认为哈耶克只是在20世纪50年代方从迈克·波兰尼的观点中征引了"自生自发秩序"的问题和观念。然而，哈耶克研究专家邓正来对这一观点并不认可。他认为，实际上，哈耶克早在1933年就具有了"自生自发"的观念。邓先生以哈耶克1933年在伦敦经济学院发表的教授就职演说为证。在演说中，哈耶克对人们所承继的复杂的和非设计的社会机制给出了如下评论："当我们开始理解它们的运作和作用时，我们一次又一次地发现，'自生自发'的制度发挥着必要的功用。如果我们试图依凭审慎设计的调整方式来运作该体制，那么我们就不得不发明这些制度，然而在我们乍见它们时，甚至还不理解它们。"[②] 这一条史料也间接地证明，哈耶克这一思想并未与迈克·波兰尼存在着渊源关系。

以上史实说明，老子自然无为思想——重农学派经济学——亚当·斯密自由市场经济理论——哈耶克自生自发秩序思想存在着一

① 宛樵、吴宇辉：《亚当·斯密与〈国富论〉》，第269页。

② 邓正来：《规则、秩序、无知——关于哈耶克自由主义的研究》，第170页。

脉相承的渊源关系。虽然这条学术脉络隐而不显，但细心的读者和研究者仍可从中找寻到哈耶克与老子思想之间的渊源关系。他在朝圣山学社会议上演讲时引用老子思想来印证他的观点也就不足为奇了。当然，即使哈耶克在一些场合引用过老子的话语，甚至哈耶克对老子思想的熟悉也已经到了信手拈来的地步，但出于学术上的严谨，本文先不断然下结论说哈耶克的“自生自发秩序”来自老子。我们只是梳理这一令人惊奇的事实：哈耶克“自生自发秩序”与老子的自然、无为等思想在认识论前提、内在逻辑和基本方向等方面有诸多相似和相通，姑且将其称为“老子思想在经济学领域的回声”。以下试分而论之。

第二节　老子与哈耶克对知识、理性之有限性的思考

道家与哈耶克对于人的知识、理性的作用皆持谨慎态度，这是二者政治主张相通的认识论前提。

老子无为而治的一个理论前提是认识到人类理性与知识的局限特别是作为最高统治者的君主的有限性。老子认为，“道”是无形无象、不可言说，超越人的理性和常规知识，人的理性难以体悟和把握“道”，就连语言也无法定义“道”：“道可道，非常道；名可名，非常名”“道常无名”；“道”也无法通过人的感官来感知：“视之不见名曰夷，听之不闻名曰希，搏之不得名曰微……绳绳不可名，复归于无物。”老子不仅认为人的理性是非常有限的，同时他还指出人的理性可能会被滥用甚至被扭曲为某种智诈，其后果是严重的。因此，他警告说：“知不知，尚矣。不知知，病也”“以智治国，国之贼。不以智治国，国之福”。[1]

---

[1] 以上分别见《老子》第一、三十二、十四、七十一、六十五章。

由于老子充分地认识到人类的理性有限且容易被滥用，这是他提出“无为而治”政治主张的认识论基础。“无为而治”实质上是对统治者理性的限制。与中国古代不少思想家的政治主张不同，老子既从民众的诉求和利益也从统治者的角度来论述君民之间的关系。如“治大国如烹小鲜”“其政闷闷，其民淳淳；其政察察，其民缺缺”等等。一方面，老子要求统治者最大限度地降低个人的欲望，因为任何一个统治者只要过度膨胀或追求私欲的满足，都会给国家和人民带来无尽的灾难，中国历史上这样的案例不胜枚举；另一方面，老子强调“无为而治”，反对统治者为国家或人民设计秩序，其真实的目的在于忧虑统治者对理性的滥用，导致过度有为，干扰甚至阻碍人民自生自发的正常社会秩序。既然人的理性是有局限的，君主个体是有限的，滥用理性或智巧的后果是严重的。那么，唯一明智的做法就是管理者自觉地认识自我理性的局限，去除主观妄为，不自作聪明、不逞能自大，对手中的权力加以限制，不将自己的理念强加于社会或民众，而应充分地发挥群臣的能力和智慧。

在对于人类理性之局限性的认识上，老子和哈耶克的观点再次相遇、相交了。

哈耶克一生也同样在不遗余力地对理性滥用而刻意设计和建构整体社会秩序的做法进行了抨击。他继承了18世纪苏格兰经验主义学派在回应笛卡尔式的建构论唯理主义的过程中所创立的进化论理性主义，对于人类社会中存在的“理性滥用”的痼疾进行了专门的研究。他深刻地反省说：“如果我们把人类文明完全说成自觉的理性的产物或人类设计的产物，或者我们自以为完全有能力自觉地重建或维持我们在不知道自己做了什么的情况下建立起来的东西，我们就太不自量力了。”①

① ［英］哈耶克著，冯克利译：《科学的反革命：理性滥用之研究》，南京：译林出版社2012年，第84页。

在这里，哈耶克并非否定文明是知识积累的结果，而是强调这不是依赖某个个体自觉的行动所能实现的。他说：

> 我们的文明虽是个人知识积累的结果，然而获得这种结果，靠的并不是自觉地把所有这些知识集中在哪个人的头脑中，而是由于它包含着我们在并不理解的情况下使用的符号，包含着各种习惯和制度、工具和观念，这使社会中的人能够不断从一个知识整体中获益，但不管他是什么人，都不可能完全掌握这个知识整体。它大于任何个人的行为过程。恰恰是因为它产生于知识的组合，它的范围之广，是没有哪个单一的头脑所能掌握的。[①]

哈耶克看到，虽然人类文明是众多个体的创造集合而成的“知识的组合”，但作为具体的认识主体，人们往往很难理解理性的局限性。他指出：“人类的理性要理性地理解自身的局限性，这也许是一项最为艰难但相当重要的工作。”因此，他紧接着上文提醒人们：“我们作为个人，应当服从一些我们无法充分理解但又是文明之进步甚至延续所必需的力量和原理，这对于理性的成长至关重要。”[②]

哈耶克意识到，理性的滥用会导致人们把自觉的控制强加于社会过程，而这一做法是十分危险的。他警告说，如此，“必然会带来更为致命的后果”，“理性应当支配自身的成长这种狂妄野心，在实践中只会起到限制理性自身成长的作用，它将把自己限制在受控制的个人心智所能预见的结果上。这种野心虽是某种理性主义的直接产物，其实却是一种被误解或使用不当的理性主义的结果，它没有认识到个人的理性是个人相互关系的产物”。[③] 更为危险的是，哈耶克看到，对于理性的迷信和滥用，不仅会让一些人相信理性创造了社会，进而因此“有能力依照其有意识的设计去改造和革新社会，甚

① ［英］哈耶克：《科学的反革命：理性滥用之研究》，第84页。
② 同上，第91页。
③ 同上，第90页。

至引导人民贸然推行政治革命，而这往往流变为推行暴政、实行奴役的前奏”①。

哈耶克对于人类理性的警惕以及他对于滥用理性导致的弊端的论述相当深刻，对照老子“以智治国，国之贼”“知不知，尚矣。不知知，病也”的警语，我们不难看出二者的相通之处。

哈耶克警惕理性的滥用来自他关于“默会知识”理论和“无知”意义上的知识观，而这同样与老庄思想相通。

哈耶克受到英国哲学家奥克肖特和波兰尼关于“默会知识”理论的影响，这一理论认为，知识有两种类型：技术性知识和实践性知识。前者可以通过学习技术手册的方式习得，后者只有在实践中才能获得，是一种“不可言说”的默会知识。同时，哈耶克对这一理论也进行了修正。在哈耶克这里，默会知识不同于一般的知识，行动者并不需要有意识地去获知它，因为他们已经在生活和学习的过程中掌握了在社会生活和遵循社会行为规则的技术；默会知识是无须通过语言阐释的知识，它独立于理性；它在本质上是实践性的知识。

哈耶克所说的“不可言说”、在实践中才能获得的“默会知识”等观点也与道家的知识论有相通性。我们知道，在《庄子·天道》中记载了轮扁评价桓公读书的寓言故事，轮扁认为，书本知识只是古人的糟粕，而自己斫轮则是“得之于手而应于心，口不能言，有数存焉于其间”。文中借助轮扁制作车轮的经验来说明，属于个人独特的经验是难以用语言或文字表达清楚的，这在一定程度上也类似于哈耶克的“默会知识”。

“默会知识”为哈耶克确立“无知”立场提供了某种可能性，他进而从“知”意义上的知识观向“无知”意义上的知识观进行

① 陈林林：《无为而治和自发秩序：历史的耦合与分殊》，《苏州大学学报》（哲学社会科学版）2010年第4期，第65—68页。

转换。[1]

哈耶克所说的“无知”，其含义极为复杂，并不是指一般意义上的缺乏知识的状态。哈耶克认为，一般所说的无知状态能够在一个合理的时段内以某种付出为代价而得到克服，而这种被个人心智有意识地把握的知识只是特定时间有助于其行动成功的知识的一小部分。而哈耶克提出了另一种无知——“必然无知”，这是无从克服而只能应对的。它是指一个行动者对未来处于无知或对其行动的非意图后果无法知道，对行动的结果赖以为基的环境极其无知，它不仅无法被集合在一个地方而且也无法为单个行动者所完全掌握，它是一种为社会所知道的知识，是人类经悠久岁月而逐渐发展形成的产物，远远超越了个人意义上的劳动分工和知识分立的问题。哈耶克严肃地指出：“这种无知的程度甚至会使我们自己都感到惊诧。”[2]

哈耶克强调，在社会领域中，人们知道自己“无知”是非常重要的，他说：“科学家倾向于强调我们确知的东西，这可能是极为自然的事情。但是在社会领域中，却往往是那些并不为我们所知的东西更具有重要意义。因此，在研究社会的过程中，采取科学家那种强调已知事物的取向，很可能会导致极具误导性的结果。”[3] 这是因为，人类社会面临远比自然现象复杂得多的状况，社会领域的决策者手握大权，任何一个决策都将关乎千百万人的命运和国家、民族的前途，因此，决策者必须清醒地意识到人类理性和赖以决策的知识有限，因而慎之又慎，决不轻举妄动，这的确如哈耶克所说：“那些并不为我们所知的东西更具有重要意义。”从哈耶克的论断中，我们难道不是听到了老子“自见者不明，自是者不彰”“不自见故明，不自

① 邓正来：《规则、秩序、无知——关于哈耶克自由主义的研究》，第148、第149、第150页。

② 同上，第157—159页。

③ ［英］哈耶克著，邓正来译：《自由秩序原理》，北京：生活·读书·新知三联书店1997年，第19—20页。

是故彰”“知不知，尚矣”的千古回声吗？

哈耶克关于“必然无知”的知识观对于他的社会哲学和经济理论的建构具有极为重要的意义，哈耶克研究专家邓正来指出，正是“无知”这一概念的引入，才有可能使所谓行动者理性有限的观念具有真实意义。因此，另一位哈耶克专家 N. barry 认为，“构成哈耶克社会哲学之全部基础，乃是一种关于知识的理论。此一理论最为重要的特征乃是哈耶克对人之无知的强调”①。

我们可以认为，哈耶克关于知与无知的知识观，为他的自生自发秩序奠定了认识论基础，正如他所指出的，自生自发社会的规则系统乃是“一个缓慢进化过程的产物，而在这个进化的过程中，更多的经验和知识被纳入它们之中，其程度远远超过了任何一个人能完全知道者”②。

当然，哈耶克对于人类理性之局限性的分析是建立在深厚的理论之上的。依据社会秩序分类学理论，“哈耶克将型构人类社会的秩序分为‘进化的理性主义’与‘建构的唯理主义’两种。按照哈耶克的解释，有助益的社会秩序具有进化的‘理性不及’的性质，用他的话说‘文明于偶然之中获得的种种成就，实乃是人的行动的非意图的结果，而非一般人所想象的条理井然的智识或设计的产物。’他批驳了建构主义关于社会秩序是‘审慎思考之设计的产物’的观点，从人的‘理性有限’观出发，认为这种精确设计的人类秩序纯粹是人的‘理性的自负’”③。

哈耶克反对那种迷信人的理性力量的唯理主义。他认为，社会的整体发展是一个“理性不及”的领域，这并不是坏事，而是对人的自由的保障。相反，那种认为理性能够成为其自身的主宰并能控制其

① 邓正来：《规则、秩序、无知——关于哈耶克自由主义的研究》，第 153 页。

② 同上，第 165 页。

③ 罗建国：《哈耶克“自生自发秩序”概念评析》，《武汉理工大学学报》（社会科学版）2005 年第 2 期，第 153—156 页。

自身的发展的信念，却有可能摧毁理性。因此，必须维护那个不受控制的、理性不及的领域。

哈耶克和老子对“理性”的批判当然是有区别的。例如，西方经济学家和政治学家认为哈耶克的批评仅限于政治经济学，而老子的警告可以扩展到更广泛的范围。但这两者是可以结合的，或者如一位学者所说：

> 老子对错误知识的批判是对哈耶克经济学知识运用理论的极好补充。哈耶克的理论强调知识在自然条件和市场条件下的运用，而老子的知识论则指出统治者制造的虚假知识会歪曲真正的美德知识……因此，哈耶克—老子知识理论的整合可以告诫企业家：统治者或政府可能会制造虚假知识……负面扭曲真实的市场信息。①

但无论是老子还是哈耶克，他们虽然都反对理性，但是他们所反对的理性是在有限的范围内，或者说他们并不是完全意义上的批评和绝对反对理性。关于这一点可以从以下论述反映出来。他们大致从两个方面提出了论点：一是人的理性是有限的；二是人的理性的滥用会导致人的自负。哈耶克虽然反对理性，然而，他也承认，理性乃是人类所拥有的最为珍贵的禀赋。哈耶克只是试图表明，理性并不是万能的，我们的努力在于防止理性被滥用：“我们所努力为之的乃是对理性的捍卫，以防理性被那些并不知道理性得以有效发挥作用且得以发展的条件的人滥用。这就要求我们真正地做到明智地运用理性。”②

哈耶克也并不反对知识的进步，他主张人应该尽可能多地掌握

① William Hongsong Wang, Javier Carames Sanches, “A Primary Comparative Analysis and Integration of the Hayekian-Laozian Theories of Knowledge, Market Process, and Law,” *Procesos de Mercado: Revista Europea de Economia Politica* 16, no. 2 (2019): 132.

② ［英］哈耶克：《自由秩序原理》，第80—81页。

知识。他只是认为，无论人类的智慧进步到何种程度，关于社会的整体演变仍然是单个的人所无法掌握的，因而是无法全盘规划的，他力图通过这些告诫提醒人们要有自知之明，而不要狂妄自大。

同样，老子也并非绝对地反对人的理性。一些人认为老子从根本上否认了人把握“道”的可能性，因此将老子视为彻底的不可知论者。这些看法是比较偏颇的。事实上，虽然老子在《道德经》中多次说到“道”的玄妙性和模糊性，但他却在多处描述了“道”的特征及要求，要求人们要循道而行，他心目中的理想人格——“圣人”就是终身悟道、体道、行道之人。显然，在老子看来，“道”并非不能认识，只是不能通过寻常的途径即不能通过理性思维的方式，而是要在人体修炼中直观体悟大道。他提出“为学日益，为道日损”，正是体现出这种认知方式的特殊性。“为学”，是常规性的学习，这需要日积月累地增长知识，但“为道”则需要不断地减损、去除理性知识和感官认知。而且，他反对智诈，主张绝伪弃诈，推崇“愚、拙”，倡导抱朴守真，认为“民之难治，以其智多”。显然，“智”在他这里并不是指智慧，而是指智诈巧伪。

更值得注意的是，他充分认识到言语和理性知识的局限性，故《道德经》开宗明义就宣称：“道可道，非常道；名可名，非常名。”老子和哈耶克一样，批判人的理性的自负，时刻提醒人们警惕主观妄为，避免无知者无畏的愚蠢行为。第二十二章告诫为政者：“不自见，故明；不自是，故彰……不自矜，故长”；在第六十七章中，他将“不敢为天下先”作为“三宝”之一。在这些主张的背后，都暗含着这样的认识：作为个体的圣王是有限的，这种有限性包括个体的认识水平、知识结构和能力、才干等各个方面，任何个体都无法避免自己的盲区。但是，老子看到，在实际政治生活中，身居高位的为政者往往自以为现有的知识、权力和能力，足以设计出一套良好的方案或秩序来管理这个国家，权力和地位使得他容易“自见”“自是”“自矜”，常常以全能、全知者自居，习惯于向他人发号施令。显然，这种“有为”只能引发更多的社会问题。所以，我们不难理解老子为什么反复强调要“为无为”，而不要妄为。

老子从个体的局限性来论证君主无为、限权的必要性，这与哈耶克的视角是一致的。冯克利先生对哈耶克的这一视角予以高度评价说，哈耶克从知识利用的角度而不再单纯以性恶论或“权力导致腐败”等传统判断来解释限制权力的必要，“把限制权力的必要性建立有充分经济基础的知识传播的原理之上”“它使我们可以避开自霍布斯以来在人性之恶（即‘人人为敌的原始状态’）问题上的形而上学主流观点”，冯先生称道说，哈耶克对这个问题的论证，“是他对传统政治理论做出的一项重要贡献”①。

当然，道家并没有就此作出像哈耶克那样的严密论证，但二者的基点和结论十分相似。这一视角在中国古代社会十分重要。在性善论占主流地位的中国社会中，无为而治主要依赖政治主体的道德自觉来实现，也就是说，需要为政者自觉地限制手中权力，而从知识、能力等局限性来论证“知不知”“无为而治”等主张的重要性和必要性，这既符合客观实际，又为纳谏上言提供了理论上的支撑和某种程度的保护。当然，在现代社会，老子言简意赅的告诫虽然有助于人们从中获得警醒，但哈耶克的理论分析更能全面地展现人类理性的局限性，从而吸取教益，谨言慎行，这也正凸显出中西文化互补的实践意义。

第三节　“自发秩序”与“无为而治”的相通

我们在上一节曾分析，哈耶克的“自发秩序”理论继承了18世纪苏格兰启蒙运动思想家孟德维尔、亚当·斯密、休谟、弗格森等人

① ［英］哈耶克著，冯克利等译：《致命的自负》，北京：中国社会科学出版社2000年，“译者的话”。

的思想。虽然有关“自发秩序”的思想早在以上思想家的理论中已有了初步的阐述，而直接和本质性的触发则是亚当·斯密在《国富论》中所提出的“看不见的手”。在对先哲的批判继承中，无论是理论的复杂性、逻辑性还是理论的说服力，哈耶克的“自发秩序”理论都达到了一个新的理论和实践高度。“自发秩序”（The spontaneous order）后来又发展为“自生自发秩序”，这是哈耶克思想体系中最基本也是最核心的概念。在哈耶克看来，西方世界的兴起，与其说是源于资本主义制度的确立，不如说是有赖于“自生自发秩序”的养成。

在较长时期内，哈耶克基本上没有对这一概念进行明确的定义，对这一概念的论述也主要散见于他的众多著作之中，并且在论述不同的问题时对这一概念的称谓也有所差异。最初，哈耶克仅仅用自生自发秩序来对经济问题进行研究，如，他在《自由宪章》（1960 年）中采用了“自发秩序”的概念，而后在他晚年的著作《法律、立法与自由》（1973—1979）中，通过对规则问题的深入研究，“自生自发秩序”理论才得到了更宽广的阐述和完善。虽然哈耶克没有明确地定义自然秩序的内涵，但在其《自由秩序原理》一书中，他明确指出：“本书乃是对一种人的状态（condition）的探究。在此状态中，一些人对另一些人所施以的强制（coercive power），在社会中被减至最小可能之限度。”① 因此，哈耶克将自发秩序描述为在自发秩序中，每个元素所占的地位、并不是由一个外在或内在的力量的安排所造成的结果，而是由各个元素本身的行动所产生的。这个秩序，也不是任何一个秩序中的成员所刻意造成的，而是各成员的行动与互动之间所造成的一个非有意的结果（unintended consequences）。亚当·斯密提出的无形之手（invisible hand）理论就是自生自发秩序的最佳写照。

① Friedrich Hayek, *Law, Legislation and Liberty*, Vol. Ⅰ (Chicago: The University of Chicago Press, 1983), 55.

哈耶克强调，“自发秩序”不是由我们制定或设计出来的，而是发现的，社会秩序乃是人的行动而非人的设计的结果，“我们的文明虽是个人知识积累的结果，然而获得这种结果，靠的并不是自觉地把所有这些知识集中在哪个人的头脑中，而是由于它包含着我们在并不理解的情况下使用的符号，包含着各种习惯和制度、工具和观念，……它的范围之广，是没有哪个单一的头脑所能掌握的。”①

也就是说，社会的法律和秩序并非某些人发挥理性的建构作用，把那些我们从来没有理解的法律制定出来并强制民众遵循，而是在个体的竞争博弈过程中，大多数人都感到需要一种协调的秩序，当这种“普遍一致性”的原则被主体意识到，于是就上升到法律，形成人们所遵循的秩序。

在哈耶克的晚年，他将“自发秩序”进一步扩充为“自成长秩序”“自组织结构”概念或“自发成长的制度”。“自发成长的制度是‘有用的’，因为它们是人的进一步发展的基础条件——人类所运用的力量是它赋予的。用亚当·斯密的表述形式，人在社会中‘不断促进着不属于他们意图的目标’。”哈耶克认为，这句话“道出了社会科学的中心问题”②。因此，他认为，整个社会理论的任务在于重构存于社会中的各种自生自发的秩序，强调人类社会变迁上的渐进性的制度演化生成论。

出于以上的认识，哈耶克指斥认为社会秩序乃“人为设计”是人类理性“致命的自负”。他分析说：“凡是未经自觉设计的东西，不可能用于达到人类的意图甚至成为其基本前提，这种观点很容易变成如下信念：既然制度都是由人创造的，我们必定也完全有能力以我们喜欢的任何方式去改造它们。这个结论虽然看似不证自明，其实

---

① ［英］哈耶克：《科学的反革命：理性滥用之研究》，第84页。

② 同上，第82页。

完全是建立在‘制度’概念的歧义性上的无根据的梦呓。”①

为什么这样说呢？哈耶克分析道，那种认为制度可以任由人类创造和改造的观点“只有在一切‘有意图的’形态都是设计的结果这种条件下，它才是正确的。”但是，哈耶克举例驳斥道：

> 像语言、市场、货币或道德准则这类现象，并不是真正的人工制品，不是自觉创造的结果。它们不但不是出自任何心智的设计，并且它们是由不受维持这种制度的欲望所指引的人们的行为维持的，而且它们的正常运行取决于这些行为。既然这些制度不是出于设计，而是取决于我们未加控制的个人行为，因此我们至少不能想当然地认为我们能够用各组成部分受到自觉控制的组织来改进他们的表现，甚至不能认为可以做到和他们旗鼓相当。②

哈耶克清醒地看到，将社会秩序视为“人为设计”将会导致人类“通往奴役之路”。因为这必然导致人类主观意志的膨胀，导致自以为是的狂妄，滥用理性，对社会过程进行“自觉的控制”。哈耶克在多本论著中指出这种强调控制的危害，他强调，把自觉的控制强加于社会过程的做法，“必然会带来更为致命的后果”。他指出：

> 理性应当支配自身的成长这种狂妄野心……要求一切事物，包括人类心智的成长在内，应当受到自觉的控制，这本身就标志着对构成人类精神生活和人类社会的各种要素之一般特征的错误认识。这是我们的现代“科学”文明中自我毁灭的力量，是滥用理性的极端表现。③

哈耶克强调，对于人的主观“意图”要进行仔细的定义。他引用了当代一位哲学家“必须从生命现象的科学研究中完全排除意图的概念”这一观点，并进而将这一结论从生命现象的科学研究延展

---

① ［英］哈耶克：《科学的反革命：理性滥用之研究》，第83页。

② 同上，第83页。

③ 同上，第90页。

到社会领域。他说："就像生物有机体的情况一样，我们在自发的社会形态中，也经常看到部分的行为似乎是以维持整体为目的。我们一再发现，即使有人有着维持整体结构的自觉目的，即使他具备这样做的知识和能力，他也只能用诱发这种现象的方式来这样做，但它们并不是在任何自觉的支配下出现的。"接着，他以经济领域中货币与价格体系这一人们熟知的事物为例以说明自己的观点。他说，"货币和价格体系使人们能够得到他们想要的东西，虽然它们并不是为此目标而设计的，而且在使它们有可能出现的文明没有出现之前，几乎不可能自觉设计它们。"①

哈耶克提出的"自生自发秩序"理论与老子"道常无为而无不为""为无为则无不治"主张的内在逻辑都是强调社会运行具有一种内在的、本来如此的必然的趋势。在一个正常的自发秩序中，每个元素所占的地位，并非由一个外在或内在的力量的安排所造成的结果，而是由各个元素本身的行动所产生的。

《道德经》第五十七章认为："我无为而民自化，我好静而民自正，我无事而民自富，我无欲而民自朴""以正治国，以奇用兵，以无事取天下""天下多忌讳而民弥贫……法令滋彰，盗贼多有"。这些都是数千年前老子的政治思想独白，更是对为政者的告诫。表达了同一思想内容，即"无为而治"。"太上，下知有之；其次，亲而誉之；其次，畏之；其次，侮之。信不足焉，有不信焉。"治理国家最好的方式只是让人民知道管理者的存在，而感觉不到管理者的压力，最好的管理者应该是"无为而治"：统治者应该通过"无为"达到"有为"，通过"不治"达到"治"。在老子的政治哲学中，国家以任何形式对民众的干涉、干预、强制教化都会引起社会不安甚至动乱，社会之所以会出现种种不良现象，主要的一个原因是，统治者的强制以及对民众的干涉。老子认为，国之难治，其根源并非来自民众

① ［英］哈耶克：《科学的反革命：理性滥用之研究》，第 81—82 页。

难以治理，而是在于统治者主观妄为、好用智诈、“贵难得之货”。因此，“无为而治”的重点是对统治者任意妄为的约束以及对民心、民意、民性的尊重和顺立。

老子进一步强调说，社会之所以呈现出无序、混乱的战争状态，其原因是统治者过于“有为”，尤其是违背自然规则和社会法则甚至自恃、自称高尚而“妄为”“乱为”。因此，老子对于为政者提出了以下价值导向：“绝圣弃智，民利百倍；绝仁弃义，民复孝慈；绝巧弃利，盗贼无有。”他警告为政者，天下的人民是神圣的，不可违背其意愿而强为：“天下神器，不可为也，不可执也。为者败之，执者失之。”谁过多地“有为”、过多地命令、过多地干预，反而会适得其反。

从“无为而治”的立场出发，老子在论及政府的功能与效用时强调说，政府的职能范围应受到限制，权力应当尽量缩小。推行清静无为的政策，国家就会安定太平。然而，需要明确的是，老子所主张的“无为”并不是要求政府什么都不做，而是不主观妄为，是顺道而为，顺势而为，顺应民心而为，顺应人性而为。“无为而治”即要求政府以这种因性顺势的方式进行治国理政，才能够充分地调动人的创造精神和积极性，达到“为无为则无不治”的效果。

“无为”既是一种治国之道，也是老子所认为的符合“道”的一种行为和价值准则，老子“无为而治”的根据和基础就在于“道”本身就是无为的：“道常无为而无不为”，道的运行具有一种内在的、本来如此的必然规律和秩序，而不需要人为的外在力量的干预。道的“无为”之特性落实到社会政治的层面就是“为无为则无不治”。可见，在老子的政治哲学中，“无为”与“无不治”是紧密相连的，“无为”仅仅是治理国家的手段、价值、原则、途径或方法，而“无不治”才是“无为”的结果和效用。唯有在上者“无为”，才能有“无不治”的效果。因此，无为政治的最终目标还是让民众各为其为、各尽其能的“无不治”“无不为”。

老子将社会祸乱的根源归结为“智者们”“有为”地处事：有争、有欲、有知、昭昭、察察等，这些行为搅乱了社会的正常秩序，破坏了社会的和谐。因此，老子告诫人们、特别是统治者要做到无为，要求统治者围绕“三去”原则减少政事活动，即“去甚、去奢、去泰”，以期铲除祸乱。

事实上，自发秩序与老子“无为”思想之间的联系在英语世界中得到不少认可，汉学家卡梅隆·辛斯海默认为，“就像自发秩序一样，老子倡导被动的明显含义是，不作为会自动导致比行动更好的结果……不作为的政府允许人民通过他们自然发生的自发秩序控制他们自己”①。西方当代学者也将这种自发秩序的形式与《老子》的无为而治联系起来，认为“统治者只需通过为他们创造一个富有成效的背景，允许他们自发地发展，而无须使用任何计谋或家长式的政治技术来强迫他们按照某种方式行事。”②

哈耶克的“自发秩序”理论与“无为而治”的思想是相通的，其核心内容都是强调人类行为的结果，并不是人类有意设计而形成。自发秩序是秩序自身进化的结果，而不是由一个高高在上者凭空所创造出来的。而且，哈耶克的自生自发秩序和老子的无为而治都不是主张人类完全无所作为，消极地坐等社会进化，而是强调在理解和认识自发的力量和“道”的运行规律的基础上进一步利用它们。哈耶克强调说：“学会了理解自发的力量，我们也许希望利用它们，通过正确调整作为一个更大过程构成部分的机制，去改进它们的表现。但是这样去利用和影响自发的过程，与试图用受到自觉控制的组织来

---

① Cameron Sinsheimer, “The Call is Coming From Inside the House: Chinese Classical Liberalism Eats its Own Tail,” *New York University Journal of Law & Liberty* 12, no. 3 (2019): 832.

② Matthieu B. Agustoni, “The Laozi and Anarchism,” *Dao: A Journal of Comparative Philosophy* 22, no. 1 (2023): 112.

替代它们的做法，有着天壤之别。”① 而老子则主张：“为无为则无不治。”（第三章）“侯王若能守之，万物将自化。”（第三十七章）这些观点颇有异曲同工之妙。

第四节　“自发秩序”“一般规则”与“道法自然”“遵道而行”的相通

“自发秩序”与“无为而治”并非只是在观点上的偶然相通，其整个立论的基础亦是一致的。“道”和“道法自然”是“无为而治”的理论基础，以下我们进一步从这一理论基础来考察它与“自发秩序”的关联。

“道”与“自然”是老子哲学中的核心概念，是最高也是最基本的价值原则。

老子整个的哲学系统都是围绕他所预设的“道”而展开的，“自然”则是“道”的本质特征。

“道”在老子的哲学中，有着很深的意蕴，它既可以是实体，也可以是一种规律，甚至它还可以是人的精神境界的体验。而在这里，我们仅仅关注作为规律性的“道”。在老子的哲学中，“道”虽然无形、无见，并难以把握，但当“道”生发和作用于万物时，却表现出某种规律性。这些规律不仅为万物的运动变化所遵循，而且也应当被我们人类的行为所效法。“‘道’作为规律，为人类的行为所取法和遵循，表现为人类生活的各种准则。”② 当然，“道”不仅是人类遵循的规律，同时也是世界万物遵循的总规律。在老子看来，“宇宙万物的运动和变化无不依循着某些规律而进行，无不体现着这些规律，回到原来出发点的循环往复的运动乃是这些规律中的一个总规律，

① ［英］哈耶克：《科学的反革命：理性滥用之研究》，第 83 页。

② 陈鼓应、白奚：《老子评传》，南京：南京大学出版社 2001 年，第 126 页。

这个总规律实际上就是‘道’运动的总规律。”①

“自然”是“道”的运行法则或本质特征。《道德经》第二十五章说：“人法地，地法天，天法道，道法自然。”自然，即自然而然，是事物本来如此的本质属性，“道法自然”的意思是，“道”的法则或属性是自然而然、本来如此。“道法自然”首先否定的是“伪”，即人为、虚伪，强调的是事物的内在性、事物的延续性（即势当如此）；强调没有外力的强力干扰或没有外力所引起的冲突。

需要厘清的是，老子之自然并非指大自然或自然界，更多的是指人的一种生存状态。刘笑敢为了将常识中的自然和老子之自然区别开，为了避免一般人对自然的误解，而将老子之自然定义为“人文自然”，即老子的“自然”主要关心的是人类社会的生存状态，表达的是对人类群体内外生存状态的理想和追求，是对自然的和谐、自然的秩序的向往。因此，“人文自然不是天地自然，不是物理自然，不是生物自然，不是野蛮状态，不是原始阶段，不是反文化、反文明的概念”②。他认为“老子之自然首先是一种最高价值，是一种蒂利希（Paul Tillich，1886—1965，或译田立克）所说的终极关切的表现，表达了老子对人类以及人与自然宇宙的关系的终极状态的关切。其次，老子之自然作为一种价值也表达了老子对群体关系的关切，即对现实生活中人类各种群体之间相互关系及生存状态的希望和期待。最后，老子之自然也表达了老子对人类的各种生存状态存在、发展状态的关切”③。“人文自然”实质上是“要求实现人类社会秩序的自然和谐。这种自然的和谐是指没有压迫、最少控制的和谐，而不是没有人类文明或没有社会管理行为的原始状态或野蛮状态”④。刘笑敢的这些看法是很深刻的。

---

① 陈鼓应、白奚：《老子评传》，第 131 页。

② 刘笑敢：《老子古今》，北京：中国社会科学出版社 2006 年，第 49 页。

③ 同上，第 49 页。

④ 同上，第 57 页。

老子以“自然”为原则，以“无为”为方法、途径，试图建立起“自然无为”的社会秩序，反对统治者更多的管理、命令和干预。“这种社会改革方案所针对的，显然是当时列国统治者背离了自然的原则的过分的‘有为’政治。它的目的，是要建立起一种自然和谐的社会秩序，一种自发的、自然而然形成的社会秩序。这种社会秩序的建立与维护，既不需要礼乐仁义等非强制性的道德观念与行为规范，亦不依赖政令刑罚等强制性的政府力量，而是靠社会内部自我调节、自我平衡的固有机制实现的。对于这种机制来说，任何强制与非强制的干预、干扰都是多余的，都会破坏这种机制，而人类质朴纯真的天性，便是这种机制的永不枯竭的源泉和动力。”①

而哈耶克的“自生自发秩序”同样也是反对人为的设计，追求顺应事物内部发展规律而不带任何强制的目的性。

与自生自发这一概念相联系的是哈耶克对社会秩序的分类，这是他的思想体系中十分重要的内容。他将社会秩序划分为内部秩序和外部秩序。内部秩序是一种自生自发的社会秩序，这种秩序源于系统的内在力量而不是人类的精心设计。内部秩序产生于所有社会成员之间无目的地相互作用，是在个人对环境不断适应的过程中形成的，这意味着任何个人都不知道他的行动与其他人的行动结合起来会产生什么结果，因此它又是进化的产物。在哈耶克看来，每一个社会都必定有其内部秩序，内部秩序是人类社会的一个基本的结构形态。而外部秩序则是一种人为建构的秩序，哈耶克将它称为一种“组织”、人造的秩序或被指导的秩序。这种人为制造的秩序是人们为了实现某些具体的目的，为了协调人们的行动而刻意设计和创造出来的，这种秩序来源于外部，是人为地创造出来的。在这两种秩序中，我们很容易就看到哈耶克不遗余力地对自发的秩序进行维护，对人造的秩序进行批判，以促使人们认识到自发秩序的价值、认识到自

① 陈鼓应、白奚：《老子评传》，第101页。

发秩序对于维护自由所起到的重要的作用，这是哈耶克建立其整个思想体系所要达成的最终的目的之一。

在哈耶克看来，一个根据命令所造成的秩序，它是单一决定中心式的，也就是说，行动者该做什么事乃是受具体的命令所规定，而这个具体的命令乃出自发令者。哈耶克最常用的例子就是中央计划式的经济与市场式的经济最能说明这两种秩序的不同。在计划经济体系中，每个生产单位生产什么东西及生产多少东西都是由中央计划者下命令来决定的；然而，在市场经济中，却没有这样的一个发号施令者，生产者生产什么或生产多少是根据他对市场的知识及预期，由自己作出他的决定。他必须遵守的只是普遍的规则或法律，而不用听从其他的命令与指导。

与这两种秩序相适应的是两类截然不同的规则，即内部秩序中适用的是内部规则，哈耶克称之为“自由的法律”；外部秩序适用的是外部规则，哈耶克称之为“立法的法律”。哈耶克之所以如此推崇传统就在于它蕴含着自然演化而来的内在规则，内在规则即一般规则。一般规则（或内部规则）在哈耶克看来就是自由得以存在的必要条件，并且一般规则是有助于自生自发秩序形成的必要和充分条件。因此，根据哈耶克的观点，传统的演化必然会产生一般性规则，只要人们尊重传统、遵守一般规则，自生自发秩序也就会自然形成。

在哈耶克看来，自生自发秩序有两个最基本的内涵：一是人类社会发展过程是一个类似于生物进化的自然竞争的演进过程；二是正是这种社会演进的自生自发性质，要求坚持演进理性主义（evolutionary rationalism）反对理性建构主义（constructive rationalism），尽可能少的使用任何强制力量。自发的秩序就是自然生成的，不是命令式的，不是强迫式的，也就没有发令者的目标。

亚当·弗格森（Adam Ferguson）曾将自发秩序描述为自发秩序是“人类行为的结果，而不是人类设计的结果”。自发秩序是指那种惯例、规则、制度等，它们并不是由于人类预见到其益处、从而有意识地、自觉地创造出来的，而是无数按自己的计划追求各自目标的人的无意识的结果。自发秩序的重要特征主要体现在以下三个方面：

第一，自发秩序是自生自发的，不具特定目的的秩序。

尽管哈耶克指出人的行为、理性目的和行为预期对于自生自发秩序的必要性，但他强调的是作为一种自生自发的秩序形态，自生自发秩序是秩序自身进化的结果，而不是由外在的能动者所创造出来的，因此自发秩序不可能具有目的。哈耶克认为社会秩序并不是人们刻意设计的结果，人们不是预先通过理性和意志来为自己的行为设定一个有序的系统，或设定一个最终的目的，相反，这种秩序的最终形成是一种非设计的自生自发的产物，一种出乎人的意料的结果。因此，这种秩序的最大特征或首要属性是它的自生自发性。相对自发秩序的人为秩序由于必须服务于创造者的目的，所以它是一种具有明确目的的秩序。为了更形象地理解自发秩序这一特征，哈耶克列举了物理世界中两个能体现自发秩序的例子来进一步说明自发秩序的自生自发性。一个是磁铁的例子。铁屑虽然可以顺着纸下移动的磁铁的某种磁力路线而自行排列起来，但是我们能够预测的却只是那些自行聚在一起的铁屑所形成的各种链的一般形状，而不能预测这些链在界定磁场的无数曲线谱系中究竟会按哪条路线自行排列，因为决定链按哪条路线排列的是“铁屑的位置、方向、重量、粗糙程度或光滑程度”，另外还有“实验中所使用的纸张的表面所具有的不规则情形”，这就是说，“从磁铁发出的磁力以及从每一铁屑中发出的力都将与其环境发生互动，从而产生一个独特的有关一般模式的实例：尽管这一实例的一般特征将取决于已知的规律，但是它的具体样式却取决于我们不能完全探明的特定情势。”① 另一个是晶体的例子，哈耶克认为，虽然我们不能通过把所有单个的原子都置于其恰当的

① ［英］哈耶克著，邓正来等译：《法律、立法与自由》（第1卷），北京：中国大百科全书出版社2000年，第60页。

位置之中从而使它们形成一个晶体的晶格，但是，“我们却能够创造一些条件，以使各个原子在这样的条件下按这种方式自行安排或自行组合”①。

第二，自生自发秩序主要是个人各自行动的产物，而不是作为一个整体一致行动的产物。

哈耶克认为，自由的个人追求个人目的的过程采取的行动比一致化的、追求具体目标的共同行动更有助于实现目标。“在哈耶克看来，在合法范围内拥有自由行动权利的个人，自主地安排自己的生活；无数这样的个体融入社会生活之后，就形成了一个孕育自发生成秩序的温床。自发秩序的形成是一个自然的、不断‘试错’的过程，同时也是所有社会、政治制度建立的典范。为了说明‘自发秩序’产生的原因和‘试错工程’的实际运作，哈耶克一再提醒人们注意那些‘理性不及因素’——传统、经验、习惯，它们是由无数代人以各自特殊知识和身处的特殊环境相调适而累积起来的。”② 从哈耶克的这种主张，可以看出他的个人主义方法论。

所以，在哈耶克看来，人类社会的演进是一种自生自发秩序，而非控制的结果。人类在历史上所获得的一些最伟大的成就都源于这样一个事实，即人类始终无法控制社会生活。人类持续发展，完全有可能依赖于其有意地避免实施其当下已然获致的手段。在过去，种种自生自发的发展力量，无论受到多大的限制，通常仍能表明其强大无比，足以抵抗国家所具有的那种有组织的强制措施。

第三，一般规则支配着自生自发秩序。

在哈耶克这里，自发秩序不是无政府或无规则的状态，而是有“一般规则”运行于其中，支配着社会的秩序。根据规则所造成的自发秩序乃是一个在决定上有多中心的秩序，它与遵循命令而形成的

① ［英］哈耶克：《法律、立法与自由》（第 1 卷），第 59 页。
② 陈林林：《无为而治和自发秩序：历史的耦合与分殊》，第 65—68 页。

秩序不同，“它是单一决定中心式的，也就是说，行动者该做什么事乃是受具体的命令所规定，而这个具体的命令乃出自发令者。”① 与此相反，在一般规则支配下而形成的自发秩序中，每个行动者要做什么具体的事，最后都是由该行动者自己做决定，在遵守“一般规则”的前提下，行动者有充分的自由去做自己想做的事情。

显然，这与老子所主张的遵道而行的思想有较大的相通、相似性。在老子这里，“道”是“先天地生”“独立而不改”“周行而不殆”的“天下母”，是万事万物生发的本源和存在的基础，是万事万物运行的总规律，同时也演化出一般的规则、原则，天地人，自然与社会，君王与民，都因“道”而生存和发展。所以，必须“惟道是从”。“道”的一个重要特性是“无为”，即不加任何外在的人为干预，自然秩序只是道化流行的结果和体现，故尊“道”则必然效法自然无为这一特性。

而哈耶克也认为，“一般规则”平等地适用于所有的人，对它的遵循“乃是我们存在于其间的世界得以有序的必要条件，也是我们在这个世界上得以生存的必要条件”②。只有在规则系统的环境中，自然秩序才是可欲和可求的。可见，在哈耶克的自生自发秩序中，“一般规则”就像老子的“道”，它的建立只是去创造一些有利的条件，使得每个成员在其中可以完成自己的目标。就像自由市场经济，在这个秩序中，参与者们并没有一个大家所共同的目标或任务要去完成；每个参与者却有自己的目标，为了达成这个目标，他才参加这个秩序与其他成员发生关系。“道”与“一般规则”是老子与哈耶克社会哲学中各自的自然秩序的核心之所在。所以，仅从“道”与“一般规则”的客观性、抽象性以及普遍性来说，二者是相似的。

① 石元康：《当代西方自由主义理论》，上海：上海三联书店 1997 年，第 56 页。

② 沈湘平：《老子与哈耶克之自然秩序思想比较》，《齐鲁学刊》2001 年第 1 期，第 29—35 页。

“道”与“一般规则”都是引导性的，而非强制的命令。在“道”或“一般规则”支配下所形成的自发秩序是一个多中心的秩序。个体的行动计划皆由行为主体自己决定，在遵守普遍规则的前提下，他有充分的自由去做自己想做的事情。而这个普遍规则在老子那里是“道”，在哈耶克这里则是“一般规则”。

通过以上的论述，我们可以看到，哈耶克的“自发秩序”“一般规则”与老子的“道法自然”“遵道而行”理论的相通性：老子反对压制人性的强制性秩序，而并非否定一切秩序，而是强调人类必须遵道而行、唯道是从，“他所要建立的，是一种更高、更好的秩序，即自然的秩序，而以‘无为’为达到自然秩序的方法。这种自然的秩序既不需要强制性的手段来建立和维持，也不需要任何人为规定的道德规范，它完全是自然而然的、自己如此的、本来如此的，是人类社会最和谐的状态，人类的潜能在这种自然的秩序中可以得到最充分的发挥。”① 同样，哈耶克亦强调独立于人的计划、纯由个体行动相互作用形成的自生自发秩序，在这种秩序下，有可能比人为制造的秩序下更好地发挥所有社会成员的知识和技能，有可能更好地运用这些强大的自发秩序的力量，使之造福于社会。无论是老子的“自然”还是哈耶克的“自发秩序”，其理论前提都是承认社会运行自有其内在的、本然的和谐秩序。因此，他们都将这种和谐状态视为最高的价值和理想的社会秩序；都反对对于社会的演进预先进行人为的设计和安排；都认为人类不应当强制地控制社会生活，而应当让无数人按自己的意愿和计划追求各自的目标，最终结果却能优于人为主观设计或强制控制——“为无为则无不治”。

① 陈鼓应、白奚：《老子评传》，第 97—98 页。

第五节　哈耶克与道家政治思想的差异性

上文我们已讨论了道家与哈耶克的思想在理论基础、政治理想、社会效用等方面存在耦合与类同。但是，这两种产生在不同时代、不同地域和不同民族、不同制度下的思想当然存在着本质上的差异，概而言之，这种差异体现在以下几个方面：

1. 自然无为与自发秩序的差异性

老子的自然无为等政治理念与哈耶克的自生自发秩序等理论皆推崇自生自发地演进，反对国家干预。然而，两者之间的差异性也是十分显著的。

第一，两者建立的社会基础完全不同。与“无为而治”的理论设计不同，“自生自发秩序”将“自我扩展”视为自身内在规定性的一部分，并将“自生自发秩序”扎根于正当规范的基石之上，为“自发秩序”向“规则之治”即“法治”的演进准备了动力和条件。“哈耶克认为社会在长期的文化进化过程中会自发形成若干规则，它们导致了一个平等抽象的和目标独立的自生自发秩序。这类社会自发形成的‘内部规则’作为正当规范，必须得到统治者的尊重和服从，政府通过立法而创立的法律——‘外部规则’也不得与其相抵牾，整个‘自发秩序’型的社会，也就是一个最终按照这些“内部规则”进行统治的社会。‘自发秩序’正是凭借着内部规则的力量实现了对统治权力的限制，使得社会的权利、个人的自由保障有了坚实的基础。规则表现出来的非人格化、普遍性、确定性、稳定性以及依据传统得来的合理性，使长期的交换、竞争和合作成为可能，为西方世界的兴起提供了持久的动力。‘自发秩序’养成的规则之治，反过来又保护秩序本身的安全和扩展，最终实现整个社会系统的良性循环。这是正当规范统治，就是‘法治’。”①

所以，哈耶克的自发秩序建立的现实基础是法律，或者说，走向法治是自发秩序的基础和发展方向。而老子的无为而治主张则是建立在尚未形成法治的中国古代社会，这一政治理论的批判性大于建设性，这一基本事实亦决定了在其实现方式等方面的差异。

第二，二者的实现方式存在差异。在英语语言文献中，关于哈耶克与道家思想关系的一个主题是所谓的“市场道家”。然而，这样的解释在道家思想方面犯了一个根本性的错误。“道家的‘自然’与古典自由经济学的‘人性’是有区别的。对道家来说，人的本源并不是被利润、获取、以物易物或交易的欲望所驱使……这就是当代市场道家没有认识到自己的自我反驳的地方：市场与道家之间的反感。”②哈耶克的方法论是个人主义的③，“自生自发秩序”的实现主要是通过众多自由的个体的活动，强调维护个体的自由和自主。这种自由包括政治自由、思想自由和经济自由。而经济自由是个体自由的基础。实现经济自由的途径是实行市场经济，让市场机制充分发挥调节作用，让人们在市场上进行自由竞争。因此，市场经济就是一种由个人主义出发而形成的，能保证人的自由的“自然秩序”，是一种符合人性的经济制度。因此，这种自由也不是放任自流，而是在法律约束之下的自由。对哈耶克有多年研究的韦森先生也力图避免人们在这一问题上的误解，他指出，哈耶克“并非主张不要政府，而他一生反复讲，只有建立起法治社会，即‘the Rule of Law’，政府用抽象规则和法律来管理社会，从而人们的自由得到了法治的保障，才能有市场

① 陈林林：《无为而治和自发秩序：历史的耦合与分殊》，第65—68页。

② James Behuniak, “Two Challenges to Market Daoism,” in *Value and Values: Economics and Justice in an Age of Global Interdependence*, eds. Roger Ames, Peter D. Hershock (Honolulu: University of Hawai’I Press, 2015), 291.

③ 见邓正来：《哈耶克方法论个人主义的研究》之上、中、下，《环球法律评论》，2002年第2、3、4期。

经济的这种‘自发社会秩序’的成长和扩展”；“重读哈耶克的著作，我发现哈耶克的著述中出现最多的关键词，并不是‘自发秩序’和‘建构理性主义’，而是‘自由’与‘法治’”。①

从表面上看，哈耶克的“自发秩序”也是提倡“无为”，但“哈耶克的视角集中于与政府、国家、他人相对的个人，个人是主体，政府、国家、他人只是其存在的‘环境’。哈耶克意义上的‘无为’就是‘一个人不受制于另一个或另一些人因专断意志而产生的强制’。这种‘无为’是外在的、他人的‘不作为’。”② 还有的学者认为，“用现代经济学来分析道教将是一个错误的命题：这是值得质疑的，因为老子所思考的是完全不同的东西。”③ 这一看法完全排斥从现代经济学的视角来理解老子的思想，显然忽略了人类文化的相续性与更新发展，但也让我们充分注意到老子与哈耶克之间的差异。

我们看到，老子“无为而治”的主张虽然告诫统治者限制政府的权力，但却未能从制度的层面予以落实，在如何实现无为政治并保障民众自由的方法论层面上，老子为代表的道家没有提供现实而具体的手段、途径或制度，更没有形成一套行之有效的机制。而只是呼吁统治者以“道”为最高价值准则，遵道而行，不要将自己的主观意志和行为强加给百姓。与此同时，也要求民众尽量地降低或是限制自己的个人欲望，所有这些都是通过对“道”的遵从和对自我的约束来完成的，对统治者的权力无法做任何制度上的约束或是其他有效途径的限制，“我无为而民自化”，不仅统治者要无为而治，普通民众也要做到无为而生；不仅统治者自己要少私寡欲，而且老百姓也

---

① 韦森：《韦森：为什么要重读哈耶克》，《商周刊》2013 年第 25 期，第 68—71 页。

② 沈湘平：《老子与哈耶克之自然秩序思想比较》，《齐鲁学刊》2001 年第 1 期，第 29—35 页。

③ George Hong Jiang, The Imperial Mode of China: *An Analytic Reconstruction of Chinese Economic History* (London: Palgrave Macmillan, 2023), 91.

应该“无知无欲”，第十二章说：“五色令人目盲；五音令人耳聋；五味令人口爽；驰骋田猎，令人心发狂；难得之货，令人行妨。”所以“圣人之治，虚其心，实其腹，弱其志，强其骨。常使民无知无欲。使夫智者不敢为也”（第三章）。显然，在这种状态下，民众也许是淳朴的。但我们必须意识到统治者如何实现“清静无为”，依据的只是理论的说劝而非制度的建构；对民众的欲望膨胀也没有做任何制度上的安排和限制。这与哈耶克的“自发秩序”相比，老子政治思想理想的成分远远大于实践意义，这可能是其政治理论上存在的缺陷。因此，仅仅从现代政治哲学的角度来看，老子的“无为而治”的政治思想没有提供行之有效的具体方案，缺乏相应的制度保证，因此，它难以逃脱“人治”带来的弊病。

第三，二者在政治理论基础层面的差异。自由主义可能是现代西方社会最主要的意识形态，现代西方社会所培养的社会、政治、道德及经济等秩序，是立足于这套哲学理论。而现代西方社会所培养的新秩序，与现代以前的社会秩序有着本质上的差异。现代西方自由主义虽然融合了古典自由主义思想，但是，它是对古典主义思想的继承并充分深入发展。因此，现代西方自由主义思想与古典自由主义思想有着很大的区别和差异，它们在许多基本的政治及哲学问题上有着截然不同的理解和看法，如，政府的功能，政府与个人的关系，道德及法律的本质，以及自我等。现代自由主义包括哈耶克在内越来越要求政府尽量少干预社会的正常秩序，无论是政治、经济还是社会秩序，政府都应该尽量少地介入，政府要尽量做到“无为”，必须遵守“一般规则”。

而道家的“无为”与哈耶克思想的视角与向度不一样。道家虽然也主张让百姓自主地安排自己的生活，给予他们行为上的自由；庄子更是主张追求人的心境的解放和逍遥，即心灵的自由。所以被一些人目之为中国古代的自由主义者。但道家的作品基本上既是社会政治哲学经典，也是人生哲学经典，“无为”既是治国之本，又是修身之道。“无为”是手段，是价值，是途径和方法；而“无不为”则是无为的结果和效用。

老子虽然强调“无为”，但我们要意识到，老子强调无为并不是什么都不做，实际上，老子提倡要有限度地去为，甚至是主动地去为，如老子指出圣人“弗能为”，就是无为，就是不做通常人所做的事，如控制、操纵等；或不以通常人的方法做事，如急功近利等。除此之外，老子还提出要“辅万物之自然”，其实在这里“辅”也是一种特殊的“为”，即帮助人们正常、自然地发展，万物兴盛，百姓自为自治，这就做到了“无为而无不为”。“所以，道家之圣人能够无为而无不为的关键是创造万物自然发展的条件和环境，万物有了好的发展条件，能够健康发展，就自然达到了‘无不为’的效果。”①

所以，哈耶克由“自生自发秩序”引导下的“无为”，仅仅是在社会制度的层面要求政府对自由的尊重和保障的基础上，对“自发秩序”不能干预和扰乱，而对于人的精神层面则并无涉及；而道家的无为而治主张则是源自内在的“无为”，它既是一种政治治理模式，又是一种生活态度，涉及社会成员的精神世界，执政者必须为万事万物的发展提供环境上的建设和氛围的营造，是一种渗透面更广的“无为”；而哈耶克的“无为”则是限于政治经济制度层面的“无为”。

第四，二者提出的概念有不同的发展过程。由于老子本人特殊的身份和社会历史环境，因此，老子对“无为”这一概念未作进一步的发展，而仅在《老子》这一作品中进行阐发和呈现。而哈耶克的“自生自发秩序”却有一个不断发展的过程。在他晚年撰写的《法律、立法与自由》第三卷的序言中，他承认，自己已不大愿意再使用这一概念，而是主张用“自成长秩序”或“自组织结构”来取代之，而后出版《致命的自负》时，哈耶克更多地使用了“人类合作

① 刘笑敢：《老子古今》，第484页。

的扩展秩序”概念，从而使自己的思想观念更为精确和升华。

2. 老子的“道”与哈耶克的“一般规则”亦存在差异

第一，各自的起源完全不同。老子的“道”先天地而生，“有物混成，先天地生”，道的产生先于宇宙，是宇宙的总规律，也是万事万物的总规律及其存在的基础和动力，道独立于人之外的实存本体。而哈耶克的自然秩序仅仅是人所遵循的“一般规则”，产生于所有社会成员的相互作用，是在个人对环境不断适应的过程中形成的，是人们不带任何目的的相互作用的结果，这意味着任何个人都不知道他的行动与其他人的行动结合起来会产生什么结果，因此哈耶克又将“一般规则”定义成进化的产物，是社会成员进行行为互动而形成的，也是人们与“一般规则”之间发生互动而形成的。

第二，老子之“道”表现为内在性，而哈耶克的“一般规则”表现为外在性。

老子之“道”是天地万物产生的根源，也是万事万物运行的内在规律。道孕育了万事万物，万物秉道而生，因此万事万物都有道性，道是他们的特性，这是一种内化的特性。而哈耶克的“一般规则”则仅仅是一种社会的准则，是倡导人们遵行的规律，并不是万物产生的根源。哈耶克的“一般规则”与法律、正义等其他理论内容是联系在一起的。“一般规则”主要表现为一些惯例、制度等等，这些规则和制度虽然不能被任何人设计，是人类社会生活中自生自发形成的，但这些规则更接近于法律、制度等形式，是存在于事物之外的规则，具有外在性。

第三，老子之道是形而上层面的，具有先天的无限性、自足性、永恒性，而哈耶克之“一般规则”处于形而下的层面，是动态的、变化的。老子的“道”是形而上层面的本体、规律，它不仅独立而不改，同时还“周性而不殆”。换言之，老子之道在时间和空间上都是无限的，是永恒的、自足的，不需要经过任何的完善。陈鼓应先生说：“道是绝对体，它绝于对待；现象界的一切事物都是相对待的，而道则是独一无二的，所以说：‘独立不改。’道是一个动体，周流不息地运转着，但它本身不会随着运转变动而消失。”① 而哈耶克的“一般规则”则处于形而下层面。从历时性的继承来看，它是不断进化、改变的，而并非一成不变。一些规则刚开始采用时可能是偶然的，而后在实践中进行检验，在实践中优胜劣汰，通过自然选择，遂成一般性规则，而且整个社会的一般性规则系统都是在缓慢地进化中不断纳入新的经验，呈现出不断累积的发展态势。

第四，各自的作用范围亦存在差别。

老子之“道”是“先天地而生”“独立而不改，周行而不殆”的宇宙总规律，其作用的范围不仅仅限于社会的宏观层面，更是涉及人们生活的各个层面：“修之于身，其德乃真；修之于家，其德乃余；修之于乡，其德乃长；修之于邦，其德乃丰；修之于天下，其德乃普。”（第五十四章）“道”的作用范围涉及人类社会的方方面面，甚至还对人的精神层面的提升有决定意义，“道”，无论是对社会秩序的建构，还是对人自身的修养和养护都能起到十分重要的，甚至决定性的作用。而哈耶克“一般规则”的作用范围则远没有老子之“道”那样广泛。“一般规则”只是一种与具体的“命令”不同的社会规范，这就直接决定了其作用的范围只能在人类社会的政治、经济范围之内，而不能跃出这个范围，像道那样作用于天地万物的各个方面。同时，“一般规则”，作为一种社会规则，它所规范的只是人的社会行为，并不能对人的道德修养、人的精神，甚至是人的肉体产生多大的作用。所以，无论是从微观的角度还是从宏观的角度来看，哈耶克的“一般规则”的作用范围要远远地小于老子的“道”。

哈耶克的理论与老子思想虽然存在本质上的差异，但作为现代经济学家的哈耶克与中国古代的老子的思想却在理论前提、理论框架及基本方向等方面存在如此多的共同点和相通之处，这不能不说是

① 陈鼓应：《老子今注今译》，北京：商务印书馆2003年，第174页。

一个理论上的奇迹。这两位远隔重洋的哲人穿越了时空，他们的理论在人类智慧的最高处在多个层面上发生共鸣，这似乎已经不能用偶然性来解释个中的缘由，而是有其内在的思想脉络，值得中西学人进一步探究。

第五章　道学智慧对玻尔的启示

丹麦皇家科学院院士玻尔（Nides Henrik David Bohr，1885—1962）是20世纪上半叶与爱因斯坦并驾齐驱的最伟大的物理学家之一，在量子力学领域作出了杰出的贡献，是哥本哈根学派的创始者、诺贝尔奖得主。从时间顺序来看，他是20世纪较早直接受到道学影响和启示的科学家。这位伟大的科学家将中国的太极图作为族徽的图案，并在图案下镌刻“对立即互补”这一互补原理的名言，以此表征他的波粒二象性互补原理，这成为现代人类科学史上东西方文化和科学观、自然观互相交融并给人深刻启迪的范例，玻尔也被认为是最富“东方智慧”的西方科学家。道学智慧对玻尔曾产生什么样的影响？这是本章所要讨论的问题。

第一节　玻尔与道学的因缘

玻尔将中国的太极图作为族徽图案是一个富有象征性的行为，有人以此作为玻尔互补性原理源于中国太极思想的证据，而更多人认为，玻尔正式形成和提出互补性原理是在1927年，他于1937年访问中国时才见到太极图，到1947年他才用太极图作为族徽（不是荣誉勋章）的纹饰。因此，不少学者否认玻尔的互补原理与太极和道家思想的联系。

20世纪60年代以来，探讨玻尔互补性原理的哲学背景与渊源一度成为西方科学史家的研究热点和争论焦点，研究者包括不少国际学术界颇有声望的科学家或科学哲学家。有人认为，互补原理源自丹麦哲学家兼神学家克尔凯郭尔，有人认为出自美国哲学家兼心理学家詹姆斯的《心理学原理》，更多的人认为来自丹麦哲学家、波尔大学时的哲学教授赫弗丁，还有人将源头追溯到康德。甚至还有人在玻尔身上“试穿了不下七种哲学外衣”。但是，这些都被丹麦学者D.否尔霍耳特详实缜密的考据所否定，他在《尼耳斯·玻尔的哲学背景》一书中一一彻底破除了所谓的“克尔凯郭尔神话”“詹姆斯神话”“赫弗丁神话”，订正了很多流传甚广的混淆和误解。① 据本书的译者戈革先生介绍，D.否尔霍耳特是丹麦奥登赛大学的哲学教授，他多年致力于研究玻尔思想的根源问题，同时担任了编写《尼耳斯·玻尔集》第十卷（一般哲学卷）的工作，查阅了大量尼耳斯·玻尔文献馆中的原始资料。“他的每一步论证，都有不容否认的文献材料作为依据。对前人那些不可靠的错误论点，他也进行了心平气和、头头是道的分析。因此，至少在译者个人（根据几十年的研究所得）看来，他的结论比以前那些人的结论更加可信得多。”②

寻找玻尔互补思想根源的一个方向性错误是，这些研究都将焦点局限于西方的哲学传统，但是，丹麦学者D.否尔霍耳特却从玻尔的信件中找到了他曾深受老子思想影响的确凿答案。

他指出，我们有很好的理由相信，玻尔在年轻时读过《道德经》，他在1958年3月26日写给他的教师斯文·雨果·于尔根森的一封信中写道：

> 感谢您的来信和寄来的《道德经》校样，我很有兴趣地读了这份校样，我相信您关于古中国哲学的那些议论在许多方面是中肯的。在我年轻时，我通过厄恩斯特·缪勒（Ernst Moller）

① ［丹麦］D.否尔霍耳特著，戈革译：《尼耳斯·玻尔的哲学背景》的第八、九、十、十九、二一、二二等章，北京：科学出版社1993年。

② 同上，译序。

的《老大师》（*Old Master*）一书而对它有了一种美好的印象，而且在二十年前到中国的访问期间我也了解到关于老子的回忆仍然多么受到重视。①

根据本书作者 D. 否尔霍耳特的考证，玻尔信中提到的“老大师”就是老子，玻尔年经时读的这本书，就是厄恩斯特·缪勒所撰写的《基督以前的老大师和他的著作——〈道德经〉》。这部书共有 196 页，由三个部分组成：作者的引言占了 103 页；正文是《道德经》译文，是根据吉勒斯的 1905 年英译本翻译成丹麦文并在 1909 年出版；后记占了 42 页。因为当时这本书是用一种很奇特的丹麦文字写成的，而且是非常标新立异的，因此当时这本书没有人引证过，但却引起了青年玻尔的极大兴趣。②

而另据汉学家 Allinson 在 1998 发表在《中国哲学杂志》上的《互补性作为东西方整合哲学的典范》一文，不仅引用了上述玻尔信件中的这段话语，而且明确地指出，这份信件现存于玻尔档案馆，归在玻尔一类。这是他回复给斯文·雨果·于尔根森的，对方给玻尔的手稿题为《道德经/Tao Te Ching 与互补思想》。③ 从玻尔的老师信函的标题以及玻尔回函提到“您关于古中国哲学的那些议论在许多方面是中肯的”这些内容来看，这位寄来“《道德经》校样”的斯文·雨果·于尔根森老师，显然是一位与玻尔在学术上同气相求、更是对《道德经》颇有研究和心得并将其与互补思想相联系的学者。

虽然人们注意到，在玻尔的文集中很少提及老子，据通读过玻尔所有文献、《尼耳斯·玻尔集》全套 12 卷本的独立汉译者戈革先生说，玻尔只在一次演讲中谈到研究者既是观众又是演员这一观点时提到，必须转向老子和释迦这些思想家的认识论。

---

① ［丹麦］D. 否尔霍耳特：《尼耳斯·玻尔的哲学背景》，第 41 页。

② 同上，第 41 页。

③ Robert E. Allinson, “Complementarity as a Model for East-West Integrative Philosophy,” *Journal of Chinese Philosophy* 25, no 4 (1998): 505.

尽管如此，人们还是无法否认《老子》思想对玻尔的重要影响，澳大利亚学者 Keekok Lee 在《玻尔、量子物理学与老子》一文中指出："缪勒是玻尔的哲学导师，他的《老子》首次出版于 1909 年，当时玻尔 24 岁。年轻的他如此之早地接触到道家哲学，看起来他对道家似乎印象深刻。因此，他后来能辨识出老子/阴阳传统中的互补概念，不仅仅是一时兴起或出于偶然。"①

我们知道，互补原理是玻尔提出的一个基础原理，是哥本哈根学派诠释的基石 。上文中之所以强调这一概念的提出"不仅仅是一时兴起或出于偶然"，应当是出于对以下传说的澄清——互补概念是 1927 年 2 月玻尔在挪威欢度滑雪假期时灵机一动而构想出来的。我们同意 Keekok Lee 先生的这一判断，即一种不同于传统观念的重要想法不大可能凭空产生，曾给 24 岁的玻尔留下"一种美好的印象"的《道德经》的启迪作用不可低估。因此，Keekok Lee 进一步阐发玻尔互补概念与老子思想的内在联系说："玻尔的互补概念无非就是阴阳概念——阴阳是对立两极或对立面，它们却如此紧密地交织在一起，以至于阴没有阳就无意义，且无法存在，反之亦然，即使阳处于极盛之时，阴也不会彻底消失；阴处于极盛之时，阳也不会彻底消失。这种关系用阴阳符号/两仪太极图来表达的话，是再明显不过。虽然阴阳两极是对立的，但它们作为一个整体，和谐共存。"②

中国学者束景南先生也得出了相同的观点。他认为，玻尔在年轻时代读过的《道德经》，这对于他正在形成中的世界观和方法论产生了深刻的影响。根据玻尔自己后来的叙述，老子《道德经》留给他深深的"美好印象"的，一是阴阳对立统一的有机辩证观，二是我道合一、主客一体的有机整体观。他于 1937 年的中国之行只是进一

① Keekok Lee, "Bohr, Quantum Physics and the Laozi," *Australasian Philosophical Review* 1, no. 3 (2017): 302.

② Keekok Lee, "Bohr, Quantum Physics and the Laozi," *Australasian Philosophical Review* 1, no. 3 (2017): 302.

步深化了从《道德经》中获得的智慧。正因为如此，玻尔这位以东方哲学为背景的西方科学家在设计族徽的时候才用中国的太极图来阐释他的互补理论。对此，束景南先生称之为 20 世纪“科学发展史上的一种独特的‘玻尔现象’”①。

一些外国学者还从更高的层面上指出了道家这一非欧洲哲学对于人类认识论的积极影响。如，Keekok Lee 指出：

> 在选择如此大胆地背离欧洲传统的过程中，玻尔深受《老子》道家传统的影响，这使他能够理解量子现象，他意识到这些不符合“或（粒子）或（波）”排中律，因为它们是同时的。这说明，除了经典的二价逻辑之外，还有其他逻辑。玻尔表明，完全有可能掌握和理解一种非欧洲哲学，例如古代道家哲学，甚至依靠它来制定一种新的框架和语言来理解和描述新的（后牛顿，后亚里士多德）物理学。因此，对于我们其他人来说，还是有希望的。②

从这段话中我们也可以看到，道家哲学不仅对玻尔的互补原理这一具体观念产生了启示作用，而且也可能对人们认识世界和解释世界产生更为广泛的意义。

第二节　玻尔互补理论与老子的对立统一思想

对立统一的辩证观是老子的一个重要理论，老子认为，“道”是天地万物的本源和共同规律，天地人皆受着这一共同规律的支配，而“道”亦有着自身的运动规律，即“反者道之动”。“反者道之动”包含着非常丰富的内涵，这里的“反”字，有对立转化和返本复初

---

① 束景南：《老子太极图与玻尔》，《书城杂志》1996 年第 2 期，第 22—23 页。

② Keekok Lee, “Bohr, Quantum Physics and the Laozi,” *Australasian Philosophical Review* 1. *no*. 3 (2017): 299.

这两个方面的含义。万事万物都包含着排斥对立而又互补共存的两个方面；“万物负阴而抱阳，冲气以为和”（第四十章）；有无、难易、高下、前后等对立的两个方面是相互依存的，各自以对方为其存在的基础；事物对立的双方又是相生相渗，各向其相反的方面转化，这是“道”的永久不变的运动规律。老子通过“有无”这对范畴深刻地阐明了对立统一的思想。老子认为，有形之物是从无形无象之物生发出来的：“天下万物生于有，有生于无。”（第四十章）具体事物都是有与无的统一体，缺一不可，没有“无”，“有”也就没法存在和发挥作用。老子还举过很多对立面相互转化的例子，如：“物壮则老”（第三十章），“兵强则不胜”（第七十六章），“甚爱必大费，多藏必厚亡”（第四十四章），“祸兮福之所倚，福兮祸之所伏”（第五十八章）等。《淮南子》的作者还通过“塞翁失马”这一寓言，更为生动地阐发了祸福相依的规律。

玻尔是西方科学家中受到中国的阴阳哲学特别是道家对立统一思想影响的典型。在上一节，我们论述了玻尔互补原理与《道德经》的思想渊源。《尼耳斯·玻尔的哲学背景》一书记载，玻尔的阅读兴趣非常广泛，不但读书很多，而且读得很快，“常常在夜间入睡以前随手拿一本书来读，如果这本书引起了他的兴趣，他就会把全书读完，如果不然，他就会把书扔到地板上”。他积极参加各种哲学的讨论会，“在他的整个一生中都是受到哲学争论的吸引的”①。

在玻尔这里，《道德经》并非只是泛泛而读。他阅读过的丹麦文版《道德经》出版于 1909 年，由厄恩斯特·缪勒所翻译。据《尼耳斯·玻尔年谱简编》所载，这段时间他正在哥本哈根大学攻读博士学位，1911 年春季，他获得哥本哈根大学博士学位。同年 9 月，他

① ［丹麦］D. 否尔霍耳特：《尼耳斯·玻尔的哲学背景》，第 35—37 页。

远赴英国剑桥大学学习和工作。[①] 因此，我们大致可以推断，玻尔阅读丹麦文版《道德经》大约是在1909至1911年读博期间并赴英国学习和工作之前。

此书对青年的玻尔产生了非同寻常的影响。何以见得？我们在前面提到，事隔47年之后，也就是在1958年3月26日，他写信给自己的教师斯文·雨果·于尔根森，感谢他寄来《道德经》校样，“很有兴趣地读了这份校样”，并赞同老师“关于古中国哲学的那些议论”。他在信中特别提到，自己在年轻时就“通过厄恩斯特·缪勒的《老大师》（*Old Master*）一书而对它有了一种美好的印象”。他进而还提到自己在20年前在中国访问期间，“了解到关于老子的回忆仍然多么受到重视”[②]。这些史料足以证明，玻尔不仅早期就接触到老子哲学思想并留下了“美好的印象”，以至于时近半个世纪还与自己的老师分享当时自己读书的感想，并回忆访问中国时对老子的进一步了解。

玻尔对于《道德经》中的对立统一辩证思想十分关注，他认识到，万事万物都包含着排斥对立而又互补共存的两个方面，他把这些思想称为“中国哲学”“中国的智慧”“老子的思想”，认为它朴素地阐述了一种普遍的互补性原理。因此，玻尔将他的互补原理与老子的哲学联系在一起，而不是与其他的西方哲学家的思想联系在一起。

玻尔的量子理论描述了粒子与波的互补，这一最初洞见提到了物理与哲学中的二元关系，这种二元关系与中国古代思想中的道家阴阳范式是一样的……玻尔认为，存在是一个整体，互补这一形而上学的对抗是它最基本的原则。然而，道不仅包括阴和阳，还包括它们

---

① ［丹麦］N. 玻尔著，戈革译：《尼耳斯·玻尔哲学文选·附录》，北京：商务印书馆1999年，第359页。

② ［丹麦］D. 否尔霍耳特：《尼耳斯·玻尔的哲学背景》，第41页。

的合相，这种合相开始被人们当成一种包括中间的 T 状态的新兴物。①

在玻尔这里，互补原理的内涵是非常丰富的，它一方面包括对立面统一互补的辩证思想，另一方面亦是一种道我合一、主客互补的有机整体观，玻尔将其表达为“既是演员又是观众 ”。在量子理论中，实在并不是外在于观察者就“在哪儿”的东西，而是与观测相关的。曾在玻尔指导下从事核物理研究的著名美国科学家惠勒反复强调玻尔的这句话：“在一个基本量子现象被观测到之前，没有一个现象是现象。”物理对象由物质实体被玻尔用现象来代替。这个关联被惠勒推到了极端，就是他所提出的“参与的宇宙”。观察者被引入到物理学中来：在经典物理中，人是一个旁观者，观察这个世界，在量子力学中，人是参与者，参与了量子的行为。独立于人之外的客观世界不复存在。

正是这种“既是演员又是观众 ”的观察视野，让玻尔在量子力学领域作出了重要贡献，即提出了“波粒二象性”。根据这一理论，量子系统的对象既是粒子又是波，或者既不是粒子又不是波。在经典物理的语言框架中，粒子是物质，波是能量。而在量子系统中，粒子的有、无都是不确定的。粒子可以按照爱因斯坦的质能关系转换成能量，能量也可以凭空转换成一对正负粒子。这是对经典物理学的超越和补充。

经典物理学认为，粒子具有确定体积的实体，其能量和动量在某一时刻可以定域在空间确定的位置上；而波动却可以弥散在很大的空间范围之内。在探讨整个量子力学的物理解释，即量子力学的本质的过程中，海森堡于 1927 年提出了不确定原理（也称为不确定关系或测不准关系），这一原理表明，人们无法同时准确地确定粒子的位

---

① Joseph E Brenner. Linking the Tao, biomathics and information through the logic of energy［J］. Progress in Biophysics and Molecular Biology, 2017, 131: 15—33.

置和动量。

玻尔在肯定海森堡不确定原理的同时而提出了互补原理。根据互补原理，经典物理学的日常用语对于描述微观世界是不够充分的，或者说不够方便的。但是如果我们要描述它，解释它，又只能采用日常话语，所以，就要采取一种折中的手段。即交替采用两种不同的图景，两套不同的概念，而这两套图景或者概念，还不仅仅是不同，在某种意义上可能是对立的、冲突的，比如波和粒子。当我们用波来描述光的时候，光就表现为光波；当我们用粒子来描述光时，光就表现为光子；我们必须交替采用波和粒子来描述光，而无法取消其中一种，或者把其中一种纳入到另外一种之中。玻尔认为，波—粒二象性是任何辐射与物质都具有的内在的和根本的性质，这两种图象是互相排斥的，但同时又都是确定存在的，波动性和粒子性两种描述中任何单独一方都是不充分的，尽管它们彼此不相容。但为了说明所有可能的实验又都是必要的。玻尔的互补理论实质上承认，真理具有两个侧面，如同钱币的两侧，每个侧面都是正确的，它们相互对立又相互补充，只有把这两个方面结合起来，成为一个和谐的整体，才能获得对微观世界的全面理解。[①]

这一理论与老子和道家的思想有着密切联系。玻尔在他的多篇论著中提到这种联系。他在《原子物理学和人类知识》一文中就提到了中国老子的对立互补哲学思想，文中说：

> 经典物理学的……观念构架建立在这样一种假设的基础上：可以把物质客体的行动和它们的观测问题区别开来；这种假设和我们在物理现象方面的日常经验适应得很好。要想在这种不能无限制应用的常见的理想化方法方面为原子理论寻找类似的教益，我们事实上必须到心理学这一类的完全不同的科学分支

① 参见李增智、胡艳艳、孟湛祥等：《玻尔的并协原理与我国古代阴阳学说》，《物理与工程》2003年第2期，第58—62页。

中去找，甚至要到前辈思想家如释迦牟尼和老子所遭遇的那样一些认识论问题中去找；当他们企图调和我们在宇宙大舞台中既作为观众又作为演员的两种不同地位时，他们就遇到这种问题。①

玻尔在题为《自然哲学和人类文化》的演讲中阐发说："当尝试着把用不同实验装置得到的有关原子客体的那些结果结合成该客体的一种自足的图景时，这种表现矛盾就会出现。但是，在确定的实验条件下，和原子客体的行动有关的报道，可以按照原子物理学中常用的术语说成是和有关同一客体的另一种报道互补的，这另一种报道要用和上述条件互相排斥的实验装置来得到。虽然这两种报道并不能利用普通的观念来结合成一种单一的图景，但是它们却代表着有关该客体的一切知识的同等重要的方面；这种知识是我们在本领域中所能得到的……同样，在和原子级粒子的行为有关的不同经验之间，存在着互补的关系；只有考虑到这种关系，才能得到一个线索。"② 玻尔的这段话用另一种方式表达了他的互补理论。

玻尔非常明确地说明了他的整体性思想与中国哲学的联系，他说：

当我们试用一种我们自己也是它的一部分的统一描述时，我们就遇到有关一种整体性的问题，而在那种整体性中，观察的立脚点就消失了。——使人们想起古老的中国哲学。——只有当在它的一部分和其余部分之间画了一个分界面（一条分界线）时，观察概念才能得到保持。③

而玻尔这里所说的"古老的中国哲学"主要就是道家的哲学 。我们在上文说过，在玻尔于1937年访问中国以前，"老大师"已经

① ［丹麦］N. 玻尔：《尼耳斯·玻尔哲学文选》，第122页。
② 同上，第129—130页。
③ ［丹麦］D. 否尔霍耳特：《尼耳斯·玻尔的哲学背景》，第59页。

在他的心目中留下了“美好的印象”。而这一次的中国之旅，只是让他进一步深化了年轻时代对老子哲学的认识。玻尔访问中国时，先后在上海交通大学、北京大学、清华大学作了演讲报告，还游览了杭州、南京以及北京的故宫博物院等名胜古迹，当他见到太极图时，如获至宝。他认为太极图完美准确地表达了他的互补原理，阴阳两极标志着真理的两个方面，它们对立而又统一，“将阴阳两方面综合起来才能得到事物和现象的完备的描述……阴阳学说与他的并协原理真是不谋而合”①。

直到晚年，他在1950年写的《知识的统一性》中又谈到了中国太极互补哲学思想同他的互补原理的一致性，文中说，中国古代哲学提醒我们，在生存大戏剧中，我们自己既是演员又是观众。

可见，老子哲学的对立统一思想与有机整体观给年轻的玻尔留下的“美好印象”的确是很深的，以致后来成为玻尔提出互补原理的最主要的哲学思想基础。玻尔以上的话语表明，他在年轻时代从老子《道德经》中接受的是中国道家太极哲学的对立互补的有机辩证观与主客一体的有机整体观，形成了他的自然科学的哲学认识论基石。这一认识方式正是一种典型的把认识主体既当作“观众”又当作“演员”的自然认识论。这一认识视角，启发玻尔在1927年提出互补原理，解决了微观世界中的波粒佯谬。因此，1947年，由于他在量子力学领域的杰出成就，丹麦国王封他为“骑象勋爵”，并授予其荣誉徽章。按照惯例，爵士徽章上应镌刻授奖人的族徽，当玻尔亲自为族徽设计图案时，他选择了有中国太极图的盾形纹饰，以象征他所建立的原子理论与量子力学的微观理论，而且镌刻上了他的互补原理名言“对立即互补”。②

---

① 参见李增智、胡艳艳、孟湛祥等：《玻尔的并协原理与我国古代阴阳学说》，第62页。

② 参见束景南：《老子、太极图与玻尔》，第22页。

玻尔“既是演员又是观众”这一比喻是他的互补理论的重要组成部分。他说：“物理学中的新局势已经如此有力地使我们想起了一条老真理，就是说，我们在生存的大剧中既是观众又是演员。”“按照玻尔的意见，‘上帝眼光’或‘天使观点’是一个很常见的哲学错误，如果我们说‘一切事物都是精神性的’或‘一切事物都是物质性的’或‘一切事物都是如何如何的’，我们就已经预先采取了一种不可能的观点。”“既然在哲学文献中有时涉及客观性或主观性或甚至是实在性的一些不同的层次，那就必须强调，一个终极主体的概念就像实在论和唯心论的观念一样是在我们所定义的这种客观描述中没有其存在的地位的：但是这种情况当然并不会限制我们所关心的那种探索的范围。”①

D. 否尔霍耳特在讨论玻尔的思想渊源时，打破了所谓“克尔凯郭尔神话”。为了说明自己的论点，他引了玻尔的两段话作为例证：

> 和一位拟人化的上帝相关联着的困难，这不仅是相对于使用“全能”和“普爱”之类字眼儿时的有限性而言的，而且也是和把一个最后的主体包括在一种科学描述中去的不可能性密切有关的；在科学描述中，我们必须永远有一个主体和客体之间的分界线，以便定义信息的沟通（中国的智慧）……
>
> 当我们试用一种我们自己也是它的一部分的统一描述时，我们就遇到有关一种整体性的问题，而在那种整体性中，观察的立脚点就消失了——使人想起古老的中国哲学——只有当在它的一部分和其余部分之间画了一个分界面（一条分界线时），观察概念才能得到保持。②

我们看到，玻尔在说完第一段话时，特意补充了“中国的智慧”这几个字，以说明这一思想与中国哲学的关系，这也印证了老子思想

① ［丹麦］D. 否尔霍耳特：《尼耳斯·玻尔的哲学背景》，第56—59页。
② 同上，第59页。

曾对他产生影响这一事实。

作为《尼耳斯·玻尔的哲学背景》的作者，D. 否尔霍耳特希望进一步考察这一思想的理论渊源。他在《克尔凯郭尔神话》这一章中说，在玻尔的著作中，常常用一种说法来暗示主客互补这一问题。这一说法就是："我们必须记得古老的东方智慧和中国智慧，在人生的舞台上，我们同时是演员和观众。"他承认，"这话肯定有一种道家的意味，但是却不能在任何道家的或其他中国的文献中查到。"作者进而认为，玻尔这一思想是从玻尔年轻时读过的保罗·马丁·缪勒《一个丹麦大学生的探险记》一书中看到的。在这本小说中描写了一个特殊的心理学问题，一位硕士形容自己在心理上出现的一种不治之症："一个人在许多场合下都会把自己分成两个人，其中一个正在力图愚弄另一个，而和那两个人事实上相同的第三个人则对这种混乱深感惊讶。一言以蔽之，思想的链条变得像梦境一样，反对着它自己而又为了它自己而无声地策划着；然而，观众却不断地重新变成演员。"①

笔者以为，D. 否尔霍耳特认为玻尔既是演员又是观众的思想具有"道家的意味"，这是有道理的。但他认为这些思想"不能在任何道家的或其他中国的文献中查到"的观点，却值得商榷。因为玻尔已经在多处提到了这一古老真理与中国哲学的密切联系。如他在《知识的统一性》中反复地强调，伟大的存在戏剧中，我们自己"既是演员又是观众"。在古代的东方哲学中是用下述的训诫来加以强调的："当在人生中寻求和谐时，永远不要忘记我们自己在现实舞台上既是演员又是观众。"②

否尔霍耳特先生认为玻尔这一思想有"道家的意味"，但却无法在道家或中国文献中查到这一判断缘于作者不熟悉道家哲学，《庄

① ［丹麦］D. 否尔霍耳特：《尼耳斯·玻尔的哲学背景》，第59—60页。

② ［丹麦］N. 玻尔：《尼耳斯·玻尔哲学文选》，第197页。

子》中著名的“庄周梦蝶”典故，就是一个主客合一、既是演员又是观众的典型。当然，我们不必苛求一位西方文化背景下的作者。只是，对于这个问题的回答用玻尔自己的话语更加具有意义和说服力。

第三节　互补原理向互补哲学的演进

具有启示意义的是，玻尔并未将他的互补原理局限在量子力学领域之中，而是进一步将其发展成一种具有普遍意义的哲学原理，其应用的范围远远超出了物理学。在他看来，互补原理是一个普遍适用的哲学原理，是一个更加宽广的思维框架。因此，他试图用互补原理去解决生物学、心理学、数学、化学、人类学、语言学、民族文化等方面的问题，并试图揭示其他形式的互补关系。① 显然，这也正是老子对立统一的哲学思想所具有的特质。玻尔真正做到了从哲学的高度来阐发和应用老子的对立统一辩证智慧。

关于这一方面，中国学者戈革先生进行了很好的概括，他指出：

> 用同样的办法，玻尔处理了人种学、人类学、语言学、人类文化以及一般的科学认识问题。他到处都揭示了某种形式的互补关系，揭示了和量子物理学中的局势有点类似的局势。这样一来，在他的心目中，互补原理就成了一条十分普遍的原理，而他的那一套观点也就形成了一种独特的互补哲学。②

玻尔将互补理论广泛地应用于不同学科之间的互补与综合，从而对于多个科学的发展发挥了积极的意义。他说：

> 量子物理学在我们作为自然观察者的地位问题上给予我们的教益，给这种讨论提供了新的背景。事实上，这种教益提示我

---

① 高兴华：《论玻尔互补原理的重大科学认识论意义》，《四川大学学报》（哲学社会科学版）1994年第2期，第17—22页。

② 戈革：《尼耳斯·玻尔和他的互补原理》，《自然辩证法通讯》1987年第5期，第1—8页。

们，生物学现象的客观描述方面的形势，在普通生理学中和现代生物化学中反映着不同的处理方式。生物学中互补性描述方式的基础，不是与化学动力学中已经照顾到的客体和测量仪器之间的相互作用的控制问题相联系，而是与机体的实际上不可穷尽的复杂性相联系。①

生命机体的不可分割性和有意识的个人以及人类文化的特征，都显示出一些整体性特色，这些特色的说明，蕴涵着一种典型的互补描述方式。②

西方科学界不仅高度地评价玻尔互补理论的学术意义和应用价值，而且他们也充分认识到这一思想的渊源及其历史价值。例如，卡普拉就多次在他的《物理学之“道”》以及后来的《转折点》一书中多次提到并引用玻尔的互补理论。他这样评价说：

这种互补性的概念已经成为物理学家对自然界进行思考的方式最重要的组成部分。玻尔常常指出，这种概念在物理学的领域之外也可能是有用的。事实上，2500 年以前就已经证明了互补性的概念极为有用。它在古代中国思想中起着重要的作用……中国的圣贤们用“阴”“阳”两极来表达对立面的这种互补性，并且把它们之间动态的相互作用看成是一切自然现象和一切人类境遇的本质。③

显然，这是在更广阔的领域和哲学的层面来应用道家和玻尔的互补思维了。

的确，玻尔发现，互补理论也可用来分析人类社会生活中的诸多现象。他说，在社会交往中用来传达精神状态的语言和物理科学中通常采用的语言是很不同的。比如，类似“沉思”和“决心”之类的

---

① ［丹麦］N. 玻尔：《尼耳斯 · 玻尔哲学文选》，第 254 页。

② 同上，第 236 页。

③ ［美］F. 卡普拉：《物理学之“道”——近代物理学与东方神秘主义》，第 143 页。

字眼指示着互相排斥但又同样是意识生活特征的一些状况，这些字眼从语言刚刚起源时就在一种典型的互补方式下被应用着了。①

玻尔还认识到，运用互补性思维，有助于避免人类观察问题时的主观性。他说："在互补描述中，则通过适当注意基本物理概念之明确应用所要求的条件来避免全部的主观性。"②。

玻尔认为，互补理论的应用能够为我们提供一种更为客观的观察和分析问题的方法，他说："当研究和我们自己的文化有所不同的人类文化时，我们需要处理一种特殊的观察问题；在较深入的分析下，这种问题将表现许多和原子问题及心理学问题共有的特点；在原子问题或心理学问题中，客体和测量仪器之间的相互作用，或是客观内容和观察主体的不可分割性，将阻止人们直接应用那些用来说明日常生活经验的习见概念。"③

玻尔又将这种互补理论运用于民族文化之间的相互补充，他在《知识的统一性》为题的演讲中说，当不同文化传统背景的人们面对不同文化时，就会遇到这一种传统背景上来估价另一民族的文化的困难。"在这方面，民族文化之间的关系有时被形容为互补的关系。"虽然这一说法不能按照原子物理学或心理分析学中那种严格意义来理解。因为在那些领域中人们所遇到的处境具有不变的特征。但尽管如此，"不但民族之间的接触常常引起保持着民族传统之可贵因素的文化融合，而且人类学的研究越来越变成一种显示文化发展之共同特点的最重要的源泉。"玻尔将这种现象理解为人类知识的统一性，他认为："知识的统一性问题是和追求广泛理解以作为提高人类文化之一种方法的那种奋斗分不开的。"④

更令人敬佩的是，玻尔将他的互补理论应用于阐明人类不同民

① ［丹麦］N. 玻尔：《尼耳斯·玻尔哲学文选》，第 254—255 页。
② 同上，第 263 页。
③ 同上，第 134 页。
④ 同上，第 197—198 页。

族文化之间的平等与互补。在当时纳粹鼓吹“雅利安人种文化优越论”、疯狂排斥犹太民族等其他民族文化的文化高压政策下，这需要莫大的理论勇气，更是特别具有历史意义和现实意义的。他在《自然哲学和人类文化》的演讲中说：

我们可以正确地说不同的人类文化是彼此互补的。事实上，每一种文化都代表传统习惯之间的一种和谐的平衡；利用这种平衡，人类生活的潜在能力在一种方式下表露出来，以使我们认识到它的无限丰富性和无限多样性的新方面。当然，在这一领域中，不可能像和明确定义原子对象的行动有关的互补经验之间那样地存在着绝对互斥的关系，因为可以看成完全自足的文化是难以存在的。相反地，通过很多例证，我们大家都知道，不同人类社会之间的某种程度的接触可以怎样导致传统之间的融合，这种融合引起全新文化的产生。在这方面，对于人类文明的进步来说，由移民或征服而引起的人口混合，其重要性几乎是毋庸赘言的。事实上，通过关于文化发展史的一种与日俱增的知识而对逐渐消除偏见有所贡献，这或许是人文科学研究的最大希望；逐渐消除偏见，这正是所有科学的共同目的。

这段史料虽然比较长，但我们认为很有必要引用，因为它不仅有着非常重要的意义，而且具有很强的针对性。此文是玻尔在丹麦召开的国际人类学及人种学会议上的演讲，当时的历史背景是，希特勒法西斯集团正在德国丧心病狂地推行反动的种族主义，妄称雅利安民族是唯一优秀的民族，疯狂地迫害犹太人和一切进步人士，“玻尔的这种观点是和他们针锋相对的”。据《尼耳斯·玻尔哲学文选》一书的附录《尼耳斯·玻尔年谱简编》记载，1938 年 3 月希特勒吞并奥地利，大肆宣扬反动的日耳曼人优越论。同年 8 月，在丹麦召开国际人类学及人种学会议上，玻尔发表题为《自然哲学和人类文化》的演讲，一方面推广他的互补论点，一方面提出和希特勒针锋相对的关于人类文化的观点，当他讲到这里时，德国代表退场抗议。“至少从这时起，德国纳粹的情报总部就建立了玻尔的专门档案。”① 显然，玻尔在当时发表这些观点是顶着相当大的压力，是冒着极大风险的。

当然，我们也要看到，玻尔的互补理论虽然曾受到过道家哲学的影响，但它毕竟是现代西方科学技术背景下产生的现代物理学理论，它与中国哲学特别是老子的对立统一、主客互补等思想有着很大的区别。因此，戈革先生曾再三强调该原理的独特性说：“意义较宽的互补性概念，有时也许可以在中外各家的学说中找到它的‘影子’，而严格意义下的互补性则代表了人类未之前闻的一种全新的逻辑关系”；玻尔的互补原理与西方传统科学思想迥然不同，故西方学者称其为“独一无二的，我们在以往的物理学、哲学、心理学、宗教或任何别的东西中都找不到任何和它相像的东西”②。曾受到玻尔互补原理影响的普里戈金也曾在他的书中称赞说，玻尔对他的“互补性概念和中国的阴阳概念间的接近深有体会，以至他把阴阳作为他的标记”。他同时还指出，玻尔的互补理论与中国的阴阳概念的接近绝非偶然，而“是有其深刻根源的。和胚胎学一样，量子力学也使我们直接面对‘自然规律’的含义问题”③。这也从另一个角度清楚地印证，玻尔互补原理既与中国哲学特别是老子思想有着不可分割的联系，又与西方传统科学思想迥然不同，但“又能在中外各家的学说中找到它的‘影子’”，是融会中西智慧而产生的综合性新理论。

① ［丹麦］N. 玻尔：《尼耳斯·玻尔哲学文选》，第135—136页、第366页。

② 戈革：《尼耳斯·玻尔和他的互补原理》，《自然辩证法通讯》1987年第5期，第1—8页。

③ 参见［比］伊·普里戈金、［法］伊·斯唐热：《从混沌到有序：人与自然的新对话》，“作者为中译本写的序”，第2页。

第六章　李约瑟对道学科学思想的论述及其影响

李约瑟（J. oseph Needham，1900—1995）是英国生物学家、科学史家、两次诺贝尔奖得主，中国科学院外籍院士、中国社会科学院名誉教授。如果说，玻尔是从老子智慧受到启迪并成功地将其应用于科研和文化活动之中，那么，李约瑟以及他的团队则是通过数十年的艰苦努力，撰写出多卷本的《中国科学技术史》这一鸿篇巨制，更全面地向世人展现道学的智慧及其与科学技术的密切联系，从而让更多的西方科学家和各界人士了解道学并受惠于其中，在更大的范围内给予人们丰富的思想启迪，推动着道学在各个领域的应用，更促进了东西方文化的交流。

第一节　李约瑟的道学情缘

李约瑟原来是一位研究胚胎学的专家，他与道家结缘颇具戏剧性。普里戈金曾在谈及李约瑟的思想转变时说，由于在西方科学的机械论思想中无法找到适合于认识胚胎发育的概念而感到失望时，李约瑟先是转向唯物辩证法，然后又转向了中国思想史，从那以后，李约瑟便倾其毕生精力去研究中国的科学和文明。①

身处剑桥大学生物化学研究所从事化学专业研究的李约瑟与道

① 王国忠：《李约瑟与中国》，上海：上海科学普及出版社 1992 年，第 328 页。

家（包括道教）的情缘来自几位在这里就读的中国留学生，其中最重要的人物是后来成为他的助手与合作者的鲁桂珍。鲁出身于南京著名的药商家庭，从父辈那里，她了解到中国古代医学的高超技术，李约瑟常与这些留学生讨论儒家和道家思想，因而对中国古代文明日益景仰。他决心彻底清理西方汉学家所持有的偏见及其“欧洲中心论”，发现了一座“令人眼花缭乱”的“绝对的金矿”。他从认为欧洲基督教文化的价值是绝对优越等狭隘观念中解放出来，认识到世界上存在着其他同样微妙复杂、同样迷人、同样值得探讨研究的思想体系和社会生活。中华文化的特殊魅力，让进入不惑之年的李约瑟从生物化学领域一改而为中国古代科学文化的信奉者，他用“皈依”这两个字来形容自己对灿烂的中华文明的酷爱与虔诚之心。①

在剑桥任教的著名捷克汉语教授古斯塔夫·哈隆曾帮助李约瑟学习古汉语，在这一过程中，李约瑟在他认为是道家书籍的《管子》中看到了不少令人吃惊的精彩思想，其中关于某些海洋动物受到月亮周期的影响、其大小随着月亮的盈亏而增大或缩小等观点，让李约瑟大为惊奇，他说：“我记得亚里士多德曾说过完全相同的话。”这些机缘，让他对道家一见倾心，深入到中国古代文明的“金矿”中探宝。② 1942年，李约瑟作为“英国文化科学赴中国使团”成员代表皇家学会赴中国进行科学文化交流，这段时期是他了解中国文化和文明的天赐良机。在中国工作4年，他经历10省，行程25000公里，视察296个科研机构，收集到丰富的中国典籍，先后拜访了40余位中国科学家，在《中国科技史》的序言中就列出了雷海宗、钱临照、华罗庚、郭沫若、侯外庐、冯友兰、傅斯年、竺可桢等著名学者，以及农学家梁家勉，数学史家钱宝琮，化学史家张子高、李乔苹、曾昭伦等长串名单。特别是从郭本道、黄方刚等道教学者那里听

① 王国忠：《李约瑟与中国》，第56—59页。

② 见［英］李约瑟：《中国科学技术史》第1卷“导论”。

到“关于道教的艰深而重要的阐释”，在楼观台看到“活生生的传统道教”。这一切，都加深了他对中国历史和文化的了解及对中国文化的热爱，促使“他的道家思想越来越浓厚”，“成了一位十足的‘东方人’”，让他摆脱了过去那些商人、中国通、传教士、移居中国的文官和职业外交家“老一套限制的拘束”，为他日后撰写中国科学技术史提供了极大的帮助。

出于对中国文化的酷爱和对事业的执着追求，他为研究中国传统文化呕心沥血，历经 30 多年的艰辛努力，主持完成了卷帙浩繁的《中国科学技术史》这一巨著。在 1954 年，剑桥大学出版社隆重推出总共 439 页的《中国科技史》，该书一出版便闻名于世，引起了中西方人士的高度重视，它像一股旋风席卷全球，在世界众多国家引起强烈反响。世人惊其博大精深，史料浩如烟海。紧接着，从 1956 年到 1983 年，陆续推出了五卷《中国科学技术史》，李约瑟在第二卷和第五卷中高度赞扬道家思想，极力宣扬道家的科学民主精神，对道家文化的世界传播意义重大，由此确定了道家在中国科技史上的主要地位，发现了道家思想的世界意义和当代价值。由于他的杰出贡献，1968 年，他在巴黎被第十二届国际科学史和科学家联合会授予“乔治·萨顿奖章”。

李约瑟热爱中国文化，对道家情有独钟，以至于对它崇尚到超凡入化的境界。“李约瑟”是他为自己取的中文名，李姓即源于老子李耳，他先后还为自己取了三个中文的道号：丹耀——即为灿然的金丹；十宿道人——即为约瑟道人之谓；胜冗子——即为道家执一御万、克服混乱之人，俨然是一位地道的虔诚信徒。1971 年李约瑟接受香港《明报月刊》主编胡菊人的采访时说，自己一开始读道家经典著作的时候，就发生了浓厚的兴趣。道家认为“这个世界并不是‘有罪的’，更不是过渡性的，而是真真实实的”。从研究中李约瑟得出结论：“‘道’代表大自然的‘秩序’。”在他研究中国科学技术史的时候，非常自然地发现，“古代以至中古时期，中国若有什么科学、技术上的事情发生，则总是和道家有不可分割的渊源关系的”。“道家思想对中国科学和技术，在通贯中国历史上，有无可限量的贡献。”①

正是在全面地深入钻研了中国古代的科技文明之后，李约瑟对道家和本土宗教道教产生了浓厚兴趣并极其推崇。他在《科学思想史》中有一段精彩的结论：“中国人性格中有许多最吸引人的因素都来源于道家思想。中国如果没有道家思想，就会像是某些深根已经烂掉了的大树。”② 怀着对中国科技文明特别是道家、道教的浓厚兴趣，李约瑟将自己的毕生精力贡献给了中国科技文明的研究，而在这些研究成果中，道家道教的成分占据了重要的地位，正是由于他的努力，中国古老的道学文化得以在更广阔的天地展现它的风采，在更高的层次上凸显它的价值，为世界文明作出独特的贡献。

第二节　李约瑟对道学科学思想的论述及其意义

长期以来，人们对于谈玄论道或追求长生成仙的道家和道教怀有极大的偏见，或斥其流于虚无玄谈，或抨其为封建迷信，反对科学技术，至少与科技无缘。但李约瑟以详实的资料和艰辛的研究彻底颠覆了人们的这些成见。为了厘清道家思想与科学技术的密切关系，他在《科学思想史》中花了大量笔墨进行正本清源的工作，花了将近五倍于儒家思想的篇幅来进行详尽的讨论。书中说：“道家思想曾几乎完全被大多数欧洲翻译者和作家误解了，道教被人们所忽视，道家方术被视为迷信而被一笔勾销；道家哲学被说成是纯粹的宗教神秘主义和宗教诗歌。道家思想中属于科学和‘原始’科学的一面，在

① 参见王国忠：《李约瑟与中国》，第 378、第 440 页。

② ［英］李约瑟：《中国科学技术史 · 科学思想史》，第 178 页。

很大程度上被忽略了。"[1]

他以大量的史料来证实自己的结论。比如，他引用了《庄子·大宗师》中关于"道"的一段描述："夫道，有情有信，无为无形；可传而不可受，可得而不可见；自本自根……"李约瑟评论说："我们在这里看到的是一种强调自然界运行的统一性和自发性的自然主义泛神论。"[2] 李约瑟认为，道家对于自然界运行状态的认识来自一种探索和怀疑精神。他看到，在"道家的典籍中充满了对于自然界的疑问"。他引用《庄子·天运》中的这段话作为论据：

> 天其运乎？地其处乎？日月其争于所乎？孰主张是？孰维纲是？孰居无事推而行是？意者其有机缄而不得已邪？
>
> 根据这些史料，李约瑟认为，"察其所以"（cognoscere causas）就成了道家的座右铭。[3]

李约瑟主编的《中国科学技术史》的第二卷为《科学思想史》，专门论述中国古代思想家的科学思想，其中关于道家思想一章的论述超过了其他各家的篇幅，该章包括除"引言"和"结论"之外的九个专题。他通过以下几个专题对于道家思想进行了全面的介绍：第一，道家的道的观念；第二，自然界的统一性与自发性；第三，对自然的态度、科学观察的心理；第四，变、化和相对性；第五，道家对知识和社会的态度；第六，对封建制度的抨击；第七，萨满、巫和方士；第八，道家的个人目标、成为长生不死的"仙"；第九，作为一种宗教的道教。

通过详尽的考察，李约瑟得出的结论是："道家哲学虽然含有政治集体主义、宗教神秘主义以及个人修炼成仙的各种因素，但它却发展了科学态度的许多最重要的特点，因而对中国科学史是有着头等重要性的……东亚的化学、矿物学、植物学、动物学和药物学都起源

---

① ［英］李约瑟：《中国科学技术史·科学思想史》，第 34 页。

② 同上，第 40 页。

③ 同上，第 40 页、第 61 页。

于道家。”他甚至认为，“他们同希腊的前苏格拉底和伊壁鸠鲁派的科学哲学家有很多相似之处。”当然，李约瑟在肯定道家科学成就的同时，也指出其中的缺陷说：“可惜他们未能对实验方法达到任何明确的定义，或把他们对自然界的观察加以系统化。”①

作为一个严谨的学者，李约瑟对于道学中的糟粕部分给予实事求是的承认。例如，他指出，在《抱朴子》一书中“有许多荒诞的、幻想的和迷信的东西”。但是，他也高度评价该书中的合理因素，他肯定说，开头几篇中就“包含着某些看来是高水平的科学思想”。他还引用《抱朴子》中对于通过人为方法来延长寿命或达到物质不朽之可能性的几大段讨论，并对此评论说：“这一段讨论正有如亚里士多德的任何论点，在科学上却是健全的，而且大大高出于同时代的西方所能提出的任何东西。”②

全面地阐发李约瑟关于道家科学思想的论述不是本书的主要目标，以下我们主要将曾经明显地对西方科学家产生过影响的一些思想进行概括和论述。

1. 有机整体观

李约瑟认识到，关于自然界的统一性与自发性是道家最为重要的观念。他说：“假如有一种观念是道家比对其他观念更为强调的话，那就是自然界的统一性，以及‘道’的永恒性与自发性。”他还在后面特别强调说：“这种统一性，则是自然科学的基本前提。”③ 在该书“作者的话”中，李约瑟就提纲挈领地指出了中国古代科学思想与古代希腊和中世纪欧洲科学思想的几大主要差别，首先就是，“中国的自然主义具有根深蒂固的有机的和非机械的性质”，这首先表现在道家、墨家和阴阳家身上。“还有两点与自然科学家特别有关

① ［英］李约瑟：《中国科学技术史·科学思想史》，第175页。
② 同上，第469页。
③ 同上，第50—51页。

之处：怀疑论的强而有力的传统。”“最后，几乎全部中国自然哲学的最重要的特点之一，是它那对欧洲人关于有神论与机械唯物论的无休止的辩论的免疫性——这一对立命题在西方是还没有完全解决的问题。”

从李约瑟在多处的论述来看，在他的心目中，以上“对立命题”在中国哲学特别是在道家这里是得到了解决的。他说，中国的宇宙学说与欧洲的宇宙学说是不一样的，“虽然欧洲有过大宇宙与小宇宙的学说，而且还达到了一种原始形式的有机自然主义的高度”，但李约瑟将其称之为“欧洲所特有的精神分裂症或分裂人格”。为什么这样说呢？李约瑟接着解释说，在欧洲人那里，“对于一种 machina（机制），人们总是一定要找出一个人格神的 deus（上帝）……当活动物的有机体，像人们所领会的野兽、其他的人和自己，被投射到宇宙的时候，欧洲人受到人格神的上帝或神明的观念的支配。”这就是说，欧洲人习惯于将上帝这样一个高于人类的神作为万事万物的主宰，而中国哲学中却不存在这样的精神主宰。他接着分析说：

> 然而，这正是中国哲学所不曾采取的途径。公元前 4 世纪，庄周关于有机主义观念的经典论述就为后来的思想体系定下了调子，它公开地回避了任何“精神主宰”的观念。各个部分在它们的组织关系中，不论是活的形态的还是宇宙的，都足以由一种意志间的和谐来说明人们所观察到的现象。①

李约瑟深刻地认识到，中西在宇宙学说方面的这种差异直接映射到人们关于行为规范——“法”的领域之中。在“中国和西方的人间法律和自然法则”篇章里，李约瑟比较了中西方关于“法”的思想的差异。他认为：“西方文明中最古老的观念之一就是，正如人间帝王的立法者们制定了成文法为人们所遵守那样，天上至高的、有理性的造物主这位神明也制定了一系列为矿物、晶体、植物、动物和

① ［英］李约瑟：《中国科学技术史·科学思想史》，第 327 页。

在自己轨道上运行的星辰所必须遵守的法则。”[①] 但是，在不存在精神主宰的中国人这里，他们的世界观依赖于另一条全然不同的思想路线：“一切存在物的和谐合作，并不是出自他们自身之外的一个上级权威的命令，而是出自这样一个事实，即他们都是构成一个宇宙模式的整体阶梯中的各个部分，他们所服从的乃是自己本性的内在的诫命。”李约瑟认为，中国人的这一特性也导致了在自然科学方面的有机整体观：“那时中国所可能发展出来的自然科学…… 它必然是深刻的有机的而非机械的。”[②]

对于中国人的这一思想路线，李约瑟极为赞赏，认为它与近现代科学的发展极其吻合，对西方产生了重要的影响。他将这种影响追溯到了从 17 世纪欧洲伟大的思想家莱布尼茨那里。他指出，莱布尼茨对中国思想非常感兴趣，刚满 20 岁时就阅读了德国历史学家斯皮策尔的《中国文学评注》这一类的书籍。这本书中提到了阴阳、易经、五行、算盘和炼丹术，后来，在中国传教的白晋神父寄给莱布尼茨关

① ［英］李约瑟：《中国科学技术史 · 科学思想史》，第 551 页。
② 同上，第 619 页。

于《易经》的详尽分析，引起他的兴趣和回应。① 李约瑟称："这是中国和欧洲的学术交流中最引人注目的例子之一。"不同于西方的机械论，莱布尼茨与笛卡尔把世界看成一个庞大的机器的观点相反，他把世界看成一个庞大的活的有机体，它的每一部分也是一个有机体。单子是构成世界的基本单位。单子是不可分解的有机体，是更高级有机体的组成部分，有各种不同层次的单子。李约瑟断言，"几乎可以说，单子是有机主义在西方哲学舞台上的第一次露面。"李约瑟进一步阐发莱布尼茨这一思想与中国哲学的联系说：

> 当莱布尼茨讲到机器和有机体之间的区别在于，组成有机体的每个单子总是有生命的并且在意志和谐之中相合作的时候，我们不禁联想到中国"通体相关的思维"体系所特有的"意志和谐"，其中全宇宙的各个组成部分都自发地协调合作而没有指

① 有人认为莱布尼茨看到《易经》后而发明了二进制，这是不合乎实际的。莱布尼茨发明二元算术是在 1678 年，而他接触《周易》是在 1701 年。根据朱谦之的考证，1703 年 4 月，莱布尼茨从耶稣会士白晋得到邵康节的六十四卦圆图方位图和六十四卦次序图，惊喜之余，以为与他在 1678 年所发明的'二元算术'完全相合。而在此以前，他在"1701 年当把二元算术的研究送给巴黎学院时，已不忘附载从《易经》六十四卦来解释这数学。"（朱谦之：《中国哲学对欧洲的影响》，第 375 页）而许苏民《论莱布尼茨的中西哲学比较研究》一文则将白晋向莱布尼茨推荐《周易》和宋儒邵雍的六十四卦图的时间定在 1701 年，莱布尼茨发现，"《周易》六十四卦的数学配列顺序与他的二元算术完全相同"，他赞扬这一智慧但又因"中国数千年竟无人了解它的真正的科学意义而感到遗憾"，"希望中国人能够从一个崭新的视角来给予中国古老的智慧以应有的重视"。他给白晋写信说："（这个易图）和我的新算术完全一致……要是我没有发明二元算术，则此六十四卦的体系，即为伏羲易图，耗费了许多时间，也不会明白的罢！"（许苏民《论莱布尼茨的中西哲学比较研究》，《福建论坛》（人文社会科学版）2014 年第 6 期，第 49—57 页。）在许文中，白晋向莱布尼茨推荐《周易》的时间比朱文中说的 1703 年早了两年，但朱文亦确认莱布尼茨在送给巴黎学院的二元算术研究成果已附载从《易经》六十四卦来解释这一数学成果。但两文均认为莱布尼茨始知《周易》是在 1701 年，即他发明了二进制之后。虽然不能说莱布尼茨是看到《易经》才发明了二进制，但以上的史料却可以证明，莱布尼茨的二进制与《易经》的思维方式相吻合，并应用"《易经》六十四卦来解释这数学"。

导或机械的强制。[①]

单子理论认为，一个单子影响着别的单子，这一切互动不是外来的，而是通过内在预定的一致或和谐。李约瑟认为，这些思想可以“最完美地运用于中国的通体相关的思想体系所构想的事物关系类型，在那里，一切都按计划而发生，任何事物都不是任何别的事物的机械原因”，“这与中国传统思想的一致是非常显著的，不容忽视”[②]。

李约瑟的这一论断是有根据的。我们在“绪论”中谈到道学西用的文化背景时，就提到过，德国学者利奇温在《十八世纪中国与欧洲文化的接触》一书中指出，莱布尼茨的单子学说与老子、孔子的“道”的概念“有很可惊异的一致的地方。”

李约瑟上面这段话是在论述宋代理学时说的，他认为理学是一种“有机主义的哲学”。但实际上，理学在很大程度上融会了道家思想，理学的有机主义与道家密切相关。正如何兆武先生所说，理学虽然被称为新儒学，“然而其中最有价值的那部分思想，即有机主义的思想，却是来源于道家而非儒家……道家认为人们对微观世界不应该加以有意识的控导。如果说，儒家的伦理义务必须有待于主观意识的领悟，那么，道家的‘道’则否。道家要求的是返于自然状态中的那种自然而然的合作……道家的‘混沌’就是社会自发的一致性”[③]。

的确，作为对中国科学思想史深有研究的李约瑟在论述理学中的有机整体观时，亦同时阐明了道家对于有机整体观的开创之功。他在《中国科学思想史》的《晋、隋唐道家和宋代理学家》一章的结语中说：“中国的这种有机主义最初以‘通体相关的思维’体系为基础，公元前3世纪已经由道家做出了光辉的论述，又在12世纪的理

① ［英］李约瑟：《中国科学技术史·科学思想史》，第529—531页。

② 同上，第531页。

③ 何兆武：《本土和域外——读李约瑟〈中国科学思想史〉》，《西方哲学精神》，北京：清华大学出版社2002年，第147页。

学思想家那里得以系统化。”①

李约瑟高度评价中国有机整体思想对于欧洲科学家的影响，他提出了一个在当时可谓是惊世骇俗的观点。他说：

> 自17世纪开始为了克服欧洲神学活力论和机械唯物论之间的二律背反而做的综合努力中，欧洲至少有负于中国的有机主义的是一种非常重要的刺激……早期‘近代’自然科学根据一个机械的宇宙的假设取得胜利是可能的——也许这对他们还是不可缺少的；但是知识的增长要求采纳一种其自然主义性质并不亚于原子唯物主义而却更为有机的哲学的时代即将来临。这就是达尔文、弗雷泽、巴斯德、弗洛伊德、施佩曼、普朗克和爱因斯坦的时代。当它到来时，人们发现一长串的哲学思想家已经为之准备好了道路——从怀特海上溯到恩格斯和黑格尔，又从黑格尔到莱布尼茨——那时候的灵感也许就完全不是欧洲的了。②

我们之所以大段地引述李约瑟这段原话，是因为这番话具有追根溯源的意义，只是他的表达比较委婉，这当然是作为一位严谨的学者所惯用的表述方式。不过，我们从字里行间还是可以看出这样的意思：欧洲一些现代自然科学家的成就来自前贤“准备好了道路”，而这些前贤思想源头之一的莱布尼茨等人的“灵感也许就完全不是欧洲的”。那么，这些“完全不是欧洲的”“灵感”来自何处呢？李约瑟的处理方式很巧妙，他在这句话的后面加了一条脚注予以说明：“有趣的是，康格（Conger）已经看到，近代有机自然主义与亚洲特别是中国的 *philosophia perennis*（亘久长青的哲学）有着明显的一致性。”在进行了一系列的铺垫之后，李约瑟最后下结论说：“也许最现代化的‘欧洲的’自然科学理论基础应该归功于庄周、周敦颐和

---

①［英］李约瑟：《中国科学技术史·科学思想史》，第538页。

② 同上，第537—538页。

朱熹等人的，要比世人至今所认识到的更多。”①

应该说，上述论断绝非轻率地做出的结论，更不是溢美之词。人们已经看到的是，玻尔、普里戈金等著名科学家都曾坦荡地说明包括道家在内的中国哲学的有机整体观对自己的影响，也能找到卡普拉、汤因比等著名科学家推崇道家科学思想的论述。但不容置疑的是，还有大量道学的智慧通过各种未曾明说、无法明说或不知不觉的方式和渠道，水乳交融地化入一些文化精英和各色人士的头脑中，这可能永远也无法说明和理清了。正如我们在探讨“道学西用的内因”时提到的，类似管理学家 Stanley M. Herman “翻译”的《道德经》完全脱离原文，而仅从思想实质上阐发其中的精髓。因此，如果作者不加以说明，完全可能被视为另一本书，这就必然让那些重实用的广大读者忽略或不知这些思想的源头或原创者。

李约瑟不仅高度肯定道家思想对于西方现代科学理论的启迪，而且将人类未来科学技术健康发展的希望亦寄托于中国的科学技术观。在1957年于蒙特利尔举行的加拿大亚洲研究协会会议上，李约瑟发表了《历史与对人的估价——中国人的世界科学技术观》这一重要的演讲，他非常坚定地总结说，中国传统文化和中国社会的精神气质“在许多方面，将对日后指引人类世界作出十分重要的贡献……人类将如何对付科学与技术的潘多拉盒子？我再一次要说：按东方的见解行事”②。

在20世纪60年代以后，李约瑟对有机论自然观又进行更深入的研究，并指出了中国传统哲学的唯物的有机论特征。他说：“可以被详细地证明，中国传统哲学是一种有机论的唯物主义，历代哲学家和科学思想家的态度都可以形象地说明这一点，机械论的世界观在中国思想中简直没有得到发展。中国思想家普遍持有一种有机论的观

① ［英］李约瑟：《中国科学技术史·科学思想史》，第538页。

② 潘吉星：《李约瑟文集》，沈阳：辽宁科学技术出版社1986年，第341页。

点，认为每一现象都按照等级秩序和其他一种现象联系着。”在这里，李约瑟再次点明了中国古代的有机整体观与西方截然不同的思路：

> 中国的世界观所遵循的是一条截然不同的思想路线。所有存在物的和谐协调并非出于它们之外的某一更高权威的命令……它们都是等级分明的整体的组成部分，这种整体等级构成一幅广大无垠、有机联系的图景，它们服从自身的内在的支配。①

可以说，李约瑟对于中国古代的有机整体观的研究及其现代价值的阐发引领了时代的潮流，对不少西方科学家和学者产生了深刻的影响。

2. 对道家自然无为思想的阐述

在上文中我们说过，李约瑟十分推崇道家对于自然界的统一性与自发性的强调，而在一个有机体中，这种统一性与自发性是密不可分的，“因此有机体的各个组成部分之间的合作就不是被迫的，而是绝对自发的，甚至于不是有意的……世界有机体（正向我们可这样称呼它）的自动调节或控制论的支配也是如此之强大有力，以致一切事物仍会很好地继续合作下去。”② 但是，为了论述的方便，我们在上文主要只就统一性的问题进行阐发，以下我们再来考察李约瑟关于道家自然无为思想的观点。

首先，李约瑟阐发了道家之道与自然无为思想的内在联系，他说，道家的“道”不是指人类社会中正确的生活之道，而是指宇宙的运行之道，或可称为“大自然的秩序”。李约瑟引用了《道德经》第五十一章中的一段话以说明这种“大自然的秩序”：

“道生之，德畜之，物形之，势成之。是以万物莫不尊道而贵

① ［英］李约瑟：《中国科学传统的贫困与成就》，《科学与哲学》1982 年第 1 期。引自王国忠：《李约瑟与中国》，第 332 页。

② ［英］李约瑟：《中国科学技术史·科学思想史》，第 328 页。

德。道之尊，德之贵，夫莫之命而常自然。故道生之，德畜之；长之育之，亭之毒之，养之覆之。生而不有，为而不恃，长而不宰。是谓玄德。”

李约瑟评价说，这种道支配着万物的一切活动，“而这种支配更多的不是靠强制力，而是靠一种空间和时间的自然曲率。”接着他说，老子的“道”使他想起古希腊哲学家赫拉克利特提出的支配有秩序的变化过程的宇宙规则——逻各斯。[①] 然而，李约瑟对此只是提及而已，并未对二者的具体内涵进行比较。但是，从他本书中的相关论述来看，李约瑟所理解的“道”远比逻各斯具有更为丰富的内容。在这里，他引用《庄子·大宗师》中关于“道”的一段描述以说明自然界运行的统一性和自发性，其文曰：

> 夫道，有情有信，无为无形，可传而不可受，可得而不可见，自本自根，未有天地，自古以固存。神鬼神帝，生天生地；在太极之先而不为高，在六极之下而不为深，先天地生而不为久，长于上古而不为老。

李约瑟对此评价说：“我们在这里看到的是一种强调自然界运行的统一性和自发性的自然主义泛神论。”但李约瑟同时也认识到，这种对于自然界运行的统一性和自发性的自然主义泛神论并未将道家引向消极的盲目崇拜，而是导向了一种求索和怀疑的精神，这是李约瑟十分赞赏的。他说：“道家的典籍中充满了对于自然界的疑问。”他不仅引用《庄子》中这段话，而且将其作了详细的翻译。《庄子》中这样说：“天其运乎！地其处乎！日月其争于所乎？孰主张是？孰维纲是？孰居无事推而行是？意者其有机缄而不得已邪……”[②] 这一段话语，亦曾被普里戈金所引用，并称它“为西方人所熟知”，这一结果应当是与李约瑟的推介分不开的。

---

① ［英］李约瑟：《中国科学技术史·科学思想史》，第38页。

② 同上，第40页。

李约瑟善于把握道家思想的核心概念，他认为，道家的关键用语是“自然”，即自生自发、自然而然的意思。他接着也阐发出“自然”这一概念与科学的密切关联。他说：“所谓‘人法地，地法天，天法道，道法自然’，便是对科学自然主义的基本肯定；而从庄子所说的道“无所不在”，甚至“在蝼蚁”“在稊稗”“在瓦甓”“在屎溺”的惊世骇俗观点中，李约瑟看到了它的积极意义。他说：“从这里，我们再一次得出那种严格地仅仅为科学所特有的观点，即没有任何事物是在科学探索领域之外的，不论它是多么讨厌、多么不愉快或多么琐碎。”李约瑟非常看重这一思想，将其视为一条“非常重要的原则”。他还将道家这一观点与儒家进行比较说：“道家在走向最后有可能导致现代科学的方向中，他们必将对一切为古往今来所有儒家所极端鄙视的事情都发生兴趣——诸如那些似乎毫无价值的矿物、野生动植物、人体各部分及其排泄物等等。”①

显然，李约瑟的这些看法是很有洞察力的，因为在大自然的一切事物之中，都隐藏着科学发明和发现的契机与可能性，以自我特定的价值观念对它们进行取舍，无疑会扼杀科学进步的机会。

与上述观点相联系，李约瑟看到了道家超越人类中心观点的积极意义，他说：“道家否认人类中心论，这同其他某些人把兴趣集中于人类社会并把人当作万物的尺度，是极端相对立的。”②“对自然界的一些更为可厌和可怕的方面进行考察时要把偏见和人类的弱点排除在外，对自然界进行探索时要把人类伦理标准和先入之见排除在外，这样就自然会认识到，人类标准在人群之外是完全不适用的。”③

的确，道家以上立场是十分可贵的，它超越了以人类为中心的狭隘标准，消解了人类文化和各种成见对世界的价值评判，从更为广阔

① ［英］李约瑟：《中国科学技术史·科学思想史》，第52、第55页。

② 同上，第93页。

③ 同上，第54页。

的视野来看待和评判事物的是非对错、有用无用，因而才有可能为更多的创造性活动开拓出更宽阔的空间。

李约瑟从老子“有物混成先天地生”这一段话当中得出结论说，“自然界也是自足的，而非创造出来的，这里的关键用语是‘自然’，即自生自发、自然而然的意思。”他将老子“有物混成”这一段话语视为对“科学自然主义的基本肯定”的“一段经典引文”。[①] 他也很赞赏《庄子·齐物论》中“若有真宰，而特不得其眹”这一段话，李约瑟总结说，庄子“揭示了一种真正的有机哲学，从动物或人体内不受意识控制的自然活动过程中，他设想在整个宇宙内，‘道’并不需要意识去完成它的一切效果”[②]。

我们知道，道家的“无为”这一概念历来受到诸多的误解，在这一问题上，李约瑟是难能可贵的。他准确地把握了这一概念的基本内涵，他说：“无为则是听任事物按照其内在的原理而得出自己的命运。能够实践‘无为’，这就意味着要通过基本上是科学的观察而取法自然。”[③] 他批评以往的西方汉学家把道家最大口号之一的“无为”一词理解和翻译错了，他们或把它译成“无所作为”（non-action），或译成“不活动”（inactivity）。他更正说：

> 就早期原始科学的道家哲学家而言，“无为”的意思就是“不做违反自然的活动”（refraining from activity contrary to nature），亦即不固执地要违反事物的本性，不强使物质材料完成它们所不适合的功能；在人事方面，当有识之士已经能够看到必归于失败时，以及用更巧妙的说服方法或简单地听其自然倒会得到所期望的结果时，就不去勉强从事。[④]

为了说明以上的观点，李约瑟紧接着引用了《淮南子·修务训》

① ［英］李约瑟：《中国科学技术史·科学思想史》，第55页。
② 同上，第57页。
③ 同上，第79页。
④ 同上，第76页。

中的一段话：

> 吾所谓无为者，私志不得入公道，嗜欲不得枉正术，循理而举事，因资而立功，推自然之势……若夫以火熯井，以淮灌山，此用己而背自然，故谓之有为。若夫水之用舟，沙之用鸠……因高为田，因下为池，此非吾所谓为之。圣人之从事也，殊体而合于理。

李约瑟评论说，“假如所有道家著作有关‘无为’的篇章都用这一观点重新加以检察，我们就会发现，他们和这一学派的原始科学的一般特性是很符合的。因而《道德经》以它那常见的珠玉般的简洁语气说道：“不要有（违反自然的）行为，那么，就没有任何事情是治理不好的。”（“无为，则无不治。”）①

李约瑟将道家的科学思想与社会问题紧密相联系。他认为，道家的科学思想与其民主精神是相通的，这是因为：“民主与自然科学在社会学上有着密切的联系。”② 他举例说，道家认为在自然界面前是人人平等的，即使是君主、权威、圣贤也不能违抗或逆转自然之“道”。

周瀚光曾概括李约瑟关于道家在科学思想上的诸多贡献说，道家又力图弥合学者与工匠之间的差距，像葛洪和陶弘景这样的道教学者本身又都是炼丹和采药的实际操作者；所有这些民主的精神，都是有利于科学发展的。他又详细地论述了道家的变化思想与早期生物进化论观点的提出，道家的长生思想对医药学和人体科学的开启，道家的炼丹实践对原始化学的促成，道家的经验主义倾向对科技发展的积极作用等一系列问题，从而令人信服地向读者证明了道家思想在科学思想史上的重要地位和应有价值。

---

① ［英］李约瑟：《中国科学技术史·科学思想史》，第 77 页。

② 同上，第 7 页。

3. 关于对立统一观的论述

在《科学思想史》的开篇，李约瑟就在“作者的话”中指出了中国古代科学思想与古代希腊和中世纪欧洲科学思想的几大主要差别，一是上文已经提及的有机整体观，“中国的自然主义具有根深蒂固的有机的和非机械的性质”，这首先表现在道家、墨家和阴阳家身上；二是与自然科学家特别有关的思想特质，“怀疑论的强而有力的传统”；三是李约瑟在全书多次间接地涉及的话题，对欧洲人关于有神论与机械唯物论的无休止的辩论的免疫性——这一对立命题在西方是还没有完全解决的问题。李约瑟将此视为中国自然哲学的最重要的特点之一。

李约瑟对道家对立统一思想的价值给予了高度的评价，他说：

> 道家欣赏变化、转变、“进化”甚或欣赏社会演化。[①] 道家深刻地意识到变化和转化的普遍性，这是他们最深刻的科学洞见之一。[②]

李约瑟看到，道家这些科学洞见来自对自然界的深切关注和观察：道家关注自然界的变化更甚于圣人的变化，不仅关注四季和生死的变化，而且关注一切“可观察到的宇宙和生物现象的变化”。他引用《道德经》“祸兮福之所倚”以及庄子“生也，死之徒”等史料，认为道家“把对于这些变化的重视和顺从体现为对自然的理解，这就是道家静心或心地恬静的基础”[③]。

从这些论述中，我们看到，李约瑟不仅客观地梳理道家的对立统一思想，而且认识到它与道家其他思想的相互联系：正因为认识到万事万物的相互转化之必然性，因此，道家对于包括人生祸福生死在内的一切生活事件都能坦然接受，保持内心的平和与宁静。

---

① ［英］李约瑟：《中国科学技术史·科学思想史》，第 92—93 页。

② 同上，第 176 页。

③ 同上，第 84—85 页。

在李约瑟看来，道家的对立统一思想是与科学活动密切相连的，他说：

> 在更高一级的结合中，矛盾得到了辩证的统一，这在科学中是常见的；而在道家著作中，特别是在《庄子》的第二篇，对此有着明确的论述。在无数的肯定和否定中间，圣人不站在某一方，而是认可真理可能分布于许多意见之中，因而参照上天来形成他的判断（“是以圣人不由，而照之于天”）。那些提出各种意见的人，并未了解一切都是部分正确的和部分错误的，一切意见只能以“道”为轴心来判断，整个自然界都是围绕着它在运转的。各种互相冲突的意见，只可在天的冥冥运行之中找到协调，并循此而追溯到无限的过去。①

显然，李约瑟认识到，在对立统一的辩证法智慧中，各种不同的意见能够得到包容和尊重，作为一个具有评定是非意见之权威的圣人，他也不会滥用他的权力轻率地排斥任何一方的意见，而是怀着兼容并蓄的胸怀，“认可真理可能分布于许多意见之中”，最终是根据“道”的原则进行判断，对各种互相冲突的意见进行协调。这种处理不同意见的态度和方式，正是科学得以健康发展的基础。

但是，李约瑟也清醒地看到，在中国封建官僚制度的社会经济体系中，“扼杀了自然科学的幼苗，道家思想中的科学因素，就没有成长开花的余地”②。作为一位具有世界视野的西方科学史家，李约瑟的这些评论不仅充满了遗憾，更是一针见血地指出了阻碍中国思想文化和科学因素发展壮大的历史瓶颈，这也是让我们无比感慨，更是值得我们深思和研究的。

---

① ［英］李约瑟：《中国科学技术史 · 科学思想史》，第86页 。

② 同上，第176页。

第三节 李约瑟的道学研究在西方的影响

李约瑟的《中国科学技术史》不仅以其史料的丰富和内容的博大而令人惊叹，更重要的是，它帮助人们逐渐从道家、道教与科学无缘甚至反对科学的这些成见中摆脱出来，转而承认道家、道教对中国古代科学技术诸多领域的积极作用和贡献。这些富有开创意义的工作也得到学者们的高度评价。日本科技史家薮内清1974年在京都对当代物理学家汤川秀树说："李约瑟的功绩在于，他最早揭示了老庄思想和科学的联系。"① 著名的科学哲学专家董光璧先生从科学思想发展史的视野肯定李约瑟的贡献，他说：

> 李约瑟的研究意义在于，他确认了科学发展有不同的途径，至少有两种途径：机械论的和有机论的。并且他认为，机械论的科学观已经过时，科学未来的发展将采取有机论的途径。②

中国学者周瀚光通过对《中国科学技术史·科学思想史》这一巨著的述评，更是揭示了李约瑟的道家研究之学术价值，文中说："这个认识上的转变和进步，是与李约瑟的中国科学技术史特别是与中国科学思想史中对这一问题的透彻研究密不可分。""（李约瑟）不仅准确地把握了道家思想的精髓，驱除了笼罩在道家思想上的一些迷雾"，对于道家在科学技术上的地位给予了历史的、公正的评价，并引起不少当代科学家的共鸣。更值得一提的是，由于他的努力，有更多东西方人士了解了道家科学思想的精华，而且促使西方现代科学家"有可能从中汲取营养或获得启示""使道家、道教的科学思想日益为全世界的人们所理解"③。

---

① 王国忠：《李约瑟与中国》，第216页。

② 董光璧：《当代新道家》，北京：华夏出版社1991年，第21页。

③ 周瀚光：《李约瑟〈中国科学技术史·科学思想史〉述评》，《哲学研究》1994年第5期，第50—57页。

主持《中国科学技术史》翻译出版工作的中国科学院院长卢嘉锡在为该书中译本撰写的序言中，更是高度评价李约瑟这部巨著在世界范围内持续不断地产生的广泛而深远的影响。文中说："向人们展示出一幅中国古代科技文明的宏伟画卷，从而为西方学术界打开一个过去知之甚少的知识领域，促进了东西方两大文明体系的相互了解。"①

中国著名物理学家叶企孙在《科学通报》上评论说："这部著作将成为中国科学史方面的空前巨著。全球的学术界将通过这部书而对于中国的古代科技得到全面的清楚了解。"英国著名历史学家汤因比在伦敦的《观察家报》上盛赞说："这是一部打动人心的多卷本综合性著作……作者用西方术语翻译了中国人的思想……这是比外交承认还要高出一筹的西方人的'承认'举动。"② 英国、法国、美国、苏联、印度等国报刊也纷纷盛赞李约瑟巨著出版的深远意义。伦敦《泰晤士报》的文艺副刊说："一切西方研究中国的著作都不能跟它相比，资料这样丰富，识见这样深刻的著作，可说从未出现过……在今后岁月中，不只是所有西方汉学家，就算是中国的学者，都将得到无穷的实益。"③

的确，李约瑟的这部关于中国古代的科学技术和科学思想的巨著在世界范围内给予人们丰富的思想启迪，极大地推动了东西方文化的交流。随着20世纪70年代以来科学发展日趋澎湃的综合潮流，科学整体化的时代正在到来，人们又重新发现了中国传统科学中的有机整体观、对立统一思想的价值，对它们进行系统的发掘和研究，可对现代科学中的综合观点、理论和方法的发展有巨大启迪作用。人们也越来越认识到，中国传统有机整体论的进一步发掘应当首先归

① 王国忠：《李约瑟与中国》，第535—536页。

② 同上，第208页。

③ 同上，第209—210页。

功于“当代新道家”先驱之一的李约瑟博士。

李约瑟对于中国科技思想文化特别是对道学思想的研究和推介，深深地影响了众多西方的现代科学家，他们以自己的亲身体验，讲述李约瑟带来的启示。例如，比利时布鲁塞尔学派领导人、耗散结构理论的创始人普里戈金在多处提到李约瑟对他的启示，在那本享誉世界的《从混沌到有序》一书的中文版序言中说，李约瑟的著作“是我们了解中国的独一无二的资料，并且是反映我们自己科学传统的文化特色与不足之处的宝贵资料”①。普里戈金还满怀深情地表示：“在我们把这本书奉献给中国读者的时候，我们希望李约瑟和玻尔的传统都能永远继续下去。”他指出，互补性概念和中国的阴阳概念间的接近，“也是有其深刻根源的”，“和胚胎学一样，量子力学也使我们直接面对‘自然规律’的含义问题”。②

国际著名科学史家、美国宾夕法尼亚大学科学史与科学社会学系教授席文（Nathan Sivin）不仅指出了李约瑟论述道家有机论自然观对于中国古代的科学技术和西方近代科技发展的积极影响，而且从现代科技的整体化趋势来肯定其深远的意义。他指出：

> 他不是把宇宙看作偶尔相互接触的孤立事件的结合体，而是看作由其本身所具特殊作用联系起来的宇宙实体的积聚物，因此在一点上发生变动必然会产生反响以引起全盘的调整。这种基于宇宙力学概念的历史观，特别是在他最近更多地依靠类比法这一点上，也许比欧洲思想中任何其他主调更接近于目前新理论的观点。这种独特的有机论自然观不仅使古代中国的科学技术发展获益匪浅，而且使西方近代科技也从中得到嘉惠，并

---

① ［比］伊·普里戈金、［法］伊·斯唐热：《从混沌到有序：人与自然的新对话》，“作者为中译本写的序”第2页。

② 同上，“作者为中译本写的序”第2页。

对当代以整体化趋势为特征的现代科技的发展具有十分深远的意义。①

而日本学者中山茂则称李约瑟是一位“有机论哲学家”。外国同行学者的这些评价，反映出他们高度认可李约瑟在中西文化和科学思想发展史上所作出的贡献。

中国科技史研究专家董光璧先生在考察当代世界范围内的道学研究学者及其成果之后，认为当代涌现了这样一批学者，“他们揭示出正在兴起的新科学观向道家思想复归的某些特征，并且倡导东西方文化融合以建造一个科学文化和人文文化平衡的新的世界文化模式。”② 董光璧先生将这样的学者称为“当代新道家”，他将李约瑟作为当代新道家的代表性人物，从当代世界文化发展的高度来评价以李约瑟为代表的道家研究者，他说：

李约瑟的研究意义十分深远……有人将李约瑟和日本著名物理学家汤川秀树、美国粒子物理学家卡普拉誉为是在当今科学和技术的社会危机态势下，同新儒家思想并行发展起来的新道家思想的先驱，因为他们揭示了正在兴起的某些新科学观点正向道家思想的归复的某些特征，并且倡导东西方文化融合，以建造一个科学文化和人文文化平衡的新的世界文化模式，其中李约瑟更以他的辉煌巨著影响了当世不少学者。③

以上学者的诸多评价是非常中肯的。李约瑟基于对中国人民和中国文化的热爱，在道学领域内呕心沥血地艰苦工作30余年，他以详实的史料和缜密的分析，澄清了人们由来已久的对于道学的误解，他的道学文化研究成果促进了道学在世界的传播，影响了众多西方

① ［美］席文：《研究中国经验中的科学的下一步骤》，《科学史研究动态》1997年第7期。

② 董光璧：《当代新道家》，第2页。

③ 董光璧：《当代新道家兴起的时代背景》，《自然辩证法通讯》1991年第2期，第49—56页。

科学家。这些努力对于建造一个科学文化和人文文化平衡的新的世界文化模式均具有重要的意义，对于20世纪道学西用潮流的兴起发挥着推波助澜的积极作用。

第七章　道学思想对普里戈金的影响

普里戈金（Ilya Prigogine，1917—2003，又译作普利高津）是比利时杰出的物理化学家和理论物理学家、比利时皇家科学院院士、美国科学院院士，长期从事关于不可逆过程热力学（也称非平衡态热力学）的研究，提出了耗散结构理论，为认识自然界中（特别是生命体系中）发生的各种自组织现象开辟了一条新路。由于他在科学上的这一重大贡献而荣获1977年度诺贝尔化学奖。这一理论认为：一个远离平衡的开放系统（力学的、物理的、化学的、生物的乃至社会的、经济的系统），通过不断地与外界交换物质和能量，在外界条件的变化达到一定的阈值时，可能从原有的混沌无序的混乱状态，转变为一种在时间上、空间上或功能上的有序状态，普里戈金把这种在远离平衡情况下所形成的新的有序结构命名为耗散结构。耗散结构理论的研究对象是开放系统，而宇宙中各种系统不论是有生命的、无生命的，实际上无一不是与周围环境有着相互依存和相互作用的开放系统，因而这一理论涉及范围之广，在科学史上可说是罕见的。无论物理、化学、生物、医学、农学、工程技术，甚至哲学、历史、文艺和经济等，都可以应用他的研究成果。①

普里戈金是一位热爱中国文化并从道家文化中获得启迪的科学家，他在为《普利高津与耗散结构理论》这一文集所作的序言中，

---

① 湛垦华、沈小峰等编：《普利高津与耗散结构理论》，西安：陕西科学技术出版社1982年，“编者前言”。

就以非常尊崇的口吻说："在西方，我们很熟悉中国庄子所写的一段名言：'天其运乎！地其处乎！日月其争于所乎？孰主张是？孰维纲是？孰居无事推而行是？意者其有机缄而不得已邪？'"① 我们知道，这段话出自《庄子·天运篇》，它以简洁的语言表达了道家探究天地自然运行奥秘的追求，李约瑟在他的力作《中国科学技术史·科学思想史》的"道家思想"一章中曾经引用。普里戈金深受李约瑟的影响，但普里戈金引用庄子此语的语境却很值得玩味。普里戈金认识到，西方传统中关于自然界"和谐与合理的信念"由于科学的新发现而遭到了质疑，因此而导致理论物理和理论化学面临着概念重建的问题。② 于是他将目光投向了中国。他说："中国的思想对于那些想扩大西方科学的范围和意义的哲学家和科学来说，始终是个启迪的源泉。"③ 他试图从道家思想寻求启示和思想资源。

普里戈金接受中国文化特别是道家思想，与玻尔和李约瑟的引导有着密切的联系。以下我们试从几个方面进行分析。

第一节　普里戈金对玻尔互补理论和道家有机整体观的吸收

我们知道，在对于基本粒子的观测中，玻尔发现了现实和经典观念的分歧。在经典的观点中，仅有的客观描述是照系统原样对系统进行完整描述，而和怎样观察他的选择无关。于是，这样就无法准确地反映出这个基本粒子的状态。针对这一问题，玻尔受到老子对立统一思想的启发而提出互补性原理，强调在研究基本粒子的状态时，需要

① 湛垦华、沈小峰等编：《普利高津与耗散结构理论》，"序"。

② 同上，"序"。

③ ［比］伊·普里戈金、［法］伊·斯唐热：《从混沌到有序：人与自然的新对话》，"作者为中译本写的序"第 1 页。

将不能同时测量的坐标和动量的参数整合起来，进行互补，才能获得完整结果。①

普里戈金对玻尔的互补理论十分重视，他在不少著述中提到玻尔。如，在《从混沌到有序》中，他谈到了自己从玻尔那里受到的启示说，玻尔“对他的互补性概念和中国的阴阳概念间的接近深有体会，以致他把阴阳作为他的标记”②。玻尔“暗示我们必须放弃经典物理学的现实主义”“各种可能的语言和对系统的各种可能的观点可以是互补的。它们都处理同一实在，但不能把它们约化为一种单一的描述。对同一实在的观点的不可约化的多样性表达出可以看到整个实在的一种神明观点的不可能性。”③ 他赞同玻尔既是演员又是观众的观点，他强调说：“通过本书来探索的正是这种既作为参与者又作为旁观者的知识概念。”④

从玻尔的互补原理这里，普里戈金获得了一种宝贵的教训，“一种也许能够转移到其他知识领域的教训”。这一教训就是：“强调现实的丰富，它超过了任何单一的语言，任何单一的逻辑结构。每一种语言所能表达的只是实在的一部分。”他举例说：“音乐的任何一种实现，任何一种作曲风格，从巴赫到勋伯格都没有穷尽音乐。”⑤

普里戈金还从中国的有机整体观得到了启示。通过对于中国科学思想史的了解，普里戈金认识到西方思维方式影响下的西方科学的局限性，他说，西方的科学“太受限制，以致对我们今天与自然的对话所引起的问题和疑问无法给出某种解释来”；“西方科学因为把自然描述成一个自动机而造成的文化危机，这个自动机甚至不能给出过去与未来之间的任何内在差别。不过，我们认为这个危机正在

① 关于这一问题的详细论述，请见本书的第五章“道家智慧对玻尔的启示”。

② ［比］伊·普里戈金、［法］伊·斯唐热：《从混沌到有序：人与自然的新对话》，“作者为中译本写的序”。

③ 同上，第 225 页。

④ 同上，第 298 页。

⑤ 同上，第 225—256 页。

从内部接近其解除，科学开始容纳它先前排除过的问题了”。①

他强调，需要重新审视和建立西方传统的理论物理和理论化学的概念，在为《普利高津与耗散结构理论》这一文集作序时他说：

我们关于自然界古典的和谐与合理的信念，已被过去十多年科学上的非凡发现动摇了。由此原因导致理论物理和理论化学大多数领域都存在着概念的重建问题，诸如非线性、涨落和分支等概念已扩展到越来越广泛的科学研究领域，甚至包括生物和社会问题的领域。

接着他又引用了《庄子·天运篇》中“天其运乎！地其处乎”这段话，并表示对庄子这段名言的熟知。②

当然，作为西方的科学家，普里戈金褒扬和引用道家的这些思想，并非发古人之幽情，而是从中看到了其中的合理因素，希望吸收其思想精华以弥补西方文化中的不足，在东西方文化互补的基础上推动科学技术产生新的发展。他在《普利高津与耗散结构理论》这一论文集的序言中表达了这一期待，他说：

我相信，我们正是站在一个新的综合、新的自然观的起点上。也许我们最终有可能把强调定量描述的西方传统和着眼于自发自组织世界描述的中国传统结合起来。我希望此文集的出版能够激励中国的年轻科学家们积极地参加到这一领域的发展中来，继承和发扬自己国家的文化传统。③

普里戈金强调中西方思想融合的重要意义，激励中国的年轻科学家们朝这个方向努力前行，因为这是他自己在科学研究中获得的成功经验。他本人创立发展耗散结构理论的过程中，就从中国古代道家的自然观中得到过启示，耗散结构理论正是东西方思想融合的

① ［比］伊·普里戈金、［法］伊·斯唐热：《从混沌到有序：人与自然的新对话》，“作者为中译本写的序”。

② 湛垦华、沈小峰等编：《普利高津与耗散结构理论》，“序”。

③ 同上，“序”。

结晶。

普里戈金提出的耗散结构理论与协同学、突变论被视为系统科学领域中的“新三论”，这是在20世纪中形成的科学理论，对人类认识世界和改造世界发挥着重要的作用。耗散结构理论是研究耗散结构的性质以及它的形成、稳定和演变的规律的科学。它的研究对象是开放系统，而宇宙中各种系统不论是有生命的、无生命的，实际上无一不是与周围环境相互依存和相互作用的开放系统。因此，耗散结构理论的涉及范围极广，无论作为自然科学的物理、化学、生物学、医学、农学、工程技术等领域，还是作为人文、社会科学的哲学、历史学、文学、经济、管理学、养生学等领域，都可以运用这一理论，它的普适性在科学史上可说是非常罕见的。有学者统计，这一理论从它诞生以来的20世纪70年代到80年代，短短的十年，就在各个领域的应用中都已取得可喜的成果，普里戈金教授也由于他在科学上的这一重大贡献，而荣获1977年度诺贝尔奖。①

普里戈金对道家思想很是推崇，认为老庄的“道”“无为”“道法自然”观点与耗散结构理论所揭示的自然界的演化、非平衡系统中的自组织理论之间有着深刻的相似性。当然，他将其中的思想提升到现代科学的高度，将其数字化和精确化了。普里戈金在很多场合都强调中国文化特别是道家思想的启迪。他在《探索复杂性》一书中说：

> 中国传统的学术思想是着重于研究整体性、自发性，研究协调与协和。现代科学的发展，近十年的物理学和数学的研究，如托母的突变理论、分支点理论等，都更符合中国的哲学思想。

1987年，他在北京师范大学演讲时又说：

> 一般人认为十七世纪是西方科学的创始时代，也是西方人开始同中国文化接触的时代。近代科学的某些创始人如莱布尼

① 湛垦华、沈小峰等编：《普利高津与耗散结构理论》，编者前言。

茨，曾高度赞扬了中国的灿烂文化及中国对人和自然的独特看法（即用整体的动态的相互联系的观点看待人与自然的观点），这主要来自道家。西方是分析的、定量的方法。自那以后，中国文化已成为西方科学的灵感来源。

普里戈金对中西文化融合而产生的新成果充满期待，他说：

物理科学的整体正在发生深刻的变化，这变化来自对复杂现象的经验的理解，来自对测量过程局限性的更深刻的了解，也来自对经典力学中轨道及量子力学中的波函数概念的局限性的了解。在一定意义上说，我们已从对封闭宇宙……走向对开放宇宙——其中有涨落、有历史的发展——的认识。这将是西方科学和中国文化对整体性、协和性理解的很好的结合，这将导致新的自然哲学和自然观。①

这个新的自然主义将把西方的传统带着其对实验的强调和定量的表述，与以自发的自组织世界的观点为中心的中国传统结合起来。②

普里戈金整体的、演化的自然观打破了牛顿以来机械的、静止的自然观，从根本上动摇了近代的科学本体论。经典的自然观是存在先于演化，演化仅仅是存在的展开，而普里戈金则强调这两个方面互补的重要性。他说："在我看来，存在和演化并非彼此对立的，他们表达出现实的两个有关方面。"③ 当然，普里戈金自然观最本质的特点是演化先于存在。它告诫西方人：

人类不是面对一个既成的运动着的世界，而是参与一个生

① ［比］普利高津：《从存在到演化》，《自然杂志》1980年第1期，第13—16页。

② 湛垦华、沈小峰等编：《普利高津与耗散结构理论》，第221页，［比］普利高津、斯坦格尔著，《对科学的挑战》。

③ ［比］伊·普里戈金、［法］伊·斯唐热：《从混沌到有序：人与自然的新对话》，第310页。

成的演化着的宇宙。普遍的联系和发展比静止孤立的物体更真实，演化比存在更基本。科学世界观这一从存在到演化的“根本立场”的转移标志着科学从近代到现代的飞跃。①

存在与演化的关系问题不仅是科学领域中探讨的问题，也是西方本体论和中国哲学的基本问题。普里戈金看到，中国传统哲学一直强调对于整体性和演化的体悟。因此，在东方古代哲学中可能获得更多的思想渊源。出于这一期望，普里戈金倡导说：“应当把动力学和热力学、物理学和生物学、自然科学和人文科学、西方文化和东方文化结合起来，在更高的基础上建立起人与自然的新的联盟。”②

第二节　自然无为思想对普里戈金的影响

自然无为是以老子为代表的道家学派的核心主张，老子认为，宇宙万物是自然而然地生发出来的，《道德经》的第二十五章、第四十二章分别概括地描述了这一生成过程：“有物混成，先天地生，寂兮寥兮，独立而不改，周行而不殆，可以为天地母。吾不知其名，强字之曰道”“道生一，一生二，二生三，三生万物”。这就是说，在万物产生之前，有一个浑然天成、无形无象无声的东西，它无须外力辅助，独自运行，周而复始，永不停歇。它是天地万物产生的本源。老子将它权且称之为“道”。老子认为，自然和无为是“道”的特性：“道法自然”“道常无为而无不为”。这里说的“自然”，不是自然界或自然界中的具体事物，而是指不假人为强制的本然状态或趋向；无为也不是无所作为，而是不强作妄为。以上这两句话的意思是说，“道”的法则是自然而然，本来如此，它顺应时势和万物本来如此的

---

① 李曙华：《演化与创造——普里戈金的科学自然观与历史观》，《复旦学报》（社会科学版）1990 年第 4 期，第 42—49 页。

② ［比］伊·普里戈金、［法］伊·斯唐热：《从混沌到有序：人与自然的新对话》，第 315—316 页。

生长规则，不加外在的强制力量，让万物遂其本性而生长，让他们各展其性，各展其能，因而能够实现“无不为”的理想局面。老子又概括“道”的运动规律——“反者道之动”，即向相反的方面运动发展的规律 。这就意味着，世界有着不假人为、本来如此的内在发展规律和趋势，宇宙中有一种自然而然的合理秩序，而这种秩序“周行而不殆”，“道”是不断流动和永远变化的过程，这一运动过程是自然、自发地产生的，而不是某种外力作用的结果 。

“道”的特性以及“道”生发天地万物的一系列观点在李约瑟那里得到了准确的把握。我们在“李约瑟对道家科学思想的论述及其影响”一章中提到，李约瑟认识到，“道”不是指人类社会中正确的生活之道，而是指宇宙的运行之道，或可称为“大自然的秩序”。他十分推崇道家所强调的自然界的统一性与自发性，认为这“是自然科学的基本前提”①。

李约瑟的这些认识对于西方科学界人士产生了深刻的影响，在这些人士中，普里戈金就是一位代表性人物。他从李约瑟的名著《中国科学技术史·科学思想史》那里了解了中国哲学特别是道家的自然无为思想。他援引李约瑟的评论说：“依照在中国占统治地位的哲学概念，宇宙是在自发的和谐之中，现象的规则性并不是来自外部的当权者。相反，自然、社会和天国中的这个和谐发源于这些过程中存在的平衡。这些过程是稳定的，互相依存的，并在非一致的和谐中彼此共鸣。”②

显然，从普里戈金后来所创建的耗散结构理论以及一系列相关论述来看，中国哲学关于“宇宙是在自发的和谐之中”，它的运行不是来自“外部的当权者”，而是有一种内在的“平衡”，而宇宙万物

---

① ［英］李约瑟：《中国科学技术史·科学思想史》，第50—51页。

② ［比］伊·普里戈金、［法］伊·斯唐热：《从混沌到有序：人与自然的新对话》，第51页 。

在运行过程中“互相依存”，这些思想都被他所接受。更为难得的是，他从这些中国智慧中体悟到，宇宙运行有其自然而然的规律，“不是我们自己想象中的一个造物者所建立的法则”。①

我们知道，在古希腊时期，亚里士多德也曾提出整体、和谐的世界观，但在基督教神学和近代科学的冲击下，西方人抛弃了这些观念。普里戈金在他的著作中提到了这一问题。他说，亚里士多德所提出的理念不符合神学家们禁锢思想的目的，那个“有序的、和谐的、深层次的和合理的世界太独立了，在其中居住的人类太有力和太能动了。而且他们对绝对权威的奴性太可疑且对许多神学家的需要来说太有限了”，因此，“被近代科学破坏了的亚里士多德世界对于这些神学家和物理学家来说都是不可接受的”②。

普里戈金的认识是有见地的。的确，一个自发、有序、和谐的世界和有力量、有能动性的人类，必然形成对于神创论和基督教神权的挑战。因此，在欧洲启蒙运动中，莱布尼茨、伏尔泰等一批启蒙思想家对于中国哲学的热爱和接受也就不难理解了。

普里戈金也对莱布尼茨这位曾受到中国哲学影响的西方哲人的观点有所认同，而不认可将自然视为无思想的、被动实体的西方传统观点。他说：

> 尽管莱布尼茨努力论证数学化是与一个可以显示能动的和性质上不同的行为的世界相容的，但是科学家和神学家还是联合起来，努力把自然描绘成一个没有思想的、被动的机构，而这基本上是和自由以及人类思想的目标不相容的。“一个呆笨的事物，无声、无臭、无色，仅仅是事物的混乱，无目的，无意义”，如怀特海所观察的那样。这个基督的自然被剥夺了使人能

① ［比］伊·普里戈金、［法］伊·斯唐热：《从混沌到有序：人与自然的新对话》，第51页 。

② 同上，第52—53页。

与自然“演化”的古老的和谐打成一片的任何特性，让人去和上帝面对面，因而他和只需要一种语言而不必用莱布尼茨所听到的上千种数学声音就足以描述的那种自然汇合起来了。①

以上这段话的意思比较隐晦，但我们还是可以梳理出以下几个要点：第一，在莱布尼茨眼中，世界是能动的，有不同的行为和不同的声音，它也可以与数学化相容；第二，西方的哲学家和神学家联手将大自然描绘为“一个呆笨的事物”、混乱、无目的、无意义且与人类思想的目标不相容；第三，在基督神学笼罩下，大自然失去了与人类相联互动、和谐相处的特性。

在这些认识的基础上，普里戈金对于西方传统观念进行了相当大的超越。普里戈金证明，自组织出现在处于不平衡状态的自然中，不可逆性和可能性内在于自然的各个层面，从原子、原子核到我们的日常生活和宇宙这些层面都有。普里戈金展开了关于自然中的时间和变化的对话，这一对话始于赫拉克利特和巴门尼德，几个世纪以来，芝诺、伊壁鸠鲁、卢克莱修、康德、黑格尔、柏格森、爱因斯坦和其他杰出的思想家延续了这一讨论。②

普里戈金认识到中西在关于自然界的认识问题上的差异，他指出，西方科学强调实体，中国哲学传统的中心是“自发的自组织世界”，中国的自然观以“关系”为基础，因而是以关于物理世界的更为“有组织的”观点为基础的。他认为，自己的耗散结构理论“对自然界的描述非常接近中国关于自然界中的自组织与和谐的传统观点”③。

---

① ［比］伊·普里戈金、［法］伊·斯唐热：《从混沌到有序：人与自然的新对话》，第53页 。

② Xanthopoulos, T. “Preface.” *Is the Future Given*? By Ilya Prigogine, World Scientific, 2003, vii.

③ ［比］普里戈 金著，曾庆宏等译：《从存在到演化》，北京：北京大学出版社2007，“中译本序言”。

普里戈金将自己的理论用于探讨人类系统中的自组织课题。他提出了一个带根本性的问题，人类“是否总的演化可以导致某种整体的最佳类型，抑或相反”，他认为：

> 每一种人类体系的演进都构成了一个唯一可实现的而其规律无法预先构思的复杂随机过程。换句话说，是不是靠过去的经验就足以预计未来；或者相反，不管是就个人学识的层次还是就集体创造历史的层次来说，人类所冒风险的实质正在于未来的高度的不可预测性。①

他又联系心理学领域的成果进行论证。他认为，自己的观点接近心理学家 Jean Piaget 的基本观点，他援引其《生物与认识》中的话语：“认识过程似乎是用器官的自动调节的结果显示出来的，它反映了器官的自动调节的机制，认识过程也同样表现这种调节在同外部相互影响中，各种不同器官的作用”，他进一步发挥说：“认识的机制同稳定性和自动调节密切相关，而耗散结构很好地解释了这些问题。”②

普里戈金还考察了热对流这一物理学中自组织现象的范例、化学中的自组织现象、人类系统中的自组织，等等，复杂性是这样一个概念，它的定义是它所提出的问题的总体……复杂过程的本质特征之一是能够实现不同动态之间的转变。③

普里戈金关于自组织的理论在西方科学界产生了深刻的影响。雅典国立技术大学校长 Xanthopoulos 教授说：

> 多亏了伊利亚·普里戈金，我们现在有了一种自然观，它超越了我们从经典物理学继承来的将自然当作永恒机械的机器这一观点，也超越了完全没规律的随机博弈。自然过程中的任何层

① ［比］普利高津：《探索复杂性》，成都：四川教育出版社 1986 年，第 267—268 页。

② 湛垦华、沈小峰等编：《普利高津与耗散结构理论》，第 100—101 页。

③ ［比］普利高津：《探索复杂性》，第 34 页。

面都是以创造性和结构的出现为基调。①

美国著名未来学家阿尔文·托夫勒也对普里戈金的“自组织”理论十分肯定，他为普里戈金的《从混沌到有序》的中文版写了一个很长的“前言”。文中全面地概述和评价了普里戈金的理论，高度肯定普里戈金《从混沌到有序》一书所激起的巨大影响：

> 当我们把可逆时间和不可逆时间、无序和有序、物理学和生物学、偶然性和必然性等所有这些都带到同一个新框架之内，并规定了它们的相互关系时，我们已经作出了一个宏伟的论断——这论断无疑是有争论的，但在此情形下却不但是有力的而且是有威严的。
>
> 《从混沌的有序》是一本闪光的、向人们提出要求的、令人眼花缭乱的书——它向一切提出挑战而且慷慨地回报细心的读者……它把自然科学和人文科学放回到这样一个世界中去，在那里“设其他情况都相同”只是个神话；在那里，其他事情很少是稳定的、均等的或不变的。简单地说，它把科学投到今天的不稳定、非平衡和动荡的革命世界之中，因此，它提供了最高的创造功能——他帮助我们创造崭新的秩序”。②

作为一位世界著名的未来学家，阿尔文·托夫勒从科学发展的未来这一宏观视野来褒扬普里戈金的理论贡献，认为这一理论“提供了最高的创造功能”“帮助我们创造崭新的秩序”，可谓是极为有分量的高度评价！而根据本文作者关于普里戈金与道家思想联系的分析，我们看到，这些理论的获得，应当也蕴含了中国道家的一份功劳。

当然，与中国哲学或道家哲学有所不同的是，普里戈金不是简单

---

① Xanthopoulos, T. “Preface.” *Is the Future Given*? By Ilya Prigogine, World Scientific, 2003, vii.

② 见［美］阿尔文·托夫勒：《前言：科学和变化》，［比］伊·普里戈金、［法］伊·斯唐热：《从混沌到有序：人与自然的新对话》，第16、第19页。

地用“道生一，一生二，二生三，三生万物”等哲学语言来描述世界的自发和自组织性，而是通过多方面的论证来阐发他的观点。比如，他试图用生物学领域的成果来证明自己的观点。他说：

> 生命远不是在自然秩序之外，而是所发生的自组织过程的最高表现……生命出现得这么早，无疑是一个有利的论据，说明只要条件允许，就会发生自发的自组织，而生命就是自发的自组织的结果。①

关于生命的起源是一个亘古之谜，完全揭开这个亘古之谜也许还有遥远的科学历程。但现代生物学初步证实，生命演化经历了从无机物到有机小分子、有机小分子到有机大分子、从生物大分子到原始单细胞这三个过程，而这些过程是自发的自组织的结果。普里戈金以上论述正是来自人类关于生命起源的科学探索，这当然是与古代道家的哲学思辨不可同日而语的。

第三节　普里戈金对直觉致思方式的认同

什么是直觉呢？一般认为，所谓直觉是一种不受逻辑规则约束而在潜意识领域内发生的直接领悟到事物本质或内在意义的一种致思途径。与西方哲学的理性传统相异，它是不同于观察、实验和逻辑推导的另一种特殊的认识活动和认识能力，它具有了悟性、突发性和意识的非可控性等特点。

直觉的致思方式在道家这里具有特殊的重要地位。老庄早就认识到理性思维和言语的局限性，所谓“道可道，非常道”（《老子》第一章），“为学日益，为道日损”（《老子》第四十八章），理性不能使人类契悟“道”体而归复“天人合一”境域的本真生存，因此

---

① ［比］伊·普里戈金、［法］伊·斯唐热：《从混沌到有序：人与自然的新对话》，第175页。

老子倡导“致虚极，守静笃，万物并作，吾以观复”。这里所说的“观”，不是以感官对客观外界的观察，而是行为主体向内心的观照。致虚守静在本质上就是一种直觉致思途径，它要求保持内心的空虚宁静、收敛心智，清除心中一切杂念（涤除“玄鉴”），不断地消解和超越人类出于自我维护而产生的各种知性需求和感性欲望，融入到与“道”冥合的本真生存当中，通过“心”这面特殊的镜子沟通主观和客观，体悟大道，实现与“道”这一宇宙节律的同频共振。

《庄子》对这种直觉致思途径作了进一步的论述：道是“无为无形，可传而不可受，可得而不可见”（《庄子·大宗师》）。故对“道”的认识只能“以神遇而不以目视”，可得于心、应于手，而“口不能言”，即要通过直觉才能体悟天地之道，仅凭借感官经验和思维不可能认识“真知”，不可能“知道”“得道”“体道”“闻道”，只有通过特殊的方式，才能获得“大道”。这一特殊的方式就是一种“无思无虑”的状态，即暂时从纷繁的世事中超脱出来，忘却天下万物，忘却自我，无思无虑，然后才能大彻大悟，体悟大道，也即所谓“堕肢体，黜聪明，离形去知，同于大通”（《庄子·大宗师》）。

老庄提出的“致虚”“静观”的直觉致思途径，不受逻辑规则约束而在潜意识领域内直接了悟世界本质，完全不同于观察、实验和逻辑推导等西方理性认知活动和思维方式，而具有了悟性、突发性和意识的非可控性等特点。它在一种“致虚极，守静笃”的虚静无为状态中使自身直接回复到“玄鉴”之本明通达境界。通过类似于胡塞尔式的“现象学还原”，把“自然的态度”“科学的态度”等种种假设悬置起来，澄清被各种假设所充塞和蒙蔽的意识，使生活“面向事情本身”，从而以一种无所执持的空明心境，以一种主体虚位的本真状态在世间生存。有心理学家认为，这些方法“可能比西方的身体治疗更深邃周密”，这是非常有道理的。①

我们知道，形而上学一直是西方哲学的中心，它深植于西方哲学中，进入20世纪以来，西方的形而上学传统和理性主义不断受到怀疑和挑战。尼采曾想过要克服形而上学，也就是要克服哲学传统中的理性方法，海德格尔认同尼采，力图穿透西方传统形而上学和知性文化的迷雾，柏格森的生命哲学倡导直觉主义。直觉的致思方法也日益受到现代西方科学家的重视，被誉为最具魅力和自由创造力的现代思维方式。卡普拉在比较了理性和直觉这两类致思途径后指出，理性的思考是线性的、集中的和分析的，它属于智力范围，这样的理性知识倾向是不完整的。而直觉的知识是以直接的、非智力的实在经验为基础的，这两种致思途径需要相互补充，才能更为完整地理解客观世界。爱因斯坦、马赫、彭加勒、波普等人亦十分推崇直觉思维在科学发现中的重要作用。波普曾在他的《科学发现的逻辑》一书中引用爱因斯坦的话说：“高度普遍的定律的寻求是没有逻辑途径的”，“它只有通过一种建立在对经验客体的理解的直觉上才能达到”。以此来说明直觉在科学发现中的重要作用。现代西方哲学家、科学家对于传统理性致思途径之局限性的认知促使他们对直觉致思途径产生兴趣，这也让古老的道学在西方有了知音，更为道学西用开辟了道路。

普里戈金就是一位觉察到西方理性的局限性而希望从直觉中获取智慧的科学家。他认识到西方自启蒙运动以来对理性的盲目崇拜的弊病，他说，理性“把人类从寂静的世界中孤立出来”，科学开启了与自然的一次成功的对话，这次对话的首要成果就是发现了一个沉默的世界，它为人们揭露了一个僵死的、被动的自然，其行为就像是一台自动机，一旦给他编好程序，它就按照程序中描述的规则不停地运行下去。因此，在这一过程中，人与自然的对话并未使人与自然

① 任亚辉、杨广学：《超个人心理治疗》，济南：山东人民出版社2005年，第九章。

建立起更加密切的联系，而是“把人从自然界中孤立出来”①。

基于对理性之局限性的认识，普里戈金同样看到了科学的局限性，他说：“在理解持续过程本身的时候，科学是无能为力的。”在科学和理性无能为力的情形下，普里戈金将目光投向了西方传统观念中被忽略的另一种能力——直觉。他说：“这时需要的是直觉，即通过思维所得出的直接想象。纯粹的变化，真实的持续，是精神上的东西。直觉是获得精神、持续和纯粹变化的东西。”②

普里戈金对于直觉的首肯与生命哲学家柏格森有一定联系。他看到，柏格森和黑格尔不同，他认识到科学的局限性：“科学具有‘法理’上的局限性，而这些局限性只是‘事实’上的。”对柏格森来说，所有科学理性的局限性都可以约化为一个有决定意义的局限性，这就是：他不能理解持续过程，因为他把时间约化成由某个决定论的定律连接起来的若干瞬时状态的一个序列。于是，柏格森试图“一劳永逸地为科学的各个领域以及其他智能活动规定出一个‘现状’来”，“希望引进一种方法”。普里戈金也赞同与柏格森思路相近的怀特海的观点，认为“怀特海也像柏格森那样指出了十七世纪科学所开拓的理论图式的基本弱点”③。

我们知道，柏格森的生命哲学强调直觉主义，他所希望引进的“方法”就是一种直觉的方法，虽然我们无法确定柏格森的直觉主义是否与中国文化具有某种渊源，但他力图借直觉从西方传统的理性主义逆转过来却是显而易见的。

但是，普里戈金也看到了柏格森的不足，他认为，柏格森所提出的这种方法，“更像是一个纲领，它正开始被科学正在经受的变形所实现。特别是，我们知道，和运动相连的时间并非占有物理学中时间

---

① ［比］伊·普里戈金、［法］伊·斯唐热：《从混沌到有序：人与自然的新对话》，导言、第7页、第34页。

② 同上，第95—96页。

③ 同上，第95、第97页。

的全部意义。因此，柏格森所批判的局限性正在开始被克服。”基于希望克服理性之局限性的立场，普里戈金指出：“不是抛弃科学研究或抽象思维，而是觉察出经典动力学概念的局限性，并且发现新的适合于更一般场合的表述。”①

那么，到哪里去寻找思想资源，以构建“新的适合于更一般场合的表述”呢？从普里戈金的一些论述可以看出，从中国传统哲学寻找启示，实现中西思维方式的综合，这是他寻找希望的一个方向。

令人欣慰的是，普里戈金在另一位西方哲学家怀特海这里找到了方向，而怀特海正是一位十分推崇中国文化并从中受到滋养的西方著名哲人。怀特海曾坦言，与西方思想相比，“他的过程哲学更贴近东方，特别是中国人的思维，因为中国思维本质上是关系的和过程的。”② 普里戈金对怀特海十分崇敬，他称道怀特海建立的宇宙学就是在这方面的“最为雄心勃勃的尝试”。在怀特海的哲学理论中，“科学与哲学之间没有根本的矛盾……使人类经验和物理过程的问题在该领域内能得到一致的处理”。这种哲学能够容纳融通多种经验，即具有“一致性”，“这种一致性可以容纳经验的各个方面，不论它们属于物理学、生理学、心理学、生物学、伦理学等等。”③

普里戈金多次强调，我们正站在一个新的综合、新的自然观念的起点上。“也许我们最终能够把西方的传统（带着它对实验和定量表述的强调）与中国传统（带着它那自发的自组织的世界观）结合起来。”④

这种综合中西文化的努力和期待体现出普里戈金兼容并蓄的气

① ［比］伊·普里戈金、［法］伊·斯唐热：《从混沌到有序：人与自然的新对话》，第96—97页。

② 王治河：《过程哲学：一个有待发掘的思想宝库》，《求是学刊》2007年第4期，第5—6页。

③ 以上皆见［比］伊·普里戈金、［法］伊·斯唐热：《从混沌到有序：人与自然的新对话》，第98页。

④ 同上，第24页。

度和远见，也启示我们珍视中国先贤的思想智慧，沿着普里戈金这一“新的综合、新的自然观念的起点”继续前行，将观察、实验和定量表述的西方理性思维方式与虚静无为的道家直觉致思途径进一步结合起来，构建新的自然观和认知方法，获得在科学上的新突破。

值得高兴的是，普里戈金吸收道学思想智慧而创建的耗散结构理论，在中国也得到了广泛的应用。本人在网上就查阅到了 10 余篇与耗散结构相关的论文，这一理论被运用到党建、思想教育、企业管理、经济学甚至建筑工程等多个领域。如，康兰波的《耗散结构理论与当代科学思想》①、武四海的《“耗散结构”理论思想对企业经营管理的启示》②、王艺霖、张辉的《引入耗散结构理论思想的混凝土结构损伤问题分析与处理新思路》③、朱相远的《从严治党的新思路——耗散结构理论的导入与运用》④、李荣江、高胜利的《耗散结构理论视域下大学生思想道德教育体系的构建》⑤、蒙健堃的《从耗散结构理论看思想政治教育方法》⑥，等等。这说明，中西方文化的互动、互补、互融，将有助于拓宽人们的眼界和思路，为现代文化的发展打开更为广阔的空间。

---

① 载于《青海社会科学》2002 年第 5 期。
② 载于《经济界》2007 年第 5 期。
③ 载于《混凝土》2008 年第 12 期。
④ 载于《经济界》2015 年第 6 期。
⑤ 载于《山西高等学校社会科学学报》2015 年第 8 期。
⑥ 载于《学术论坛》2011 年第 10 期。

第八章　道学在分析心理学中的应用

20世纪二三十年代以来，出于对西方现代文明的弊病和现代生活中人的存在困境的反思，并且认识到盲目照搬自然科学方法的机械主义心理学的种种弊端，西方心理学界的一些有识之士重新回到哲学当中寻求智慧，他们不仅接受现象学等现代西方哲学理论，而且将目光投向了东方，道学以及融合了道学精髓的禅宗思想受到他们的青睐和实际应用。

西方心理治疗界接受道学思想的流派和学者较多，20世纪上半叶兴起的格式塔心理学的代表人物韦特海默（M. Wertheimer）是较早在这方面有所建树的人。他不仅潜心研究老子和禅宗，而且还就此内容进行演讲；他的演讲曾启示了当时正在心理学道路上进行探索的马斯洛转而深入研究道家思想而创立人本心理学（详见第九章）；还有肯·威尔伯的后人本心理学、海灵格的家排治疗等，皆从道学智慧中获得了启迪。瑞士著名心理学家荣格（Carl Gustav Jung，1875—1961）吸收道学思想而建构起独树一帜的心理学理论体系，更是值得我们浓墨重彩地描画。

荣格这一独辟蹊径的创造性成果，是他在弃旧纳新的过程中完成的。他原为心理学大师弗洛伊德的学生，但他不满弗氏以病态人格作为主要研究对象而提出的心理学理论，从而与老师分道扬镳；他亦对西方基督教为代表的两端对立、非此即彼的思维方式进行深刻反思。正当他在探索的道路上徘徊十余年而未果之时，来自东方的一个机缘让他走出了困境。促成这一机缘的人是热爱并深研中国文化的德国汉学家理查德·威廉（Richard Wilhelm 1873—1930）。

第一节　荣格对道学的崇尚

在学术上帮助荣格走出困境的理查德·威廉（有译为威尔海姆）是德国同善会传教士，中文名字为卫礼贤，他于 1897 年来华传教。但他将主要精力用于举办教育和医疗事业，热衷于学习和研究中国文化，成为一代著名的汉学家。他将《论语》《孟子》《易经》《礼记》等儒家经典和《老子》《列子》《庄子》《吕氏春秋》《太乙金华宗旨》等道学经典译成德文，是将中华文化传播到欧洲的重要使者。为了让欧洲人更好地理解古老的中华典籍，卫礼贤在 1928 年请荣格为他所翻译、注释的《金花的秘密》（即《太乙金华宗旨》《慧命经》）作心理学评论。《太乙金华宗旨》一书为明清扶乩而托名吕祖所作的内丹修炼奇书，全书共 13 章，以较为通俗的语言阐述了道教钟吕丹道之奥秘，不仅阐述了丹道养生的原理，而且论述了丹道养生的验证思路及方法，侧重于性功即心性的修炼，有闵一得本、屠宇庵本等版本流传。民国时期，湛然慧真子将《道藏辑要》中所收的屠本与乾隆时佛道双修禅师柳华阳所撰《慧命经》合刊，命名为《长生术·续命方》，卫礼贤的德文译本是根据此版本翻译，名之为《金花的秘密》。《慧命经》中虽言及《楞严》《华严》《坛经》以及舍利等佛经佛语，但柳华阳在《自序》中明确说明自己与清代传承全真道龙门派的道士伍冲虚的师承关系："幸遇合伍冲虚师傅，余秘旨豁然通悟。"伍、柳承继全真道龙门派而形成了内丹修炼的伍柳法脉，成为明清内修之林中引人注目的一支。书中所言之功法，均为采、封、升、降、沐、浴等内丹功法次第以及丹田、尾闾、夹脊、玉枕、任督、文火、武火、元炁、阴阳、性命双修等内丹修炼术语，其"正道功夫直论"更言"功满隐入深山古洞……炼形化乎炁，神亦还乎虚，形亦虚矣”[1]。与道教“炼精化气”“炼气化神”“炼神还虚”的内丹修炼次第相合，可见，《慧命经》的功法与《太乙金华宗旨》大同小异。荣格的评论以《太乙金华宗旨》为主，亦引《慧命经》，两书互为印证，交叉评论。

《金花的秘密》对当时的荣格意味着什么呢？请看荣格自己的回答。他在《金花的秘密》1938 年德文版第 2 版的《前言》中有一段清楚的描述。他说：

> 我已故的朋友理查德·威廉，本书的合作者，在我本人事业的关键时刻给我寄来了论文《金花的秘密》。……从 1913 年起，我一直在研究集体无意识的过程……基于 15 年的不懈努力，我的成果却似乎缺乏说服力……威廉寄给我的文本帮助我克服了困难。它恰好有那些我曾徒劳地在诺斯替教资料中寻找多时的内容，因此这个文本为我提供了一个绝好的——起码是临时的——发表我的部分基本研究成果的机会。[2]

从这段话语中，我们看到，在荣格的研究方向发生转折并陷于困境之时，他从《金花的秘密》这一蕴含道学内丹修炼理论的作品中，找到了多年在西方诺斯替教中寻而未得的内容，启示他“克服了困难”，帮助他在“事业的关键时刻”走出了困境。

什么是金花呢？在荣格的理解中，“金花”是在道家练功时，通过静坐和沉思，在体内出现的一种神秘光感，它会导致一种精神的顿悟，一种智慧的升华。而在荣格的理解中，金花的秘密也就是人的心灵的秘密，是人类真正内在生命的秘密。当时，荣格与弗洛伊德在学术上分道扬镳，使他面临许多压力，希望能够有一种理论的根基，来帮助他整理自己的研究，使之有足够的力量和勇气，来抗衡所面临的

---

① 柳华阳：《慧命经》，徐兆仁主编：《伍柳法脉》，北京：中国人民大学出版社 1990 年，第 167、第 200、第 235 页。

② 转引自［英］芭芭拉·汉娜：《荣格的生活与工作》，第 236—237 页。

压力。而威廉带来的中国智慧，可谓是为荣格雪中送炭。

因此，荣格对理查德·威廉十分感激，将他视为从中国带来了文化宝藏的信使，在纪念卫礼贤的追思会上，荣格发表《纪念卫礼贤》的演讲，深情地回顾他与这位汉学家的交往说："我们在超越了学院疆界的人文领域中相遇了。"荣格将其与卫礼贤的交往形容为如"一道火光跃然而出，点燃了一盏明灯"，将其视为"一生中最有意义的事件之一"①。

他具体阐发卫礼贤对他的帮助，说：

> 他不仅使古代中国的宝藏能够为我们接受，而且正如我说过的那样，他给我们带来了这种文化的已经存活了数千年的精神之根，并且将它种植在欧洲的土壤中……威廉的毕生工作对我具有如此巨大的重要性，因为它大大地澄清和确证了我在努力缓解欧洲人的精神痛苦时所一直寻找、追求、思考和致力的许多东西。……我确实觉得他极大地丰富了我，以致在我看来仿佛我从他那儿接受的东西，比从任何人那儿接受的都多。②

荣格这段关于威廉对自己影响的话语有着非同寻常的分量，这绝非客套或言不由衷的奉承，而是发自肺腑的感激。通过威廉这个中国文化的传播者，荣格看到了蕴含于其中的智慧。他感叹："作为一名地地道道的西方人，我别无选择地被这部中国著作的奇思异想深深迷住了。"③ 他坦言，是道教典籍《太乙金华宗旨》这一作品"使他第一次走上了正确的方向和道路"，启示他找到了从实践层面整合意识与潜意识、促进精神正常发展的道路。④

1923年，荣格请理查德·威廉来苏黎世，在其主持的心理俱乐

① ［德］卫礼贤、［瑞士］荣格：《金华养生秘旨与分析心理学》，第141页。

② ［瑞士］卡尔·古斯塔夫·荣格：《荣格文集》，北京：改革出版社1997年，第304—305页。

③ ［德］卫礼贤、［瑞士］荣格：《金华养生秘旨与分析心理学》，第71页。

④ ［英］芭芭拉·汉娜：《荣格的生活与工作》，第237、第239页。

部中，介绍与评论中国的《易经》，讲解中国文化。两人讨论了中国文化的意义，讨论了西方的心理学和精神分析理论的发展。使荣格惊讶的是，在威廉看来，西方无意识研究的发现，早就存在于中国古老的文化之中了。他认为，切实可行以及弗洛伊德所致力于探求的无意识心理学正是中国文化思想或中国文化心理学中所固有或所包含的东西。

荣格和理查德·威廉将二人合著的《金花的秘密》一书称为"中国生命与生活之书"，这里的"生命与生活"，实际上也就是一种心理学。Cary F. Baynes 在《金花的秘密》英译本的前言中写道，

> 心灵必须依赖于科学，将其作为现实世界中的向导；而科学也必须转向心灵，来寻求生活的意义。这就是《金花的秘密》所展现的观点。通过威尔海姆和荣格的共同努力，我们第一次有机会来理解和欣赏能够在许多方面满足我们的东方的智慧。在《金花的秘密》中，这种东方的智慧脱离了形而上学的描述，而置之于心理学的体验之中。①

荣格曾一度隐居于苏黎世他自己设计与建筑的塔楼，身着"道袍"，身体力行于中国道家的"生活"。他认为理查德·威廉被中国文化所同化了，而他自己实际上也有了这种认同和实践。事实上，唯有这种同化，也才能够获得一种真正的理解。荣格说，"道"的状态就是世界之初，事物还无所谓始。这种状态正是大智大慧者所努力取得的。阴和阳两极对立统一的原则，正是这种原型意象。这样，中国的"道"，与荣格无意识心理学的研究，就有了内在的联系，就有了自然的切合。而这也正是西方人不能够理解东方思想的一个关键。在他看来，能够表达中国这种独特原则的，就是"道"。

荣格以他的杰出洞察力认识到道学典籍中蕴含的现代心理学价值，认识到中国古老的内丹修炼对他的心理学理论及实践的启示意

① 申荷永：《中国文化心理学心要》，北京：人民出版社 2001 年，第 241 页。

义，看到了一个接近东方智慧的意想不到的途径。著名道学专家胡孚琛先生称道他“是最早以现代分析心理学剖析内丹之秘的人”，荣格这些接近无意识的个性化过程思想，“从丹道内丹学的角度看来，更是具有跨文化沟通和跨宗教沟通的深刻涵义”。

荣格对于道家思想的崇尚是举世公认的。中国大陆著名的荣格研究专家申荷永教授曾在他的《中国文化心理学心要》一书中谈到自己在国外参加学术会议的经历。经常有众多国外学者向他问及荣格与道家的关系：“你认为荣格是一位道家人物吗?”“你认为荣格分析心理学与中国的‘道’真的有关系吗?”这些都是大家感兴趣的问题。申先生的回答当然是肯定的，不少国外的学者在这一问题上也与他多有共识。

如，国际分析心理学会主席、美国荣格心理分析研究院默端·斯丹和国际分析心理学会前主席汤姆·科茨共同访问中国时，他们的主要报告题目就是“中国的道与荣格心理学”，美国得州大学首席荣格分析心理学教授戴维·罗森更是以《荣格之道：整合之路》的出版而著名。罗森曾经就荣格与道家的关系问题求教于两位备受尊重的荣格心理分析家、荣格的学生和长期合作的同事玛利·路易、冯·弗兰兹和梅耶，冯·弗兰兹这样回答说：“是的，荣格崇尚道家，并且身体力行于道家哲学的生活方式。”梅耶也表示赞同说：

> 是的，荣格是一位道家。现在人们并没有认识到荣格的对立统一性心理学从其本质上说与道家思想是一致的……他扎根于自然及其对立与统一之中。对于道家他是如此地虔诚，如此地神往，荣格作为道家是再清楚不过了。①

① 申荷永：《中国文化心理学心要》，第116—117页。

第二节　荣格对道学对立统一思想的吸收融会

荣格对《易经》、瑜伽和汉、藏佛教均有研究，对老庄思想尤为推崇。更为难得的是，他不是从玄理的层面而是在心理学的框架中来讨论和吸收道学的智慧。他推崇道学的对立统一、自然无为等思想，并将这些智慧吸收到他的心理学体系中。

运用道家朴素辩证法"这一东方人的真理"，荣格超越西方非此即彼的"错误观念"和弗洛伊德理论的片面性，整合意识与潜意识、阴影与光明等对立面，在西方心理学领域内创建了分析心理学这独树一帜的宏大体系。

荣格对道学代表人物老子推崇备至，在其自传的结语中称："老子是有着与众不同的洞察力的一个代表性人物……见多识广的这位老者的原型是永恒地正确的。"①

荣格意识到西方文化中意识过度发展对人的精神心理的危害，他看到，与西方意识片面发展的情形不同，中国人善于平衡理智和情感这两个对立方面。他说："中国人对于生命体内部与生俱来的自我矛盾和两极性一直有着清醒的认识。对立的两方面永远是彼此平衡的——这是高等文明的象征。"② 从这些中国哲学的智慧中，荣格看到西方文化的缺陷，他说：

> 一事之两极端常是相同的。我们有个错误的观念，认为一旦从阴暗面去解释的话，那么明亮的一面已不复存在矣！很不幸的，弗洛伊德本人就犯了这个错误。其实，阴暗是光明的一部分正和恶与善之关系的道理是一样的，而且其逆亦真。因此，我愿

---

① ［瑞士］荣格：《荣格自传》，第338页。

② ［德］卫礼贤、［瑞士］荣格：《金华养生秘旨与分析心理学》，第76页。

不顾众人的惊愕，毫不迟疑地暴露我们西方思想的错幻和渺小。①

这种让荣格“毫不迟疑地暴露西方思想的错幻和渺小”的对立统一辩证法思想正是以老庄为代表的道家学派的一个基本哲学原则。

老子认为，善恶、有无、难易、长短、高下、前后等对立面皆存在着相互依存、相互转化的关系。由此可以推论，对立事物之间的相互依存、相互联系、相互转化是事物发展变化的普遍规律，执着于一端、非此即彼的态度是不明智的。因此，高明的圣人不会偏颇地执其一端，排斥另一端，而采取“和其光，同其尘”“善者吾善之，不善者吾亦善之”的原则，宽容不苛，兼收并蓄。

《庄子》更为具体地论述了天地自然和人类社会中各种事物对立统一的辩证关系，《则阳》篇中用简洁的语言将事物所具有的这种对立面相互转化的规律概括为“穷则反，终则始”。与对立统一思想紧密相联的是对于万事万物之相对性的认识，这些思想在《庄子》中有丰富的论述。例如，《秋水》篇中说：“以道观之，物无贵贱……以差观之，因其所大而大之，则万物莫不大；因其所小而小之，则万物莫不小。”从认识主体对事物的观察高度和角度差异来说明认识标准的相对性。因此，庄子被视为中国古代的相对主义哲学家。

荣格对于道家哲学的相对论思想充满了崇敬，认为这一思想“逼迫我们去接受类如爱因斯坦在现代数学物理方面所说明的哲学性相对论，而这便是一项东方人的真理”。他感叹“东方典籍能把富有哲理性的相对论介绍给我们”，称它“具有无比贡献”，“非常欣慰而且欢迎它的出现”“根本没预料到它会对我们产生这么深远的影响力”！② 由此可见，对立统一思想在荣格的心中有着极不寻常的分量。荣格虽未明确指出这一东方典籍的名称，但从他对道学的迷恋以及

① ［瑞士］荣格著，黄奇铭译：《现代灵魂的自我拯救》，第74—75页。

② 同上，第325、第75页。

庄子思想中蕴含的相对论思想来看，这显然就是指老庄以及《太乙金华宗旨》等道学的作品。

荣格吸收本书的修炼方法以及宽容、顺应自然等观点，进而将其应用于心理分析和人格发展、心理调治。他说：“修炼这类功夫一定要持之以恒，直到意识思维的钳制完全放松；或者说，直到能顺其自然时才行。这是修炼的直接目的。如此以往，一个新的心态就建立起来了，这个心态能够对非理性的以及无法解释的东西表示宽容，予以接受，他之所以能够宽容，能够接受，仅仅因为那些事情发生了。如果一个人已经被所发生的事情压倒了，这种心态是有害的。”但是对于“只从事实中选择能为意识所接受的部分的那种人来说，这种心态则是最宝贵不过的。不然，他们就会逐渐地被排挤出生命的激流，成为一团凝滞的死水”①。

荣格高度重视以宽容和合、顺应自然的观念来塑造健康人格，认为个体生命必须完全投入这条全新的道路，因为只有其完整的人格才能使他思深行远，也只有其人格完整才能保障他的所作所为不是荒谬可笑的冒险。而正是在这一方面，在宽容和合以及顺应自然等中国文化熏陶下的中国人具有先天的优势。他说：

> 中国人可以以其全部的文明为后盾，踏上这条漫长的道路。对他们来说，这会被人认为是在他所能做的一切事中的最佳选择。但对于要走这条道路的西方人来说，如果他真的迷恋于此，就会遭到所有正统观念的反对——理智的、道德的以及宗教的……不一而足。②

关于这一判断，我们还可以通过荣格的以下话语加以印证。他说，在现代西方提出的不定论便是古代中国科学的根本。他还引述威

① ［德］卫礼贤、［瑞士］荣格：《金华养生秘旨与分析心理学》，第85—86页。

② 同上，第86—87页。

廉的话来强调中国古代思想对分析心理学的启示意义。他说："Richard Wilhelm 甚至对我说，分析心理学所发现的某些复杂心理作用可以很清楚地从中国古文里找到。精神分析本身及因之而出现的各种主义——不用说是西方人所发展出来的——和东方人的古代艺术比较，可以说只是一种初学者的企图。"①

从荣格的诸多论述中，我们可以看到他对于道家对立统一思想的吸收。他在《集体无意识的原型》一文中说：

> 要从对立面中解放出来，首先就得把两个对立面看成具有同等的功能，这必然触犯我们基督教的情感……道德对立面的平衡合作是一个自然的真理，这一自然的真理被东方以同样自然的态度加以承认了。在道家哲学中可以找到最明显的例子来对这一点加以证明。②

又如，他在《荣格自传》中谈及自己写作《心理类型》一书的体会时说：

> 论述类型的这本书使我洞悉，单个的人所作出的每一判断是由他的人格所制约的，而且每一种观点都必定是相对性的。这便产生了必须对这种多样性进行补偿的统一性的问题，于是它便把我直接引导到中国的"道"的观念上了。③

在对于"道"的观念的体悟过程中，荣格进一步认识到道家思想在心理学领域的意义，他说：

> 道家形成了具有普遍性的心理学原则……最大而又几乎不可逾越的困难在于用什么样的方式与途径引导人们去获得那不可缺少的心理体验，能够正视与面对潜在的真理。这种真理是统一的，并且具有一致性。我只能这样说，道家是我所知道的对这

① ［瑞士］荣格：《现代灵魂的自我拯救》，第325页。

② ［瑞士］荣格：《荣格文集》，第77页。

③ ［瑞士］荣格：《荣格自传》，第203页。

一真理最完美的表达。[1]

在这里，我们无法确切地理解荣格所说的“能够正视与面对潜在的真理”的那种“不可缺少的心理体验”的具体内涵是什么，而且他也强调，要获得这种心理体验的方式存在着“几乎不可逾越的困难”。可见，这种“心理体验”既重要又极难获得，幸运的是，我们从上文中可知，荣格认为从道家那里获得了解决之道——“道家是我所知道的对这一真理最完美的表达”。

而根据荣格专家戴维·罗森的看法，荣格在这里所追求的很可能就是“超越意识自我”。罗森在《荣格之道：整合之路》一书中说：

> 在整合发展的过程中，道家与荣格心理学的任务之一，是超越意识自我，摒除虚假自我，使真正自性得以出现。只要我们坚持与忍耐，最终会在虚空的黑暗中看到光明。我们真正的自我对于道和自性总是接近与谦卑的。[2]

按照罗森的说法，在荣格心理学理论中，意识自我（ego），是“我们通常的心理存在，是在我们出生之后发展起来的，它有一部分是来自于内部，但是大部分是来自于外部，来自于我们与父母或亲人、以及与环境的交互作用，我们把这种与外界的交互作用的一部分内化，形成了一个表面的自我，绊拖住了我们的真正自我”。[3] 在意识自我的主宰下，个体真实的自我本性被压抑了，个体与外在世界是二分的、对立的，因此，人类需要返璞归真，让压抑的本性得以舒展，“超越意识自我，摒除虚假自我，使真正自性得以出现”，这是一个人格整合协调发展的过程。

因此，试图实现对立的统一始终是荣格思想中的一个主题。他认

---

① 转引自［美］戴维·罗森：《荣格之道：整合之路》，北京：中国社会科学出版社 2003 年，第 10 页。

② 同上，第 24 页。

③ 同上，第 24 页。

识到："西方能从东方学到很多东西在于它对对立双方均衡的认可。"而这一优长是以基督教为代表的西方文化所缺少的智慧。荣格意识到，基督教比其他任何大宗教都更多地设法使对立的双方分离，但却很少能设法使双方重新和解。它总是争取战胜否定的一方面，并帮助肯定的一方面去征服它。但是，"相信对立的一方能够永久地征服另一方，这只是一种幻想。这样的镇压迟早一定会导致一种难以忍受的紧张局势"。而缓解这种危险的途径在于平衡："一切都取决于在对立的双方之间再次建立起一种平衡。"①

荣格深刻认识到对立原理以及实现对立面的统一对于人格发展的重要意义。他看到，"由相互冲突的组元产生的张力恰恰正是生命的本质。没有张力，就不会有能量，因而也就没有人格。人格之中无处不存在着对立，在人格面具与阴影之间，在人格面具与阿尼玛之间，在阴影与阿尼玛之间皆存在着对立。内倾态势与外倾态势相对立，思维机能与情感机能相对立，感觉机能与直觉机能相对立……在生命的进程中，冲突是无处不在的事实……假如冲突能够被承受，那么，它们就可以为创造性的成就提供动力，并且赋予人的行为以活力。"反之则会导致人格的分裂，或者濒临于疯狂的边缘。因此，"荣格一次又一次地为那些对立力量能够被综合的各种各样的途径提供证据"，试图推进对立的统一，实现和谐、平衡、统一的人格的完形。②

阿尼姆斯和阿尼玛在荣格的分析心理学中占有相当重要的意义，阿尼玛即存在于男性潜意识中的女性——阴性成分，阿尼姆斯即存在于女性潜意识中的男性——阳性成分，它们都是千百万年积淀下来的原型，以保持一个人的身心平衡——个体化。成为后来荣格发表

① ［英］芭芭拉·汉娜：《荣格的生活与工作》，第238页。

② 参见［美］卡尔文·S. 霍尔、沃农·J. 诺德拜著，张月译：《荣格心理学纲要》，郑州：黄河文艺出版社1987年，第51—52页。

《人格的整合》一书的理论基础。

荣格从治疗思想上突破了西方非此即彼的思维模式，在道学对立统一的朴素辩证法思想启示下，他又提出了著名的阴影理论，深刻指出了人类压制阴影所带来的严重后果，以及如何正确面对阴影的思路。阴影是心灵中遗传下来的最阴暗的、隐秘的方面，包括一个人违背道德的所有的体验和心灵内部所有最受压抑的或不发达的部分，是人格中的卑劣部分。所有个人与集体精神因素的总量，由于这些因素无法与被选择的意识态度共相并存，因此这些因素在生活中便被拒绝表现出来，因而就结合到一种相对自治的带有与相反倾向的“分裂人格”中去。“阴影将一切个人不愿承认的东西都加以人格化，但也往往将它自己直接或间接地强加在个人身上——例如，性格中的卑劣品质和其他不相容的倾向。”①

荣格认为，对待阴影这一人格中的卑劣部分不能简单采取压抑的方式，否则将会引起严重的后果。荣格学派的学者美国心理学家卡尔文·S. 霍尔曾引述荣格的评述，以说明这一问题。他说：当我们心中的野兽受到压抑时，“我们心灵中的野兽只会变得更加凶狠残暴”。“毫无疑问，这就是为什么再没有一种宗教像基督教一样用无辜者鲜血的飞溅来亵渎宗教的原因，这就是为什么世人从未目睹过比基督教国家之间的战争更为残酷的战争的原因。”霍尔认为，荣格上述看法的言下之意是说，由于基督教教义对于阴影具有强烈的抑制作用，“被压抑的阴影向回扑过来，以肆虐的流血杀戮来吞噬种种民族。”他认为，这是基督教国家之间的战争更为残酷的原因，甚至可从这一角度来理解历史中引证的无数其他事件，第一次、第二次世界大战以及继两次大战之后的种种战争。②

---

①［瑞士］荣格：《原始意象与集体潜意识》，《荣格全集》第9卷，第284页，转引自《荣格自传》附录：概念诠释。

② 参见［美］卡尔文·S. 霍尔、沃农·J. 诺德拜：《荣格心理学纲要》，第46—47页。

在荣格思想的基础上，荣格学派对于阴影作了进一步的研究，霍尔认为，对于阴影的态度将直接影响到同性者之间的关系。如果某男子的阴影被意识自我所悦纳，并被和谐地结合进心灵之中，那么他将以友好的态度对待同性者，如果阴影被意识自我拒绝，将其压抑到潜意识层面去，那么，“该男子趋向于把被拒绝的阴影冲动投射到其他的男子身上，这样一来，恶感便常常出现于男人们之间。对于女人，这种情况同样适用”。他进一步指出，当社会严厉地抑制阴影的活动，或者为阴影提供不适当的排遣途径时，人们便可能将阴影投射到他人，形成人与人之间的仇恨，进而引发争斗、杀戮和战争，灾难便会接踵而来。①

荣格提出阴影理论是为了克服压抑阴影所导致的恶果，为了以更为理智的态度来面对阴影，最终目的是“把人类的恶根找到”，“把世上的某些罪恶铲除掉”，拯救现代人的灵魂。关于这一点，他在《现代灵魂的自我拯救》一书中有明确的表述，他说：

> 然而我们能够在我们内心深处发觉到这么多的恶魔，几乎可算是一大慰藉了。至少，我们可相信，我们终于把人类的恶根找到了。虽说一开始我们不免惊讶、失望，然而，由于这些都是我们内心的最好说明，我们算是多多少少已把它们控制在我们手中，因此，我们便可去纠正它们，或至少可有效地去扑灭它们。我们想作个假设，如果我们真能成功的话，我们一定能把世上的某些罪恶铲除掉。②

荣格注意到阴影与光明的相互联系以及阴影对于促进光明的出现所具有的积极作用。他说：“做为人类的一分子，在我体内的阴影可为我唤起了有利的光明，因此在一个民族的精神生活中，黑暗也同

---

① ［美］卡尔·S. 霍尔、沃农·J. 诺德拜：《荣格心理学纲要》，第47页。

② ［瑞士］荣格：《现代灵魂的自我拯救》，第306页。

样可带来光明。”①

荣格上述对于阴影的宽容态度是与道家思想不谋而合的。事实上，他已经认识到它们与道家思想的一致性，他在为《太乙金华宗旨》德文本注释所作的评述中就指出了这一点，他说：“迫切需要整合的人格其结果究竟如何？追求整合的必要性究竟多大？于是我们又踏上了这条东方人在远古就已走过的道路。很显然，中国人之所以发现了这条道路，是因为他们从来就没有迫使人性中的对立因素分离得太远，以至于丧失了各因素间所有自觉的联系”，中国人具有一种“包容各极的意识”“认为是与否本是近亲”，他们要寻求一条“从对立面的对立中解脱出来的道路”②。显然，这里所说的“包容各极”“是与否本是近亲”等思想与道家兼收并蓄、对立统一的观点是一致的。老子对于善恶、美丑等对立面统一的辩证认识、对于“善者吾善之，不善者吾亦善之”的宽容，庄子“齐是非”等看法，正是一种“包容各极的意识”，它们对于促进荣格所说的人格的整合是有帮助的。

道家上述思想受到荣格学派心理学家的认同和吸收，将其作为“突破黑暗面”智慧。在荣格学派学者路格·阿伯罕所著的《人生黑暗面》第八章《突破黑暗面》中，作者提到了“积极影像”这一心理训练和治疗方法与道家的联系，他说：“创造积极影像所使用的最广泛的方法，乃是将我们自己和道家的训诲调和为一体，于是发生在我们身边的坏事将全部为好事所取代。”③ 作者还指出，如果我们对自己心中的黑暗面怀有敌意的话，“它将会变得愈来愈令人难以忍受；反之，如果我们的态度是友善的——亦即了解到它的存在是自然

---

① ［瑞士］荣格：《现代灵魂的自我拯救》，第314页。

② ［德］卫礼贤、［瑞士］荣格：《金华养生秘旨与分析心理学》，第81页。

③ ［美］路格·阿伯罕著，廖瑞雯译：《人生黑暗面》，奎屯：伊犁人民出版社1998年，第175页。

的——则我们的潜意识将出现令人惊异的转变"①。

同样，如果能够以这种"包容各极"的辩证思维来对待自己和他人，也会对那个"阴影与光明"并存的事实有更多的宽容，这就有助于感化不善者，并能化解埋藏在自己心中的怨恨和仇恨。从这一角度来说，老子的"不善者吾亦善之"等主张亦是让行为主体摆脱负面心理伤害的良方。

在老子思想的影响下，荣格及荣格学派亦认识到阴影所具有的正面价值。他们认为，个人的自我和黑暗面之间密不可分，人性黑暗面下隐藏的力量未必全是我们所谓的负面特征，"除了包含有我们幼稚的心理、情绪上的附属品，以及精神上病症之外，也包含了我们尚未发挥出来的天赋才能。充满了生命力和持续力，我们从中甚至可嗅出那种属于人性高超的创造力"②。

第三节　无为原则打开"潜意识"的大门

道学认为，"道"的特性是无为，"道常无为而无不为"，因此：无为成为道学重要的行为原则。这一原则贯穿于道学的治国、处世和个体的养生等各个领域之中，亦是道学修炼的基本原则。作为明清时期产生的道经，《太乙金华宗旨》对前代道教清静无为修炼方法作了进一步的发展，在该书的《天心》《逍遥诀》等文中多处皆强调无为的重要性，如"自然曰道，道无名相……丹诀总假有为而臻无为"，又如"惟无为，故不滞方所形象，惟无为而为，故不堕顽空死虚"等。文中"不着一毫人我相""遣尽诸缘"等静坐方法，虽然糅入了佛教的因素，但其实质内容还是一种"无为艺术"，它与老庄"涤除玄鉴""坐忘""心斋"至唐代《清静经》《坐忘论》等文中的修炼

① ［美］路格·阿伯罕：《人生黑暗面》，第175页。
② 同上，第4页。

方法大同小异，正是道教内丹诸派的基本修炼要领。道学心性修炼理论认为，人在出生之初精满气足神旺，心性清静纯朴，本命元神（潜意识）主事，随着年龄的增长，在外在环境等因素影响下，心神外驰，识神（意识）取代元神（潜意识）主事，精气耗散。这也就是《太乙金华宗旨·回光守中》中所说的："凡人自囫的一声之后，逐境顺生，至老未尝逆视，阳气衰灭，便是九幽之界。"

这种无为的原则得到荣格的推崇。他看到，这种无为而为的技术正是西方文化中所没有的，"对我们来说，这的确是一种鲜为人知的技艺"。荣格看到，在意识过分发展的西方文化中，"意识总是与心灵的发展掺合在一起，吹毛求疵，好为人师，从未让心灵在平静的环境中质朴地发展。"而如果改变这种做法，以质朴无为的态度处事，"问题就会变得十分简单"①。

荣格认识到，道教自然无为的修炼方法正是针对后天意识过度发达而提出的对治之法。《太乙金华宗旨》等道教丹书虽然将节制欲望作为修炼的基本要求，"这似乎与基督教的禁欲道德并不相距太远"，但是，"如果认为它们阐述的是同样的事，那可是大错特错了"。他们的方式"与基督教的禁欲主义道德不同"，因为这部书的背景是持续了数千年之久的古老文化。"这种文化有机地建立在原始的本能之上，因而，在这种文化中，我们不会看到专断的道德指令对本能的侵犯，而这种侵犯已经成为我们的一个特征标志了……由于这个原因，中国人根本不存在粗暴地压抑本能的冲动，而这种冲动却歇斯底里地膨胀且毒害我们的精神。与本能同在的人也能超脱本能，这种超脱与同在同样是自然而然的。"② 荣格这里所说的"不会看到专断的道德指令对本能的侵犯""不存在粗暴地压抑本能的冲动""自然而然"等对待人性、对待自然欲望的态度，正是道家在自然无

---

① ［德］卫礼贤、［瑞士］荣格：《金华养生秘旨与分析心理学》，第84页。

② 同上，第117页。

为宗旨支配下的心性修炼智慧。

通过对道家内丹功法的阐释，荣格表达了这样的思想：道家的无为，是获得自身解放的关键。他将道家“为无为”的教诲作为打开无意识大门的钥匙，让它们在心灵深处出现。这是很少有人知道的一种艺术。①

荣格将道家的无为这一在西方“很少有人知道的艺术”演化为“积极想象”。他体悟到过分发达的意识将对于“积极想象”产生阻碍，“避免意识的干扰与抵触，也就成为开始积极想象的关键。”他分析说，意识总是与心灵的发展掺合在一起，吹毛求疵，好为人师，从未让心灵在平静的环境中质朴地发展，这正是进行“积极想象”时所面临的最大困难，而运用“无为”的方法则能够克服这一困难。②

于是，荣格将道家的“无为”贯穿于“积极想象”的程序与步骤过程中：首先，尽量客观地观察一个意象的任何细节的发展与变化，避免意识的干扰与抵触。接着，用文字或绘画甚至舞蹈赋予内在的意象以某种适当的表现形式。最后，坚持这种积极想象的练习，直到意识不再任意控制想象与意象，直到一个人能够达到无为的境界而让事物自发地出现，那么也就获得了积极想象的目标，也就意味着获得了一种新的心理态度。这种态度能够接受与容纳非理性甚至是“不可信”的事物，因为它们本来就是如此自然出现的事物。③

荣格十分看重“积极想象”对于人格发展的价值，他将“积极想象”所获得的这种态度与转变称为意识的升华、人格的扩展、提升与丰富或心理发展的高境界。

通过自己的心理治疗实践，荣格从多方面印证了道教的“无为”

① 申荷永：《荣格与分析心理学》，广州：广东高等教育出版社2004年，第112页。

② 同上，第112页。

③ 同上，第112页。

原则对于保证精神正常的意义。顺着这一条思路，荣格认为，治疗家“必须遵从自然的指导”，治疗师“不是治疗的问题，而是发展潜伏在患者自身中的创造的可能性问题”。荣格观察到：那些成功地使他们自己摆脱生活问题的缠扰，达到心理发展和整合的更高层次的患者，实质上什么也没做，只是简单地顺其自然，让该发生的事情发生。他们允许自己的潜意识在寂静中与他们交谈，他们耐心地倾听它的信息，并给予它们最大和最认真的关注。而只有当这一过程不受外界控制、不受治疗学家干预，自然产生作用时，才能最圆满地完成。在治疗中，不要拘泥于先入之见和理论假设的影响，放弃一切方法和技巧。当允许这种心理过程平静地发展时，潜意识丰富了意识，意识又照亮了潜意识，于是这两个对立面的融合和结合，使认识增强、人格扩展。

荣格强调超越有限的自我、与无限建立联系对于发展人格的重要性。他说：“对人来说，决定性的问题是，人是否与某种无限的事物有关系。这是有关他的生命的重大问题。”因为当人们获得这样的认识时，“我们会感受到自己既是有限的同时又是永恒的，既是此又是彼。认识到我们自己在我们个人的组合体（即：最终是有限的）中是独特的，我们就有能力意识到无限。非于此时莫属！”荣格看到，这样的感受对于提升生命的意义是极有价值的：只有当人们认识到与无限的事物的联系，才能避免将兴趣集中在徒劳的活动或追求财富等各种各样没有真正意义的目标上。①

荣格将“人是否与某种无限的事物有关系”视为关乎人的生命的重大问题，这与道学修炼所追求的最高境界亦存在着相通之处。例如，积德行善虽然是道学心性修炼的重要内容，但这只是心性修炼活动的必要步骤而不是最终目标。因此，全真道盘山派掌门王志谨就教导弟子说：“善恶都不思处，别有向上在。”王志谨所追求的这一

① ［瑞士］荣格：《荣格自传》，第306页。

“向上”之处也就是体悟大道、实现精神成仙的人生理想，是在行善弃恶的基础上作出的进一步提升，是一种超越世俗之善恶的道德形而上追求。愚意以为，可以从荣格发展“集体潜意识”这一角度来理解王志谨所说的“向上之处”。这实际上是要人们放弃对于意识自我的固执，而回归与大道相合的本来真性，这与荣格发展集体潜意识、超越小我、与“无限的事物”相联接、“与我们最深处的、最后的而且不可比较的太一相结合，实现个体化”这一最终目标有相当大的一致性。从这个角度来说，道学的心性修炼实际上也是为集体潜意识的自然发展开辟道路，实现荣格所说的“完整的、统一的新人格”。这种新人格将带来一种“独一无二的感觉，并带来与生命的调和，这时候，人们就能够接受生命的本来面目”①。对于这一问题的进一步深入研究，无疑有助于道学心性修炼理论和方法与分析心理学的进一步融合，对于人格完善和发展更是具有积极的意义。

第四节　荣格后学对道家思想的进一步应用

荣格继承莱布尼茨、歌德、叔本华等西方思想家关注东方文化的传统，吸收道学、儒学和汉藏佛教等方面的精华，融会东西，兼容并蓄，将心理学研究与历史文化研究相结合，取得了一系列重大的理论突破，在性格类型、集体无意识与原型等重要理论的建树，在哲学、心理学、社会学等研究领域都产生了深远的影响。随着时间的推移，荣格心理学在20世纪七八十年代的影响与日俱增，荣格后学发展了他的理论和实践，将东方文化特别是道学思想进一步应用于心理治疗之中。

以下，我们以荣格学派的著名代表人物哈里·A. 威尔默的治疗

① ［瑞士］F. 弗尔达姆著，刘韵涵译：《荣格心理学导论》，沈阳：辽宁人民出版社1988年，第64页。

实践来考察道家思想在心理治疗中的应用。哈里·A. 威尔默是荣格学派分析学家地区间协会的高级分析学家和国际分析心理学会的成员，曾担任霍普金斯大学国家医学科学研究委员会的研究员以及斯坦福大学、加利福尼亚大学等多所大学的健康科学中心的精神病学教授，曾发表13本著作和190篇科学论文，有的著作后来被制作成获奖影片或排练戏剧，他工作的场面被制作为多部影片。

他撰写的《可理解的荣格：荣格心理学的个人方面》一书介绍了荣格和他自己的一些治疗实践。他在论述应当如何面对阴影时说："（阴影）是我们原始的动物本性的一部分。阴影本身既不坏也不邪恶，它是你的心理消极隐藏的方面……要面对你的阴影，吃下你的阴影并加以消化，以朋友的态度对待你的阴影，不要摆脱你的阴影。这就是开始。"① 这一化解阴影的方法，显然是继承了荣格吸收道家对立统一思想的传统，将"善者吾善之，不善者吾亦善之"等智慧应用于治疗实践之中。

他还在书中提出了两种经验法则，第一种是"你所处的唯一地位就是你现在所处的地位"，这条法则的意思是，某人一旦处在一个地位，人们就会根据他的地位与他建立一种新的关系；而这或许恰恰就是他应该处的地位。处在这种地位，可能会容易受到批评或感到权力很大。但是，他还需要记住第二条规则："每个人都处在某个地方的某一位置上。"他阐发这法则的内涵说："这种地位可能要求有行动，无行动，或在无行动之中有行动。"② 他还进一步阐释说，根据道家的无为原则，在无行动之中有行动，或无为，并非一直避免所有的活动，而是避免一切敌意的或攻击性的活动。许多种行动都是无害的。接着，他以自己的亲身经历来说明这些经验法则的应用：1978

① ［美］哈里·A. 威尔默著，杨韶刚译：《可理解的荣格：荣格心理学的个人方面》，北京：东方出版社1998年，第236—237页。

② ［美］同上，第24—25页。

年，他在圣安东尼奥的一个退伍军人管理局医院治疗越战退伍军人，他明显地看到，退伍军人灾难性创伤之后出现的噩梦和创伤后的紧张是一个非常紧迫但被管理局和医院忽略了的问题。他说服局长给他两年休假以摆脱日常事务来专门研究解决这些问题。但是，由于管理局的官僚习气，他的工作困难重重。他说："在这个地位上做一些错事或做一些有价值的事都会有所收获。"他处在众所周知的地位上，可以坚持这一坚信是正确的治疗方案，也可以使自己的研究适应管理局的常规治疗体系，也可以放弃自己的全部努力，也可以采取强制行动，将自己的抱怨向华盛顿或新闻媒体诉说。但是，他克服了各种阻挠，避免了各种可能的伤害，成功地完成了研究计划，治疗了109名患有外伤性应激障碍的退伍军人。从这一案例，他总结经验说："荣格学说有一条古老的原则，即好事产生于坏事，有益的方面产生于阴影，在内部找到一个核心，一种与自性的联系，这是一条强有力的原则，足以使人忍受与心理治疗有着必然联系的痛苦，这些人遭受着灾难性的创伤，不论这种创伤是由战争、事故、自然灾害、强奸、暴力引起的，还是由酷刑造成的。"①

我们不难看出，作者以上所说的"好事产生于坏事，有益的方面产生于阴影"这一"荣格学说的古老原则"，其理论来源就是《道德经》中"祸兮福之所倚，福兮祸之所伏"这一名言在西方现代社会的翻版和在心理治疗中的应用。

荣格超越西方传统心理学的观点也得到了其他学科研究者的响应。如著名物理学家卡普拉就说：

荣格或许第一次把古典心理学推进到这些新的领域之中。在同弗洛伊德决裂之后，他抛弃了牛顿主义的精神分析模式，发

① ［美］哈里.A. 威尔默：《可理解的荣格：荣格心理学的个人方面》，第25—27页。

展了一套与现代物理学和系统理论完全一致的概念体系。①

卡普拉还引用荣格的一个观点："但愿研究工作能够取得足够进展，使我们将物理和心理的概念统一起来。我们目前的尝试或许是冒失的，但我相信，它是在正确的航线上。"对于这一观点，卡普拉十分赞许，他说："的确，荣格的方法看来真是在正确的路线上。在弗洛伊德和荣格之间的许多不同点，是与经典物理学和现代物理学之间、机械论和整体观之间的不同点相应的。"② 从卡普拉对荣格这些赞同的话语来看，西方的有识之士不仅是"英雄所见略同"，而且彼此之间形成了同气相求、相互支持和欣赏的良性发展格局。这一状况也反映出道学在西方社会所具有的广阔发展前景。

① ［美］弗·卡普拉：《转折点：科学·社会·兴起中的新文化》，第260页。

② 同上，第261页。

第九章　论人本心理学对道家思想的吸收与应用

人本心理学是20世纪五六十年代在西方兴起的心理学流派，针对盲目照搬自然科学方法的机械主义心理学的种种弊端，其主张重新回到哲学理论中寻求智慧，道家以及融合了道家精髓的禅宗思想受到人本心理学家的青睐并加以运用。罗杰斯（Carl Ransom. Rogers，1902—1987）吸收老子思想而创立“以人为中心疗法”；被誉为“人本心理学之父”的马斯洛（Abraham Harold. Maslow，1908—1970），更是对老子和道家思想表现出特殊的喜好。

一些学者认为，马斯洛在晚年才接受道家思想，而据霍夫曼《马斯洛传》等书所载，早在1942年前后，马斯洛就深为完形心理学家韦特海默（M. Wertheimer）关于老子和禅宗的演讲“存在和行为”所震动。韦特海默在演讲中说，西方心理学的偏见在于太看重“目标寻求”行为，需要学习东方思想家对人类经验中诸如游戏、好奇心、畏惧、审美乐趣以及神秘状态等“无动机的”和“无目标的”性质的重视。同时，一位中国妇女给了他一篇关于老子与道家哲学的论文。这一切，对于马斯洛“正在形成中的人格理论产生了极大的影响”①，并促使他阅读道家②书籍。韦特海默卒于1943年，这一事实亦可证实马斯洛接触道家哲学的时间不会晚于1943年。而马斯洛

---

① ［美］爱德华·霍夫曼著，许金声译：《做人的权利——马斯洛传》，北京：改革出版社1998年，第107页。

② 在马斯洛这里，道家往往也包括了道教。

自己坦言，当他“在心理学中探险并走遍了各条道路”并在“认真考虑全部道家的观点”之后，他甚至将道家形象作为“代表着人本主义科学家形象的多种因素”，主张作为科学家、医师、教师、父母，“必须把我们的形象转换为更符合道家追求的形象”。① 因此，在美国执教多年且对马斯洛多有研究的华裔心理学家李绍昆教授曾说，马斯洛“身为犹太人，而心是道家心”②，这一比喻是很贴切的。

人本心理学的另一位主要代表人物是卡尔·罗杰斯，他的“以人为中心的治疗”代表了人本主义心理治疗的主要趋向。这也是一位服膺于道家并将道家思想吸收、应用于心理治疗的心理学家。

本章将聚焦于马斯洛和罗杰斯这两位人本心理学的代表人物，就以下问题进行探究：道家哲学对人本心理学的影响主要体现在哪些方面？在这一过程中又产生了何种嬗变？二者有何本质区别？这一文化现象对东西方文化的融会互补有何借鉴？

第一节　返璞归真的治疗思路

对人性的基本认识和估价是一切以人为研究对象之学科的理论基础。马斯洛与罗杰斯等心理学家在对于人性的基本估计这一问题上与道家多有相通之处，这是他们认同和接受道家思想的理论前提，亦是人本心理学返璞归真治疗思路的人性论基础。

道家认为，人的本性是纯朴无邪的或先于世俗的善恶，而仁义礼法等外在规范控制和压抑人的纯朴本性，不仅使人扭曲本性，“失其常然”（《庄子·骈拇》），更会造成“捐仁义者寡，而利仁义者众”（《庄子·徐无鬼》）的市侩行为和道德虚伪现象。因此，老庄主张保

---

① ［美］马斯洛著，林方译：《人性能达的境界》，昆明：云南人民出版社1987年，第20页。

② ［美］李绍昆：《美国的心理学界》，第124页。

持和发展本真之性，追求“复归于朴”，提醒人们警惕为外物或世俗陈规所束缚、所迷惑而泯灭质朴本性，丧失“真我”。基于这一主张，道家强调应当尊重不同个体的本性，反对人为地抹杀或扭曲人的本性。《庄子·骈拇》篇中说：“屈折礼义，呴俞仁义，以慰天下之心者，此失其常然者也。”只有不违背自然本性才是最正确的：“彼正正者，不失其性命之情”，明确提出：“长者不为有余，短者不为不足……性长非所断，性短非所续。”如此，便没有什么可忧愁的了。

这些思想强调不要被外物或世俗的知识和陈规所束缚、迷惑而泯灭了质朴之本性或“真我”，将认识、保持和发展人的本真之性作为健康人格的必要前提。这些看法实质上隐含了避免过度社会化、倡导个性自由、保持发展个性等极富前瞻性的重要观点。

人本主义心理学家马斯洛、罗杰斯均驳斥将人性解释为恶的动物性这一“西方文明已普遍相信”的观点之片面性。马斯洛认为，人的本性是由自然演变而形成的人类所特有的“类似本能”所决定的，而这一人类共同特性是中性的或者是好的，是“先于善和恶”的，如果压抑或否定这种本性则将引起精神疾病或阻碍人的成长。①在这里，他们虽然并未明确说明自己这些迥异于“西方文明已普遍相信”之观点来自道家，但我们可以明显地感受到它们与老子“道法自然”、人性本朴等思想的一致性。

在马斯洛生命最后几周的日子里，他还曾就人性问题作了进一步的思考，他看到“整个思想史就是说人性坏话的历史”，而他“不承认历史真实地反映了人类精神”。在这里，不仅流露出马斯洛对于“说人性坏话”的西方思想史的批评，而且他还进一步揭示了对于人性的否定估价而产生的恶果。他接着说：

---

① 参见［美］马斯洛著，许金声译：《基本需要的类似本能性质》、［美］罗杰斯著，许金声译：《我的人际关系哲学及其形成》，载林方主编：《人的潜能和价值》，第185、第189、第196、第199页。

> 正是因为这个原因，所有综合的企图都是徒劳的。国家主义失败了，技术性的科学失败了，强调普遍繁荣与富裕失败了，君主制失败了，贵族或者上层统治者失败了。[①]

在他看来，正是这样一种对人性的错误估价，导致了社会治理思想和制度设计乃至科学技术等文明发展的失败。这种对人类文明发展基本持否定态度的观点虽然不无偏颇。但我们从中可以深刻地感觉到，这一思想倾向与老庄对文明进步所表现出来的忧虑和批判态度有某种内在的深刻一致之处，皆表现出对于社会治理思想、制度设计和科学技术等人类文明成果的反思与保留态度。所不同的是，马斯洛认为是由于对人性的基本估价的错误而导致了社会治理思想、制度设计和科学技术等方面的"失败"；而道家则认为仁义礼法等治理思想和制度设计以及技术发展等文明成果将导致对纯朴人性的摧残和扭曲。

基于对人性的积极而乐观的估计，马斯洛等提出了与西方传统心理学家不同的人格理论和心理治疗理论。他既不同意斯金纳提出的以社会规范等外在力量控制、压抑人的生物本性来达到个人完善的主张，又不同意弗洛伊德提出的通过代表社会价值的"超我"对"本我"的压抑或实现升华来促进个人完善的主张，而是强调发现和保持人的内在本性对于发展人格的重要意义，认为人应该合乎本性地生活，"仔细地、像道家那样地倾听自己内部的呼声"。而心理治疗和自我治疗的首要途径是发现一个人的真实本性[②]，倡导"保持一双真诚的眼睛，……处世朴素单纯"[③]。马斯洛还注意到社会文化对人类本性的压抑，他认为，由于人们"适应社会上存在的文化，这种出生时就赋予人们的潜能和基本特性被掩盖或被抑制而大多丧失

---

① ［美］爱德华·霍夫曼编，许金声译：《洞察未来：马斯洛未发表过的文章》，北京：改革出版社1998年，第85页。

② ［美］马斯洛：《人性能达的境界》，第112、第126页。

③ ［美］爱德华·霍夫曼：《洞察未来：马斯洛未发表过的文章》，第145页。

了”①。

致力于吸收道家思想以超越西方传统思维模式的著名物理学家卡普拉对马斯洛关于人性的观点以及他的人本心理学作出了高度的肯定。在他的名著《转折点：科学·社会·兴起中的新文化》一书中，他说，由于对心理学思想中的机械论倾向不满，产生了以马斯洛为先锋的人本主义心理学派的运动。卡普拉引用马斯洛的话：“弗洛伊德提供给我们的心理学是有病的一半，我们现在必须用健康的一半来使它丰满。”②

另一位人本心理学家罗杰斯同样也对人性予以积极的肯定，在这一基石上，罗杰斯创立了“以人为中心疗法”。他主张：“在每个生命体内都具有一种实现的倾向——一种生长倾向，一种发展倾向，直到它完全表现自己的才能。这就是人类建设性的本能，它促使我们朝向更复杂而且更完善的方面迈进。”③ 罗杰斯强调，他的“以人为中心疗法”与西方文化影响下所形成的许许多多机构根本不同之处就在于它建立在对人信任的基础之上。而西方“几乎所有教育、行政、商业、宗教、家庭生活，甚至心理治疗都基于对人的不信任！”在西方传统的观念下，“个体人生来就是罪人，就是坏人，就是懒人”“个体人必须有人替他设定目标……教师、父母、长官都必须发展一套教个人迈向既定目标的方法。”④

正由于罗杰斯从积极的角度来认识人之本性，因此，他与马斯洛一样，亦提出了与西方传统心理学家不同的心理治疗目标。他在《成为一个人意味着什么》等文中指出，促使来访者“抛弃那用来应付生活的伪装、面具”，乃是咨询者的目标，他的“以人为中心疗法”

---

① ［美］马斯洛：《人的潜能和价值》，第199页。

② ［美］弗·卡普拉：《转折点：科学·社会·兴起中的新文化》，第265页。

③ ［美］罗杰斯：《以人为中心的治疗法》，载杨鑫辉主编：《心理技术应用研究》第2辑，南京：河海大学出版社2003年，第172页。

④ 同上。

正是要让来访者“变成自己”①。在这种理论指导下，亦形成了不同于以往的真诚和谐的医患关系。关于这一问题我们将在后面详述。

马斯洛认为，理想人格应该是更自然而较少控制和压抑的，是自发的、天真的。“完全以一种道家的和承受的方式使自己放松”，人应该合乎本性地生活②，而在《对自我实现理论的批判》一文中，他更是强调说：

> 总而言之，人本心理学是主张按照人的本来面貌来接受一个人，展现他的内在本质，并把心理医生看成是道家式的帮助者。我们要努力使人们按照自己的方式活得更健康、更加充实。③
>
> 在人生中并不只有唯一的成功与失败的层次等级，而是存在着许多……一个人的任务，是很好地成为他自己。很明显，对于这一使命，世界上不存在着竞争的对手，一个人的对手只是他自己……世界上存在着太多不同的品质、不同的能力和太多需要完成的工作。因此，实际上任何人都能表现得非常出色……我们都可以为自己的成就而感到自豪，并走向积极主动与自我实现。④
>
> 心理上的胜利并不是一种你赢我输、你死我活的游戏，因为每个人都能够胜利，你最好在自己的成就中去寻找优秀与完美，而不要在与别人的比较中陶醉。⑤

以上这些观点出自霍夫曼所整理的马斯洛晚年未发表的论文，作于1966年，离他去世只有4年时间，文中的观点反映出马斯洛晚年对原来所提出的“自我实现”理想人格理论的修正和超越。

---

① 林方主编：《人的潜能与价值》，第299页。

② ［美］马斯洛：《人性能达的境界》，第187页。

③ ［美］爱德华·霍夫曼编：《洞察未来：马斯洛未发表过的文章》，第14页。

④ 同上，第57页。

⑤ 同上，第58页

马斯洛笔下的“自我实现者”与“超越性的自我实现者”的人格特征虽然有所不同，但率真质朴却是二者所共有的人格特征。自我实现者希望发展个性、表现个性，能够接受自我和他人，有着对现实更有效的洞察力和更适意的关系。这表现为两个方面：其一，没有防御性，没有保护色或者伪装，保持着以新鲜、纯真、率真的眼光看待生活的方式，从而也保持着与生俱来的一种创造性的潜力，这种创造力似乎与未失童贞的孩子们的天真的、普通的创造力一脉相承，而不像大多数人随着对社会的适应而逐渐丧失了它；其二，厌恶说假话、诡计、虚伪、装腔作势、玩弄花招、哗众取宠。他们行为的特征是坦率、自然，很少做作成人为的努力，他们不像普通人那样只是遵从习俗和被公认的道德原则，而是从内心服膺于崇高道德。

从一定意义上说，这些主张颇似道家上述思想的现代翻版。不过，与道家认为人性在本质上清静纯朴以及由此出发而过于注重个人修养的内在超越型模式不同，马斯洛则虽然承认“每个人都有高级的本性，这种高级本性构成了人的本质的基本方面”，但他同时还强调外在环境的决定作用：“在良好条件下，人们渴望表现出这些高级品质，例如爱、利他、友善、慷慨、诚实、仁慈和信任等。”① 即保持、发展本性离不开良好的外在环境和客观条件。故他强调社会改革和教育改革的重要性，而且在现实中推动这种改革。特别是在他的晚年，马斯洛认识到，人本心理学原先简单地用生物机体或遗传天性解释人性以及“人性本善”论述在概念上的模糊，在距离他因心脏病而去世的前几周，他撰写了《人性的精髓是什么》一文，文中指出：“人类心理的‘善’并不是无条件的、绝对的、永久的，我们甚至不能够说它在本质上就是善的。只有在一定的条件下，人性才表现

① ［美］爱德华·霍夫曼编：《洞察未来：马斯洛未发表过的文章》，第 81—82 页。

为善。在恶劣的环境条件下，人们更容易表现出心理病态和丑恶行为。”①

显然，马斯洛在晚年与道家的人性论有了较明显的分野，他虽然仍然反对“原罪、人类堕落和本性邪恶”等说法，以一种乐观和肯定的态度来看待人性，但也认识到“人类心理的‘善’并不是无条件的、绝对的、永久的”，而是取决于外在环境是否良好。他阐发自己“一个重要的观点”说：

> 人类如果过去和现在都生活在良好的环境条件下，那么他们就可以保持“善”的本性，也就是通常所讲的符合伦理的、有道德的、正直的本性。这一观点有力地驳斥了各种关于原罪、人类堕落和本性邪恶的说法。它也反对任何认为人类不可能是善的或正直的理论。②

这种重视外在环境对人性发展之关键作用的立场推动马斯洛的思想朝着实证和可操作性方面靠拢。他力图研究具体需要哪些社会条件才能促使人们渴望表现出利他、友善、诚实、仁慈等高级本性，特别是研究恶行产生的社会环境。他提出：“当前的一个科学任务，就是确定这些特定的诱发恶劣行为和心理病态的环境条件。”③ 这就纠正了以往人本心理学忽视社会环境和社会实践对现实人性形成和发展之重要意义的偏颇，从而更具合理性。这里显然或多或少地有着实证主义的影响，这些思想当然是以重思辨和笼统直观为特点的道家所无法企及的，这也反映出人本心理学家对道家思想的修正。这种修正有助于我们从他者的视角来审视道家思想的缺陷，更为自觉地对道学这一宝贵文化遗产进行认真的梳理，促进其创造性转化和创新性发展，推进东西方文化的融会互补。

---

① ［美］爱德华·霍夫曼：《洞察未来：马斯洛未发表过的文章》，第 83 页。
② 同上，第 82 页。
③ 同上，第 83 页。

第二节 “任其自然”的开放治疗原则

基于对人性的高度信赖以及对西方心理学界一味模仿自然科学而将人当成“物”来研究等弊病的深刻反思，人本心理学家吸收了道家顺应自然的原则。马斯洛主张以“道家的客观”来弥补传统科学的客观的不足。科学的客观来自自然科学对物、对无生命研究对象的处理，而在以人为对象的心理学研究中一味强调这种方法，只能导致学科发展偏离正确的方向。而“道家的客观”则是基于一种对认识对象关爱、宽容的态度，“赞许它的存在，欣赏它的本来面目，能使我们成为不打扰、不操纵、不抽象、不干预的观察者”①，改变实验科学一味强调“主动的操作、设计、安排和预先安排”的做法，转而重视“道家的了解事物的途径”，“‘道家的’意味着提问而不是告诉。它意味着不打扰、不控制。它强调非干预的观察而不是控制的操纵。”② 这种顺应自然的立场，迥然不同于以往心理学将事实与价值、“是”与“应该”相分裂的方法，而是追求二者的合一，通过认识自己的特定本性（“是”）来达到伦理和价值的决定（“应该”），这也正与道家“贵真”的主张相吻合。道家反对刻意地以忠孝礼义等外在规范来束缚人，而强调持守本真（“是”）以“事亲”“事忠”，如此，就能达到“事亲则孝慈，事君则忠贞”（《庄子·渔父》）的伦理要求。这就是说，持守本性（“是”）与达到伦理和价值的决定（“应该”）是统一的，发自内心、顺应本真的行为才真正具有道德价值。这就提出了如何协调社会规范与人的自然本性之间的矛盾这一具有普遍意义的问题。

道家顺应自然的原则被人本心理学家运用于心理治疗中。马斯

① ［美］马斯洛：《人性能达的境界》，第23页。

② 同上，第20页。

洛主张，心理治疗的基本方法应该是“有帮助的任其自然”，心理咨询家应该充当的理想角色是：承担责任的亲爱的兄长帮助弟弟进步，而不是“教导无知者”。心理咨询不是告诉人应该做什么和如何做，它是一种“道的”启示和启示后的帮助。“道的”意味着不干预，“任其自然”。因此，马斯洛强调，好的咨询家是尊重求助者的“内在本性、本质和精华所在，他会认识到，让他达到美好生活的最佳途径就是更充分地成为他自己”①。

马斯洛反复强调，能否遵循任其自然的原则，这是成为一个优秀的心理治疗家的基本条件。而在心理治疗实践中，任其自然的原则表现为一种接纳和开放的态度。他说：

> 优秀的治疗家必须能在接受的意义上而不是在获取的意义上去听，以便能够听到实际说的是什么，而不是听到他期望听到的或他要求听到的东西……能否成为接受的和被动的，这是划分任何学派优秀的和蹩脚的治疗家的标准。

马斯洛接着说，好的治疗家采取“接受的和被动”的态度，“根据每一个人自己的鲜明的实际情况感知他们，而并不强求类化”②。这些治疗原则正是马斯洛在心理治疗实践中对道家自然无为、各尽其宜等思想所作出的现代诠释。

在罗杰斯的医疗活动中，也深深地渗透着老子无为而治、“见素抱朴”等思想。他强调，《老子》“我无为而民自化”等话语乃是他最喜欢的并总结了他“很多更为深刻的信念”的箴言，称道“它道出了我们西方社会迄今尚未完全领悟的真理”③。他创立的“以人为

---

① ［美］马斯洛：《自我实现及其超越》，林方主编：《人的潜能和价值》，第266—267页。

② ［美］马斯洛著，李文湉译：《存在心理学探索》，昆明：云南人民出版社1987年，第78—79页。

③ ［美］罗杰斯：《我的人际关系哲学及其形成》，林方主编《人的潜能和价值》，第126页。

中心疗法”亦正是道家上述思想智慧所浇灌出来的成果。

如前所述，罗杰斯对人性寄予极大的信任，相信人的内部有一个能够改变自己的形象、态度或行为的辽阔的资源。如何把握这些资源呢？罗杰斯认为，需要具备某些支持心理常态的氛围，而促进这种氛围的成长有三个条件。我们注意到，其中的两个条件在很大程度上与道家顺应自然、见素抱朴等原则相通。

第一个条件是真诚、实在或者和谐。他认为：“一旦治疗师同他的当事人建立了良好的关系，把个人的和职务上的假面具去掉，当事人就会积极地成长。”如何才能建立起这种良好关系呢？这就需要真诚、实在，也就是让治疗师的感情和态度自自然然地表现出来，“在治疗师与当事人之间浮现出一种真诚，让他们感觉到一种自觉，一种自然的内心发泄”。①

第二个条件是要制造一种改变环境的氛围，以期能做到接纳、关怀并达到无条件的积极关注。而这种氛围的产生需要治疗师采取这样的态度：“当治疗师怀着积极的又毫无判断的心态，对当事人表示全面接受的那一时刻，治疗的效果就会产生，而行为上的改变也会接踵而来。”

我们看到，上述那种“真诚”“实在”“让治疗师的感情和态度自自然然地表现出来”“怀着积极的又毫无判断的心态”等，正与道家的自然无为宗旨相类似。难怪罗杰斯那么喜欢《老子》“我无为而民自化”等箴言。从这些实例来看，罗杰斯不仅“最喜欢”老子的这些箴言，更重要的是，他将这种智慧深入到自己的心理治疗实践之中。

在罗杰斯《心理咨询与治疗》所采用的步骤中，充满着接纳与开放、宽容的温情，由此我们可以很清楚地看到道家自然无为思想的

① ［美］罗杰斯著，李绍昆译：《以人为中心的治疗法》，载杨鑫辉主编《心理技术应用研究》第 2 辑，第 171 页。

烙印。

整个过程包括 12 个步骤，从第三至第八个步骤是咨询与治疗的主体。第一、二个步骤是心理咨询与治疗的前提，它们分别是：患者寻求帮助与向患者解释咨询或治疗的性质。第三个步骤：让患者自由地表达自己的情感。治疗者以真诚的、友好的和完全接纳的态度，促发患者自由、无拘束地表达自己的情感体验。第四个步骤：梳理、澄清患者的消极情感。治疗家在倾听患者表达时需认真、仔细，注意发现矛盾、冲突之处，即使是内容荒诞不经或可笑，也要抱以完全接受的态度。第五个步骤：患者自我成长的发端。当患者充分吐露其消极情感后，一种尝试性的、积极的情感会萌发出来，它意味着自我发展和成长的开始。第六个步骤：接纳患者的积极情感。同对其消极情感一样，当患者表达积极情感时，治疗家积极地予以接受，但接纳不是夸奖，更不是进行道德评价。只是通过这种方式促使患者更好地了解自己。第七个步骤：患者开始接纳真实的自我。在咨询和治疗中，患者因处于良好的、能被人理解与接受的气氛中，故能以无防卫的平和心态重新考察自己，认识和领悟自己的实际状况，进而达到接受真实自我的地步。在此基础上，进入第八个步骤：治疗者帮助患者明确和澄清自己的决定。可给患者某些劝告，但不能勉为其难。①

从第三至第八个步骤是咨询和治疗过程中的核心步骤。我们看到，在这些步骤中，治疗家给患者充分表达的自由，促使其认识和接纳一个真实的自我，而治疗家亦采取开放、接纳和不加干涉、不勉为其难等典型的道家式态度。

马斯洛还通过实证研究以证明上述理论的意义。他对几十名自我实现者进行调查研究后发现，这些达到人格发展高级阶段的杰出人物正是充分认识并能够顺应自然真性之人。他描述说：“自我实现

① 见汪新建：《西方心理治疗范式的转换及其整合》，天津：天津人民出版社 2003 年，第 186—187 页。

的人是恬然自发、天然情真的人，他们比其他人更易于把握自己的真性。”① 这种理论与实证研究互补的方法，证实了道家顺应自然思想对人格发展的积极作用，有助于人们认同和接受这些理论，同时也为今天如何促使理论顺利地渗入现实生活提供了有益的启示。

马斯洛因任自然的治疗原则是一种理论与实践操作紧密结合的产物，因此，这就能帮助马斯洛及时发现这一治疗原则在应用过程中所产生的问题。在治疗实践中，他看到了任其自然所可能导致的放任自流等负面影响，他说：

> 放任自流与无组织状态能带来鼓舞人心的力量和自我实现的最佳环境；但我也看到了放任自流同样也能使个人的无能、缺乏才能和心理障碍等一切弱点暴露无遗。②

这说明，他对道家不是盲目地照搬，而是注意在实践中发现问题，因人而异地、恰当地运用道家思想。

荣格、马斯洛等心理学家试图借鉴道学“自然无为”的思想，避免西方意识片面发展或某一方面过度成长所带来的危害，这对于现代人格成长和人格理论研究的拓展皆有积极启示意义：

理性和非理性、意识和潜意识皆是人类精神心理健康发展不可或缺的方面，我们既需要吸收西方的理性和科学精神，但也决不可对中国先贤的无为、直觉、顿悟等非理性智慧妄自菲薄。道教心性修炼通过清静无为等修炼方式而超越意识自我，实现与道合一，有利于修炼主体超越原有的思维定式和理性思维方法，在凝神虚静的功能态中感知天地万物的本质或整体规律，促使主体的意识和潜意识、理性和非理性的协调发展，在生理、心理和精神各个层面趋于和谐的状态，激发大脑的潜能……这一身心修炼之法对于人格发展的积极作

① ［美］马斯洛：《超越性动机论——价值生命的生物基础》，林方主编：《人的潜能和价值》，第209—210页。

② ［美］弗兰克·戈布尔著，吕明、陈红雯译：《第三思潮——马斯洛心理学》，上海：上海译文出版社1987年，第96页。

用有待于进一步研究。

第三节　“静观默察”的“存在认知”方法

道家追求人与自然的相融相合，希图在人与万物相冥合的体验中，体悟“道”这一世界的本质规律，实现物我两忘的逍遥境界。道家认为，既然人天在本源上统一于“道”，人是宇宙的全息，故认识主体对于自身的内省观照便可体认“大道”。因此，道家提出了与西方主客二分的认知途径判然有别的“静观”“玄览”的直觉致思途径：要求主体“致虚极，守静笃”“无知、无欲”“堕肢体，黜聪明，离形去知，同于大通”；即收视返听，摆脱外物的干扰，弱化意识的控制，进入自然放松、无思无虑的虚静状态，方能达到主体与客观世界的冥合，从而体悟大道。这是一种不受逻辑规则约束而在潜意识领域内发生的直接领悟到事物本质的直觉致思途径，是不同于西方的观察、实验和逻辑推导的另一种特殊认识活动，它具有了悟性、突发性和意识的非可控性等特点。在这种思维方式中，行为主体在感觉上超脱了形体的拘束，与大道相合，获得天人合一、物我两忘的美好感受，排除在主客二分的常态思维下的成见或思维定式，有助于了悟事物的本质。

人本心理学家对道家迥异于西方的认知方式十分推崇，罗杰斯十分赞赏《老子》“致虚极，守静笃，万物并作，吾以观复”等话语，坦言它们“曾在我心中激起深刻的反响”①。他以此来阐释他的心理治疗方法“非指导性”一面，还认为只有保持内心安静，不试图去强求什么，才能认识事物的真相。马斯洛更是将道家“静观默察、缄口不言之能力、善忍耐、守静笃”的方式称为“妙悟”的方

① ［美］罗杰斯：《我的人际关系哲学及其形成》，林方主编《人的潜能和价值》，第125页。

法，称道“真正的道家之妙悟实为难能之举”，力图“把自己作为静观默察的沉思者”，他推崇“沉思”这一方式，并“将其比作道家风度”“不事干扰，对于体验的接受”，他指出这一道家式认知方式的积极意义：“在许多情况下这是一条通往更为可靠、更为真实的认知之路。”①

马斯洛对于大自然亦有着道家式的体悟，他在《超越性动机论——价值生命的生物基础》一文中说：“人把自然领悟为真、善、美——有朝一日会被理解为个体自身存在和充分发挥潜能的一种方式，理解为安适自如的一种方式。”这实际上揭示了天人合一思维方式所具有的心理保健和心理治疗意义，流露出人天相和、亲近自然以怡情养性的道家情怀。

在《存在心理学探索》一书中，马斯洛进一步将这种道家式的认知方式称为“存在认知”，并将其与平常的认知作了根本的区别：

> 平常的认知是非常积极的过程，其特点是，它是认知者的一种塑造和选择。他选择他要感知的东西和不要感知的东西，他把它们同他的需要、畏惧和兴趣联系起来，他给它们以结构，整理它们和进一步整理它们。②

马斯洛认为，这种平常性的认知是消耗精力的过程，因此，它是使人疲劳的。而“存在认知与平常认知相比要被动得多，接受性更多”，马斯洛称其为“没有欲求的觉知”。显然，在西方的传统中，很少见到这种“没有欲求的觉知”。因此，马斯洛认为，对这一认知方式的最好的描述“出自东方的哲学家，特别是来自老子和道教哲学家”③。他说：

> 道教“听其自然”的概念也说的是我力图去说的东西，即

① ［美］马斯洛著，邵威等译：《科学与科学家的心理》，北京：北京大学出版社1989年，第107、第113页。

② ［美］马斯洛：《存在心理学探索》，第78页。

③ 同上，第78页。

知觉可能是无所求的，而不是有所求的；是沉思的，而不是强求的。它在体验面前可能是恭顺的、不干预的、接受的，而不是强取的，它能让知觉成为其自身……这种知觉是被动的而不是主动的，是无自我的而不是自我中心的，是轻松的而不是警惕的，是容忍的而不是不容忍的。它对体验是注视而不是打量它，或向它投降和屈从。①

他不仅赞赏道家这种“掌握事物本质的方法”，而且将其与他的高峰体验理论联系起来：他认为，传送这种独特的存在认知感是以一种完全不同的古老的方式，它是“非意志的而不是有意志作用的……在高峰体验的认知中，意志没有干预，它被暂时抑制了，所以是接受而不是要求”②。在高峰体验中人会产生一种不同于一般的认知，这时的体验好像是本身与宇宙融为一体了。他特别指出：“我的这些发现与佛教禅宗和道家哲学更吻合，远远超过其他任何宗教神秘主义。”他强调，高峰体验都是以突如其来的方式发生的，当人们抱着道家那种听其自然的态度时，便处于最易于形成这种体验的精神状态，这将“重新激发起对道家学说和禅宗教义的兴趣”。③

当然，马斯洛对道家致虚守静、天人合一等“妙悟”方法还只是浅层次的理解，他上文中说的“道家那种听其自然的态度”只是进入虚静状态的准备姿势，在这种状态下而形成的高峰体验远非道家致虚守静修炼中的感受和效果所能相比。但上述话语的确反映出高峰体验理论对道家认知方式的借鉴与相通之处，同时也启示我们以一种浅显通俗的方式对道家致虚守静等心性修养方法进行现代诠释，进而发掘其中关于开发潜能、调节心理的丰富文化资源。

---

① ［美］马斯洛：《存在心理学探索》，第 78 页。

② 同上，第 79 页。

③ ［美］马斯洛：《谈谈高峰体验》，林方主编《人的潜能和价值》，第 373 页。

第四节　少私寡欲与“高级需要”

在对于道家思想的体悟和自身所经历的高峰经验的感受中，马斯洛等人本心理学家对人性获得了更为深刻的认识。不同于西方传统的以压抑、控制人的本能或自然本性为鹄的的外在超越型理论，他提出了充满东方特色的、以发现和舒展本性为宗旨的需要层次理论，而其中的“超越性需要”更是具有道家思想的深刻烙印。他体悟到，人有超越个体性的需求，这需求若得满足，个人及社会都将受惠，反之，将导致他所谓的“终极态”，变得极其空虚，缺乏意义感、焦虑不安。这又促使马斯洛发展其需要层次理论而更接近道家的人生境界。

从表面上看，道家主张清心寡欲，而马斯洛主张首先应满足人的生理需要，二者似乎相左，但如果进一步对其需要层次论作全面考察，就不难发现二者的一致性——即他们都强调人应当由低层需要向高层需要发展。老庄倡导超越私欲、外身无己，又揭示出利他与利己的辩证统一关系，强调利他行为对于人格发展的意义：“既以为人己愈有，既以予人己愈多”（《老子》第八十一章）。以马斯洛的需要层次理论来分析，为人、予人的行为满足了主体的归宿需要、自尊需要、自我实现的需要，因而令行为主体感到精神振奋，人生更为充实——这也就是“己愈有”“己愈多”。

我们发现，马斯洛与老子“为人己愈有、予人己愈多”的看法的确存在异曲同工之妙。他也“把无私称为心理富足，把自私称为心理贫乏”。他认为，心理健康与无私行为存在着密切的联系，他曾做过的一项试验表明，“当一个情感健康的人在行为上显得无私时，其根源往往由于他的基本需要得到了满足，从而表现出感情丰富。也就是说，他的行为是源于内心充实而非贫乏。而一个精神病患者自私的举动，往往是一种在被剥夺感驱使下的产物，其表现有恐惧感、不安全感和内心贫乏感”①。

处于物质匮乏、等级森严且缺乏公平竞争的中国封建社会，道家主张在维持基本生存需要的前提下，超越物质欲望而追求精神的升华，告诫人们在物质生活方面应知止知足，不为物累，“不与物迁”（《庄子·德充符》）；不要为物欲或名利地位而丧失人格，“丧己于物”（《庄子·缮性》）；不要沉迷于权势财富或声色狗马而损害宝贵的生命；避免为追求身外之物而泯灭了人生的真正价值。老子早就提出“虽有荣观，燕处超然”的应世智慧，庄子亦明确提出“不与物迁”的处世原则。

他们认为，人生的真正幸福不在于物质的充裕或地位的荣华，只有与大道或自然的合一，才可体悟到高层次的快乐，所谓“与天和者，谓之天乐”（《庄子·天道》）。道家的后继者、玄学家嵇康发展了这些思想，向往“以大和为乐”，将身心相和、天人相和这种高层次的精神和谐视为最大快乐，认为依赖外物无法得到真正的快乐，“外物虽丰，哀亦备矣”，不免陷于“终身长愁”的心理失衡状态，故引导人们摆脱对外物或感官享乐的贪恋，强调需要层次的提升，“以内乐外”②，追求精神的满足。

马斯洛亦清醒地认识到外在的物欲和社会文化对人类本性的压抑。他在《人的潜能和价值》中指出，由于人们“适应社会上存在的文化，这种出生时就赋予人们的潜能和基本特性被掩盖或被抑制而大多丧失了”。而他从关于自我实现者的实验中却发现，几乎所有的自我实现者都明确喜欢与外界隔绝以及独处，他们常常可以超然于物外，泰然自若地保持平静而不受那些在其他人那里会引起骚乱之事的影响，对待个人的不幸也就不像一般人那样反应强烈。自我实

① ［美］爱德华·霍夫曼：《洞察未来：马斯洛未发表过的文章》，第117页。

② 嵇康：《答向子期难养生论》，《嵇康集校注》，北京：中华书局2014年，第304页。

现者较少屈服于外界的压力和阻力，较为自由，更自然，更具自发性和人性。虽然他们在多种方面与社会文化和睦相处，但又在某种程度上内在地超脱于包围着他们的文化。他们有较强的自主性，不仅具有对文化与环境的独立性，而且是自我决定，自我管理，作一名积极、负责、有主见的行动者，作自己的主人，对自己的命运负责。①

罗杰斯同样也试图排除过分的外在因素对人的干扰，他将帮助来访者“解除外在评价的威胁”视为人格成长的重要方法。外在评价是指来自别人的评价。罗杰斯看到，每个人在受到外在评价的控制和支配，这对于个人成长是有害无益的。因此，他主张，心理治疗者要帮助来访者“意识到评价的定位在他内部，他才是他自己的裁判，这样才能促使他变成一个自负其责的人”②。

显然，马斯洛和罗杰斯所推崇的皆是一种自作主宰，不与物迁，超然物外的精神，这种气度也正是老庄以及内丹修炼者突出的人格特征。这既是修炼的技术要求和价值目标，亦是修炼实践活动对于修炼者人格塑形的直接影响，既是一种精神境界，又是一种心理品质，更是处于社会现实中的修炼者需要持守的处世态度。

根据多年的临床经验，马斯洛亦得出了与道家相似的结论：满足于对金钱或权力的无度追求等病态需要不仅不会带来真正的快乐，而且是导致神经症的重要原因③；相反，对安全与爱、尊重这类需要的满足，则会使人健康。马斯洛虽肯定满足人的低层需要的合理性，但满足的目的是促使高级需要的出现，“高级需要（爱的需要、尊重的需要、自我实现的需要）的满足能引起更深刻的幸福感、宁静感以及内心生活的丰富感”“高级需要的追求与满足具有有益于公众和社会的效果。在一定程度上，需要越高级，就一定越少自私”“高级

① 参见［美］马斯洛：《人的潜能和价值》，第 248—252 页。

② 江光荣：《人性的迷失与复归：罗杰斯的人本心理学》，武汉：湖北教育出版社 2000 年，第 147 页。

③ ［美］弗兰克·戈布尔：《第三思潮——马斯洛心理学》，第 84 页。

需要的追求与满足导致更伟大、更坚强，以及更真实的个性”。[①] 因此，他将帮助个人提高满足其基本需要的能力，不断向高级需要发展，视为所有心理治疗的最终目标。

自我实现是马斯洛人格理论的核心，在他这里，所谓自我实现，就是不断实现潜能、智慧、天资、完成天职，更充分地认识、承认人的内在天性，在个人内部不断趋向统一、整合或协同动作的过程。自我实现者是他心目中的健康人格和理想人格。马斯洛曾将斯宾诺莎、贝多芬、歌德、爱因斯坦、林肯、杰弗逊、罗斯福等卓越人物作为自我实现的典型进行个案研究，从中概括出十余项人格特征。在这些人格特征中，独立自主、超越物欲、利人无私是重要的特质。

从以上的分析，我们可以清楚地看到，马斯洛心目中的理想人格与道家形象有着多方面的相通，他主张作为科学家、医师、教师、父母要“转换为更符合道家追求的形象”[②] 也就理所当然了。

第五节　道家与超个人心理学

不断地前进，不断地修正和完善自己的理论，这是马斯洛最为宝贵的品质。

伴随着人本主义心理学的发展，人们越来越清楚地认识到这样一个事实：

> 即使加上所有西方心理学，整个的人类体验也无法由某个单一的心理学系统来描述，（更深层次的）人类体验的一些部分也无法覆盖。如斯坦尼斯拉夫格罗夫（Stanislav Grof）所描述的那样：“很明显，西方的心理治疗系统不足以描述治疗阶段或迷

① ［美］马斯洛：《高级需要和低级需要》，林方主编《人的潜能和价值》，第202页。

② ［美］马斯洛：《人性能达的境界》，第20页。

幻体验中的高级阶段时的现象。”①

同时，在实际生活中，以马斯洛为代表的人本主义心理学家发现，“自我实现”被一些人误解为“自我中心”，由此而产生了一些弊端。于是，心理学界“开始出现一股新的力量。这股新的力量强调承认灵性和超越的需求，认为这些是内在于人的天性中的，每个个体都有权力选择或改变他或她的‘道’”。人本心理学家“开拓了越来越多以前被忽视的心理学领域和主题，例如神秘体验、迷狂、宇宙意识、冥想的理论与实践，或是个体间与物种间的协同作用”②。

基于心理治疗的实际需要，同时也随着马斯洛对道学文化以及东方文化的深入研究，他修改了其著名的需要层次论，认为人在灵魂的深处有对精神性存在的内在本质追求，并认为这种内在的本质追求可能揭示出古老的哲学的问题：“人为什么活着？”以及“人性能达的境界”等问题的答案。借助于这些认识和研究，马斯洛在晚年提出了“超越性的自我实现者”这一概念，将其与现实的自我实现者相区别。这种超越型人格揭示出人性发展所能达到的最高境界，具有更多的理想成分。与此相应，马斯洛发展了他那影响深远的需求层次论，在人的需要理论中增加了“超越性需要”，即在自我实现层次上增添了自我超越层次。他在《超越性动机论——价值生命的生物基础》一文中提出：“人有一更高及超越的本性，这是他的存在本质中的一部分。”“它是真我、自我认同、内在核心、特殊品类及圆满人性的一部分”，超越性需要的剥夺会酿成超越性病症即灵魂病。马斯洛这些新的思想突破，推动着新一轮心理学思潮的到来，由此而超越了他所创立的被称为第三势力的人本心理学，而成为被称为“第

---

① Bart Van Steenberge, “Influence of the East on the Cultural Renewal of the West,” *Futures* 12, no. 4 (1989): 375.

② 同上。

四心理学”或“第四思潮”——超个人心理学（精神心理学）的奠基人。[①]

超个人心理学具有更高的精神追求，非常重视人的精神生活及其内在价值，它以宇宙为中心、超越自我及自我实现。这种关注人性的超越层面的心理学和心理治疗理论进一步与道学有了更深层次的联系。正如 Bart Van Steenberge 所说，“考虑到这些新的兴趣，就无怪乎这种被称为‘超个人心理学’的第四种力量会深受东方神秘主义和心理体系的影响”，“人们必须求助于古老的东方灵性哲学，如吠檀多、瑜伽系统、大乘佛教和道教”。[②]

马斯洛认为，超越的本性，是人的存在本质的一部分。他责难学院派心理学极力排除超越性层次这一重要层次时指出：

精神性（或灵性）生活是存在本质的一部分，也是人性的规定性特质，人性缺少了它，便不再是完整的人性，它是真我、自我认同、内在核心、特殊品类及圆满人性的一部分……然而传统的、价值中立的科学，套用物理学模式，把它排除于现实界之外，它仍然可以回归为人本科学研究及修炼的对象。

超个人心理学则强调“自我”基本上原是属于大我的一部分（self-as-part-lager-self），也就是说，自我根本上是与一个更大的整体密不可分、相融相契的一部分。这个“大我”在不同的传统文化中被赋予不同的名称：大我、宇宙我、普遍性之我、上帝、道、婆罗门、天等。一句话，不论你如何指称或诠释它，人类确有回归这更大的整体之需求。[③] 显然，重视人的精神或超越性的需要，既表现了超个人心理学对西方文化局限性的超越，又表现了西方心理学与东方

① 心理学界不少人认为，“荣格在许多基本立场上都与超个人心理学家相一致，所以他被公认为超个人心理学的重要先驱”（见郭永玉：《精神的追寻——超个人心理学及其治疗理论研究》，武汉：华中师范大学出版社 2002 年，第 66 页）。

② Bart Van Steenberge, “Influence of the East on the Cultural Renewal of the West,” *Futures* 12, no. 4 (1989): 375.

③ 李安德：《超个人心理学》，台北：台湾桂冠图书公司 1998 年，第 202 页。

智慧融合的走向。其不仅与道家思想相契合，它的不少思想更是直接来自道家。

在《超越的种种意义》和《Z理论》这两篇标志其超越动机理论最后完成的作品中，马斯洛对自我超越型人格的特征有不少描述，据笔者的考察，这些特征与道家相合之处有近20处之多。

遗憾的是，学术界对于马斯洛理论上这一具有重要意义的发展尚缺乏应有的重视。我们认为，道家思想在这一发展中扮演了更为重要的角色，超个人心理学比人本心理学具有更为浓厚的道家色彩。从老子的"道"的概念及人类道德是以"自然的道"为摹本的观点中，马斯洛看出了弥补人本主义的狭隘性的途径——以自我超越或对存在价值的追求作为人生的最高理想。以下，我们将《超越的种种意义》和《Z理论》这两篇代表性作品中自我超越型人格的特征与道家道教的人生旨趣和精神境界进行比较：

自我超越型人格的特征	道家的人生旨趣
自我意识、自我觉知的丧失、超越个人自己的皮肤、躯体，好像和存在价值等同。	《老子》：致虚守静。《庄子·大宗师》：堕肢体，黜聪明，离形去知，同于大通，此谓坐忘。
超越自我、超越自私、自我中心等；和越来越多的人打成一片；爱—仁慈；以道家的方式听其自然。	《老子》：善利万物而不争；生而不有，为而不恃，长而不宰；圣人无常心，以百姓心为心；圣人之道，为而不争。
和整个宇宙的存在相融合，与自然和谐一致以宇宙而不是以人类为中心。	《庄子·齐物论》：天地与我并生，而万物与我为一。《庄子·天道》：以虚静推于天地，通于万物，此之谓天乐。
超越基本的需要；为较高的理想而放弃低层的欲望。	《老子》：少私寡欲。《庄子·缮性》：不为轩冕肆志，不为穷约趋俗。
出于污泥而不染，超越各种约束、奴役，超越当前的情境。	《老子》：虽有荣观，燕处超然。《庄子·天地》：不以物挫志。成玄英《老子注》：处染不染。

续表

自我超越型人格的特征	道家的人生旨趣
超越他人的意见、反应和评价，成为自主的、自我决断的自我，不受人操纵或诱惑。	《老子》：众人皆有余，而我独若遗。 《庄子·山水》：物物而不物于物。 《淮南子·原道训》：有以自得。
超越二歧式（黑白的对立、非此即彼等），从二歧上升到超分歧的整体，使相互的排斥对立彼此协同结合为一个统一体。	《老子》：有无相生；反者道之动；祸福相倚；万物负阴而抱阳，冲气以为和；善者吾善之，不善者吾亦善之。
像道家所说的那样热爱自己的使命。	《庄子·养生主》：臣之所好者，道也。《庄子·知北游》：臣之年二十而好捶钩，于物无视也，非钩无察也。
超越死亡、痛苦、疾病、邪恶等消极事物，能理解他所认识的恶，但这也是对压抑、障碍、否认、排斥的超越。	《庄子·齐物论》：凡物无成与毁，复通为一；齐生死，齐是非。《庄子·天地》：不乐寿，不哀夭。《老子》：善人者，不善人之师；不善人者，善人之资。圣人常善救人，故无弃人。
从超越中立的、旁观型的客观到达道家的（关爱的、存在水平的）客观	《老子》：功成事遂，百姓皆谓我自然。《庄子·秋水》：无以人灭天，无以故灭命；以道观之，物无贵贱。
对努力和力争的超越，对愿望和希望的超越，对任何定向特征和意向特征的超越，它是任由事物发生的道家情感，是少私寡欲的道家态度。	《老子》：自然无为；少私寡欲。《庄子·逍遥游》：乘天地之正而御六气之辩，以游无穷者，彼且恶乎待哉。《庄子·齐物论》：不就利，不违害，不喜求。
能以某种方式领悟整个宇宙的统一和整合，更多理解宇宙中的一切事物，包括人的自我，觉得自己成为宇宙大家庭中的一员。	《老子》：道生一，一生二，二生三，三生万物。《庄子·天地》：万物一府。《庄子·秋水》：号物之数谓之万，人处一焉。
谦卑和自己承认无知，但又幸福愉快。	《老子》：知不知，尚矣；不知知，病也；善用人者为之下；不自见故明，不自是故彰。
更注重金钱等物质报酬之外的高级的报酬或超越性报酬。	《老子》：圣人不积，既以为人己愈有，既以与人己愈多。
能在一种非常特殊的意义上超越个体差异，意识到并接受这些差异，但也欣赏它们；超越个人的信条或价值体系或信念体系。	《庄子·骈拇》：长者不为有余，短者不为不足；性长非所断，性短非所续。《庄子·齐物论》：是亦一无穷，非亦一无穷也。《庄子·秋水》：万物一齐，孰短孰长？

从上表所列出的特征来看，自我超越型人格与道家有着相当多的一致性①，确如马斯洛在《Z理论》中所说，超越型人格比自我实现者“应该多些道家思想”②。

修炼者在心性修炼过程中产生的独特愉悦体验虽然因人而异，其形成机制亦有待探讨，但可以肯定的是，当修炼者在实践中感受到上述种种优于感官享乐的“真趣”“别景”和“逍遥自在”之后，世俗的种种声色犬马之愉往往会相形失色，这无疑有助于他们提高抵御感官享乐诱惑的能力，为形成和保持超然物外、自作主宰的品格提供心理和生理层面的支撑。

笔者以为，这些通过心性修炼而体验到的特殊愉悦都是极为可贵的人生经验，这种逍遥自在的身心体验对修炼者人格发展的促进作用，颇类似于马斯洛所说的“高峰体验”对于形成健康人格的积极作用。③ 但“高峰体验不是由设计安排带来的；它们是偶然发生的”④，而道教在心性修炼过程中虽然也强调无为无执，但却又有着一套具体的方法和程序，其在可操作性和感受的深度方面显然甚于高峰体验。

马斯洛晚年所强调的“超越型的自我实现者”亦是这种超越“小我”、在与宇宙合一的体验中与宇宙相称的一个人，是感到成了这个统一体要素的一个人。

如何实现超越自我、与宇宙合一呢？马斯洛认为，高峰体验是帮助个体实现这种超越的一个方式。他在《存在心理学》一书中列举了高峰体验对于人格发展所具有的一系列效果：可以在健康的方向

---

① 参见［美］马斯洛：《人性能达的境界》，第261—278、第284—287页。

② 同上，第287页。

③ 马斯洛的高峰体验与内丹修炼的关系，也是一个很值得深入研究的问题，有待于来者。

④ ［美］马斯洛：《存在心理学探索》，第103页。

上，转变一个人对于自己的看法；能够解放一个人的创造力、自发性、表现性和特质；感受到美好、正直、善行、真理和有意义；人格的各个部分彼此非常和谐地活动；获得一种在自我中心之上和之外的状态，能变得相对的没有自我；能最好地和最完善地运用自己的全部智能；更加坦率、天真、诚实、耿直、自然、简单、朴素、笃实、不设防、无抵御、无控制、无自我意识、无意识。因此，他的认知和行为就能够以不干预的方式、道教的方式、按照它内在的条件（而不是根据自我中心、自我意识的条件）展现出来。①

在这里，马斯洛将高峰体验以及理想人格的实现途径与“不干预的方式”“道教的方式”联系了起来。作为一个身处异国他乡的现代心理学家，他虽然不可能对此作出具体的描述和阐发，但他的确把握到了二者之间存在的不可忽视的必然联系。如何沿着这一思路发掘出更为深刻的内容，这一任务理所当然地落到了现代中国学人的身上。

道学通过心性修炼的途径以图实现自我超越、与道合一。道学认为，在人出生之初，心性呈现出与大道相合的淳朴或纯净的状态，而在后天的社会生活中，由于物欲和意识的过度发展以及外在环境的影响，心性受到破坏和污染，因此需要通过一系列艰苦的修炼，去除干扰和污染，才能促进心性的有序和纯化，返回先天的“真心”“真性”。这是道学心性修炼的基石，从先秦的道家《老子》到唐代道经乃至宋元明清道教内丹各派皆以此作为心性修炼的基本要求：如《清静经》指出“人能常清静，天地悉皆归”；元代全真道著名学者王志谨说“尘垢净尽，一物不留，他时自然显露自己本命元神，受用自在，便是个无上道人也”。清代内丹东派代表人物傅金铨认为，通过修炼心性以复归至清、至洁、至静的真心，如同“去浪而水自静，去滓而水自清”。“学者先求知性真本体，然后施炼心养性之功，

① ［美］马斯洛：《存在心理学探索》，第92—98页。

庶不以贼为子，错认识神”，实现丹家所追求的“识神退位，元神显露”的理想状态。用荣格的理论来分析，所谓“识神”，乃是后天知觉和意识；而与道相合的元神或“性真本体”“真心”则是先天“集体潜意识”。只有摒除后天知觉和意识，才能让人的“性真本体”或“元神”显现，改变由后天知觉意识主宰心理活动的局面，重新由“性真本体”作主，达到人体节律与宇宙节律——“道”的感通与合一，让心性这一种精神信息系统恢复和保持和谐状态。

我们看到，道学心性修炼所追求的目标以及高道们所表现出来的人格特征与荣格、马斯洛、罗杰斯等西方心理学家所推崇的理想人格存在相似之处，从一定意义上说，不少高道可谓是中国古代的“自我实现者”或“超越性的自我实现者”。难怪马斯洛在谈及心目中的理想人格特征时，常使用“道家式的”或“道教式的”这类名词来表述。存在这种相似之处不是偶然的，这是由于二者在生命观、价值观等方面具有相通或相似性，特别是与他们自觉地吸收道学哲学智慧和修炼方法分不开的。对于这一现象进行深入研究并进而思考和寻求现象背后的一些因素，是十分有意义的。

第六节 深化道家与西方心理学互动的思考

马斯洛晚年的这一发现和革新不仅开启了中国哲学西传的大门，同时也为道学研究开辟了一个崭新的研究领域。随着西方心理学研究的转向和深化，道学研究者在理论和实践层面上开始关注道学在心理、精神等方面存在的积极价值和意义。有学者指出，“超个人心理学的产生是东西方文化碰撞的结果，而其理论的成熟和进一步发展，需要双方文化更深入的互动与融合”。

在马斯洛的推动下，一些心理学家开始进一步关注包括印度在内的东方文化，以探究人类的心灵（精神）与潜能的终极价值以及真我实现等问题，并吸收这些文化中宗教对心理和精神发展的积极价值和意义以丰富超个人心理学的理论基础，具有代表性的人物主要有荣格、罗杰斯（对道学思想的吸收和实际的咨商应用）、阿玛斯（主要是对佛学思想的吸收和实际的咨商应用）、肯·威尔伯（对我国以及印度等国的哲学和宗教思想的吸收及其实践研究）、瓦茨、威廉·冯特、麦克·阿盖尔、凯特·洛文克尔、罗洛·梅、杜艾文（美国富勒心理学学院）等，他们对我国的道学思想都有所涉及和研究；另一些心理学家从心理学的基本理论出发，进一步融合一些包括脑科学在的现代研究成果，从意识等层面来研究人的精神成长、发展以及一些因素对人的心理和精神的负面影响，有的试图集合意识等理论研究以揭示出人对宗教信仰过程的心理和精神过程，这方面的成果有 *Mechanisms of Stress in the Brain*，*Resolving the Neural Circuits of Anxity* 等。在欧美等国家，一些心理学家开设诊所，开始结合道学的一些理念和思想用于实际的心理咨商或辅助道教修炼手段用于帮助人们放松身心。欧美的道教学者在近几年开始关注道教与心理学的探讨和研究，他们在理论研究和实践研究上齐头并进。在理论上，最初的研究也从道学对马斯洛的影响开始探讨，如美国学者 Livia Kohn 的 *Living Authentically* 以及英国学者 Elliot Cohen 的 *Abraham Maslow's Taoistic Science*：*Exprimental Methods and Exprimential Modes* 等，随着西方超个人心理学将研究视野的深入和扩大，道学与超个人心理学融合将可望出现更为积极的研究成果。

需要注意的是，无论是认知治疗学还是分析心理学、人本心理治疗或超个人心理治疗法，他们虽然程度不同地认识到身、心、灵的相互联系，但他们的治疗手段基本限于心理或精神的层面的调节，而道学却是从根本上认识到躯体、心理、精神三个层面的相联互动之内在联系，从而三管齐下，进行整体的调治和修炼。

当然，我们也应当看到，马斯洛等人本心理学家虽然崇尚和吸收、应用道学思想，但二者还是有着诸多本质区别的。

第一，由于文化背景和时代背景的差异，决定了中国封建社会中的道学人士与现代西方的自我实现者在进行人生自我选择和决定时存在着很大不同。马斯洛指出，处于美国社会中的自我实现者能够“对文化进行权衡、分析、辨别，然后作出自己的决定”。而处于封建等级制度束缚下的中国道者只能在严格的社会分层现实状态下，努力修炼和提升自己内在的道德心性，超越现实的困境，在精神层面实现体悟大道的人生理想。

第二，马斯洛推崇的是一种“美国式的道家”，他说：“我们应该以一种美国式的道家为指导，这将意味着作为父母、教育家、职业顾问等，我们有意识地为孩子们提供存在性需求。”在马斯洛这里，所谓“存在性需求”是指一种精神需求。正如人们为了健康而需要在食物中摄入一定量的硒和锌，马斯洛强调，为了精神健康，“我们都要吸收或体验纯正的真理、正义和美。缺少硒、锌或者维生素都会不可避免地导致某种疾病”，同样，“缺乏存在性价值也会导致疾病”。于是，马斯洛将他的论述由价值观、哲学的话题转到生物学、生理学范畴。他强调，“正如每个人天生都具有对微量元素的需求一样，我们生来也有体验存在性价值的高级需求……我们的高级需求和动机是有生物学基础的”。①

可见，马斯洛所说的“美国式的道家”已经将价值观、道德教育与人的生物学、生理学甚至营养学融为一体。而老庄等道家人物强调纯任自然、绝仁弃义，这虽然并非不讲道德教育，并不是缺乏价值观，而是反对假仁假义，反对以仁义之名获取私利、欺世盗名；抱朴守真亦具有道德内蕴和道德教育导向，但这些道德要求毕竟还是比较笼统、模糊，亦缺乏明晰的操作性。相较而言，马斯洛的“美国式的道家”主张“为孩子们提供存在性需求”，将“吸收或体验纯正的真理、正义和美”喻为人体必需微量的硒和锌以维护身体健康，

① ［美］爱德华·霍夫曼：《洞察未来：马斯洛未发表过的文章》，第94、第95页。

这显然是一种经过了现代转化和创新、目标明确的教育理念，二者之间的本质区别是不言而喻的。

不过，马斯洛的“美国式的道家”与古老的道家虽有本质区别，但他对于“道家式的不干预的方法”始终是极为推崇的。他强调，这种融入了价值观和道德教育的方法绝对不是灌输式的，是一种“指导而不是强迫个人去体验存在性价值”。所以马斯洛紧接着说，一个人理想的职业就是能够展现他的独特自我的职业，“这是找到自己个性和真正自我的方法，世界上最幸运的人是因为爱而有所得的人，他们被某事吸引而且发现可以做这件事来度过一生。从这个角度来看，有效的超越性鼓舞会帮助人们发现自己独特的潜能，而且是通过我所说的道家式的、不干预的方法做的”①。

第三，马斯洛的需要层次理论是建立在扬弃、整合西方生物进化论和各派心理学研究成果及东方智慧基础上的，故其理论更为系统、全面，也更具有实证性。同时，他认识到从低层需要到高层需要是一个递进过程，故重视低层需要的铺垫作用，从而更具有可操作性。他还强调，一个情感健康者的无私行为的根源“往往由于他的基本需要得到了满足”，也就是说，无私等高尚的道德行为是“源于内心充实而非贫乏”；与此相反，一个精神病患者自私的举动，“往往是一种在被剥夺感驱使下的产物”，是源于其内心的贫乏和不安全感。他进而认为“自私、敌意以及邪恶产生于个体的基本需要的满足受到了阻挠”。显然，这些基于实验而作出来的结论启示人们认识满足民众的基本需要对于人格健康发展的重要性，从而更具有普遍意义。

而道家显然缺乏对需要层次的明确划分，故其理想人格的实现途径较为抽象，需要人们在实践中认真地体悟和摸索。而且，道家虽然倡导无私、“为人”、“予人”，却未能进一步清楚地论述无私等品

① ［美］爱德华·霍夫曼：《洞察未来：马斯洛未发表过的文章》，第95—96页。

格形成与人的需要满足之间的内在联系和一般规律。这固然是产生于古代的道学无法避免的缺陷。但是，道学强调不为外物所累，追求“游心”、“逍遥”、独与天地精神相往来的精神自由，推崇宠辱不惊的人生态度，这就激励人们：人类中的优秀分子也完全可能在非良好环境中实现无己、利他等崇高的精神追求，跳跃式地实现人格的提升和发展。在中国历史上，孔子、庄子、墨子、司马迁、苏东坡等先贤更以自己的人生实践雄辩地证明，即使身处简陋、艰苦的生存环境，但只要胸怀“为人”“予人”“与道同出”“体道合真”的高远志向，人类完全可以越过中间层次，由低层次需要而直抵自我实现、自我超越这些高层次需要，推动人生境界的升华，实现人格的发展与完善，这显然又是马斯洛的需求理论所不及的。

第四，马斯洛看到了“沉思”方法可能存在的“危险”，即可能使我们成为不太负责的，尤其是在帮助别人方面。极端的事例是对幼儿“任其自然”意味着阻碍他的发展，甚至意味着扼杀他。这些看法也提醒我们，道学致虚守静等心性修炼方法在操作不当时可能对人格发展产生障碍。认识这些可能产生的问题，才能更好地“为之于未有，治之于未乱”，防患于未然。

第五，西方心理治疗学家在关注个体修养的同时，也强调良好的环境对保持、发展本性的积极作用。马斯洛强调，“只有在一定的条件下，人性才表现为善，在恶劣的环境条件下，人们更容易表现出心理病态和丑恶行为。”在良好条件下，人们才会渴望表现出利他、友善、诚实、仁慈等高级本性，他还力图说明具体需要哪些条件。① 故他们注重社会改革和教育改革的重要性，同时还在社会现实中推动了这一改革。这当然也是道学所无法企及的。道学思想家虽然也看到了外在不良环境对于心性的侵蚀，尽管他们对封建专制的政治制度

① ［美］爱德华·霍夫曼：《洞察未来：马斯洛未发表过的文章》，第82—83页。

进行了深刻的批判并要求统治者践履无为而治的社会治理模式，以求得保持纯朴的心性，追求各遂其性、各尽其宜、各当其能的社会环境。但是，封建专制制度以及中国传统政治制度设计中的缺陷，致使道学这些充满睿智的主张未能从制度的层面加以保证和实施，故道学的人格发展和完善之路常常是在极其恶劣的社会环境下所进行的独善其身的活动，其心理调治和心理保健只能侧重于个人的自我修养，而无法通过社会改革以改善社会环境这一重要途径来促进人格的提升，这又使得道学健心智慧能够发挥作用的空间和可能性大打折扣。

道学与人本心理学尽管存在着本质上的差异，人本心理学家对道家思想的吸收和应用亦经过了选择和修正，但东西方思想智慧在这一心灵深处相遇相融的过程中，将会发生更为深入的结合与互补；而人本心理学家吸收、应用道家的实践经验亦有助于我们更自觉地对这一宝贵文化遗产进行认真梳理，促进其创造性转化和创新性发展，焕发出新的生命力！

第十章　论老子之“道”对海灵格“内在之旅”思想的影响

全球著名的德国心理治疗师、身心灵大师伯特·海灵格（Bert Hellinger，1925—2019）被誉为“西方的老子”，他非常推崇老子《道德经》思想。在他的心理工作室里，他的治疗思想遵从老子“无为”理念：在治疗中只做最小的干预和介入，让事物顺其自然发展，回归本心。他也不主张通过笔记录入自己的工作内容，以防成为教条而导致他人错误地解释主体本身。

海灵格的道家式思想影响深远，他的“家族系统排列”治疗法有重要的现实意义。但学术界对海灵格与老子之道的联系的研究尚缺乏系统的理论阐发，往往倾向于关注心理学上的意义，未深入探讨《道德经》对海灵格“家族系统排列”治疗法的影响。“内在之旅”作为“家族系统排列”治疗法的深入发展，是海灵格独特的静心之术，在深层上汲取了老子的思想。老子之道曾给予海灵格哪些启迪？他的“内在之旅”思想从老子之道中获得了哪些智慧？以下试就这些问题进行探讨。

第一节　海灵格对老子思想的尊崇

海灵格非常尊崇老子的思想。他的心理治疗方法借助“道的力量”，遵从了“中国老子的智慧”。在《活出内在的力量》一书中，海灵格分析了“内在之旅”的引导者。他明确指出，“道”在引导“内在之旅”，“道”为我们打开通往内在的道路，一切生命都是

“道”的运作。① 显而易见，海灵格“内在之旅”的哲学基础是老子的“道”，具体而言是老子“道”论中“自然无为”思想。正如海灵格在北京青年宫的演讲中说：“自己创造的家族系统排列，就是想把大家带到《道德经》所展示的那个维度的世界，在那个世界里，没有战争，没有输赢，没有对错。”② 海灵格强调，家庭系统动力是一股来自更高意识的力量，是中国老子所说的道的力量。

海灵格崇尚道家有着现实的社会历史背景，他向往灵魂的自由，5 岁立志成为一名神父，读高中时，正逢德国纳粹狂潮，由于其忠于自己的信仰，结果被学校评为可能是危害民族与社会的潜在坏分子；而刚接触团体治疗与精神分析，他就决定脱离已沉浸 20 余年的宗教体系，却又不加入任何心理治疗流派。这种崇尚自由、自然而然地顺应本性的认知方式，为他以后推崇《道德经》奠定了思想基础。

老子在《道德经》中指出，“道”是一切存在的根源，“道生一，一生二，二生三，三生万物”显现了“道”创生万物的过程。海灵格遵从了老子的“道”论，在践行“内在之旅”心理疗法时，他进一步将“道”的本源性称为道的力量，“内在的旅途上我们会体悟到这一点——有一股运作力量将掌控我们，我们只是放下，并与其合一。这是道的力量，唯有道的力量能如此深刻地掌控我们，让我们最终与其归于和谐。”③ 通过与道和谐共存，达到与其他人和谐一致。

在海灵格的著作中，充满着对《道德经》思想的推崇。海灵格的家庭系统排列治疗术将“无为”思想运用到心理治疗领域：尽可能减少干预，只对治疗做最小的介入，然后顺其自然让事物依照其本来面貌发展。海灵格在《谁在我家——海灵格家庭系统排列》一书

① ［德］伯特·海灵格著，叶劲廷译：《活出内在的力量》，广州：广东经济出版社 2011 年，第 38—39 页。

② ［德］伯特·海灵格：《我的灵魂跟随〈道德经〉》，《北京青年报》2016 年 6 月 28 日。

③ ［德］伯特·海灵格：《活出内在的力量》，第 44 页。

中贯彻了老子的无为原则。《道德经》第二章说："圣人处无为之事，行不言之教；万物作焉而不辞，生而不有，为而不恃，功成而弗居。夫唯弗居，是以不去。"海灵格指出，心理治疗帮助的原则就是要遵循老子的无为而无不为，借助无为，在无所欲求的主观活动中积聚能量，从而有所为。换言之，无为的心理治疗原则并不是退缩，而是让治疗师有意识不进行干预，从而更容易找到解决问题的办法。当然，海灵格也明白达到老子无为境界的难度很高，但他始终坚持把老子"道"的思想贯彻到心理治疗之中，发展出独特的家庭系统排列治疗方法。

海灵格曾多次来中国大陆进行"家庭系统排列"治疗法的宣讲。尤其是其首次来华讲学受到了北京心理卫生协会的隆重接待，其主持的家庭系统排列在与会的心理学工作者和爱好者中引起极大共鸣。海灵格家庭系统排列治疗法的魅力不仅在于其独特的"内在之旅"静心术，也在于他的这种治疗理念深受中国老子思想的影响。每次在海外课堂讲解心理治疗术，他都会提及《道德经》对他的启发意义。将海灵格系统排列引入华人世界的周鼎文评论道："十五年来，在我与海灵格的对话中，他好几次提到孔子与老子为他带来了深远的影响。因此，我们可以发现海灵格所发展的系统排列，其内涵与中国传统文化的核心思想不谋而合。"① 换言之，海灵格通过心理静修术，将中国传统文化的精华用心理排列方式呈现开来，实现其系统排列的和谐自在。

第二节 "与道合一"是海灵格"内在之旅"的终极目标

海灵格"内在之旅"的心理治疗术与老子的"道"论息息相关。

① ［德］伯特·海灵格著，陈丽芬译：《这一生为何而来——海灵格自传·访谈录》，广州：广东经济出版社 2012 年，"序三"。

那么，海灵格“内在之旅”治疗术的具体内容是什么？在《活出内在的力量》中，海灵格说：“内在之旅是静心的另一种说法，而所谓的静心则是对奥秘的观照，也是这趟旅程的目的。这里所指的奥秘是隐而不显的，尽管如此，它仍牵引着我们，引导我们走在通往一切的旅途上。”① 即是说，“道”是打开通往内在道路的钥匙，“内在之旅就是学习，学习与道同行”②，从而一步一步接受道的引导。

故而，在论证“与道合一”是海灵格“内在之旅”的终极目标之前，我们需了解老子关于“道”的相关论述以及老庄与道合一的思想。“道”是老子哲学的最高范畴，《道德经》开篇便点出“道可道，非常道”。“道”虽不可言说，但“老子的道既是实存意义的道，又是含有规律性的道，也是包含生活准则的道”③。可以说，《道德经》的八十一章中，每一章的主旨都指向“道”。具体而言，道有多种意蕴：

第一，“道”是真实的存在。“有物混成，先天地生，寂兮寥兮，独立而不改，周行而不殆，可以为天地母。吾不知其名，字之曰道。”（第二十五章）道在浑朴的状态下，能够成为完满的和谐体。它是一个绝对体，本身独一无二，长存而永不休止。第二，道生万物。《道德经》五十一章说：“道生之，德畜之，物形之，势成之。是以万物莫不尊道而贵德。”集中展示了万物生成的过程，即万物由道而生，道生万物后，顺势发挥万物各自的本性。道是万物运作的规律，是人类行为的准则等。与道合一的学理依据就是老子的“道”论。作为一种人与万物相通的最高境界，与道合一正是发挥了物我相融的精神，万事万物在道中合而为一，达至“绳绳兮不可名，复归于无物”（第十四章）的状态。庄子继承并发展了老子与道合一的思

① ［德］伯特·海灵格：《活出内在的力量》，“导言”。
② 同上，第40页。
③ 陈鼓应：《老子注译及评介》，北京：中华书局1984年，第12页。

想，提出“逍遥天放”的自由境域，他用“游乎天地之一气”（《庄子·大宗师》）展示了与道同在、与万物合一的超然之境。

那么，海灵格如何将与道合一的思想融入“内在之旅”中？这位“西方的老子”在其独特静心课中称：“大道的运作，是支持我们成就一切的力量。”① 内在之旅的追寻，就是追寻大道的过程，海灵格指出，当我们开启内在之旅的门时，唯一要做的是静守，自会有“道”的力量牵引着我们。他的家庭系统排列过程分为三个阶段：系统排列的第一阶段即呈现来访者记忆和内在画面，以展现出背后隐藏的运作动力；第二阶段的工作便是不断试验，寻找新的画面，但这个画面需符合爱的法则，才能引出解决办法，存有治疗作用；最后阶段是让排列的画面在爱的隐藏和谐状态下，家庭成员皆有适当的归属。所有的困难在这股运作面前消散，“我们会深深地与天地融合；天与地，也在我们内在合一”②。他强调，要达到与道合一的效果，必须臣服于这股力量的引导，放下自我而行动，放下即是无为而为，往往也是最有力的行动和真正的力量。

那么，怎样找到这股力量？海灵格从心理治疗的角度指出，通过内在之旅，就与这股伟大的力量和谐一致；或把个人行动同这份和谐联结，与这股力量一致，然后再行动，这样，在内在之旅中，那股力量有时就会凝结成精辟的洞见，让我们接收。海灵格认为，系统排列中的一些画面，如同过去与未来的快照，真相往往被隐藏。而最好的态度就是：“不要故意去做什么事情，而只是让新的画面自己发挥影响。允许发生的事情给自己带来惊奇。”③ 这即是无为之治，治疗师并没有告诉受助者过去发生过什么，只帮助其识别系统中运作的力量。运用老子无为的原则，海灵格指出，在无所欲求的主观活动中聚

① ［德］伯特·海灵格：《活出内在的力量》，第20页。

② 同上，第11页。

③ ［德］伯特·海灵格著，张虹桥译：《谁在我家——海灵格家庭系统排列》，北京：世界图书出版公司2003年，第257—258页。

集动力，达至无为而无不为之境。他进一步表明，无为不是撤回或退缩[①]，在治疗的进程中，有时治疗师有意识的“不作为”，当事人会更容易寻到解决问题的关键。海灵格明白，无为的境界并不容易达到，但却可以指导治疗师不要用干预来控制当事人做一些事情。

可见，与道的运作和谐一致，有利于化解内在之旅的危机，达到宽容随顺的心理治疗效果。海灵格认为，当一个行动偏离其应有的方向，就会产生危机，譬如过于执着于某个目标，而失去平衡，内在之旅可以使其放下执着，转化危机。他进一步强调，“如果能与道的运作和谐一致，我们就会发现，道能够作用于各式各样的层面，当然也包括了内在之旅以外的途径”[②]。他分析了三种宽容：原谅他人行为，不回头计较；仅仅是出于懦弱，为了图个清静；凝视过往，让它和我们自身一起消散。内在之旅要追求的是第三种宽容，因为只有这种宽容与伟大的心灵和谐一致，随顺善念，随顺生命和爱。

那么，海灵格认为什么是“道”呢？他认为“道”不可说。只可以借用心灵说明“道”的运作，海灵格指出，心灵一方面将肉体与所处的环境联结起来，另一方面也联结了我们与他人。而只有当我们与心灵同在时，才能体悟到“道”，这个时候，我们身体才会有所觉知，感受“道”的温暖，证明“道”的存在。他也和老子一样，从宇宙论上说明“一切生命的运作都是道的运作。只有在无尽的相互运作里，生命才有可能进展”[③]。虽不是每个人都能觉察到“道”的力量，但人们仍能够成长，因为“道”超越了我们的理解，需要

① 海灵格认为老子在《道德经》里完美地描述了无为的原则，他以《道德经》第二章为例，作出自己的注释：得道之人以无为作为处理事务的准则，从不喋喋不休地说教。一切顺其自然，不按自己的意愿引导；促成一切事物不是为了自己的需求；做一切事情不是为了炫耀自己的本领；取得成就后不会得意忘形。正是因为不沾沾自喜，从而保持了清醒的头脑，减少了失误。参见［德］伯特·海灵格：《谁在我家——海灵格家庭系统排列》，第215页。

② ［德］伯特·海灵格：《活出内在的力量》，第33页。

③ 同上，第39页。

用一种灵性的方式呈现。海灵格强调，道的运作是创造性的，它既来源于超越身体和心灵的彼岸，同时也来自超越灵性的彼岸。

作为一位西方心理学家，海灵格对于"'道'是什么"这一问题的探究充满了西方思维的色彩："道是神的灵魂吗？道的运作是否如上帝造物一般？"当然，他深知"道"的内涵高深莫测，因而把理论重点放在与道合一之中。他划分了四种不同的感觉，即原生感觉（primary feelings）、派生感觉（secondary feelings）、系统感觉（systemic feelings）、超然感觉（meta feelings），其中超然感觉是纯粹的能量，包括谦恭（接受世界本来面貌的意志）、平静和满足感等。超然感觉伴随着睿智，能在既定情况下决定何为适当，何为不适当。个人不能促使超然感觉的出现，但它会在特定情形下自己到来，类似于马斯洛的高峰体验："处于高峰体验中的人有一种比其他任何时候都更加整合（统一、完整、浑然一体）的自我感觉。"① 因而，超然之爱体现了道之生命力，与道同行，就是与爱同行。

海灵格认为，身、心、灵含有不同层面的爱，人无法单独体验到其中某一种爱，因为它们共同在运行。海灵格区分了身、心、灵之爱不同的质与量：身之爱主要存在于亲密的男女之间；心之爱是一种内心的善意，包括助人之心、同理心等，这种爱也需要一个对象，汇入彼此之间的爱；而灵性之爱超越身之爱和心之爱，"灵性之爱与道之爱同行，它在万事万物中照见道之爱的运作"②。这是海灵格对老子"道法自然"的运用，在内在之旅的探索过程中，海灵格的治疗宗旨就是让自己的行动与道和谐一致，这样，被道之爱包围，灵性之爱受道的牵引，与之合一时，就会变为有行动的爱。海灵格的灵性之爱服务于道与道之爱，只有这样，内在之旅才能成功。那么，这样的灵性之爱是否和一般的道德认知相差甚远？海灵格强调，如果了解它

① ［美］马斯洛：《自我实现的人》，北京：三联书店1987年，第257页。
② ［德］伯特·海灵格：《活出内在的力量》，第42页。

(灵性之爱）早已超越善恶的是非判断，同道如实地爱着一切，就不会有这样的疑惑。灵性之爱使所有人平等如一，融入道之爱。而爱，亦要跟随自然法则并为之服务。

海灵格对老子“道生一，一生二，二生三，三生万物”的生成论有很深的体悟，这个过程由简至繁，每个新的和谐体就孕育在这个状态中。海灵格对“一”这个概念理解也很深刻，他注意到“二”或“多”合而为一时，“二”或“多”仍保留在“一”里面，“一”通过“二”或“多”才完整，“多”在“一”之中也不会消失，因为它同时也是“一”。海灵格把“一”概念运用在家庭以及人的内在之旅中，用爱作为“多”合“一”的方式，因为他意识到，唯有通过爱，“多”才能如实地保存原有的“一”。海灵格看到，“二”与“多”通过爱成为“一”，通过这份爱，它们可以同时相异地存在，也得以相异地保持下去。

此外，海灵格把道家天人合一的思想运用到心理治疗术中，指出个体感受到自己与天地万物深深相连，又不失自身内在的凝聚，这即是“天人合一”之境。① 他认为，这种境界也会出现在内在之旅中，并提醒人们这种境界和“与多合一”相对立，因为“与多合一”的同时，个人仍需保持独立。据此，海灵格得出结论，这种境界最后只会使我们变得更软弱。

当然，结合相关“天人合一”概念的研究资料，我们也看到，海灵格对“天人合一”概念的理解是不准确的，“天人合一”固然有与万物融合一体之义，但与万物深深相连，并不是说要消解个体的独特性，也并不排斥矛盾的普遍性与特殊性，而是强调对立统一。② 因此，海灵格所谓凝聚的爱并不会在这种境界中消失，反而会更加接近道之爱。

---

① ［德］伯特·海灵格：《活出内在的力量》，第 52—53 页。

② 张岱年：《天人之道辨析》，《中国文化研究》1998 年第 3 期，第 6—10 页。

第三节　虚静无为对海灵格的启示

虚静无为思想对海灵格深入发展其家族系统排列疗法理论具有象征和实践性意义。按照海灵格自己的概述，内在之旅是一种静心术，通过发现爱的宁静与力量，引导人们通往一切旅途的“道”。故而，我们先从老子的虚静观角度探讨老子之道与海灵格“内在之旅”的联系。

“虚”“静”思想是老子形而上之“道”的一大特性，老子说：“致虚极，守静笃。”（《道德经》第十六章）表明老子看到人世纷扰带来的不稳定，希望通过提出这一主张使人世安稳，致虚守静。同时，“虚”也蕴含了无穷的力量，万物从虚空之处涌现，正如老子用“谷”象征“虚”，《道德经》第四十一章曰“上德若谷”，以“虚”隐喻内在的德性。在人生实践中，老子也要求人需静心修德，动静结合，如“孰能浊以静之徐清？孰能安以动之徐生”（《道德经》第十五章）就充分肯定动静相依之理。

老子的思想深刻地影响了海灵格对于生命的态度，在《心灵活泉》一书的结语中，海灵格以老子的智慧来思考生命，文中指出：

> 老子曾有一句关于使命的格言，意思是说“当人完成任务后，就应该忘记过去的种种，并且马上迎接新的任务”。这是一条非常好的原则。①

在这里，海灵格没有确切地指明这是老子的哪一句“使命的格言”，但的确体现了老子主张的无为、“生而不有，为而不恃”、“功成不居”、功成身退等思想，启示人们要放下过去，直面死亡，从容地进入生命的下一个阶段。

① ［德］伯特·海灵格著，霍宝莲译：《心灵活泉》，广州：广东经济出版社2011年，第246页。

海灵格在其家族系统排列治疗中，持着退守的态度，无为而治，让对方走进内在之旅，治疗师可以感知到他们，与之达到融合境地。这种以虚静退守达之整体的境界，正是道学对立统一思想的体现。海灵格把个体与个体之间的相互对抗归于个体的起源，而这个起源是孕育万物整体的源泉，这个源泉最终也就指向“道”。他强调在人际关系中，必须舍弃善恶的分别，放下执念，回归内在的中心，消解善恶的对立，使矛盾得以和解。回归内在之旅，所需做的只是顺应本心，“这种处事态度早已被描述，老子与孔子都曾指出这种态度”①。海灵格还将西方神秘主义与道家的“虚空”进行了对比，在他看来，西方神秘主义的三个方向：追求净化、追求悟道、追求合一，而道家关于“虚空”境界的画面，“是完全的宁静，当人置身在这虚空之中，无须行动，便与万物达到和谐”②，达到“无为而无不为”的效果。

在进行心理治疗时，海灵格承认，有时也不知如何进一步深入把握来访者的内心想法，但他采取的方法非常道家式：以退守，不行动为主，进入虚空的境界，等待引领画面的出现，然后再跟着行动，进行下一步工作。因为他相信，当静心等候、保持退守时，会有决定性的东西出现。在运作家族系统排列的过程中，海灵格把“止步退守”的活动称为“现象学的活动”，指出现象学的求知途径要求的是一种万象虚空的精神状态。因而治疗师要保持不作为的紧张体验状态，守住这份“紧张”，以退守的态度，让已经进入灵魂的东西安静下来，不要拥有过分好奇心，因为好奇心有时会破坏治疗，以致失去某些珍贵的信息。也必须阻止同情，以不介入的态度静静守候。

同时，海灵格亦强调心理治疗师保持谦恭态度的重要性，这也正是老子所强调的三宝之一“不敢为天下先”。“不敢为天下先”并非甘居落后，不思进取，而是告诫施教者或管理者不能自以为高明，随

① ［德］伯特·海灵格：《心灵活泉》，第10页。

② 同上，第15页。

意发号施令，必须以谦下的态度了解实情，听取他人的意见，在集思广益的基础上制订计划或行动方案。同样，对海灵格而言，在解决方案未显现前，治疗师不能自己创造解决方案，必须维持现状，相信系统排列过程会自己进行下去。与世界的一切现象处于和谐，这样才能达到助人者与受助者共同的和谐。

海灵格的内在之旅是对心的追寻，心敲动了灵性，也就找到自己的核心和本质。内在之旅是达到心与灵合一的必由之路，复归于宁静。海灵格认为："内在的旅途上，我们穿越人性而接触到神性——在对人性的爱和对人性的尊重里，尤其是在对我们内在的人性里。"① 即是说，神性存在于人自身，可以通过自己的努力，由人性而通达神性，这与西方基督教需要上帝来拯救人类的思想不同，而与道家关于人性的认识相通——发展人的自然本性以实现人生价值。因此，海灵格强调人与人平等的重要性："有时候，晚起步的人也可能超前，不是因为他们走得比较快，而是因为他们受到了道的力量的带领。不过，最后我们会发现，一切还是要归于平等。"② 对于海灵格而言，接纳平等是静心内在之旅的前提，而且要和他人一起处于居下位置，保持谦卑，这样内在之旅才会带着爱前进。

第四节　老子生死观在"家族排列"治疗中的应用

老子哲学的最高范畴"道"本质上包含了对生命的体悟。《道德经》第三十三章曰："不失其所者久，死而不亡者寿。"第五十章提到："出生入死。生之徒，十有三；死之徒，十有三；人之生，动之于死地，亦十有三。"皆体现出老子对生命存在的终极价值思考，即

① ［德］伯特·海灵格：《活出内在的力量》，第123页。

② 同上，第48页。

通过认识生死、辩证地看待生死，返璞归真，才能达到超越生死之境。海灵格在家族排列工作中，也时常遇到来访者惧怕死亡的问题。他意识到人们不愿意面对死亡是因为一旦死亡出现，一切将不复存在。受老子生死观的影响，海灵格提出一种“凝聚的状态”，类似于道家修炼方式，他要求失去亲人的来访者暗示自己，其实过世的亲人并没有真正离去，而是以某种方式继续存在。然后通过凝聚的方式，指出来访者可以短暂地“漫游于生死之间”，不再只是着眼于目前可以看得到的事物。

当然，海灵格更多的是希望用老子“辩证的生死观”来进行其心理治疗，生与死是对立统一的，可以相互渗透与转化。他指出：

> 生存和死亡是两种交替的现象，只有当我们在现实中认识死亡，并与死亡有和谐的关系时，我们才可以生活。①

海灵格试图引导人们平和地对待死亡和故去的人，他告诫人们在面对不可避免的死亡时，要持守一份豁达的心态。他说：

> 绝不会对抗命运，违反生命的河流。基于这份态度，我们便会得到一份平静安详的深度。因为在这想法中，我们可以往来于生存和死亡两个领域之间，生与死都在同一个源头共存。②
>
> 生命好比这一个循环，开始和终结是互相融合为一体的，二者相交的那段日子便是我们的生命。③

显然，在这些话语中，我们可以感受到老子顺应自然和庄子“方生方死”“齐生死”等生命智慧。

海灵格认为，敬重死亡的人，死亡便能引领他；逃避死亡的人，死亡一定会抓住他。活着的人是仍未得到完整的，死去的人才完整地结束了整个人生。

---

① ［德］伯特·海灵格：《心灵活泉》，第228页。
② 同上，第235页。
③ 同上，第235页。

在《再见耶稣》一书中，海灵格更加直接点出要辩证地看待生死，他说："我们将生与死放在相对的位置上，而我们的生命中又有哪些对立，是与此息息相关的？"①

海灵格认为，生命来源于潜藏的未知，死去的人也归属于潜藏的未知，如果生命尚未完结之人，错过生命的节奏，太早放弃生命或紧握不放（如用不正当的方法祈求健康长寿），这就违背了生命的本意——回归道之源。那么，我们活着时，如何有意义地处理死亡？海灵格认为，有意义地处理死亡的前提是用何种方式处理死亡，生存是有优先权的，但这并不意味着生死不平等，当生命尽头到来，坦然面对就已足够。因为活着的时候时常想到死亡，会影响生命的质量。

海灵格进一步指出，如果是病重的人接近生命的尾声，更需要有向死亡鞠躬的勇气，这样，死亡会赐予他极大的力量，在生命尚余的时间中，得到真正的圆满。死亡与生命需要"和解"，在家族系统排列中，海灵格以"和解"之义，对失去亲人的来访者进行对话，用一种近似冥想的心理暗示，使来访者心理达到虚静状态，感受去世的人对他的支持。最终的目的是要让来访者正视死亡，实现生命的和谐。例如，当一个孩子认为死去的亲人仍然活着，并在自己心中存在，那死去亲人的归属权仍会得到肯定，孩子也能体会到爱，回归完整的家庭成员之中。

返璞归真，复归于婴儿，这是对生的重视与珍惜。这是海灵格"重生疗法"的核心内容。对于老子而言，名利得失都是无足轻重的，因为"贵生"是大道践行的重要原则。海灵格在《成功的人生——系统排列中的隐秘力量》一书中指出："在我们的生命中，最首要也最关键的成功，就是'出生'。"② 要做到返璞归真、复归于

① ［德］伯特·海灵格著，张钧雯、林逸柔译：《再见耶稣》，北京：世界图书出版公司2012年，第5页。

② ［德］伯特·海灵格著，蔡凯文译：《成功的人生——系统排列中的隐秘力量》，北京：世界图书出版公司2012年，第3页。

婴儿。

首先，复归于婴儿需要清心寡欲。海灵格认为，爱是纯净的，爱以包容取代排挤，使内在之旅变得纯净。当自己认为的身体病痛（实则是心理的伤痛）迫使自己主动去求医时，这是没有看到“当我们和伟大心灵的运作达成和谐一致时，这种运作会净化我们的灵魂，并且涤除那些使我们心或者身受病的妄想和企图”①。

如何才能更好地实现灵魂的净化？海灵格强调慈爱和关切的作用。他认为，净化的产生需要通过关注，而心灵的运作关注一切，如实地关注所有人，那些在家庭失去位置的人与我们心与灵有了联结，我们心灵得以回归序位，发挥疗愈作用，才能保证身体健康。他提出独特的重生疗法，让当事人与母亲的联结（幼儿时期尚未成功）通过重生治疗仪式建立联结，从而使当事人得到帮助。重生疗法的具体做法是把握好时机，让当事人回忆生命的时间长廊，顺其自然地到达想要停留之处。当事人会将治疗师带入其出生经历中，而治疗师需给予其温暖和安全感，并进入重生疗法的最后一步——邀请当事人看着自己母亲或父亲朗诵《生命之处的祈祷》：

亲爱的妈妈，
我接受你给我的一切，
所有这一切，还有全部后果。
……
亲爱的父亲，
很高兴你接受母亲做你的妻子，
你们两个是我真正的父母。②

出生之后能被接受的经历，需要治疗师和当事人一起重新进入

---

① ［德］伯特·海灵格：《活出内在的力量》，第65页。

② ［德］伯特·海灵格：《谁在我家——海灵格家庭系统排列》，第279—280页。

创伤之处，带着当事人重新审视创伤经历，直至完成整个重生治疗过程。根据海灵格的治疗法，治疗师必须接受现实的“它本来的样子”，包括其所有可怕和恐怖的方面；他/她应对幸与不幸、内疚与纯真、生与死都平静以待。只有这样，治疗师才能获得知识和力量，以去直面可怕的情况并去改善它们。①

重生疗法的意义在于能让当事人对以前的创伤性事件存有正视的勇气，并且当事人不是一个人在战斗，他可以分享且能和给予帮助的治疗师一起体验重生之路。

其次，返璞归真要做到柔弱处下。在海灵格的“内在之旅”中，他强调要把自己交付给“道”，把它当成一个爱的对象，与之合一。痛苦会折磨人，当它发生时，我们甚至找不到源于何处。通过内在之旅，把自己与道和谐一致，那么我们就能跟随道的力量与关注，带着觉醒与爱，去追寻痛苦的源泉和意图，将痛苦真实融入在我们的生命里。海灵格认识到，每个人都有一种想要回到母亲怀抱的欲望，因为这是我们个体生命的起源，而更根本的欲望可能是追寻所有生命和存在的起源，这是返璞归真的最高体验——追寻永恒的“道”。正如美国心理治疗师克里希那南达所言：“当我们回归中心时，会觉得和自己、生命以及存在是合一的，会感受到爱、信任、朝气蓬勃、纯真无邪、趣味盎然、沉静稳定和深深的放松。”②

最后，返璞归真是一种内心的“观照”。老子说：“故以身观身，以家观家，以乡观乡，以邦观邦，以天下观天下。吾何以知天下然哉？以此。”（《道德经》第五十四章）从修身到治国皆可使用观照。海灵格结合“道”之理念，提出内在之旅需进行“灵性的观照”。内

① Galina Thomas, *Therapy in the New Millenium: New Sciences and Their Application to Therapy Effectiveness of Systemic Family Constellations* (California: California State University Press, 2010), 9-10.

② ［美］克里希那南达、［美］阿曼娜著，方志华等译：《拥抱你的内在小孩》，桂林：漓江出版社 2011 年，第 2 页。

观让觉知远离外界，又远离内在，是一种从事物中抽离的状态，远见遥指前方，望向未来。海灵格还认为观照是一种实实在在的等待，这是一种被赋予力量的等待，在观照中等待，就是对生的向往，就是爱的存在。在观照中，放下执念和所有的企图是拥有道的力量、与道合一的关键要素，在观照及观照之后，可以去奢去欲，感到最终的平静。在观照之中，是一种纯粹的生活——活在当下，与爱同行。值得思考的是，内在之旅最终会走向哪里？海灵格给出了回答：“一体”(Einssein)。所谓“一体”，即“一个我们会在自身完全凝聚下来的地方，一个我们在自身里和万物联结、与万物合一的地方”①。因而，内在之旅不仅能使我们内在合一，而且也能使其他的万物与我们一起同在。万物最终的联结深藏在其中，亦是一切的开始与结束。

海灵格的家族系统排列理论从提出到不断深入发展，一直吸收老子的“道”的力量。他开创了独具一格的心理治疗新天地，从“家族系统排列”到“心灵活泉”“静心之旅”，再到“与道同行”，“海灵格就像现代的老子，将深奥的宇宙法则与哲理清晰地描述”②。他独特的“内在之旅”静心术使更多西方人了解到老子这位东方圣人“道”思想的博大精深，帮助他们实现心灵的宁静、和谐与健康，也更有利于中国优秀传统文化在西方的传播与发展。同时，也启示我们应更加重视古代先贤留下的智慧。试想，一个西方的心理治疗师，在借鉴吸收老子“道”思想之后，他所创造的心理治疗法居然风靡全球，在中国都有一定影响力。这就说明我们需进一步挖掘道学(中国哲学)的现代价值，并且树立独特的中国哲学话语体系，促进中国文化更好地服务于国人的心灵诉求，造福人类。

---

① ［德］伯特·海灵格：《活出内在的力量》，第97页。

② ［德］伯特·海灵格：《成功的人生——系统排列中的隐秘力量》，“审订者序”。

第十一章　道学智慧对美国教育理论的影响

——以罗杰斯的教育理论及实践为中心展开

在前一章我们论述了道学对于人本主义心理学的深刻影响，可贵的是，人本心理学的代表性人物马斯洛、罗杰斯在这一基础上，进而认识到道家对于人的教育和成长的意义。于是，他们进一步将道家“顺应自然”等宗旨推广到教育领域。马斯洛主张学校教育的基本方法应是“有帮助地任其自然”，教师应以“道家的辅导者或老师”为楷模①，罗杰斯在其人本主义心理学的基础上提出了“非指导性”“学习者为中心”等教育思想与教学模式，主张要在教学活动过程中以学生为中心，倡导教师角色从主导者向辅助者转变，尊重学生个体价值与尊严，主张从被动灌输式的学习转化为主动积极的自由学习。从而有力地推动了美国20世纪六七十年代的教育改革。

人本心理学独树一帜的教育理论强烈地冲击了美国传统教育观念，对于美国20世纪下半叶的教育制度鼎新、课程体系突破以及教学程序的改革产生了重要影响，这种教学模式在全世界范围内亦引起了广泛关注与讨论。但是，在教育领域，人们更多地只看到人本心理学对美国现代教育改革的启示，而对于产生这一启示的背后因素却有所忽略。这一因素就是，道学智慧启迪人本心理学家对于教育问题进行反思，从而将这些智慧拓展应用于教育、管理等多个领域，在这一过程中，人本心理学家卡尔·罗杰斯是具有典型意义的人物。本

① ［美］马斯洛：《人性能达的境界》，第189页。

章拟深入地梳理道家思想对罗杰斯教育理论及其教学实践的影响，由此彰显道家思想在美国现代教育领域中所发挥的作用。

第一节　罗杰斯心理治疗对道家思想的应用

对罗杰斯的思想体系追根溯源，我们不难发现，他的教育理论与人本主义心理学一脉相承、前后贯通。作为一位人本心理学家，他在教育问题上对道家思想的吸收源于心理治疗中对《道德经》相关理论的应用，因此，在探讨这一问题之前，我们还需要对他在心理治疗中应用道家思想的情况作一回顾。

罗杰斯强调，《道德经》"我无为而民自化"等话语乃是他"最喜欢的并总结了他很多更为深刻的信念"的箴言，[①] 他创立的"以人为中心疗法"亦正是道家上述思想智慧所浇灌出来的成果。

"以人为中心疗法"基于对人性的充分相信。罗杰斯强调，"以人为中心疗法"与西方文化影响下所形成的许许多多机构根本不同之处就在于它建立在对人信任的基础之上。而西方"几乎所有教育、行政、商业、宗教、家庭生活，甚至心理治疗都基于对人的不信任"。在西方传统的观念下，"个体人生来就是罪人，就是坏人，就是懒人，甚至这个个体人，三种人兼而有之！因此，这种人必须不断地受到监视""个体人必须有别人替他设定目标，教师、父母、督导者都必须发展一套教个人迈向既定目标的方法。"[②]

与上述西方传统的原罪观念不同，罗杰斯认为："每个活着的机体都表现出的实现倾向——成长、发展、实现其全部潜能的倾向。这

① ［美］罗杰斯：《我的人际关系哲学及其形成》，载林方主编《人的潜能和价值》，第 126 页。

② ［美］罗杰斯著，李绍昆主编：《罗杰斯著作精粹》，北京：中国人民大学出版社 2006 年，第 121 页。

种存在方式相信人类是积极地朝向一种更复杂、更完全的发展方向前进"①。正由于罗杰斯从积极的角度来认识人之本性，因此，他与马斯洛一样，亦提出了与西方传统心理学家不同的心理治疗目标。他在《成为一个人意味着什么》等文中指出，促使来访者"抛弃那用来应付生活的伪装、面具"，乃是咨询者的目标，他的"以人为中心疗法"正是要让来访者"变成自己"。在这种理论指导下，亦形成了不同于以往的真诚和谐的医患关系。

罗杰斯相信人的内部有一个能够改变自己的形象、态度或行为的辽阔资源。如何把握这些资源呢？罗杰斯认为，首先应具备支持这种心理状态的氛围，而促进这种氛围的成长有以下三个条件。

第一个条件是真诚、真实或者恰当。治疗师需要以真诚、实在的态度对待当事人。第二个条件是接纳、关心或者称赞。第三个条件是同感。治疗师准确地感觉到当事人正在体验到的情感和个人意义，并与当事人沟通这种接纳性理解。②

我们看到，上述那种"真诚""恰当""接纳""非评价"等，在很大程度上亦与道家顺应自然、见素抱朴等原则相通。罗杰斯十分欣赏《道德经》"我无为而民自化"等箴言，更将这种智慧应用于心理治疗实践之中。

在罗杰斯心理咨询与治疗所采用的步骤中，充满着接纳与开放、宽容的温情，由此我们可以很清楚地看到道家自然无为思想的烙印。

整个过程包括 12 个步骤。罗杰斯以上所说的三个条件以及这里所说的十二个步骤，我们已作介绍，但这些心理治疗的步骤与本章所讨论的教育思想密切相关，故此处仍作简单概述。第一、二个步骤是患者寻求帮助与向患者解释咨询或治疗的性质；第三个步骤是治疗者以真诚、友好的和完全接纳的态度，促发患者自由、无拘束地表达

① ［美］罗杰斯：《罗杰斯著作精粹》，第 121 页。
② 同上，第 121 页。

自己的情感体验；第四个步骤是梳理、澄清患者的消极情感，认真、仔细地倾听患者的表达，注意发现矛盾、冲突之处，但又要抱以完全接受的态度；第五个步骤是当患者充分吐露其消极情感后，一种尝试性的、积极的情感会萌发出来，它意味着自我发展和成长的开始；第六个步骤是接纳患者的积极情感，但接纳不是夸奖，更不是进行道德评价，而只是通过这种方式促使患者更好地了解自己；第七个步骤是患者开始接纳真实的自我，在此基础上，治疗者再帮助患者明确和澄清自己的决定，给患者某些可行的劝告。① 我们可看到，在这一过程中，治疗家给患者充分表达的自由，促使其认识和接纳一个真实的自我，采取开放、接纳和不加干涉、不勉为其难等态度，这些内容都是典型的顺应自然的道家式态度。

罗杰斯对道家迥异于西方的认知方式十分推崇，他在《我的人际关系哲学及其形成》一文中引《道德经》“致虚极，守静笃”等话语以阐释他的心理治疗方法“非指导性”一面，还认为只有保持内心安静，不试图去强求什么，才能认识事物的真相。马斯洛更是将道家“静观默察、缄口不言之能力、善忍耐、守静笃”的方式称为“妙悟”的方法，称道“真正的道家之妙悟实为难能之举”，推崇“把自己作为静观默察的沉思者”“不事干扰，对于体验的接受”这一道家式认知方式具有积极的意义：“在许多情况下这是一条通往更为可靠、更为真实的认知之路。”② 罗杰斯将道家的相关思想由心理治疗拓展到教育领域，提出“学习者中心”“非指导性”“学生主体”等教育思想，以下分而论之。

第二节　罗杰斯的“非指导性”教学与老子思想

罗杰斯在道家思想影响下形成的“以患者为中心”心理治疗模

① 汪新建：《西方心理治疗范式的转换及其整合》，第 186 页。

② ［美］马斯洛著，邵威等译：《科学与科学家的心理》，第 107 页。

式，顺理成章地再现于“非指导性”教育原则和“以学生为中心”教育思想等主张中。

1. 罗杰斯的“非指导性”教育原则

在心理治疗中，他认为患者有能力更好地处理自身情况，在以“非指导性”教育原则为导向的教学活动中，他则认为学生内在地蕴含着自我实现的潜力；在心理治疗学中，他认为治疗师应该对患者内心体验作共情理解，在“非指导性”教育原则中，他则认为教师应该遵循自我内心承诺与内控评价；这些理论体系上的前后相承都证明了罗杰斯在学术上的严谨性与他一贯“以人为中心”的人本主义心理学立场。如果说，自由学习与创造性学习是罗杰斯“非指导性”教学模式中的目标追求与价值取向，那么，“学生主体”和“自我评价”则体现为这一教学理论中的方法论路径。

一般认为，“非指导性”教学原则突破了传统教育观的壁垒，这不仅意味着给教师权威主义予以革命性的颠覆，同时也给我们提供了一种崭新的学习观。“‘非指导性’教学给予了学生最大的自主权，让学生自己制定学习目标，自己选择学习内容，自己确定学习方法。”① 具体论述有以下几点：

第一，“我们不能直接教一个人一些东西，我们只可以使他的学习更加便利。”② 正如那句古老的格言所说：“要使马喝水，不能强按头。”实际上，在以教师为中心的传统教学模式中，大都奉行着一种所教即所学的基础性假设，从而受教者只能被动地置于施教者的牵引之下，对自身之发展与选择几无自主权可言。罗杰斯提出这一假说的目的就在于要在教学法上引起根本性的革命，促使众多教员的教

① 马增彩：《罗杰斯“非指导性”教学的现代启示》，《天津市教科院学报》2002 年第 1 期，第 68—70 页。

② ［美］罗杰斯等著，李孟潮、李迎潮译：《当事人中心治疗——实践、运用和理论》，北京：中国人民大学出版社 2013 年，第 293 页。

育计划是以方便学生的学习为主要目的，而不再是方便自己的教授。

第二，“只有当一个人感到他所学的东西是关于维持或提高他自身素质时，他才学得最有效。”① 这里创造性地指出罗杰斯人本主义教学论的终极目标在于促进学生的“个人发展”和“自我实现”，换言之，教育的目的既不是为了彰显某种荣誉，也不是教师营生的一种手段，而就是为了加强学生的自我结构、提升自我发展水平。罗杰斯借用两个学生在数学课上的不同表现来证明这个观点，一个学生所学之数学与其职业生涯息息相关，另一个学生则仅仅因为数学是必修课，最后的结果亦大相径庭，前者掌握了这门课程功能上的知识，后者则只是学会了如何通过考试。

第三，教育情境在“学生主体”教育思想中显得至关重要，罗杰斯认为，“最能促进学习的教学是这样的：（1）对学习者自我的威胁减少到最低限度；（2）促进学生对经验进行详细的领悟。”② 实际上，这两点原则几乎是同一内涵的两个方面，即在“学生主体”的课堂上，对经验的体察与领悟只有在最少的外部干预下才得以实现，如果我们承认这个原则的真实性与有效性，那么传统教育的弊端就显而易见了。

此外，罗杰斯还提出，在“非指导性”的教育原则中，坚持“学生主体”是第一位的。通俗来讲，所谓“学生主体”就是指在教学活动行进过程中，由学生自身来决定所需求的学习内容同时根据自身情况发起学习活动。需要指出的是，无论是规划怎样的学习内容还是怎样发起学习活动，这都不是预先安排好的，并无计划而言，而是在学生自我适应过程中自然而然发生的。在这样的课堂中，学生能够自由发言，不管是针对某个主题彼此交流讨论还是纯粹宣泄某种情感，即便这种发言文不对题或者是在传播一种负面情绪都应在不

① ［美］罗杰斯等：《当事人中心治疗——实践、运用和理论》，第 294 页。
② 同上，第 295 页。

同程度上被同情理解，教师的任务就在于以其丰富的教学经验，从容、巧妙地营造出一种坦诚、舒适、流畅、无拘无束的课堂环境。这就要求教师彻底摆脱传统教育模式下高高在上的角色扮演，尤其是不能再以个人之权威压抑学生思想之表达，更不可以绝对之标准评判孰是孰非、孰优孰劣，而是将自己视为一个参与者融入到学生之中，共同创建班级文化以及与学生一同进步。

2. 自我评价

在罗杰斯“非指导性”教育原则中，“自我评价”被认为是在教学过程中唯一被需要的评价形式。“这一原则的主要意思是教师不用分数或其他手段评价学生的学习，而是由学习者以机体估价过程评价学习中的一切，如学习的材料和内容、方式和方法、目的和意义、结果和体验等等。”① 学习评价是学习活动本身内含的有机组成部分，这是考量学习活动有无被学习目标所接收，学习者是否体验到学习的意义以及教师在促进学习过程中所起之作用的集中展现。在罗杰斯看来，最有资格同时也是最有权力对这一过程作出评价的无非学习者本人，因为学习成果最终是体现在受教者自身之上，无论是量的积累还是质的跃迁，即便作为教师以及父母朋友多少都能窥见一二，但论及细微之处具体效果如何，外人是无法准确感知的。罗杰斯尖锐地指出，在传统教育模式下，教师利用分数、等级或其他手段对学生的学习活动作出总结归纳或评判，这本身就是对学习的一种干涉，不仅破坏了学生在教学活动过程中的主体性，同时也对学习活动的完整性造成了某种损害。

除此之外，罗杰斯还指出了外部评价所带来的三大弊端：其一，

---

① 刘萍：《对罗杰斯“学生为中心”教学思想的再思考》，《江苏教育学院学报》（社会科学版）2003年第3期，第23—25页。（引文中所说的“机体评估过程”是罗杰斯心理思想的重要概念。它指的是个体如何评价自己的经验，并据此调节自己的行为以促进自我实现的过程。——本书作者）

成绩作为评价学习活动的平衡杆，会导致学生过度追求分数，在教学目标上舍本逐末；其二，多重外部评价会给学生造成精神焦虑、内心难安的严重后果，从而影响师生关系以及学生自我的学习效果与生活状态；其三，外部评价可能会对教育活动产生反效果，因为学生的自我学习是一个循序渐进、逐渐适应的过程，一旦面临各方压力，评价标准日益更新，反而会使学生产生厌学情绪甚至由此走向极端。罗杰斯强调学生自我评价的重要性说：

> 如果个人和集体的目标就是课程的核心，如果个人在课程学习中学到了很多东西，并使自己得到了提升从而使自己的目标得到了满足，如果教师的作用就是促进这样的学习，那么只有一个人可以评价目标是否达到了，那就是学生自己。①

为何从学生本身的角度进行自我评价如此重要呢？在罗杰斯看来，自我评价是一种逻辑方法，它可以真实地发现自己的学习经历是成功还是失败。尤其值得注意的是，自我评价作为一种机制而言，通常能够在学习活动中表现出某种普遍倾向，罗杰斯在这个问题上提出了三点看法。

其一，在初始阶段，受教者往往会出现对自我定位、自我能力以及自我价值的困惑感。在罗杰斯的采访中，有一个学生曾这样说道："开始，我的感觉是我们学不到东西。接着逐渐地我开始感到我们学到了一些东西，但还拿不准能学多少东西。最后，我得出的结论是所学到的东西取决于我们每个人自己。"可见，在"以学生为中心"的教学模式中，尽管学习过程可能会遇到很多挫折感，但是学生依旧在循序渐进、由浅入深的学习活动中受益良多。

其二，自我评价能够激发学生对自我学习的兴趣，进而为自己的学习行为负责，以至于更加勤奋地、持久地、充满活力地参与到学习活动之中。这一点并不难以理解，当学生们认识到对自我之评价是来

① ［美］罗杰斯等：《当事人中心治疗——实践、运用和理论》，第 312 页。

自外部多重标准时，按照罗杰斯的话来说就是自我防御机制被彻底激活，个体的组织与结构完善程度就是大大降低，从而限制自身发展。而当学生体验到评价源自个体内部时，他们对于自己的学习效果就会有更大的敏感性与参与度，以至于得以促进个人成长。

其三，罗杰斯注意到，个人成长经历与所受环境文化之浸染也会对自我评价造成不同程度的影响，正是因为罗杰斯相信人生来具有自我实现的倾向，因此，学生对学习更深层次的理解必然是建立在他自身的兴趣爱好、职业理想、人际关系以及人生哲学等因素的基础之上。在进行自我评价时，受教者总是朝着要促使自我更成熟、更富社会责任心、更社会化同时亦更顺应自然本性的方向而开展，以便更充分地显现自我潜能。

综上所述，罗杰斯“非指导性”教育原则集中体现为“学生主体”和“自我评价”，而这一切皆建立在对人性之乐观估计的基础之上，相信他人具备自我实现潜能的良好倾向，将所有传统教育理论中对学生世界观的指导、价值观的培养、人生理想的树立统统“悬置”起来，以学生自身的意义世界与精神世界为主要依归，同情理解并广泛接纳对象的各个方面。在这种被罗杰斯称为“助益性人际关系”的交流中，促进学生的自我成长以及自我实现。与其说罗杰斯“非指导性”理论总览博收地包括了不强加任何控制，不侵犯他人的“知觉域”，不占领他人的自我空间，不妄想改变他人的意义世界等否定性条件，不如删繁就简，一言以蔽之，所谓“非指导性”就是教育者不再高高在上地以权威自居，“不以自我为中心”。显然，这些主张与道家“自然无为”的原则相当一致，以下我们就来讨论这一问题。

3. 罗杰斯“非指导性”教学与道家“自然无为”思想的契合

道家崇尚自然无为，“无为”主旨在于维护万物的内在的和谐状态，让万物的自主性和自身的力量得以发挥，从而能够自然而然地、自由自在地成长。《道德经》第三章说“为无为则无不治”；第五十七章说“我无为而民自化，我好静而民自正”。这就是说，应当注重行为主体自我内在本性之发展与完善，“自正”“自化”，而不应强行、妄为，使用外力进行粗暴的干预和强迫。这种顺应事物本身发展规律、各便其性、各得其宜的思想在教育实践活动中同样具有深刻的借鉴意义。教育的目的从直观上来讲就是使受教育对象具备基本的知识素养，以及获得某种特定的知识技能作为营生；从更深层次的角度来说，教育活动在于丰富自我内心世界、明确个体人生价值、促进个体自我实现。然而，个体与个体之间必然存在着差异性，如何尊重这种差异性并依据其不同的禀赋因材施教就显得尤为重要。从教育的视角来看，道家提倡“无为”“自正”“自化”，即是强调在教育实践过程中尊重学生自身的个性，使他们独具特色的品格都能自由发挥，所谓因性而动、率性而为。“自正”“自化”主要融摄了四层意蕴：

其一，施教者应该奉行老子所讲“辅万物之自然而不敢为”。人性禀赋于天道而来，天道昭昭，不为尧存，不为桀亡，顺应万物，各自有成。在教学活动过程中，教师不应为受教者群体先在性地设立某种价值标准或偏私取向，而应该遵循学生个体之特征因材施教、量力而行，这也就是《庄子·大宗师》中“不以心捐道，不以人助天”的智慧，即不用心智去损害大道，也不用人为的因素去干预自然。

其二，从积极方面来讲，“自正自化”就蕴含着上文所述的“行不言之教，处无为之事”，所谓“知者不言、言者不知”，世间论教之方法可谓是纷繁杂芜、不可胜数，然而只有这“润物细无声”的“不言之教”才能称得上是最高境界，中国传统文化亦向来注重此道，强调身教重于言教，通过施教者树立良好的道德榜样来感化、引导受教者。正如孔子所说：“子帅以正，孰敢不正。”（《论语·颜渊》）在教学过程中，教师不应流于表面的说教，不应过多地强加控制、强行引导，而应该深入到学生的精神世界，与其建立心灵上的沟通与契合，引导他们体悟到自身的生命智慧，进而顺应其自我的本性演化其未来的无限可能。

其三，教育者应该具备“生而弗有，为而弗恃，功成而弗居”的高贵品质。《道德经》有言：“悠兮其贵言。功成事遂，百姓皆谓我自然。”教育过程的良好开展、教育目的的最终实现自然是为人所期望、为人所称道的，但作为教育者而言则不应居功自守、自是自彰，而应该把这一系列成就自然而然地看作是受教者自我引导、自我化育而来的，否则，一旦教师作为一个强势的介入者存在，就不可避免地会破坏这种良性平衡。

其四，“自正自化”在根本上的目的在于使自我内在之品性、人格之发展豁然敞开，从而塑造抱朴守真、各当其分的理想形态。教育之终极目的是使人“为其所为，是其所是”，这其中就包含了要培养学生自主行为能力的内在要求，显然，这一目标通过常规的强取妄为是不可能达到的。道家之“自正自化”就是要强调在自我化育的基础上正己修身，从而塑造完整性人格，这也是道家教育观在智育、德育以及美育三者的支点所在，使其在自我成长过程中和谐共存、自律自修。

罗杰斯吸收道家自然无为的原则，提出了“非指导性”思想，在教育领域开出了另一番广阔天地。

首先，从思想内涵上来讲，“非指导性”的涵义主要包括较少的“直接性、命令性、指示性”等特征，而是注重较多的“间接性、非命令性以及不干涉性”等要求，以此来突出传统“指导性”思想中的种种弊端。而老子“自然无为”理念则是立足于物各有宜、顺应本性的基础预设，着重强调顺性而为、真诚一致、倡导行不言之教以及处无为之事。就保持主体间性而言，二者的共通性是显而易见的。

其次，在方法路径上，“非指导性”教学模式认为应该在课堂上创造一种受教者愿意接受的气氛，在教学活动过程中充分尊重每一个学生的自尊和个性的自由，相互理解，真诚交流，技巧的东西反而退居其次；“非指导性”教学模式还强调教师角色（领导者）的转变，摒弃教师中心主义或者教师权威主义的陈旧传统，充分了解受教者内心是否舒适、态度是否真诚、行为是否自然、目标是否明确，从而推动整个课堂的动态发展。而道家“自然无为”思想其出发点就正是在于维护万物内在和谐之状态，反对强行妄作，使事物在自发性的主导下充分挖掘自身潜力，从而促进自身力量得以发挥。

除此之外，“自然无为”思想所包含的柔性原则亦强调慈爱、接纳、包容、谦卑、尊重等一系列要求，不仅有助于缓和对象之间的争强好胜、自以为是，更重要的在于提醒人们保持宁静平和、柔顺万物的良好心态。就此而论，“非指导性”与“自然无为”在调治思路、方法途径上亦是有其共通之处的。

罗杰斯坦言他对于老子思想的认同，他说：

> 2500 多年前中国哲学家老子就描述过良好促进者的样子。我非常认同他的观点，也想引用他的话来结束本章：太上，下知有之；其次，亲而誉之；其次，畏之；其次，侮之。信不足焉，有不信焉。悠兮其贵言。功成事遂，百姓皆谓我自然。①

这段话说明，在罗杰斯“非指导性”教学模式中，教师的理想状态应该是老子所推崇的良好促进者的样子。罗杰斯也承认，他的教学理论最重要的目的就是促进学习。反观道家“自然无为”的哲学理念，老子向来主张效法自然即顺其自然，以事为诫而非言语指摘，行不言之教以求无为而治，这些思想都注意强调要使当事人自觉自悟、循序渐进、因势利导，而反对耳提面命、谆谆告诫，二者也是有其共通性的。

然而，需要指出的是，即便罗杰斯“非指导性”教学模式与道家“自然无为”思想在多方面上有其共通性，但毕竟是处于两个相互异质的文化体系之内，也就必然存在着某些不同之处。在罗杰斯看

① ［美］罗杰斯、弗赖伯格著，王烨晖译：《自由学习》，北京：人民邮电出版社 2015 年，第 28 页。

来，“非指导性”并非“不作指导”，而是以一种开放式的心态进入到对象的精神世界与意义世界之内，体验到对象的情感与心灵变化，从而引导对象更充分地了解自我、发展自我、完善自我。老子对于他人或外在的介入持否定态度，他认为人的本真状态就是“复归于婴儿”，是希望消解人类文明带来的异化和虚伪而回归纯朴本性的自由存在，这也是老子排斥流于形式之道德主义的重要原因。如果说，罗杰斯的“非指导性”思想表现为一种积极的进入，那么老子的“自然无为”则表现为纯朴本性的回归。当然，前者是从心理治疗学以及教育学的实践领域出发，而后者则重在个人修养，这一点是需要区分开来的。

第三节　罗杰斯的“创造性”理论与道家思想

在罗杰斯的教育理论中，对创造性的追求与探讨是其重要组成部分，这亦与其“自我实现论”是紧密相关、前后相连的，但长期以来，“自我实现论”极负盛名，从而导致人们忽略了对罗杰斯“创造性”“机体潜能说”等教育理论的关注。实际上，罗杰斯的“自我实现理论”内在地包含了“机体潜能说”和“创造性”。

1. 创造性的人

在教育教学过程中，如何能够不断激发潜藏在受教者内部的各种潜能，使学生了解自我、发展自我以至于完善自我，从而达到自我实现的终极目标，成为一个知情意三者圆融贯通，具备自我独立性、良好的判断力、丰富的创造性、真实诚恳、值得信任的“完整的人”，这是罗杰斯从始至终孜孜以求的教育诉求。应该说，这既是罗杰斯讨论学习问题的出发点，亦是其归宿点。

“创造性”一词在不同的语境中具有不同的涵义，在心理学的研究领域中更是一个复杂现象。罗杰斯认为，一个具有“创造性的人”应该具备如下特征：“他信任他自己根据环境而形成一些新关系的能力，他将是那种自己形成创造性产品和创造性生活的人。他将不会被迫‘适应’文化，但是在任何时候、任何文化中，他会建设性地生活，随着对社会需要的适应被满足，他会对文化保持适度的协调……”①实际上，这段阐述可以看作是对罗杰斯所提出的“完整的人”的同义转换，即有创造性的人身处于任何新的环境中，都能够通过个体情感与理性等因素了解自我、更改自我概念、主导自我行为，进而将自我的精神世界与外部环境有机结合起来，在知情意各个层面上实现整体发展。

罗杰斯之所以对人性有着这样的乐观估计，首先得益于他坚信每个人都具有自我实现的倾向，每个人都内在地包含着极大的创造性，至少是有创造性的潜能存在。在罗杰斯看来，认识到这一点对我们的创造性教育至关重要，因此，我们可以发现，在罗杰斯的教育理论中，无论是“非指导性”的教育模式还是“自由学习观”，其旨趣都注重于强调激发自我创造意识和创造动机。同时，罗杰斯还认为这种内在于机体的创造性潜能并不会自然而然地显现，而是需要制造一系列外部条件配合坚持不懈的自我努力才能释放和表现出来。随着现代生物科学技术的发展，罗杰斯关于人先天地具备创造性潜能的观点亦得到了部分证明。

创造力是一个民族立于世界之林的根本动力。如何从长久以来教育领域中那种单纯的知识性灌输与智力培养走向个体之全面发展，罗杰斯的这一理论毫无疑问是具有指导意义的。

2. 创造性的条件

罗杰斯一再强调，个体内在的创造性由潜隐走向现实并非一个自然生发的过程，而是需要一系列内部构成与外部条件的协调共进才能达成。对于创造性的内部构成，罗杰斯试图从自我机体与环境的

① Rogers, Carl R. *On Becoming a Person: A Therapist's View of Psychotherapy*. Boston: Houghton Mifflin, 1953, 193.

交互关系中寻找答案，并由此提出了创造新内部条件的三个层面。

其一，对经验保持开放，在某些场合又被翻译为充分感知现实。在罗杰斯看来，个体之所以不能在更大程度上发挥自我的创造性，主要是由于在他们的心理层次上存在一种防御机制，对自我身处其中的环境和所经历的生活经验拒不承认或者是以一种带有个体偏见的方式看待它们，从而使得作为主体的人陷入到各种条条框框中去，而难以对自我意识及外部事物作出自己的判断与理解。因此，保持对经验的开放性有助于突破心理防御机制所造成的壁垒，所有外在体验均与内在情感相一致，个体亦可以自由地感知、觉察、修订、吸收及接纳外部事物。当这种内外之间的矛盾趋于消弭时，人们通常能够领略到超出常规思维限制的不同体验，这样就有更大可能产生具有建设性的创造力。

其二，一种内部的自我评价。这并非意味着罗杰斯完全摈弃了来自他者的评价方式，而是强调在创造性的培养过程中应以自我评价为主，他人评价为辅，这样有助于个体增强自我独立性。无论如何，在罗杰斯那里，真正的创造活动只有创造者自身才能把握，同时，历史亦多次证明，具有重要影响力的创造在初现端倪时往往被外界视作无用之物。

其三，把握基本要素和原理的能力，这一点在罗杰斯的创造性理论中较于前两者而言其重要程度是次等级的，但它同样是培养创造性不可或缺的内在构成。

除此之外，罗杰斯关于创造性外部条件的阐述则更多地偏向于构建一种和谐、促进、接纳与安全的外部环境，主要包括增强自我的心理安全感与心理自由度两个方面。罗杰斯并没有脱离心理学的领域去谈创造性的培养，他意识到，上述那些内部构成只有在适宜的环境中才能无所遮蔽地显现出来，从而激发人的创造性潜能。所谓增强心理安全感主要包括重视个体的价值与尊严，提供较少外部干预及外部评价的良好环境以及彼此之间的共情理解。而心理自由主要是指“教师、父母和管理者允许个体能够象征性的充分思考，完全表达他的感受，充满乐趣的自发把玩感知对象的概念和意义”①。罗杰斯充分注意到了外部干预与外部威胁对自我心理防御机制的固化，因此，极力主张个体需要在没有压力的状态下自行选择，从而主导自己的思想与行为，构建自身的创造性人格，用中国传统文化的话来讲，亦可以表达为“海阔凭鱼跃，天高任鸟飞”。

3. 创造性目标：自我实现

罗杰斯“非指导性”教育原则其主要旨趣就在于促进学习，而其最终指向则在于要使当事人成为真正的自己，促使受教者在“发现自我”之历程中逐步走向“自我实现”，面对他者真诚而豁达，面对自我本真而自然。显然，这与道家抱朴守真的主张相通。

在罗杰斯早期的心理治疗临床实践中，他就注意到当事人在接受心理咨询前后的某种变化，其著作《当事人中心治疗——实践、运用和理论》中说：“在治疗早期，人们生活在他们从别人、从他们的个人文化环境那里内化的价值观中。随着治疗进展，当事人意识到他们是在带着别人的想法生活，他们不是在成为真正的自我。逐渐，他们认识到他们可以在自己的情感、自己的体验上进行价值判断。价值体系没有必要是外来强加的，而是体验到的某些东西。”② 应该说，罗杰斯的观察是敏锐而富有洞见的，个体从诞生之日起，就必然是生活在某种群体性伦理之中，他们的言行举止、行为观念、价值取向乃至于人生目标都受制于他们所存在的那个文化体系，须臾而不可离，用马克思的话来讲，这是人们赖以生存的社会性基础。然而，罗杰斯毕生的工作就在于促使人们尽可能少地禁锢于外在强制性影响，尽可能减少与自我组织相矛盾的知觉，以此转向对于自我价值感的提

① 豆宏健：《基于个人成长和自我实现的创造性——卡尔·罗杰斯的创造观》，《甘肃联合大学学报》2006 年第 4 期，第 110—113 页。

② ［美］罗杰斯等：《当事人中心治疗——实践、运用和理论》，第 130 页。

升，伴随着更加精确的内在体验而发现一个新的自我。在罗杰斯的整个思想体系中，他所讲的“发现自我”应该被理解为：

> 把自我看作有价值的人，把自己看作是值得尊重的，而不是被谴责的人；就是把他的标准建立在自己的经验之上，而不是建立在别人的态度或欲望上；就是察觉到他自己的情绪、动机、社会和个人经验，而不带有对某种感觉材料的歪曲。①

在罗杰斯“非指导性”教育原则中，“发现自我”具有同等的重要地位。这首先是由于现代社会对于寻求同一性的迫切需求，当然，这里所讲的同一性是指个体与自我的同一性。罗杰斯认为，在过去的社会，人们对于自我同一性的问题并不重要或者说根本不存在这一问题，因为他们的身份本来就是与生俱来、难以更改的，比如农奴终其一生都是农奴，工匠的后代也必然继承父业成为工匠，女性则世世代代都是丈夫的附庸或者仆人，那种对于自我同一性的探索是可以被“悬置”起来而不用苦苦探索的。而在现代社会，个体的生活状态脱离了家庭组织、社会阶级、宗教信仰或者国家层面的决定性作用，因此，在罗杰斯看来，自我的同一性是现代社会特有的问题，而对于年轻人尤其是学生而言，则在具有更多可能性的同时往往也承担着更多的重负。有鉴于此，“非指导性”教育理论对这一问题亦尤为重视。

然而，即便“发现自我”的征途可能要担负各种风险，罗杰斯认为我们也不能固步不前，并且提出了通往自我道路的两条途径。

第一，咨询。无论是在心理治疗还是在教育领域中，通过“咨询”来发现自我对于治疗师或者教师的存在方式是尤为重要的。首先，要求他们真实或真诚，内部情感和外部表现应该是一致的，这样有利于当事人或受教者卸下他们的自我防御机制；其次，非占有的、不作评价的关注，这主要是为寻求帮助或学习的对象提供一个安全

① ［美］罗杰斯等：《当事人中心治疗——实践、运用和理论》，第121页。

舒适的环境和氛围；最后，治疗师或教师要保持一种用同理心的方式进行倾听的能力，以便促使来访者或受教者对自我的内心世界予以接纳性的理解。罗杰斯说："如果一个人想成为自我，成为一个名副其实的独立的人，从他人那里寻求信任、接纳和爱是非常重要的。"①

第二，学习小组。罗杰斯注意到，在现代社会，越来越多的人有参与团体的经历，因此，必须从那些他们长时间处于其中的环境中促使他们"发现自我"，对于学生而言，在他们理解和接受自我的过程中提供可以增加成长经验的团体则意义非凡。有些学生向罗杰斯反馈道："我感到我确实正在从各种'应该'和迎合他人的期望中抽身离开，因为我不必一直取悦于他人，我能成为我自己，真实地意识到自己正在经历什么，这不是罪过，我确实有这样的权利。"② 另外一些学生则说道："我真正需要做的，我唯一的责任，就是成为我自己。我珍视自己作为一个人所拥有的一切——我的依赖需求，我的恐惧，我的求证需求，我的不足和局限，以及我对他人温暖的感觉，我的知识、能力和潜力。"③ 显然，从这些自述中我们能够看到与传统教育模式的区别所在，这是一种将"可能性"转化为"现实性"的"自我发现"。

如果说，"发现自我"是罗杰斯"非指导性"教育原则中通往自我之路的主要途径，那么，"自我实现"就是罗杰斯教育理念的终极诉求了。"自我实现"理论首先是由人本主义心理学开创者马斯洛在其需要层次论中提出来的，指那些对自我生命感到满意，在发挥自身潜力的同时具备充分创造力的人，他们往往比一般人更真诚、对外部世界有更少的防卫，对自己及他人都抱着理解和接纳的态度。而在罗杰斯那里，"自我实现"则更多地表现为个体完全参与到自我的生命

① ［美］罗杰斯、弗赖伯格：《自由学习》，第59页。

② 同上，第60页。

③ 同上，第61页。

体验之中，无论是忧伤或快乐，都是自主性选择的结果，概而言之，在直观上我们就是真实的自己。显然，罗杰斯也是站在人本主义心理学的角度来论述教育之目的，他认为，人的形成及发展就是个体自我内在潜能的外化与实现，因此，教育的真正目的并非知识性的，而是在完全开放的前提下促进受教者自我潜能的释放，使之成为一个“充分发挥作用的人”。

罗杰斯进一步论述了“自我实现”人格特征的四重要素：

其一，整体性。所谓“整体性”主要是指主体在知、情、意三方面是圆融无碍的，这不仅仅是表现为自我在精神、心灵、身体、情感等方面的统一性和完整性，而且表现在内部世界与外部世界的和谐一致。

其二，动态性。在罗杰斯看来，人之生命并非一种恒常不变的状态，而是一个日生日成的过程，因此，“教育目标务必是培养对变化开放的、灵活的和适应的人，学会怎样学习并且能不断学习的人。只有这样的人，才能建设性地处理某个领域的复杂问题”①。

其三，建设性。这一点在罗杰斯的人性理论中就已经显露出来，他相信人在实质上是积极向上的，能够促进自我向良好方向健康发展，并且适应社会文化环境的变化。

其四，创造性。罗杰斯将创造性视为人之自我实现的本真表现，培养创造性的过程也就是个体自我和谐发展的过程，二者具有同一性。罗杰斯还进一步提出创造性之实现的三个内在条件，即对经验保持开放、内源性评价以及把握基本要素和概念的能力。

归根结底，“创造性”教育思想在罗杰斯的教育理论体系中，被视为一种成熟圆融、自由而真实的人格特征，并且从注重创造性产品过渡到了注重创造性意识本身，这在逻辑转换上颇有些类似于“授

① 钟启泉、黄志成：《美国教学论流派》，西安：陕西人民教育出版社1993年，第250页。

人以鱼，不如授之以渔”的中国古代寓言，培养创造性人格的过程实际上也就是“个体自我实现”的过程。教育是一个国家、一个民族的根本大计，近年来我们对于教育的反思可以说是此起彼伏、逐层加深，尤其是注意到应试教育偏重于受教者认知层面所导致的弊端时，人们对于个体创造性的培养也慢慢提上日程，构成了当前素质教育的重要组成部分，但是对于理论如何在实践中得以贯彻的问题似乎还没有统一答案，尚有待进一步商榷与讨论。无论如何，罗杰斯关于创造性人格的塑造与“自我实现理论”的探讨都应该引起我们的足够重视，正如罗杰斯的女儿，同为美国心理学家的娜塔莉·罗杰斯博士所说的那样：“我的父亲卡尔·罗杰斯是一位静悄悄的革命者。”如今，罗杰斯已经溘然长逝，但他在心理学以及教育学领域所掀起的波澜似乎方兴未艾。

4. 罗杰斯“创造性”教育理念与道家思想的共通性

罗杰斯“创造性”教育论与道家“道生万物”的创造论思想亦颇多共通之处，主要有以下几点：

首先，道家认为人性取法于道，“道”本身是无为而无不为的，因此，作为“道”在个体自我身上的显现，人性也是蕴藏着无限的创造性潜能；罗杰斯从“自我实现理论”出发，认为每个人都内在地包含着极大的创造性潜能，通过这种创造型人格的培养最后又回到“自我实现”的终极诉求上来。总起来看，无论是罗杰斯人本主义教育论亦或是道家思想，都对人性保持着乐观的期待，并且进一步认为这种创造性是先在地潜藏在自我本性之中。

其次，在创造性由隐晦走向显现的过程方法上，道家与罗杰斯同时注意到了内部构成与外部条件的协调作用，即都认为蕴藏着人身之中的创造性并不会自然生发，而是需要在一定的场域中才能得以激发出来。道家认为创造性的培养需要从两个方面加以努力，一是充分认识到人之本性各自互异，应该立足于其本性所长发挥作用而不是千篇一律地追求某个普遍化的目标，用道家的话来说，也就是

“物各有宜”“各便其性”；二是要遵循客观规律，不可强行妄作，要在自然法则所允许的可能性空间内发挥自我作用，即“知常曰明，不知常，妄作凶”。罗杰斯从培养创造型人格的内部构成和外部条件两方面加以论述，认为要塑造个体的独立自主性，个人的创造性活动只有自我本身的评价才能被充分把握到；同时在外部条件上则认为要提供一个和谐、宽容、舒适、同情、吸收以及接纳的良好环境，作为教师而言应该更多地充当一个促进者而非主导者，这与道家思想应该说是有契合之处的。

最后，从理想人格的终极目标来说，道家追求“真人”“至人”“圣人”，此三者都具备趋往自由之域、自作主宰、接通人己之壑的人我关系以及超越小我之限的体道合真，在这种高远和充实的精神境界与意义世界中，人体自我的创造性也才能够得到最大程度的发挥与塑造。罗杰斯则认为创造型人格的塑造其本身就与“人的自我实现”密不可分，并且提出了要培养“完整的人”和成为“独特的那个人”等终极目标。实际上，从罗杰斯的相关阐述中，我们能够清晰地感受到所谓“自我实现”与道家所讲的体道合真有着某种类似之处，都体现着自我价值的最大化，精神境界与意义世界的极度充裕与丰富，摆脱外物诸多限制，个体完全成为他自己，如马斯洛所讲的“高峰体验”就与庄子所描述的“坐忘”“心斋”的状态有共通之处。

然而，罗杰斯所讲的“完整的人”与道家的“真人”“至人”“圣人”依旧不可简单地等量齐观，对两者之差异也应该有清醒的认识。在道家那里，“真人”是要去除外界所强加的所有道德规范和价值理念，尤其是泛形式主义的伪仁巧义与各种刑名峻法，所谓“复归于婴儿”，就是要求人们按照最初本性来生活，追求“以内乐外”的精神境界。老子主张：“致虚极，守静笃，万物并作，吾以观复。夫物芸芸，各复归其根。归根曰静，静曰复命。”而在罗杰斯“非指导性”理论中，所要摈除的只是外界的限制与束缚，与此同时，要谨守自身的精神世界与意义世界，按照自己的情感体验与价值理念创造性地发展自我，无论如何，在罗杰斯这里，还是为某种语言所能规定的文化内涵留下了很大余地。如果说，道家“自然无为”是一种减损性的修养方法与终极关怀，那么，罗杰斯“创造性”教学论就是一种有条件的增益性规范原则；如果说，道家所主张的乃是一种自然主义取向的哲学观念，那么，人本主义思潮就是一种个人主义的价值取舍；就“成为真正的自己”而言，这两者之间的确有其相契合之处，但是就具体内涵而言，这两者又是有所不同的。

第四节　罗杰斯“学习者中心”教育论与道家思想

在关于罗杰斯教育思想的相关研究中，通常将“学生主体”与“学习者中心”作为同义语词相互置换，然而细加辨析，就不难发现至少此两者从概念边界、统筹级别两个方面有所区别。从概念边界来讲，“学生主体”往往与“教师主体”相对应，主要是针对在课堂教学实践中教师与学生的互动关系而言，前者强调以学生为主、教师为辅，后者则反其道而行。在罗杰斯这里，离开了课堂情境，就很少再使用“学生主体”一词了。而“学习者中心”则是由“当事人中心”衍变而来，其概念外延并不仅仅局限于“学生”，而是适用于任何教与学的互动情境之中。此外，从统筹级别来讲，“学生主体”是“非指导性”教育原则下的一种方法论，不单独构成一种思想理论。而“学习者中心”则是罗杰斯整个教育理论几大板块的构成部分之一。因此，“学习者中心”相较于“学生主体”而言，前者具有更广的外延、更高的概括以及更完整的内涵。以下则进一步讨论关于“学习者中心”的相关内容。

1. 从“当事人中心”到“学习者中心”

“学习者中心”理论是对“当事人中心”疗法的拓展。“当事人中心”又被称为“以人为中心”的疗法，是罗杰斯心理咨询或治疗理论的宽泛总称，基本涵盖了罗杰斯整个临床及学术生涯的集中主题。与20世纪其他人本主义心理学家一样，罗杰斯认为在此前大化流行的行为学派与精神分析学派过于注重严格以至于近乎刻板的研究方法、谨慎以至于近乎僵硬的逻辑分析，而在很大程度上忽视了人本身的情感体验、主体价值以及自我主宰等问题，简而言之，在罗杰斯的理论认知中，“人之为人”的本质存在应该优先于人作为手段或对象的工具存在。有鉴于此，罗杰斯在大量的个案研究之基础上提出了以“当事人为中心”的人本主义心理治疗学。

这种疗法的核心假设可以规约陈述如下：“个体在其自身内部有着广阔的潜力可用于自我理解，改变自我概念、态度和自我导向的行为——并且只要向其提供具有促进作用的一种可界定的氛围，那么这种潜力就能被开发出来。”[①] 那么，何谓“可界定的氛围”呢？罗杰斯继而提出，无论是处于治疗师与患者的关系中，还是父母与子女的关系中，领导者与下属的关系中，教师与学生的关系中，这种促进成长的氛围都至少应该包括三个条件。

第一个条件就是真诚、真实或恰当，又被称为真诚透明原则。以心理治疗为例来讲，治疗师在面对前来咨询问诊的患者时，应该卸下自己的职业面具，毫不隐讳地表达出自己此时此刻的真实情感与友善态度，真实地表达，真诚地交流，那么，在这种双方都处于坦诚相待的氛围中，就有更大可能以一种建设性的方式帮助当事人认识自我以及获得成长。

第二个条件就是接纳、关心或称赞，又被称为无条件积极关注原则。罗杰斯认为，来访者或者说当事人自身具备主导治疗进程的能力，作为咨询师，更重要的是以一种积极的、倾听式的、非评价的以及涵容接纳的态度作辅导性工作，包括理解当事人在接受治疗时所

① ［美］罗杰斯著：《罗杰斯著作精粹》，第120页。

体验到的任何情感——犹疑、悲伤、困惑、恐惧、愤怒、愉悦、良善、爱或自豪等，罗杰斯将其称为“非占有的关心”。

第三个条件就是共情理解，又称为同感原则。这意味着治疗师设身处地地把握到当事人正在体验的个人情感与自我认识，在最理想的情境中，治疗师甚至能够深入到当事人的私人世界和精神领域当中，不仅可以全面理解当事人所意识到的个人价值，而且还能够把握到当事人所尚未意识到的多种意义。罗杰斯说：“对于这种非常特别的、活跃的治疗类型，倾听是我所知道的能促进改变发生最有力的力量之一。”① 在当事人中心疗法的实践与应用过程中，人们发现，既然这一疗法能够促使当事人以自我主导之倾向而建设性地处理其自身的情况，那么，这一思想与方法也同样适用于教育教学领域，推动受教者发现自己的潜力，释放内在的学习之禀赋，从而创造出一种尊重、接纳、理解的良好氛围，使得学习活动更有成效。

作为一位硕果斐然的教育实践和理论家，罗杰斯拥有长达数十年之久的大学教育经历，并且对教育、学习等问题论述甚多，可以说是终身与教育结缘。他将“当事人中心”疗法的理论视域投射到了所有以个人发展为情境的关系如教育学、管理学甚至家庭关系研究中，他提出了“以学生为中心”的教学模式。在1969年出版的《自由学习》一书中，罗杰斯认为，学生先在性的拥有自我实现之倾向，主张以学生的自发性与主动性为学习动力，引导学生将自我认识与自我感受结合起来，从而实现以创造性和自主性为依归的自由学习。

2. 从“教师中心”到“学习者中心”

在近代西方科学教育史上，通常将以德国教育家赫尔巴特为代表的教育思想视作传统教育学派，与此同时，赫尔巴特又被称为“教师中心说”的代表人物。所谓“教师中心说”，即认为在教学过程中，教师处于整个教学活动的主体地位，着重强调教师的权威性以

① ［美］罗杰斯：《罗杰斯著作精粹》，第121页。

及学生相对教师而言的被动状态，教师作为主导者，能够任意塑造学生的特质与个性。在这种教育理论中，教师居于中心地位，对整个教学活动以及教育成果起决定性作用。

“教师中心论”的理论基础可以说是源远流长。早在古希腊时期，这一理论就成为教育的价值取向。柏拉图的教育思想与他的哲学、社会学以及政治学在理念上是一脉相承的。他认为，教育应该为国家培养哲学家和军人，在教育的组织管理上，柏拉图主张国家控制教育，采用公养公育的方法造就人才。亚里士多德则因其名言“人是天生的政治动物”而主张教育的首要任务就是满足政治的需求。无论是亚里士多德所提出的三种灵魂与三种教育、儿童的年龄分期还是其提出的音乐与文雅教育，在一定程度上都是为了培养出合乎古希腊城邦制度以便于更好参与政治生活的公民。

迨至中世纪，宗教神学占领了社会生活的各个方面，甚至高于世俗王权之上，教育也相应被其垄断，这一时期教育的主要任务是培养虔诚的宗教信徒与神职人员，其目的是由满足社会或政治的需求转向了满足宗教的需求。

到了近代，由于文艺复兴及启蒙运动导致了神权的衰败和自我主体性的觉醒，人文主义大行其道，教育亦转化为对社会普遍道德观念的培育和养成，通过个人基础道德信念的巩固及强化来改良社会与人心。例如，西方近代教育理论之奠基者夸美纽斯就主张通过教育使人自身获得和谐发展，通过教育提升社会道德习性，并以此促进各教派、各民族之间的平等与融会；德国教育家赫尔巴特则认为教育的主要目的在于塑造儿童的道德观念，由观念形成意志，由意志转向性格，最终由性格达成美德之圆融。

可见，不论是在古希腊时期、中世纪亦或是近代以来，教育同时具备了满足社会需要的工具性价值和满足受教者需要的本源性价值。但无论如何，两者相较之下，满足社会需要始终都处于高阶地位，这也就造成了自古以来“教师中心说”的长盛难衰。此外，教育目的上的职能主义也构成了“教师中心论”的理论来源之一，在传统社会，教育从来都是承续传统而非面向未来。在古希腊时期，教育的主要目的在于培养军人、哲学家等各安其位的身份意识，中世纪则是为宗教培养虔诚的信徒与神职人员，近代以来教育开始转向个体，但终究也是为了社会的良性运转而服务；在中国古代社会，我们也有“见贤思齐”“士希贤，贤希圣，圣希天”的传统。概而言之，传统教育观在受教者应该成为怎样的“人”这个问题上早已设立一个先在性标准，而教师作为从社会成员中选取出来的代表，自然占据了教学活动过程中的主宰地位。

教育理论中的“学生中心说”比之于“教师中心说”为晚出，并且是在长期批判传统教育理论的过程中衍生而来，直到20世纪美国实用主义哲学家、教育家杜威才旗帜鲜明地提出“儿童中心说”，他认为教育应该发展学生的个性，相信他们拥有自我完善的倾向，并且要求教师充分融入到学生的活动之中，“儿童是起点，是中心，是目的，一切措施都要围绕儿童制定”①。然而，“学生中心说”的理论起源却可以追溯到西方人本主义教育传统，这一思想流派的核心主张简要陈述如下：人是目的，而非工具；充分肯定个体的尊严与价值，倡导个性解放；重视人的全面发展、德智并重、身心兼修；反对死记硬背、胁迫教学和责骂体罚；强调学生本有之个性，发展其自在之人格，正视学生身心特征与个性差异；善用启发式教学与引导式教学来激发学生的学习积极性等。这一思想理念在20世纪被罗杰斯及其他人本主义心理学家广泛接纳并融入到他们自身的理论之中。

以罗杰斯为代表的人本心理学家认识到传统教育观念的弊病，它将学生置于可塑的被动地位，在强调对学生做引导的同时却忽视了受教者本身的活力与潜能，进而对人的个性与自由造成了极大压

---

① 吴杰主编：《外国现代主要教育流派》，长春：吉林教育出版社1989年，第53页。

迫和束缚。一言以蔽之，传统理念那种主知主义倾向严重割裂了生命力饱满的教育生活。

如前所述，罗杰斯在长期的心理治疗临床实践中创建并成功应用了“以患者为中心”疗法，他认为，在治疗过程中可以依靠患者自身的能力来建设性地处理他自己的情况，那么，为什么不能够在教学过程中运用这一思想与方法呢？在 1952 年于哈佛大学作题为“影响人类行为的课堂方法”之研究时，罗杰斯发表了他学术生涯中最为简短而又最负盛名的文章之一——《对教与学的个人观点》，在这篇论文中，罗杰斯正式提出了他非指导性的教学哲学，并且将他自认为最重要的“以学生为中心”的讨论方法完全展现出来。在这篇论文中，罗杰斯说：“我发现对我来说，最好的也是最难的学习方法之一就是抛开我自身的防御机制，至少是暂时的，并试着去了解他人的体验和感受方式是怎样的。”① 这一提法与罗杰斯人格理论中“自我”观念前后相承、一以贯之，在此之前有些人认为掌握知识的程度与自我并没有太大关系，而罗杰斯则指出学习能够引起自我改变，当自我组织结构处于放松或者扩张时，那些即便与自我经验不相容或者不一致的东西也能够被吸纳进来。这一点应该是罗杰斯“学习者中心”教学模式的重要突破，也是其打通心理学与教育学的节点所在。

3. 从“学习者中心”到“自由学习”

罗杰斯“学习者中心”教育论是在长期的心理治疗学临床实践中演变而来，并在其后数十年的历程中广泛应用于各级各类教育实践之中，深刻地影响及改变了人们对于教育教学的传统认知，同时引发了几乎是全世界范围内的教育改革风潮。罗杰斯于 1952 年在哈佛大学关于“影响人类行为的课堂方法”之会议中发表了《对教与学的个人观点》一文，并在这篇论文中正式提出了“学习者中心”教

① ［美］罗杰斯：《罗杰斯著作精粹》，第 258 页。

育模式。在1967年公开发表的《在促进学习中的人际关系》中纲领性地阐述了罗杰斯关于教的过程与学的过程之总体看法，其中包括在教学过程中得以促进学习的人际关系具体如何？促进学习的特征或品质应具备哪些？以及什么是促进态度的基础？罗杰斯对这些问题进行更为深入的思考，因此，这篇文章可以看作是罗杰斯又一部重要著作《自由学习》诞生前的奠基之作。

在对于现实教育实践中存在的诸多问题进行反思的基础上，罗杰斯的“学习者中心”教育论进一步发展为“自由学习”思想。20世纪之初，美国教育界的主流指导思想是实用主义哲学家杜威的进步主义教育理论，并在30年代达到全盛时期。然而，由于进步主义教育不注重学业与考试，鼓励艺术与手工制造，在第二次世界大战以后，人们逐渐意识到这种教育思想对于知识积累与技能掌握并无多大提升，同时其自身指导思想和理论基础的多元性又与运动的相对统一性原理造成理论与实践上的对立冲突，再加上苏联政府于20世纪50年代人造地球卫星的成功彻底警醒了美国教育界，开始着重强调知识教育以及提高教学质量。在此后相当长的一段时期之内，进步主义思想饱受诟病与批评，内部分裂与外部忧患终于使得这一教育理论失去了它的统治地位，逐渐走下神坛。20世纪60年代，心理学家布鲁纳以结构理论为基础依托进行课程改革，企图缓解杜威所遗留下的教学内容之心理程序与逻辑程序相矛盾的问题，但最终还是在学校教育混乱不堪、社会群体怨声载道以至于学生的暴动骚乱中宣告失败。面对这种情况，罗杰斯的反思尤其值得注意：“就整体而言，我们的教育制度是这世代中最保守、最传统性、最僵化、官僚习气最重的制度。它能掌握着现代生活的真正问题吗？抑或它在本身的传统氛围重压下，继续被认同和被退化的社会压力所束缚。”① 如今看来，罗杰斯批判现代教育的这番话即便已经过去半个世纪之多，然

① 车文博：《人本主义心理学》，杭州：浙江教育出版社2003年，第436页。

而在当下社会依然可谓真知灼见，一针见血地指出了教育在制度上的缺陷与面对多重社会压力的无可奈何。有鉴于此，罗杰斯大声疾呼："对传统教育的修修补补是不行的，必须从根本上进行全面而彻底的教育改革，真正地建立起以人为中心、具有民主精神的人本教育新体制。"①

罗杰斯迫切地认识到，现有的教育及学习之环境需要改变。在他的探索过程中，长期的心理治疗临床实践中积累的大量案例与模型为这种改变提供了宝贵的经验和思想资源，帮助他从"当事人中心"走向了教育学领域的"学习者中心"，而由"学习者中心"又发展到了"自由学习"理论。这一理论经过多年的探索和实践，在《自由学习》一书中得以进一步完善与升华。1969 年，罗杰斯的《自由学习》终于出版发行，此书一经面世，即引起了美国教育界的广泛讨论，同时在各大校园中也竞相传阅。据本书中文版译者伍新春所言："我在伊利诺伊大学的图书馆看到，本书的各个版本是借阅率最好的图书之一，磨碎程度也相当高，并且已经换了好几次包装的封皮，我直观地感受到该书是如此深受美国师生的喜欢，因此当时译介本书的冲动就更强了。"② 此书之影响力由是可见一斑。

我们看到，罗杰斯的思想体系具有前后相承、一以贯之的特点，就"自由学习"理论而言，这与罗杰斯的哲学观、人性观以及心理学思想均紧密相连，也自然构成了"自由学习"的理论渊源。

在哲学上，罗杰斯继承了克尔凯郭尔与马丁·布伯的存在主义传统。如果说过去的哲学主要是外向性的，即主要研究个人以外的世界及其自我与世界的关系，那么存在主义哲学则可以说是内向性的，即以个人的存在为中心，而不再是对抽象的人或者是在社会中存在

① 郝国元：《罗杰斯自由学习思想的研究》，上海师范大学教育学硕士论文，2013 年。

② ［美］罗杰斯，弗赖伯格：《自由学习》，2015 年，序言。

的整体的人进行思考。克尔凯郭尔认为每个人都是独立存在的个体，并且在自我生命过程中能够察验到内心的情感与信念；而马丁·布伯则将关系而不是独存的个体看作世界的本体，在自我与他者的直接作用相互回应中消除一切芥蒂，以达到无障碍的圆融境界。实际上，罗杰斯也非常强调自我意识、自我体验、个人选择、个体自由以及主观经验等存在主义的基本命题，这也与他自由学习中的“学习者中心”思想若合符节。在人性观上，罗杰斯最为著名的论断就是，人有一种自我实现的倾向，总是朝着健康良好的方向发展，并且认为这种倾向并非为人类所独有，而是存在于整个生命世界中，就像一粒种子，只要给它提供适宜的土壤、水分、阳光等条件，就能以其顽强的生命力与求生欲破土而出，继而长成一棵参天大树。罗杰斯把这种自我实现的倾向概括为：“每个个体都有一种保存自己，如果可能的话增强自己，最终再生自己的趋势。对我来说，这一趋向成长趋向保持和增强有机体的基本倾向，是所有动机的核心。”① 因此，罗杰斯教育思想的本质就在于促进学习者的自由学习，教师所扮演的角色应该是良好促进者而不是强势主导者，使学生真正成为自己生命的建筑师，构筑自己人生的大厦。在心理学上，罗杰斯旗帜鲜明地反对以弗洛伊德为代表的主张本能冲动驱使人格发展的精神分析派，同时反对行为主义那种认为后天环境决定自我人格结构的机械派，承续了马斯洛人本主义心理学，强调人的本质与正面价值，不再注重于研究人的问题行为，主张个体内在地具有自我实现的动机，在自然条件下能够最大程度地激发自身潜能。正是这些理论基设构成了罗杰斯心理学人格框架的几个核心部分：自我及其人格的发展，自我实现的倾向。因此，罗杰斯在其《自由学习》这部著作中，反复强调要在学生学习的过程中营造出自由、尊重、同情、理解的心理氛围，引

① 李强，谭华：《大家精要：罗杰斯》，昆明：云南教育出版社 2011 年，第 27 页。

导学生进行有意义的学习而不是纯粹知识性的积累，去除自我防御机制，成为真实的自己。应该说，这是罗杰斯将其心理学与人格理论应用于教育教学领域中的一次成功实践。

4. 自由学习理论与道家思想的一致性

自由学习理论与道家的主张有相当大的一致之处。首先，老子认为，人性中具有自主的特征。就罗杰斯而言，驱使自我行为的动机不在个体之外，而是蕴藏在人性之中，他甚至明确反对这样的观点：即人从根本上缺乏理性，人的冲动如果不加以控制就会导致对他人和自己产生破坏性后果。这尤其说明罗杰斯相信人是兼备自主性与主体性的个体，而并非随顺外物、亦步亦趋的木偶。老子则从圣人治国理政的角度阐明了与罗杰斯人性自主相类似的观点，《道德经》中说："故圣人云：'我无为，而民自化；我好静，而民自正；我无事，而民自富；我无欲，而民自朴。'"在上者持奉无为之道，人民就能自我化育；统治者致虚守静，人民就能正己修身；领导者不多生事端，人民就能自然富足；君主少私寡欲，人民就能够质朴自然。老子敏锐地察觉到人民本性之中具备自我发展、自我完善的潜能，进而告诫统治阶级不可对人民大众妄加控制、随意支配。这里的逻辑前提也是认可了人民本性中具有自主性的特征，不施加过多的操纵与控制，人民就能够自己发展自己，自己为自己负责。

其次，在对生命存在之意义与理想人格之塑造上，道家"自然无为"思想与罗杰斯"自由学习"教学思想是有其相通之处的，甚至可以说，在整个人本主义思潮中，我们仿佛都能听到中国道家哲学的千古回声。"从表面上看，道家主张清心寡欲，而马斯洛则主张首先满足人的生理需求，二者似乎相悖，但如果进一步对其需要层次论作全面考察，就不难发现他们的一致性——即追求由底层需要向高层需要的发展。”① 无论是道家“超越小我”“与道合一”的“真人”理想人格，还是罗杰斯“自我实现”的“真正的人”，都强调通过对主体身心的调治、境界的淬炼、自我的认同以利于个体对象更好地发展和生存。

从对自我的关系而言，道家认为“天道”内化于人性之中，只不过受后天各种文化环境的浸染才使得本性不彰、道德不显，因此，道家主张少私寡欲、外身无己，真正“性合于道”的“真人”不屑于苦求身外之物，而是应该超越物质欲望的诱惑而追求自身意义世界之丰富与精神境界之提升，所谓“为学日益，为道日损”就强调了这种在日复一日的修养中去伪存真，最终突破“小我”的种种壁垒，达到与他人、与自我、与天地和谐一致的理想状态，这正与近代大儒冯友兰所讲的“天地境界”如出一辙。罗杰斯则强调自我的世界观、价值观不必建立在他人的强制性影响之下，而是应该依据自我内心之情感体验，通过不断地发现内在本性之诉求，最终在完全敞开的状态下，不违背任何本真的冲动，做最真实的自己，所谓发乎情、出于心。从理想人格之内涵而言，道家之“真人”可以说是兼具“恬淡虚静”“性合于道”“至人无己”“逍遥自适”等多重品格。在面对声色犬马的尘间俗世中，多少人为了权位富贵而白白耗损自己的生命，最后落得蓦然回首一切成空的悲惨境地，正如《红楼梦》中所言：“看破的，遁入空门；痴迷的，枉送了性命……”因此，《道德经》中说：“五色令人目盲，五音令人耳聋，五味令人口爽。”罗杰斯则认为“真正的自我”摈弃了狡诈狂狷的性情，从以往的穷奢极欲回归到恬淡平和，始终以真诚接纳的态度应物待人，只有这样，才能够立足于自我本位，不断创造性地发展自我，最终实现心灵之快乐与精神之逍遥。总而言之，这既是道家理想人格的品格特征，

① 吕锡琛：《试论道家哲学对人本心理学的影响》，《哲学研究》2003 年第 4 期，第 71—76 页。

也是罗杰斯“自由学习”教育思想中的良好心理状态和理想目标。

总之，由于罗杰斯对道家思想的吸收，因此，人们不难看到，道家“自然无为”思想与罗杰斯“非指导性”教育原则在人性论、方法论以及理想人格三方面有其共通之处。就人性论而言，道家摈弃了传统人性观点中或善或恶的两端取向，而主张“天道”内在于自我本性之中，质朴虚静，恬淡抱德。应该说，道家的“人性本朴论”总体上是一种乐观的、积极的、健康向上的人性论。而在罗杰斯那里，他认为自我与生俱来就内在地蕴含着某种“自我实现”的倾向，这种倾向促使着人们总是朝着自我成长、自我发展、自我完善的方向前进。就人性之无善无恶与进取本性面来讲，二者具备相契之处。在方法论上，道家“自然无为”基于“物各有宜”的观点而主张“自便其性”与“自正自化”，要求尽可能减少不必要的控制与束缚而顺应个体本性进入自然本真的状态。罗杰斯“非指导性”教学原则则尤其反对教师的强行干涉与随意指责，认为应该尊重个人价值与尊严，在以学生为主体的范式中促进受教者的“自我实现”。最后，在理想人格的塑造面上，道家强调要摒弃小我、超脱于世、放下世间诸种忧愁苦闷之本因，构建起一个可以“游于无何有之乡”的“真人”形象，只有坚守“抱朴守真”“宁静平和”的态度才能消除种种物我之别而进入一种“参赞天地”的大成境界。在罗杰斯“非指导性”教育原则中则主张要是受教者成为真正的自我，依赖于自身的生活经历与情感体验设定自己的价值观念和人生目标，创造性地在个体发展中促进“自我实现”。就其理想人格的纯粹性与自主性而言，此二者之间的共通性是彰明较著的。此外，道家思想与罗杰斯教育理论均注意到了培养“创造性”人格的重要意义，并对此多加论述。道家思想以“道”作为核心范式而构建其本体论、宇宙生成论以及心性修养论，认为人性来自道性，又因为“道”本身呈现出“无为而无不为”的特征，因此内在地包含着人性之中潜藏着巨大的创造性潜能。而在罗杰斯教育理论那里，创造性人格的塑造与培养本来就是人本主义心理学的重要任务，他注重于创设一系列接纳与宽容、平和与开放、理解与和谐的外部环境，从而激发个体自我内部潜在的创造性潜能，罗杰斯还认为，创造性是一种主体性人格，而并非一种独立的人格类型，这主要是强调创造性还必须上升到更高的精神境界中才能实现自我价值。概而言之，无论是道家还是罗杰斯，都在超越自我这一层面上体现出二者思想的共通性。

然而，我们也必须注意到，道家思想尤其是老子思想是诞生在两千多年以前，这与罗杰斯的人本主义心理学在人性观上必然存在着诸多差异。道家哲学更倾向于珍视个体心性修养以求内在超越，而人本主义心理学则在强调自我实现的同时，还颇为注重文化及环境的影响，认为环境与文化对人性的发展具有促进或抑制作用。因此，无论是马斯洛还是罗杰斯，都比较强调需要通过改革和教育来营造良好的社会氛围，从而发展人之本性的积极方面，这些都是古老的道家思想所难以企及的。道家思想与罗杰斯的教育理论毕竟在其产生背景、理论根源、适用范畴等方面有着本质上的差别，因此，在讨论它们的共通性时亦当指出二者的异质性。在文化全球化日趋发展的当代社会，我们既要积极投身于文化交融互汇的大潮中去，以兼容并蓄与开放接纳的态度迎接各种文化，同时也要巩固自身文化地位，加倍辛勤地耕耘自家的文化沃土。

第十二章　道家智慧在西方管理领域的应用

自20世纪以来，《道德经》译本开始进入西方百姓的日常生活，其通俗化与民间影响都在增强，宾纳（Witter Bynner，1944）、冯家福（Gia- fu Feng，1973）与米歇尔（Stephen Mitchell，1988）等的《道德经》译本都多次再版，道脱掉了玄言色彩，成为具有普遍适用性的生活智慧。《道德经》在西方的通俗化促进了道学在社会各个领域的应用，管理领域就是其中的一个重要方面。

第一节　管理领域中崇尚老子的概况

早在19世纪初，道学中的社会政治思想就伴随《道德经》的多次重译而引人注意。汉学家韦利和李约瑟等都有所提及，葛瑞汉（Graham）指出，《道德经》是无为而治的领导艺术，是“自发的统治（Ruling by Spontaneity）”。《道德经》中的这些思想可以方便地迁移到现代社会管理工作中，1968年的《商业视野》（*Business Horizon*）上就指出老子的管理思想，不过没有展开。其后，老子与管理学越来越多地被结合，对此，著名汉学家许理和（Erik Zürcher）就说：“这位古之圣人还扮演了一个最新的角色：道家的‘整体论’被认为是解决问题的灵丹妙药，应该被经理和工业资本家所运用。虽然这看起来使我们发笑，但是，近年来确有许多严肃的和有经验的经营者已开始参加与《老子》相关的讨论会和培训会。"①

此现象被许理和先生当作对道家的并非严谨的运用②，但它从侧面体现出道家在西方管理学界的影响，它为一些西方管理学大师提供了新的思想滋养，他们以道家的"自然""无为"为基础，构建了自己系统的管理思想，这方面有美国的肯尼思·克洛克（Kenneth Cloke）和凯文·凯利（Kevin Kelly）等著名管理学大师。前者在大量公司实例调查基础上否定了传统管理，后者则提出了一个"无控制的控制或自由"的社会理想。

肯尼思·克洛克是一位关注管理实践的管理学家，他与琼·戈德史密斯（Jonathan Goldsmith）花了30年时间在大型企业、政府部门、非政府组织等100多个单位进行调研，最后撰成了《管理的终结》一书，于21世纪初出版，书中列举大量案例论证自我管理的功效，在多处引用了老子的话语。书中说："领导者必须能够与被领导者一起并肩前进，而不是凌驾于他们之上。基于这个原因，民主型组织要求领导者必须能够聆听他人、善于分权、在组织中培养信任气氛和良好的人际关系、友好的合作与协商并解决争端。与此同时，民主型组织中的领导者还必须能够接受和允许别人领导自己。就如中国大哲学家老子数千年前说的那样：'如欲先之，必先后之。'"③ 该书作者区分了三种类型的领导："第一种是专制和控制型的领导人，他为别人负责并替他人决策；第二种是什么都不管的领导者，这种领导者放弃管理职责，并让别人替其受过；最后一种就是民主和协同型领导者，这种领导者鼓舞、激励、授权、批评和支持他人，为决定负最

① ［荷］许理和著，张海燕译：《东西方的老子观》，《国外社会科学》1993年第9期，第34—38页。

② 参见蔡觉敏：A False Dao? Popular Daoism in America, *Journal of Daoist Studies* 2020（01）。许理和先生认为这一"道"并非真实的中国之道，她以为，许先生对这一道家思想的否定有偏颇之处。

③ ［美］肯尼思·克洛克、琼·戈德史密斯：《管理的终结》，第156页。

终责任，并允许其他人员共同参与决策过程。”① 作者紧接着就将这三种类型的领导与老子的相关论述相联系说：“中国古代的大哲学家老子这样描述这三种类似的领导才能：‘太上不知有之，其次亲而誉之，其次畏之……悠兮其贵言，功成事遂，百姓皆谓我自然。’准确来说，无处不在的领导就是‘不知有之’，这种领导随时随地都让人感到非常自然。他总能及时出现，尤其是在紧急情况下。‘不知有之’的领导是民主式的领导，他不以身份、地位、金钱、权力和特权来区分领导者和被领导者。”而作者以“管理的终结”来命名该书，充分表达出对管控型管理方式的否定，他们希望终结强势的控制式管理，走向管理的最高境界，即“没有管理的管理”。这种理想成为贯穿于全书的主线，这显然与老子“无为而治”的宗旨相通。

肯尼思·克洛克否定了上层的强势，与这一观点形成硬币之正反面的是凯文·凯利认为管理应来自下层的观点。凯利运用老子“上德不德”、自然无为等思想阐发其反对控制的管理理念，倡导“无控制的控制或自由”。他发现，此前的控制论实际上并没有取得成功：“控制论群体并没有按照自己安排的解决问题的时间表找到相应答案。几十年后，研究混沌、复杂性、人工生命、包容架构、人工进化、模拟仿真、生态系统和仿生机器的科学家们，将会为控制论中的问题提供一个框架。”② 混沌等复杂生态系统的研究者们，越来越发现整个宇宙自然到生物体中存在一个有机的整体，它们有着自身发展的规律，混沌理论、道家的“阴阳”等被用于描述这些有机体。由此，作者认为人类应该更多地尊重事物本身的规律，而不应该是一个自上而下的控制者。

最后，作者总结说，大自然是“无中生有”，并归纳出“九律”，

① ［美］肯尼思·克洛克、琼·戈德史密斯：《管理的终结》，第162—163页。

② ［美］凯文·凯利：《失控：全人类的最终命运和结局》，北京：新星出版社2010年，第671页。

其中包括“自下而上的控制”和“变自生变”。所谓“自下而上”的控制，其实是在上的控制者并不控制，相反，是让被控制者自身的力量释放出来：“全面控制必须由自身最底层相互连接的行动，通过并行方式来完成，而非出于中央指令的行为。群体能够引导自己，而且，在快速、大规模的异质性变化领域中，只有群体能引导自己。要想无中生有，控制必然依赖于简单性的底层。”① “九律”则包括一条“变自生变”，是指“变化本身是可以结构化的。这也是大型复杂系统的做法：协调变化。当多个复杂系统构建成一个特大系统的时候，每个系统就开始影响直至最终改变其他系统的组织结构。也就是说，如果游戏规则的订立是由下而上，则处在底层的相互作用的力量，就有可能在运行期间改变游戏的规则”②。这里，凯利强调了“变”也是来自底层的相互作用的力量。如此可见，凯利强调整个环境是一个“相互作用”的关联性的整体，更强调这些控制和改变的力量均是“底层”，主张上层要“无为”，让底层自己的力量自下而上地改变整个复杂的系统，最终自然地实现“无不为”。

除了这些提出了系统理论的大师之外，对道家与管理方法之相通有所认识的普通作者也大量涌现，他们结合自身经历写出领导之道，促成了20世纪八九十年代以来大量相关读物的出版。

在这其中，出版较早的《领导之道：新时代的领导策略》（*The Tao of Leadership*：*Leadership Strategies for a New Age*，1985，后文简称《领导之道》）开风气之先，引起了巨大反响，引用高达百多次。该书是将其阐释成领导策略，每章均有配图。成功的经理人 R. L. Wing 紧随其后，写出了《力量之道：通往领导力、影响力和杰出成就的老子指南》（*The Tao of Power*：*Lao Tzu's Classic Guide to Leadership*，*Influence*，*and Excellence*，1986，后文简称《力量之道》）。此后，《管

① ［美］凯文·凯利：《失控：全人类的最终命运和结局》，第693页。

② 同上，第695页。

理之道：〈道德经〉的当代改编》（*The Tao of Management: Lao Tzu's Tao Te Ching Adapted for a New Age*, 1989，后文简称《管理之道》），每章都将道家思想与管理相结合而提出管理策略。

进入20世纪90年代，这股潮流更是汹涌而来。有从管理者角度指出“道”对管理者的指导性作用的，如翻译了多本中国古典作品的Thomas Cleary著有《领导术和战略：中国大师的教导》（*The Book of Leadership and Strategy: Lessons of the Chinese Masters*, 1992）；曾在通用电气公司和全球最大的汽车安全系统供应商美国TRW（天合）汽车集团担任人力资源总监以及培训和组织发展总监的资深咨询师Stanley M. Herman著有《真正的管理》（*Authentic Management*），他为经营管理类报纸杂志写过不少与管理相关的文章，其《工作中的道：领导和跟从》（*The Tao at Work: On Leading and Following*, 1994）重点强调在工作中如何引导而不是控制下属。身兼畅销书作者和学者身份的《宁静之道：身心宁静之路》的作者Diane Dreher写了《个人领导之道》，其书“更进一步地将道教领导原则分离出来，对它们进行定性和解释，证明我们的文化可以如何利用它们”①。该书结构也遵循“道”的原则，分为“阴、阳”两部分，其中“阴”是从个体管理者角度出发讨论了道家中的一些对领导力有影响的概念如“易”“yohaku（虚空即‘无’）”的力量以及虚静等概念的作用；第二部分更多讨论道家领导术在集体层面的运用，如以道教思想沟通和解决冲突。曾经是“财富500强”行政总裁之一的工商管理类专业作家James A. Autry和1984年《道德经》译者米歇尔合作完成了《真正的力量：〈道德经〉中的商业知识》（后文简称《真正的力量》），将道家思想与管理全面系统地融合了起来。

在全书开篇，他总结了自己从几个人的小公司管理者发展到近

---

① Ohnson C. E., "Book Review: The Tao of Personal Leadership," *Journal of Leadership Studies*, no. 4 (1996): 163.

千人的大公司管理者的经历。他说，传统管理者都习惯于“指令/控制”体系，对力量的追求催生了大量的管理学作者和咨询者以及大量管理相关的书。身为高管，他在演讲和管理论坛上都大量引用《道德经》，认为“《道德经》也许是世界上最深刻的领导智慧之书，它讲述了所有真正成功企业的原则。这是许多强大的商业领袖实践过的一种方式，这种领导方式还有其他名称，如‘仆人式领导力’‘基于价值观的领导力’或‘发自内心的领导力’”①。该书分为五部分，包括智慧的领导人、不控制、动机、有效的社区、展望，阐明了包括商业在内的人类活动的所有方面，也体现了道家思想与这些原则的结合。

从道家角度看公司管理，公司则是一个整体系统，管理者应从系统的角度谋求其发展，联合国青年领袖精英班（Global Youth Leadership Academy，GYLA）的创建人祖良荣（Liangrong Zu）就说：“你会发现，当代思想家和领导者恢复的传统道教弥补了现代哲学的不足。道教的古老智慧允许整体观察、系统思考和综合，而现代科学擅长实证主义、还原论和分析。两者的结合将提供一个强大的新型思维平台和范式，这促使复杂和不确定性世界中的我们更加理解适应性管理和领导力的性质和实践。”② 他的书讨论了道教思想与商业的可持续发展，包含了对鼓舞人心、富有同情心的商业领袖的故事的思考。

由此可见，在20世纪，道家思想在管理方面的运用越来越被人关注，这与道家在后现代的流行这一大背景密切相关，关于这方面的内容，我们已在第二章《20世纪道学西用的社会文化背景及理论基

① James A. Autry and Stephen Mitchell, *Real Power: Business Lessons from the Tao Te Ching* (New York: Riverhead Books, 1998), xi.

② Liangrong Zu, *Responsible and Sustainable Business: The Taoism's Perspective* (Springer Nature Switzerland AG, 2022), ix. https://doi.org/10.1007/978-3-030-91117-1, 2023/12/01.

础》中予以论述。道家思想在西方管理领域受到人们的青睐，其直接动力则与《道德经》的特质——可行的生活智慧——有关。

“道”多被人当成抽象的玄理，但早在1868年，《道德经》的早期译者之一、汉学家瓦特（T. Watters）就明确提出“道”是在现实生活中发生作用的。他先列出了“道”的几个义项，其中之一指天、地、人所追求的“进程（course）”，“道生一，一生二，二生三，三生万物”是道从“潜力”到“显现”的过程，它就隐藏在事物的运行中：“当自然（道）只是一种潜力时，其本身不可觉察；但是，它将自己呈现出来，存在于宇宙的万物中都有它的存在和名字，因此，它是人类所能观察的——不是在其存在中，而只是在其运行中。”①

1883年，理雅各结合“道”字中的“辶”分析说：“‘道’表示一条路径，是一个点与另一个点之间的过程。它用一个隐喻比喻行动的过程或生活的方式，并且反复教育这个过程的方法和法则……它不是指理性意义上的‘理性（reason）’，而是指其原因即‘为什么’，以及什么是合理和正确的。不管对它结构的分析有多巧妙，老子赋予这个字的重要意义都使我们的研究变得相当复杂，并掩盖了属于‘道’的‘过程’这一更明显的意义。”② 对“道”在现世世界意义的关注，使得道的阐释与传播者们更倾向于从“道”中阐释出生活智慧。

实际上，整个《道德经》英译本在20世纪30年代到70年代末就是将“道”作为引导人们在现世生活的智慧。管理领域内的道家思想的流行，即是这种现世可用的生活智慧的一种。“中国古代的《道德经》提供了思想原则和有用的参考作为生活指南……如果道包含了一切，那么对道的智慧的理解将有助于更明智的领导行为……

① T. Watters, *Lao-tze: A Study in Chinese Philosophy* (HongKong: "China Mall" Office, 1870), 50.

② James Legge, "The Tao Teh King," *British Quarterly Review* LXXVIII, no. 78 (1883): 83

结合道的要点，这些经验教训表明，管理者应该制订行动计划，以意识到事物的运作方式并激发真正的领导力。”①

有管理实践的管理者从管理学的角度去理解“道”在具体实践中的运用，将《道德经》具化为一条一条的管理原则。如，Stanley M. Herman 在《工作中的道：领导和跟从》中将《道德经》八十一章逐一“翻译”，并且加入了一些浅显易懂而令人印象深刻的故事，从语言角度看，已经完全脱离原来的文本，但在精神上则真正领会了《道德经》的某些精髓。

以其对《道德经》“翻译”的前三章为例，我们先看作者诠释的第一章中的部分内容：

> 你可以选择你的想法和行动。你可以根据自己的观察和体验，把注意力集中在真实有效的东西上，也可以成为最新、最时尚的巴贝尔塔的贡献者……你可以选择成为关注现实的猎手，让自己远离流行的观点，并专注于发现口号背后发生的事情。
>
> 两种路径都有其优点和缺点。
>
> 如果你选择帮助建造这座塔，迟早你会失望的，事情并没有像口号声称的那样发生，你被扔在自己的装备上。如果你选择成为一名抓住现实的猎人，你会发现狩猎并不容易，而且有时会变得孤独。有些人选择一种方式，有些人选择其他方式来度过他们的生活。有些人认为两者都有效。尊重流行但不依赖它们才是对的。②

如果从《道德经》的文本来看，以上这种诠释脱离了原意，与原文对照简直是大相径庭。阐述“有名”和“无名”的辩证统一是第一章的旨意之一，而作者在这里则提出根据“口号”即先行超越

---

① Kuan Chen Tsai，“Lead the Way：Tao of Leadership，” *Oriental Journal of Social Sciences* 1，no. 1（2012）：17.

② S. M. Herman，*The Tao at Work*：*on Leading and Following*（San Francisco：Jossey-Bass Publishers，1994），7—8.

原则和根据“经验”即现实生活这两种方式行动的辩证统一，认为任何一种方式都可能有不足，需要二者相结合，提倡“口号”与“经验”的相统一，也即是“超越”与“现实”的统一。仔细体味，这种诠释与老子对“无名”“有名”关系的认识还是相通的。

再看作者对第二章的诠释：

> 他们会立即比较、对比他们所见到的一切，并决定支持或反对的立场。他们对政治、社会问题、经济、道德和其他人发表看法。一旦决定立场或选择一方，这个立场就成为他的“自我(ego)”的标杆。他对胜利或失败、有价值或无价值的感觉依赖于他自身的判断。
>
> 最好不要过早地确定立场或过于坚决地拥护它。
>
> 随着时间的流逝，你将会看到比现在更多的东西——但前提是保持睁开眼。更明智的做法是：在选择立场之前花点时间了解其他意见的基础。
>
> 如果可以，请考虑连续体本身。全面理解所有意见将使你更好地把握争辩时的立场。①

这些诠释文字虽然与《道德经》文本相差较远，但其核心立场是强调对立面的统一和相互依存，这与本章的宗旨还是相通的。Herman据之指出，人们应该摆脱个体的主观立场，而不能偏执于一端，“在选择立场之前花点时间了解其他意见的基础”，要保持心胸开阔，才能了解其他人的看法，显然，这里已将《道德经》的相关主张融入到生活之中了。

对第三章的诠释也很有特色，文中说：

> 最好不要过度赞扬能干之人，而是认为能干之人没什么特别之处。

---

① S. M. Herman, *The Tao at Work: on Leading and Following* (San Francisco: Jossey-Bass Publishers, 1994), 8—10.

> 无论是作为父母还是领导者，鼓励他人争抢你的认可都是一种有限的策略。最好是只提供一个环境，让人们以最好的方式做他们最擅长的事情，并使他们只是自然优秀起来。
>
> 一个明智的领导者专注于生产所需的东西，简化问题，为员工提供适中而不是过分的条件，清除他们的偏见和无用的习惯。最好的领导者和父母以轻松平常而非过于严肃的方式履行这些职责。①

在这里，Herman 将道家的“不尚贤”与“无为”结合起来，提出不能因为过度竞争而异化人，人应该在自然的环境中发挥潜力。作为领导的话，也应该避免一些过于“有为”的主观见解，让一切顺应事物的发展。这些翻译并非忠实于原文，但确实都是对道家思想某方面的发展，如第三章既有对“不尚贤”的强调，也有对“自然”和“无为”的强调。

可以说，“道”进入了管理领域，管理学大师以其为理论基础建构自己的管理学；普通管理者以“道”与自己的管理工作相结合，将道家化为具体的管理策略，这是 20 世纪以来“道”在管理学领域的作用，而这一现象出现的思想来源则与 20 世纪初出现的过程哲学相应。

第二节　过程哲学呈现的“道”的“当下”意义

在笛卡尔哲学的影响下，人们认为世界和本我的意义都在超越世界那里，现世只是暂时的表象，生活之根本在那个抽象静止的因。在这一观念中，人们认为最重要的本质在超越世界，人们要做的是越过表面的、暂时的现象世界后去寻找背后超越而永恒的真理，怀特海

① S. M. Herman, *The Tao at Work: on Leading and Following* (San Francisco: Jossey-Bass Publishers, 1994), 10.

哲学的出现挑战了这一切。在怀特海哲学中，宇宙是相互关联的有机整体，整体内部各要素间的相互作用促成了事件的发展。他关注到东方哲学的特殊之处，这种对“过程”的重视贯通 20 世纪，与当代的“过程理论”内在关联，过程理论也认为：“来自亚洲国家的古代哲学家并没有追求西方发展的科学和医学的机械论观点……亚洲有大量早期著作，展示了对人类、我们在世界和宇宙中的位置以及人类本质的真正哲学解释及生活本身。”①

西方对道家宇宙观特点的重视，可以说由来已久，早在 1898 年，卡鲁斯（Carus）就在其《道德经》译本中提出“道”是“差异”中的相同。相同的法则在不同条件下产生了不同的结果。之所以会有这种变化，缘于“一”变成“二”后，“二”之间相互作用形成“三”，“老子所说的‘三’是指阴、阳和气，即否定的原则、肯定的原则和生命或者精神的呼吸。在它们的整体内是‘道’……中国的‘三’，是阴和阳的‘二’在气的和谐影响下成为更高的整体，是所有存在的源头。”② 这说明，当时的他就注意到中国古代认为事物是经历过程产生的，事物并没有某个静止而超越的本源，而是由阴阳的相互作用形成，形成过程中的每一刻即“当下”才是最重要的。

这种整体观和过程观，在近几十年来道家道教海外研究中得到了较多关注。葛兰言（Marcel Granet）认为“中国人头脑”的根本特征就是认为万物是一个互相关联的整体，芮沃寿（Arthur Frederick Wright）也提出要注意中国的关联式思维。吉瑞德（Norman J. Girardot）则在前人基础上更全面地总结了中国关联式思维的宇宙论基础，他在前人基础上提出，“一”分为“阴”“阳”之“二”，“阴”“阳”融合为“三”，这个中和之“三”中再生出“万物”，万

① Brian J. Ford, “Cellular intelligence: Microphenomenology and the realities of being,” *Progress in Biophysics & Molecular Biology* 131, (2017): 273—274.

② Paul Carus, *Lao Tzes's Tao Teh Ching* (Chicago: the Open Court Publishing Company, 1898), 308.

物的发展是“负阴而抱阳”，是“阴”与“阳”之间的相互作用，阴阳的彼此作用促成了事物的发展，万物之产生就是如此的“过程”。

对有机体的过程即“当下”的重视，最初与自然科学研究是密不可分的，随着18世纪自然科学领域的发展，人们越来越注意到自然界中表现出来的宇宙的有机整体性，这在整个19世纪风行于各个领域。“沃丁顿（注：表观遗传学家）在职业生涯的早期就注意到胚胎发育的各种变化涉及不同可能性之间的转换，并受到许多基因的影响。这种特异性存在于细胞内，被描述为‘蒙面的唤起者’。虽然一开始，他认为这个唤起者必须处于这种‘转换’中，怀特海将这种‘融合’描述为自我创造的过程，而‘转换’即是受这种‘融合’的影响。沃丁顿认识到，这种转换可能是这种‘融合’的内部属性，或与其他融合行为有关联但不受其决定，是一种自我引起的自我形成。正如怀特海所意识到的，他的融合概念打破了西方思想，更接近于印度或中国的思想……中国思想通过莱布尼茨又影响到了怀特海，他实际上受到了中国思想的影响，最终受到了道家的影响。”①正是诸多自然科学界的成就、道家思想的间接影响促使数学家、哲学家怀特海注意到这是一种自我创造的“过程”。

怀特海视世界中的一切都是处于过程之中的事件，各种事件综合构成具有自我创造和更新能力的有机体。有机体一直处于活动也就是过程之中，各个因子之间内在的相互作用能够促成机体的持续创造活动，从一个机体转化为另一机体，整个世界就表现为不断变化的过程，自然界也是不断变化的。传统西方哲学家都是以某种实体为出发点去考察世界，是一种静态的分析，而过程哲学认为，现实世界里的具体生活而不是抽象的理论或者实体才是这个世界的本质。

---

① Arran. Gare, Chreods, “homeorhesis and biofields: Finding the right path for science through Daoism,” *Progress in Biophysics & Molecular Biology* 131, (2017): 63.

过程哲学强调这一过程来自万物之间的关联，“整个宇宙是由各种事件、各种实际存在物相互连接、相互包含而形成的有机系统。……构成宇宙的基本单位不是所谓原初的物质或物质实体，而是由性质和关系所构成的‘有机体’”①。如此，现象世界里的有机体的各元素之间的关系才是需要被关注的对象，只有去把握这些对象，才能把握本身就有意义的过程。这种对现象世界的事物关系的把握，与前文所说的“侧重于如何生活和如何培育人包括自己”的中国哲学相通，即都关注现世世界正在进行的真实事件，关注“当下”。

以此，过程哲学成为西方学界最能与道家相通并呈现道家思想特点的哲学，“中国的传统就信奉各种形式的过程哲学”②。安乐哲认为，中国的古典哲学将有利于西方本体论慢性病的治疗，他的道家研究也侧重于从过程哲学角度阐释《道德经》，从他的翻译中，我们可以清楚地看到，过程哲学对整体关联、过程、相互作用的强调是如何与《道德经》相契合的。安乐哲认为，在中国人的宇宙观中，宇宙和万物遵循着相同的“道”，形成天人合一的同构关系，每一事物内部的“阴”“阳”的互动是事物发展的内在因素，事物之间则是“由富有意味的配置而不是由物质性因果关系连接在一起的意象或概念群之间的相互关联”③。在这种思维下，事物之间更多是类比关系，而行动则是要根据这些关系来决定，人与自然、人与人等社会关系也是如此，由此，安乐哲提出“阴”“阳”双方的作用形成了“自我制造（self-making）”的“过程”（process）：“在这个世界上，所存在的只不过是永无止息、跌宕流传的人类经验之流。”④ 以过程哲学的

① 杨富斌：《怀特海过程哲学思想述评》，《国外社会科学》2003年第4期，第77页。

② ［美］安乐哲著：《自我的圆成：中西互镜下的古典儒学与道家》，第10页。

③ 同上，第174—175页。

④ ［美］安乐哲、郝大维：《道不远人，比较哲学视域中的〈老子〉》，北京：学苑出版社2006年，第17页。

视角看道家思想，安乐哲强调“道”这一“过程”中的变化性，重视充满变化的当下生活。以“道”视宇宙，万物的形成都是“道”，也是由自身内部阴阳力量相互作用形成的过程即“making”，它不受一个上帝那样全知全能的外在力量的支配，我们只须也必须尊重它，不干涉它，这种“无为”多被译为“self-spointainity”，即是强调它是自发的。

从过程哲学的角度来看，安乐哲先生看到了道家对传统西方哲学的补益之处：

> 西方语言中的一些用法——主语和谓语、名词、动词、形容词和副词——鼓励我们以一种既有的、具有文化特殊性的方法来分割这个世界……事实上，用来定义中国人的世界的范畴是不固定的，并且常常跨越时间、空间和物质的界限。这对于西方人来说非常陌生。如此理解的“道”与西方文化最基本的特性相反。它融摄了主体与客体，同时也融摄了事物、行为、属性和模态。①

正是基于认为“道”是一个进行中的过程，安乐哲将“道”译为“making”，而不是译为静止的“logos”，他将事物译为“events”而不是“thing”，他翻译的《道德经》中，大量出现了动词的进行时态。在对《道德经》第二十五章的翻译中，安乐哲将“有物混成”一句译为“there was some process that formed spontaneously”，将“物”译为“process”而非“thing”，在该章注解中提到：

> 因此，除了（当然却不可能排除）把该章看作某种经验进行过程说明的适当解读模式，该章同时也是对无数建构该过程的特殊性持续增生方式的一个描述……该过程本身在任何时刻都在被每一现象所穿越的成长和创造的各种阶段重新建构着。

① ［美］安乐哲：《自我的圆成：中西互镜下的古典儒学与道家》，第85页。

过程产生各种现象，而现象又同样生成该过程。①

从过程的角度看《道德经》，则会发现道家的核心概念中都体现出与过程哲学相应之处。《道德经》中，事物的展开本身就是“道”的体现，作为原则，“道”又贯穿在万事万物这一“过程”中，“无为”不只是指主体的静止状态，更是一个不受干扰的过程。从过程哲学的视角看，安乐哲诠释了道家思想，认为人类判定行为的根本是事物之间的关系，事物之间互相关联的关系则决定了不可以对他者采取强制，而应该根据事物自身内在关系维持，这就是一种对他者内在特征的尊重；与此同时，事物各要素之间的关系是动态的，动态关系推动事物的变化，因此，顺应这些关系本身的节奏并引导和调整事物之间的关系，就能取得自己所需要的结果，这就是“自然”和“无为”。

安乐哲将怀特海的“过程”与道家所说的万事万物的“self-so（自然）”对应起来，提出应让事物自然主动地展开，而不是以外力去改变它。过程视角下的道家思想呈现出对“过程”的重视，受道家思想影响的管理艺术自然强调管理是促进而不是干涉他人的“过程”，而这一“过程”是自主展开的，《领导之道》诠释“自然”这一概念说：

> 你是在促进他人的过程，它不是你的过程。不要闯入这一过程，不要想掌控这一过程。不要把自己的需求和见识强加给别人。如果你不信任他人的过程，那么他人也不会信任你。
>
> 想象你是助产士：你正在帮助接生。做得好的话，不要大惊小怪。推进正在发生的事而不是你认为应该发生的事情。如果一定想要以你为主导，就帮助母亲，但她仍旧应该是自主的。婴儿

① ［美］安乐哲、郝大维：《道不远人：比较哲学视域中的〈老子〉》，第145—146页。

出生后，母亲会说："我们是自己生出来的。"这才是对的。①

在这里，作者强调对别人的过程不要干涉，自己只能是顺应过程而推进，而不是"插入"进去和"控制"。其他与"道"相关的意识和行为，也多关涉过程，如第二十章提出"我们的工作是要推进过程和澄清冲突"，第二十九章提到要顺应过程，"领导自以为是在推进过程，他们其实是在阻拦发展"。该书中还大量提出要有过程意识，第二十三章提出"记住过程意识这一方法"，第二十七章提到对"过程"的意识可以使人产生一种开放性。在《真正的力量》中，米歇尔从过程角度提出"无为"，第三十章指出知道过程如何展开的领导人会用尽量小的力量带动群体，而不是强制人们，第五十八章启示人们，聪明的领导人知道如何促进群体过程的开展，因为领导人自身也是一个过程，都依据"道"展开，领导人知道如何引导它发生而不是逼迫它发生。

在《道德经》中，"道"既是宇宙的起源，又是宇宙的规律，二者是相统一的，"道生一，一生二，二生三，三生万物"既描述了这一过程，又描述了过程的规律，这种规律与起源（过程）统一的思想也影响到西方的管理之道。一方面，"一生二"等表现出了整体性，另一方面，"生"表示事物不是先验决定的，而是在发展过程中形成的。表现在管理之道中，即是过程与原则的统一，这弥合了西方传统中二分的现世社会与超越社会。

在《领导之道》一书中，它们表现为现世的过程与贯穿于现世的原则的统一。该书首章中明确提出"道是原则，是创世，又是过程"（Tao is a principle, Creation, on the other hand, is a process.）。"原则"和"过程"的二元对立消失了，超越的原则与现世的过程融为一体，现世的过程就是超越的原则的体现："原则和过程，方式和

① John Heider, *The Tao of Leadership: Lao Tzu's Tao Te Ching Adapted for a New Age* (Atlanta: Humanics Limited, 1985), 33.

内容。所有的创世都依照'道'进行，别无其他……原则和过程密不可分，只有存思方能得之。过程是原则的体现，人只要存思即可了解这一原则：所有的过程呈现了潜在的原则。这意味着我能够知'道'，我能够知道上帝。知'道'，我就知道事件何以进行。"原则与过程的对举贯穿于整个《领导之道》中。

如第四章就强调："创造是由事物和事件组成的。一切事物和事件都是振动的。振动由对立或极性组成。两极可能相互合作，也可能在不同程度上发生冲突。所有的事物和事件，无论它们是合作的还是冲突的，和谐的还是动荡的，都按照道来出现并解决。"① 表明这一过程的成因是——阴阳的互相作用，这种作用既有合作，也有冲突，这是一种"道"。第四十章提出过程是"正在发生的（what is happening）"，而原则是"如何发生（how it happens）"，作者将有生于无解释为"现在进行的事物，与它之所以形成的原因，是一致的。"第五十一章"道生之，德畜之"一章中也如此对举，所有事物和行为都是处于振动中的模式或者过程，它根据一定而唯一的原则产生、发展、蜕变。"过程"视角贯穿于整本书中，比比皆是：第五十二章提出"我"是由两极组成的过程，它根据唯一的原则发展；第五十九章提出，记住自己也是一个自然"过程"，意识到事物的发生也包括意识到自身；第七十七章中提出，领导能力和万物都是这个过程的产物。

"过程"而并非抽象的概念就是真正的"原则"，对过程的重视其实就是强调对现世生活而不是超越规则的关注，表现于管理原则中，即是管理者需关注当下管理过程中出现的现象而不是预设的规则。《领导之道》中强调超越有形的视听，在寂静中观照当下，"当下比过去的记忆和对未来的幻想都要重要，关注当下。越放手，你就

① John Heider, *The Tao of Leadership*: *Lao Tzu's Tao Te Ching Adapted for a New Age* (Atlanta: Humanics Limited, 1985), 7.

会变得越开放和接受，越接受，你就会变得更容易知道在发生什么。[①] 第四十三章中提出，领导对当下情况的意识比任何干预或解释更能说明正在发生的事情；第四十六章提出，明智的领导人认为，当下之事远比尚未发生的事情更重要；第四十七章也提出，要注意此时此刻，要立足当下，关注当下正在发生的，领导人做得越少，成功越多。可以说，在《领导之道》中，体现出来的其实就是对“道”的过程意义的理解在领导术方面的实践。正如韦恩·戴尔所说：“其实做任何事，不必过多地关注结果，而应注意体验过程。正所谓‘不问收获，只问耕耘’。你需要体味那些过程中所带来的东西。让生命体验中的‘每一次遇见’带来欢喜。”[②]

过程意识使得管理者对事物发展过程心怀敬畏。以《黑天鹅理论》成名的华尔街交易者纳西姆·尼古拉斯·塔勒布（Nassim Nicholas Taleb）在论述随机性对金融市场影响的时候解释说，许多公司高估了自己在风险评估和控制方面的能力，这在经济危机中的许多大公司身上都非常明显，他引用《道德经》“知不知，尚矣；不知知，病也”（第七十一章）这句名言，告诫人们必须小心地认识到自身知识的局限性，不要错误地认为自己能完全理解一种情况和准确预测某一行动的结果，由此错误地干扰其他事物的行进过程。

这种基于关注过程的管理方法，被著名战略管理学家杰伊·博什瓦教授（LJ Bourgeois）等称为“战略（strategy）”。他以《道德经》来解释战略思想的形成，强调战略不是先验的，而是“一个持续的过程。战略是一种考虑企业并设想其可能性的方式。换言之，战略不是我们所拥有（we have）的，而是我们支持和发展一个成功的组织时所做和必须（we do and have）继续做的……许多有成效的战

① John Heider, *The Tao of Leadership: Lao Tzu's Tao Te Ching Adapted for a New Age* (Atlanta: Humanics Limited, 1985), 27.

② ［美］韦恩·戴尔：《改变思想，改变生活——老子智慧的现代启迪》，第15页。

略实际上都是突发的，最终，公司的战略是它实际做了的（what it does），而不一定是它原本计划做的（what it had planned to do）……对许多伟大的商场领袖人物来说，这使得战略的制定是直觉形成的。根据一些作者的说法，这些人——乔布斯（Jobse）、巴菲特（Buffett）、盖茨（Gatese）、贝索斯（Bezose）和马斯克（Musk）——似乎每天早上醒来时都清楚地了解世界的发展方向，以及如何更快、更专业地到达那里。”①

关注过程，就是关注事物进行中不断出现的新的变化，保持灵活性，凭借对现象世界的直觉去把握事物发展的方向，这是对过程的重视，也是对体道的内在自我的重视，他还以苹果公司联合创始人兼首席执行官乔布斯为例子，说他证明了相信一个人内心声音和直觉的重要性。乔布斯 2005 年在斯坦福大学的毕业典礼演讲中说他仅仅几个月就辍学了，因为他相信一切都会顺利进行。他在大学里沉浸在一些看似不切实际、无利可图的书法课中，但正是这些兴趣造就了以独特而闻名于世的苹果。

过程哲学与过程理论中显现出的对当下过程的关注，是西方从对超越世界的关注向现世世界的转变。这种转变，也直接带来了人生境界上的不同，即对现世人生的超越方式由纵向超越转向了横向超越：

> 这种哲学思潮（注：指横向超越）并不是主张停留于当前在场的东西之中，它也要求超越当前，只不过它不像旧的概念哲学那样主张超越到抽象的永恒的世界之中去，而是从当前在场的东西超越到其背后的未出场的东西，这未出场的东西也和当前在场的东西一样是现实的事物，而不是什么抽象的永恒的本

---

① L. J. Bourgeois, Serge Eygenson, and Kanokrat Namasondhi, *The Tao of Strategy: How Seven Eastern Philosophies Help Solve Twenty－First－Century Business Challenges* (Charlottesville: University of Virginia Press, 2021), 24.

质或概念，所以这种超越也可以说是从在场的现实事物超越到不在场的（或者说未出场的）现实事物。如果把概念哲学所讲的那种从现实具体事物到抽象永恒的本质、概念的超越叫做“纵向超越”，那么，这后一种超越就可以叫做“横向超越”。所谓横向，就是指从现实事物到现实事物的意思。“横向超越”就是我在本章一开始提到的“人与万物一体”或“天人合一”为前提的追问方式。①

纵向超越向横向超越方式的转变，意味着从以前的从超越世界中寻找本我转移到将自己安置在现世世界中。将自己安置在现世生活中，则正是“天人合一”的中国哲学所擅长的。受“道”影响的管理者们也是如此，后现代的他们深受身心撕裂之阵痛，更愿意以内在平衡的心灵去感悟当下实现自我，在现世世界中去追求整体人格。Thomas Thakadipuram 就介绍说：“我的领导经历包括作为流程顾问领导，印度瓦尔达哲学 Claretian 学院院长……作为许多组织和十二个国际学习网络的成员，我发现一些领导和咨询者在他们的混乱和复杂的生活中寻找生活的完整性、学习和领导力。”②

以上这些资料清楚地反映出，天人合一的体道理想与过程哲学对具体生活过程的强调融合为一，由此形成了后现代管理者们独特的自我实现之“道”。

第三节 后现代管理者的自我实现之“道”

笛卡尔的二元论思想将人类的目标定在超越世界，这导致了生活的割裂，管理领域同样面临这样的问题：“分裂和意义上的内在危

① 张世英：《中西哲学对话：不同而相通》，上海：东方出版中心 2020 年，第 42—43 页。

② Thomas Thakadipuram, *The Quest for Wholeness: An Inquiry into Spiritual Leaders' Lived Experience* [D] (University of St. Thomas-Minnesota, 2009), 11—12.

机不仅体现在各个国家的文化和宗教冲突中，也出现在商业运行和令人不满的商业模式中，人们没有承担道德、社会和环境责任，出现了道德丑闻。”① 人们在文化和宗教冲突中撕裂，这种撕裂也表现在商业中，自然也表现在商界的管理者中。另一方面，现代社会给人们带来了巨大的物质财富，但幸福感并没有伴随工业大生产降临，在物质刺激下，对财富、教育、名望地位的追求带来了另一种心灵的危机，S. Dhiman 等灵性学者就认为：人类的心灵一直处在两种张力的作用下，有时甚至是同时作用。一种张力是对欲壑不足的焦虑，另一种张力是内心深处的自我意识，这个自我是人内心深处的真正本质，才是本来的我。② 如何为本我提供意义，如何寻找到本我的意义，成为后现代人们面临的问题。西方现代性将自主的本我提升到本体论的首要位置，但机械主义、物质主义等又将它异化了，“我”被从各方面撕裂了，这催生了“治疗文化”，帮助人们构建完整而真实的本我，将社会需求与自足感关联起来。这一时期，自我的意义更多来自自身而不是宗教，教会的宗教教条、仪式、制度受到否定，人们希图绕过宗教机构直接体悟到神圣，也反对激进的现代化所导致的身心紧张与焦虑，寻求可以在现代社会中使自身得以安定、复归本我的方法。人们对意义和整体性有了更深的渴望，要解决撕裂的自我和碎片化的生活，赋予人生以意义，更好地完成自我实现。在这一过程中，道学的一些思想主张发挥了独特的作用，主要体现在以下几方面。

1. 天人合一的思想

天人合一的道学思想被一些西方人士所吸纳，将其汇入既反对

① Thomas Thakadipuram, *The Quest for Wholeness: An Inquiry into Spiritual Leaders' Lived Experience* [D] (University of St. Thomas-Minnesota, 2009), 1.

② 参见 Satinder Dhiman and Mark Kriger, "Eastern Approaches to Organizational Well-Being: Ontological Levels of Leadership," in *The Palgrave Handbook of Workplace Spirituality and Fulfillment*, eds. Dhiman, Satinder, Gary Roberts, and Joanna Crossman (New York: Palgrave Macmillan Cham, 2018), 61.

主流宗教又反对传统世俗现代化的大众文化之中，这一后现代文化是反权威的、个人主义的、以身体为中心的，还与商业化了的心理治疗等融合在一起，形成一种“无宗教的宗教”。

这种吸收了道学思想的“无宗教的宗教”与笛卡尔哲学不同的是，视人和现世为一个整体，道家宇宙论认为万物包括人是道的体现，又贯通着道，自然与人在“道”中实现和谐。道家追求的全真之体、人与自然的天人合一可以与西方对本我的追求相契合。道教视宇宙与身体为同构，自然的运转规律和身体一致，故人生终极目标就是克服纯净之体与世俗之体的分离，实现与宇宙的合一，实现真我，就是天人合一的和谐，具体方法是去除欲望、在清静中让二元分离的身心再重回本初时的身心合一①。西方道教学者如苏德朴（Stephen Eskildsen）指出，道教认为身体有不同的形态：有出于“道”的纯净之体，也有在世俗社会里受到污染的不洁之体，对道性人生的追求和实现就是摒弃世俗的不洁之体，回到最初的本真之我——这既是螺旋式上升，又是更高程度的回归。② 可以说，道家的“本真之我”与西方的“本我”无论在形式和内容上，都有相通之处。

道家本体论植根于身心的和谐统一，其修炼都基于整体宇宙论，可以无须加入某一特定组织，而且可以用于个体修炼③。从这个角度看，道的修炼修养最能有效地恢复和创造一个整体的、真实的人。如，后现代美国出现了“大众道教”（Popular Taoism），这些团体的组织结构和教义都不同，但都用的科学话语，反对仪式，它们并不将自己的道教身份定位为宗教，而是定位为宗教的反面，不屑于迷信和

① 蔡觉敏：《以神秘主义为中心的科恩道教研究》，《中国道教》2020 年第 4 期，第 13—19 页。

② 蔡觉敏：《全真、苦行、存思与道教身心观——苏德朴道教研究》，《生命哲学研究（第 5 辑）》，北京：商务印书馆 2023 年，第 75—76 页。

③ 参见蔡觉敏：《论美国之 Dao 与老庄自由精神》，《老学研究（第二辑）》，北京：华夏出版社 2020 年，第 192—193 页。

仪式。与现代个人主义相比，在向内转向自我知识和发展、拒绝传统和体制权威方面，道教与现代个人主义明显产生共鸣。道教中最高的是“自然”，自我与“自然”相统一，外在环境与个体之人实现了充分的和谐。道教以自然为最高境界，以自然的名义消解固化的传统，个体得以凸显，个人得以实现，其个人主义与顺应自然并不相悖，是“follow my own tao”（听从我的道）；另一方面，“道”可感而不可名、与天地同一，人在与宇宙自然的合一中实现了个体精神生命的回归。

在爱好“道”的西方受众看来，神遮挡住了人的力量：“从长远来看，我们认为神体现了生命的最深层含义，将它作为神圣的榜样，然后单纯地模仿它，我们忘记了实现自己最深层的意义——自我实现。”[①] 和基督教相比，“道”将自我从上帝的威权下解放出来，没有基督教的缺点：道教强调万物均源于“道”，也都遵循“自然”，这里的“自然”并非只是物理上的“自然（nature）”，而是“self-so”，以此，“这种不干扰的状态不是放弃个人意志，相反，它与宇宙大化融合为一体。”[②] 它的“自然”又给个体自由留下了空间，在“本我（self）”的名义下，每一个个体都可以宣称我即是道。体道之我突出了自我中心，从一个开放的、宇宙的角度看待世界，发展出对万事万物的宽容和尊重，创造一种和谐积极的环境，以释放出成员的潜在创造力，为组织利益作出贡献，最终实现的是个体与集体发展的统一。

体道者在将自己与他者作为一个整体之时，获得了内心平衡，对“道”的体悟还会促进个体与集体创造力的实现，此原则施之于经营

---

① Wilhelm, Richard, The Secret of the Golden Flower: A Chinese Book of Life (New York: Routledge, 2013), 133.

② Satinder Dhiman and Mark Kriger, “Eastern Approaches to Organizational Well-Being: Ontological Levels of Leadership,” in *The Palgrave Handbook of Workplace Spirituality and Fulfillment*, eds. Dhiman, Satinder, Gary Roberts, and Joanna Crossman (New York: Palgrave Macmillan Cham, 2018), 66.

管理，对“道”的体悟就成为管理者力量的源泉。

2. 自我管理的原则

曾任印度德拉敦市“喜马拉雅医院信托大学”（HIHT University）校长的斯瓦米·韦达·帕若瑅（Swami Veda Bharati）博士说：“当我去那里（中国）的时候，我不是从奥义书开始的，而是从老子和道教开始的。老子和道家是完整性和整体论的集大成者，是自我管理的最佳原则。”①

首先，对“道”这一万物起源的规律的认可，可以培养出人对经营和管理事业的信任和心灵力量。“道”是万物的起源，是一种宇宙间的力量，万事万物都会在冥冥中被这一力量推向前发展，意识到万物包括经营管理事物都遵从“道”的话，则会知道事物本身就蕴含着必然向前发展的力量，会成为管理主体的精神动力。推特的创始人就提出：

> 你能体验到流动的能量吗？你能看到关系蓬勃发展、商业利益排山倒海汹涌而来吗？请记住，它始于一条流动的推文，“加油，钢人！（Go Steelers）”这一切的发生似乎都离不开运气，对吧？错的。这不是运气。这种交流是由“道”启用的，道是经验丰富的推特网络人员和营销人员能感觉到但可能无法命名或解释的秘诀。有一种潜在的智慧成就了这个成功的故事，成千上万的其他人也喜欢它。我们可以用这个有趣的小故事来解释这个模式，这就是推特之道。②

对这种“流动的能量”的确信，并不是来自盲从和迷信，而是基于对“道”的另一意义的认识，即“道”是规则和方法，这一规

① Thomas Thakadipuram, *The Quest for Wholeness: An Inquiry into Spiritual Leaders' Lived Experience* [D] (University of St. Thomas-Minnesota, 2009), 186.

② Mark M. Schaefer, *The Tao of Twitter* (Creater Space, 2011), epub 格式，第27—28.

则和方法是万事万物自身所具备的本质，抓住了事物的本质，自可以顺应这些规则和方法取得效果。因此，对“道”力量的信任，归根结底是认识到万物均有“道”：

有一种推特之道。有一种力量，是各种宏伟力量的随机融合，它能影响你每天的生活……如果你分析任何成功的推特案例、任何商业利益、任何以推特开始的个人成就，都会有一个共同的主题——某种成功的范式……我们这一代人所有智慧的来源——当然是维基百科——将“道”定义为“字面意思是‘方式’‘路径’或‘路线’，或者有时更随性地翻译为‘教义’或‘原则’，它通常用于表示宇宙的原始本质或基本方面。”我喜欢这点，所以让我们进入这条“道”……这个原始本质。①

认识到“道”是万物的规则，万物自有其本然的样子，顺应它而不是改变它，这样，就会获得无穷的能量：“真正的力量源于哪呢？源于人自身的自我意识和对自己的接受。这是将注意力从外部转移到人的内心——接受事物本然的样子，接受自己本然的样子，这就是通往领导术和自我实现的途径。”②

以此，接受外界，接受自己，达到宇宙与人的合一，从而获得道性力量。“道”对人与人、人与“自然”整体和谐关系的作用被加以强调，各种以锻炼身体、体悟道性为目标的修行场所和机构得以成立，《道德经》的存思和学习、层出不穷的《……之道》（the tao of sth/doing sth”为标题的书名都体现了这些，如克拉克（J. J. Clarke）所言：“这一新的文学样式，还有对道教养生的兴趣，形成为一种文化现象，它体现了我们当代的关切与焦虑，并且表达了我们自我实现和追求个人和精神整体性的另一种方式，这一方式超越了传统的组

① Mark M. Schaefer, *The Tao of Twitter* (Creater Space, 2011), euub格式, 17.

② James A. Autry and Stephen Mitchell, *Real Power*: *Business Lessons from the Tao Te Ching* (New York: Riverhead Books, 1998), 8.

织和教义，寻找一种让生活、感情、心理臻于和谐的神性。”①

一些管理者认为，“道”是从根本上加强力量：在人与自然与“道”合一中，弥合现代社会各种压力下的支离人生，增强人的感情和心理方面的力量，使人更有力量去应对现实世界。在变数更大、压力更强的商业领域，从本体层面保持人的平衡，就会变得更为重要：

> 面对今天商业领域的巨大压力，一些人试图对生活中的每一项都分配一定的时间以平衡生活和工作。时间是重要的，但是，是你——而不是你的时间——的平衡更为重要……即使你在你的商业中并没有面临多样性，我们所有商业领域的人也越来越面对着巨大的不确定性。②

面对后现代的撕裂，修道能实现人生平衡，消解现代一些身心支离带来的危机，助人获得成功，正如《管理之道》封面上所言：“当代经理人在通往成功和自我实现的过程中充满了障碍、危险和陷阱。倦怠、家庭和婚姻问题、滥用药物以及压力导致的早死，只是经理人的‘自我’面临的威胁中的一些。绩效不足而导致的失去工作和自信，也威胁着职业管理人。‘道’使经理能够利用他的内在资源真正成功，获得成就，得到满足感。”

3. 直觉和洞察力

体道之所以能使经营管理者获得成功并实现自我，是因为“道”能赋予人一种对事件的洞察力，体道者是以直觉去感受事物之间的联系，这种联系并非语言文字、理性与逻辑表达出来的知识，而是可传而不可受的“道”。它以万物关联的眼光看待世界，获得一种从系统中预知未来的洞察力：

> 这样，我们认为，将道在动态平衡和内在感受的能力作为一

---

① J. J. Clarke, *The Tao of the West*: *Western Transformations of Taoist Thought* (London: Routledge, 2000), 3.

② James A. Autry and Stephen Mitchell, *Real Power*: *Business Lessons from the Tao Te Ching* (New York: Riverhead Books, 1998), vii-xii.

个动态过程，其中动态平衡既不是固定的状态，也不是一个精确的值，而是需要维持的参数（吸引因子）……而且，新的数据时刻在更新中，能够适应新信息……这使该过程具有积极性和整体性，因此是一个动态系统……动态变化的系统使得人们有可能根据其规律判断发展状态……作为预测模型，预期系统的目的意在于监管。①

以“道”观物，可以把握事物的发展，从而判断事物发展的趋向。它并不强调对事物的分析，而是强调从经验出发的对事物整体的把握。这种对理性、概念的否定，与《道德经》译本中对理性与概念的否定是相一致的。米歇尔认为，世界万物内在相通，以概念、定义、范畴等将事物割裂成个体去分析的手法并不可取，因而他否定西方习惯的“判断、概念”等。他在诠释第二十九章中“迷失”时，以树为喻，提出“将知识分为善恶之时，它就死亡了”②，这与《庄子》中混沌开七窍而死的故事意义相通。米歇尔认为，人心本是空白清澈，不带偏见，但是概念、思考等让空灵的心像被糊上了厚厚的泥浆，不能感知“道”。他解释“孰能浊以静之徐清”为“你可以等待泥浆沉下来，让水清澈吗”，并特意注明“mud”即是让现世生活（reality）变得狭隘和混浊的概念、判断、欲望。

米歇尔多次提出，要去除判断、概念与欲望：“如果判断和欲望阻塞了你的头脑，你就会烦恼。”“去除概念、判断……他们就会回归到孩子一样的朴。”③ 这些去除概念者，“他们关注于体验现世社会中的具体存在而不是超越的未知世界，它将人类生活与其自然本源

① Jesse S. Bettinger and Timothy E. Eastman, “Foundations of anticipatory logic in biology and physics,” *Progress in Biophysics & Molecular Biology* 131, (2017): 117.

② Stephen, Mitchell, *Tao Te Ching: A New English Version* (New York : Harper Perennial, 1990), epub 格式.

③ Stephen, Mitchell, *Tao Te Ching: A New English Version* (New York: Harper Perennial, 1990), epub 格式.

重新关联起来，使人发现生活的意义。”①

这种整体直觉是进入天人一体身心融合为一时的感觉，在直觉和内观基础上的整体观能够使人体验生活中的圆满、和谐和整体，这是道教整体观的显著特征。正如施舟人（Kristofer Schipper）所说，道教有着一个基本的整体感，组成社会的各个部分——道团、村庄，与道教的生理意义上的“体”是一致的。西方理性主义将物质与精神、身与心分裂开来，而道教拒绝这种二元，认为身心合一才是通往整体的途径，对内在整体的追求体现在将明显矛盾的性质结合起来，例如雄和雌、阴和阳。一切事物和事件都是由对立或极性组成，两极可能在不同程度上发生冲突，但归根结底，都处于同一整体中。

作为管理艺术的“道”自然也具有“大道”的特点，它反对理性阐释，主张体悟和直觉，反对以欲望遮蔽直觉，道家管理技巧的书中大量否定理性：“被过度的欲望蒙蔽或不受教条式思考削弱的人，也可以培养出不以欲望和思考遮蔽直觉的本能。没有这种局限性的人可以利用他们的直觉力来指导周围的世界。”② 强调不能以有形的“知”这样的逻辑分析去了解现象世界，而应以直觉体悟的方式去了解世界。在人们看来，凭借知识的小聪明与凭借直觉的洞察力是有区别的：“小聪明并不是真正的洞察力，二者需区分开来，只有洞察力才不会遇到阻力或引起反抗。”③

在《力量之道》一书中，更为明确地强调了直觉感知、否定理性思想：

> 老子告诉管理者的本质是：发现自己。学会直接感知周围的世界，并深刻地思考自己的印象。不要依赖意识，因为这样做会

① J. J. Clarke, *The Tao of the West: Western Transformations of Taoist Thought* (London: Routledge, 2000), 3.

② R. L. Wing, *The Tao of Power: Lao Tzu's Classic Guide to Leadership, Influence, and Excellence* (London: Aquarian Press, 1986), ch64.

③ R. L. Wing, *The Tao of Power: Lao Tzu's Classic Guide to Leadership, Influence, and Excellence* (London: Aquarian Press, 1986), ch33.

> 夺走您的生活意义，并使你不适合领导。培养直觉和值得信赖的直觉，因为缺乏直觉的管理者无法预测变化……不要刻意地做，要意识到事物自然有自己解决的方式，学会“朴”，继续成长。①

个人培养内在的思想，完善他们的直觉和对世界的反应，从而得以感知特定社会现象背后更根本的力量，形成洞见和持久影响力。这种内在的知识可以使人们见微知著，防微杜渐，抓住事件最开始的时机。

值得注意的是，这种对理性的否定，并不是机械地否定知识，而是将对“知识”的把握建立于丰富经验基础之上的直觉，是将智慧建立于对现世的热爱之上，这也就是前文所说的“过程哲学”下人生超越方式的转变。基于对现世生活的敏锐体察，一个人可以获得经营管理的直觉，如《网络营销之道：创业之旅的智慧与自由》（*The Tao of Network Marketing：Harnessing the Wisdom and Freedom of an Entrepreneurial Journey*）的作者 John D. Drennan 是一个真正面对众多公司提供咨询建议的管理者，他在该书的“作者的话”中就说：在东亚哲学中，“道”是事物的自然秩序，人类必须意识到这点才可以实现个人智慧的潜力。这种对“生命”的直观认识不能被作为概念来把握，只有通过日常生活的实际生活经验而知道。网络营销之“道”就是从这些当中汲取了意义，它是一条无法从外面看到的通往洞察力的“路”。网络营销之“道”的旅程可以使人发现代表道的洞察力和智慧。该书中的“道”就是指这些发现。这一点，《推特之道》的作者同样强调：

> 我很感激你读了我的书。但无论你多少次再看它，如果你没有沉浸其中，边做边学，你仍旧无法掌握推特之道，所以我想鼓励你坚持、耐心和一直置身其中。

---

① R. L. Wing, *The Tao of Power：Lao Tzu's Classic Guide to Leadership, Influence, and Excellence*（London：Aquarian Press, 1986）, 11.

祝你好运，在你一生的推特探险中找到你自己的道路，你自己的“道”。①

如此可见，“道”与抽象的超越的管理条款不同，是管理者们认为的基于长期现实生活基础之上培养出来的洞察力。这种洞察力并非具体的技巧，它以人生的体道为基础。人生的体道则是在追求个体与宇宙、身与心的平衡的基础上，以宁静的心态去观察和感受管理生活中的具体变化，以“道”去指导经营管理，并且将之化为实践，这就实现了管理能力的内在化，也就是真正的“管理之道”。

在好道的西方经营管理者看来，《道德经》中这样的原则俯拾皆是，如 Buffett M. Clark D. 就在《巴菲特之道》（*The Tao of Warren Buffett*）的前言中说，她最喜欢的是巴菲特的一些最为深刻的格言，她后来发现这些格言与一位道家之士的教导相似。她将《道德经》八十一章与投资策略相结合，发现不管是对投资策略的决断还是对所投资公司前景的判定，都与“道”相关。

以第十四章为例，该章原本是“视之不见名曰夷，听之不闻名曰希，搏之不得名曰微”，指“道”的形态是超出于人的感知的。

Buffett M. Clark D. 将这一章与股票投资策略的采纳相结合，说：

坏的习惯在其结果无法挽回前往往也不会被人意识到。因此，必须在踏入危险的门槛前就早早地准备。

最好在你面临那种形势很久前，就有意识地检查你的所有习惯可能会形成什么后果。如果你不喜欢你前进的方向，那么就应该在船触礁之前改变航向。

本杰明·格雷厄姆（Benjamin Graham）的投资策略是：买入低价股——它们无论公司的长期经营性质如何，都以低于账面价值的价格出售。巴菲特受这策略影响，就遇到了这样的事情。这让他在 20 世纪 50 年代和 60 年代初期取得了巨大成功。

① Mark M. Schaefer, *The Tao of Twitter*（Creater Space, 2011）, epub 格式，198.

> 但这种方法不再可行之后，他还是坚持了很久——“习惯”这个枷锁太轻，以至于他没能意识到它的存在。当他在20世纪70年代后期终于意识到格雷厄姆的股票之旅已经结束时，他转向以合理价格买优秀企业的股票并长期持有的策略。用旧策略他赚了几百万，但用新策略他赚了几十亿。①

由此可见，作者在这里指出的是，事物发展的初期就像“道”的状态一样，投资策略的错误最开始往往也不容易被知道，但明智的投资者则有这方面的意识，会发现自己的错误并在它酿成严重后果前改正。这与《道德经》第十四章并不完全相合，但它确实是《道德经》的思想，《道德经》第六十四章就说：“其安易持，其未兆易谋。其脆易泮，其微易散。为之于未有，治之于未乱。”所以，这里的防患于未然仍来自《道德经》中，只是融入了其他思想。之所以如此，是因为《道德经》漫长的翻译史以及“道”的演绎中，其思想已经融合成为一个整体，不再是和当初的章节一一分别对应，作为普通读者而非专家学者的受众一般不会明确地将之再细分开来。

在第二十三章中，读者则可以更明显地看到《道德经》文本的具体运用，该章原文是：“飘风不终朝，骤雨不终日。”在第二十三章中列出来的字面意思是：“所有走不远的，都会终结。”她提出的投资策略是：

> 当企业的经济最终开始实现目标时，快速上涨的股票价格将停止上涨。它似乎可以永远持续下去，但如果企业未能达到推动价格上涨的预期，股价就会见顶，然后像砖头一样下跌。
>
> 大多数现在做得很好的企业，在未来的某个时候会做得很差。事情会发生变化——这只是时间问题。在美国，马车鞭子曾经是一项伟大的业务，视频播放器曾经风靡一时，销售和修理打

① M. Buffett D. Clark, *The Tao of Warren Buffett: Warren Buffett's Words of Wisdom* (Scribner, 2006), epub格式. no. 14.

字机是商业方式中必不可少且复杂的部分。现在它们都过气了，没有任何经济前景。事情总会结束，这就是为什么你不仅要关注球，还要关注球前面的道路的原因。

巴菲特曾多次投资于在他的领导下上升或急剧下滑的企业。最引人注目的是几乎消失的蓝筹股票和正在消失的世界图书百科全书股票，公司无力赚钱，都输给了不断变化的商业环境。即使是天才也可能走错道路。①

这里，作者说在投资时如何判断企业的发展，认为好的企业不像“飘风骤雨”一样只顾眼前发展，要注意到有的企业只是一时兴盛，一定要关注企业的长期状况。

可以说，每一个体道者都会从“道”中有所感悟——因为“道”是具有普遍价值的智慧，每一个人都可以在自己的具体行业内将之化为不同的应用之道。这些“道”，如推特创始人所说的，都是“自己（own）”的“道”，具有个体特殊性。

但是，既然是万物之规律，“道”当有更强的普遍性，管理领域的“道”与其他领域一样有着一些普遍原则，例如“无为”“雌弱”“和”等，这是普遍原则的应用。具体而言，可以表现在人与人的关系、人与他者的关系、现在与未来的关系上，它们都处于一个整体生态中，体道的管理者会将它们作为一个整体来对待，“道”的原则贯穿于经济管理活动中。以下我们就来讨论这方面的问题。

第四节　“道”的原则在管理活动中的应用

从表面看来，“道”所体现的“无为”“守雌”“柔弱”等思想与激烈竞争的商业社会并不协调。如，陈荣捷认为，老子强调朴，这

① M. Buffett, D. Clark, *The Tao of Warren Buffett: Warren Buffett's Words of Wisdom*（Scribner, 2006），epub 格式，no. 23.

使得人们认为老子是消极和失败主义。但如前所述，道家思想对社会的影响更多是从心理和人生境界层面、思维方式层面而不是在具体操作层面，它更多的是改变人的思想，再具化为一些原则。

在道家的宇宙观中，整体之“一”为“气”，“气”生阴阳之“二”，阴阳之“气”融合而成阴阳合一的宇宙，这决定了道家领导思想与传统西方领导思想的不同，前者是建立在阴阳合一基础上，后者是建立在二元择一基础上①。以二元对立互补观念看待宇宙，事物之间都是在对立中统一的，阴阳只有在对立中互补，事物才能够处于一种动态的和谐中。《道德经》被直接与管理术结合起来，它并非指构成“道”的物质，更多是指的功能，特别是它在社会上的运作，“道”贯穿于万事万物中，领导和管理者、公司的运行、管理自然也会符合这一原则。“道性”的我——完整、自足、平衡的管理者，奉行“道”的管理行为，以及需要同样遵循“道”的公司，是体道的管理术的各个角色。它把政府管理、个人发展和个人实现当成内在关联的整体。它既没有身心分离，也没有因重视整体而忽视局部，更不是将焦点只放在管理技巧上，可以说，道家领导术是以“人”为主体，是对管理者“道”性和具体道家原则的具化，这分别体现为管理者的“无为”、管理者的系统观与被管理者的“和”的关系和管理行为中的过程意识。

1. 管理者“无为”——存思、静默、雌弱等

管理者意识到事物发展有其内在的“道”，它不因人的主观意志而改变，人需要的只是顺应，不去干涉它，这就是“无为”，如巴菲特在佛罗里达大学商学院的一次演讲中，他就如何成功投资向学生们提出了一条经典的道家建议：“华尔街靠‘为’赚钱。你们靠‘无为’赚钱。”

---

① Dimovski V, Penger S, Peterlin J, et al, “Entrepreneurial Leadership in the Daoist Framework,” *Journal of Enterprising Culture* 21, no. 04 (2013): 391—411.

“无为”也是达顿商学院院长哈里斯（Bob Harris）所说的，“我的工作只是走开”。联合利华巴西首席执行官费尔南多·费尔南德斯（Fernando Fernandez）说：“在我的公司里，CEO 意思是首席执行官，我试着让我的团队更多地做出决定，但这很难。”① 英国最杰出的创新专家和战略顾问查尔斯·里德比特（Charles Leadbeater）是创新和创造力方面的权威，他认为创新在取得成功之前往往以不可预测的方式发展。他在 2005 年的一次 TED 演讲中说，许多成功故事并非源于大公司里那些花费巨额资金寻找新趋势和潜在畅销品的研发专家。他举了一个例子，说加州一群年轻人对已有自行车不满，于是自己将各种零部件组合起来，后来被一个小公司看到并采用，这样的一个山地自行车的产生就是无心所致，以此，他提出应该采取“无为”原则，让事物自然发生，承认自己知识的局限性但不要受这些局限性限制。

老子所说的“无为”并不是简单的什么都不做，而是一种以从传统看来不那么“积极”的方式——其实是一种顺应自然的方式——去做，因此，“无为”实际有着丰富的内涵，在对它的深入阐述中，衍生出了一系列相关的规则，如存思、静默、虚静、雌弱等，这也是“体道”的基础。

“体道”的前提是虚静的精神，要实现虚静，就要去除理性和逻辑等“有为”的管理，不以过度的狂乱而影响自己的心智与决策，管理者的各种超出语言和逻辑之外的冲动和灵感都被认为是“道”的作用，这种直觉理解被认为是领导之道的重要之处：

> 你看到它时，你知道它，但你无法辨别它或者给它分类。你可能把它叫做判断或本能或直觉；你可能说它是灵机一动或是

① L. J. Bourgeois, Serge Eygenson, Kanokrat Namasondhi, *The Tao of Strategy: How Seven Eastern Philosophies Help Solve Twenty – First – Century Business Challenges* (Charlottesville: University of Virginia Press, 2021), 158.

> 诀窍。你无法触摸到它，也不知道怎么称呼它，也没名字可以概括它。①

由此可见，对公司的领导力赋予强烈的直觉色彩，对理性的否定挤压了有形的规则制度的空间，人们强调在存思中体察公司之运营并且制定相应的对策，从道教领导术的相关书中可以看到大量将管理能力与“存思”关联起来的例子。

与此同时，与“存思”相关的处事原则都体现了静默和雌弱的特点：

> 他们的领导力不是依靠技巧或表现，而是依靠静默和关注的能力。他们小心而优雅地移动，并且能够安全地应对复杂的局势。他们善解人意，不会伤害别人，像客人样礼貌而安静。他们知道妥协的艺术，让它看起来自然和不那么刺眼。它们像山丘间的山谷一样，保持开放，善于接纳……他们不需要被开悟，因为他们自己开悟了。②

该书中提到，“道”不可感受也不可定义，管理者考虑到这一点而更少使用理论时，更能获得群体成员的信任，明智的领导人并不依赖技巧、模仿或程式化训练，而是加强感知能力；浅薄的领导则被冲动和情绪等影响而看不到事情发生的原因；人们意识到当下之事时，行动会更为有效，事件会按自己的性质发展并得到解决，因而人应该静观其变；以精神生活为范，追求比理性的知更高的知。

如果说，静默是体道者直觉体悟的外在表现的话，“雌弱”即是体道者的内在品质，具体而言，即是慈、宽容、谦虚、忍让、克制等。“慈”和“宽容”的领导，即会关爱员工，尊重员工自身的特性，对这样的上司，下属更会真诚地努力，整个集体可由此而获得更

---

① James A. Autry and Stephen Mitchell, *Real Power*: *Business Lessons from the Tao Te Ching* (New York: Riverhead Books, 1998), 3-4.

② Heider, John, *The Tao of Leadership*: *Lao Tzu's Tao Te Ching Adapted for a New Age* (Atlanta: Humanics Limited, 1985), 29.

好的发展。如祖良荣曾提到，克莱蒙特研究生大学神经经济学研究中心的奠基人 Paul Zak 和大量采用“慈”处世的其他经营管理者，美国焦虑症协会（Anxiety Disorders Association of America）的 CEO 和执行主席 Jerilyn Ross 也说：“为他人做事，为他人着想，能让你的大脑从绝望中解脱出来。它会产生一种满足感，增加内啡肽，从而产生幸福感。”①

与“慈”和“宽容”相应而来的是示弱的“谦卑”和“忍耐”，传统领导人依靠职务和能力控制下属，但理想的道家领导人善于示弱，不是直接去领导他的下属，而是放下身段改为咨询他的下属，激发下属的潜力。《不以自我为中心的领导》（*Leadship without ego*）的作者提及的一名管理人员说，在马德里参加管理会议时，他与来自世界各地的其他 16 位公司总裁在哈佛商学院两位教授的带领下，在 4 天的时间里会面讨论和研究了一些日本、美国、欧洲的大型跨国公司，以找出并界定那些使一些公司比其他公司更成功的共同因素。后来发现，组织结构图、公司政策、操作程序、系统、预算、委员会、组织、投资回报、目标管理以及所有其他所谓专业管理工具都是短期有效，但从长期来看，它让个体不再被视为整体的人，而是“劳动力”和“劳工”。成功的公司，其诀窍则在于高度尊重个人，尊重组织中每个人的尊严和权利。或者换言之，这些公司，就像葵达制图 Quad/Graphics（QUAD）公司一样，是以服务个人为中心，而非凌驾于个人之上。他认为，CEO 是其中作用最小的，他只是将成员凝聚在一起。其后，他引《道德经》说：“江海之所以能为百谷王者，以其善下之，是以能为百谷王。是以圣人之欲上民也，必以其言下之；其欲先民也，必以其身后之。”并且提出：“所有认为自己需要高档

① Liangrong Zu, *Responsible and Sustainable Business*: *The Taoism's Perspective* (Springer Nature Switzerland AG, 2022), 100. https: //doi. org/10. 1007/978-3-030-91117-1, 2023/12/01.

办公室、高档轿车、高级座椅等的领导人，都应该把老子的名言挂在牌匾上。”①

以自我为中心导致了对个人的非人化，使员工被视为仅仅是“工人”和“劳动力”，与之相反的是谦卑，将对人的谦卑扩展开来，即是对万事万物的尊重，意识到万事万物都有自己的过程，都是特定关系的产物，需要保持对他事物和他过程的尊重②。具备谦虚和忍让特点的领导，他们不是因为弱而不得不忍，而是基于真切地认识到自身与他者是在一个关联体内，自己与他者不是互相敌对和否定的关系，而是互相关联和支持的关系，如此则易于保持平静、宁静的心态，能够更好地应付紧张和压力。此外，管理者还有看似与“现代”相反的“朴”，它是不以进攻态势处世：“保持一种纯朴的天性，如道教所说的‘婴儿’。”③

在体道的管理者这里，以上各种特征并非单一地存在于管理者身上，而是融合在一起。《道德经》以水等各种意象隐喻道，以“道”诠释的管理艺术中亦多以水名之，水实际上包括众多特性，以之喻人，则是追求静默、利他、柔软、灵活。《领导之道》中就以水为喻，说明体道的管理者的特点：无所偏颇，保持万物洁净和新鲜；自由地向四面八方流动；顺从法则且反应敏捷，有妥协艺术；无私，不计报酬，服务于所有人；简单而正直，充满流动性，诸此种种，都表现出雌弱的特点，与无为有关，并与西方美德伦理相关。④ 在真正

① Davids, B., Carney, B. M., Getz, I, *Leadership without Ego* (Palgrave Macmillan, Cham. 2019), 132. https://doi.org/10.1007/978-3-030-00323-4_1, 2023/12/01.

② Diane E. Dreher, "Leading with the Tao: the energizing power of respect," *Learning Organization An International Journal* 9, no. 5 (2002), 206—207.

③ Hennig, Alicia, "Daoism in Management," *Philosophy of Management* 16, no. 05 (2017), 165.

④ Hennig, Alicia, "Daoism in Management," *Philosophy of Management* 16, no. 05 (2017), 170.

的管理生活中，它表现为以柔克刚。世界上最大的工程机械和矿山设备生产厂家、燃气发动机和工业用燃气轮机生产厂家之一卡特彼勒公司（Caterpillar）和另一家日本机械公司即小松（Komatsu）就是运用了这一原则，他们专注于发展自己的一点，不选择对抗，前者有机会进入日本市场，后者也在美国寻找到了自己发展的空间。①

与道家领导人的“雌弱”特质对应的，是“和”的处世原则；这种“和”既是管理原则，也是以此原则管理之后的境界。这说明道家的“雌弱”并不是“软弱”，而是一种谋求与对方形成一个共赢的整体而达成的“强”。

2. 以“和”为目的的道家系统整体观

“和”是阴阳之气的平衡协调，它是道所要实现的最圆满境界。这种和谐境界，包括人自身的和谐、人与他者的和谐、人与环境的和谐等；而在管理艺术中，则更多地体现为与管理主体即人相关的和谐。之所以如此，从根本上来说，缘于道家的整体系统观：“先秦文化中还蕴藏着整体的动态和平衡的观念……老子把这种‘和’的作用提到了世界观的高度，‘万物负阴而抱阳，冲气以为和’……先秦的系统观在中国文化史上产生了积极的影响。它注重整体的观点，反过来又丰富了中国古代辩证法关于联系、全面的思想，促进了中国哲学‘天人合一’思想的形成。”②

从老子思想出发，西方体道者发展出重视他者的思想，这对以自我为中心的已有趋势是一种反拨：“在老子的教义中，‘一’来自对立关系的双方，二者和谐地融合成‘阴阳’，如《道德经》所言。当人们认为一些东西很美时，另一些东西就显得丑了。当人们认为某些

---

① 参见 L. J. Bourgeois, Serge Eygenson, and Kanokrat Namasondhi, *The Tao of Strategy: How Seven Eastern Philosophies Help Solve Twenty – First – Century Business Challenges* (Charlottesville: University of Virginia Press, 2021), 184.

② 徐水生：《中国传统文化中的瑰宝：先秦朴素系统观初探》，《武汉大学学报》1990 年第 3 期，第 20—26 页。

事情是好的时，其他事情就会显得不好。‘有’和‘无’相互创造，‘难’和‘易’相互扶持，‘长’和“短’相互限定，‘高’和‘低’相互依存，‘前’和‘后’相互跟随……从这一概念出发，形成了没有他者自我就无法存在的道家教义。二者是作为相对的双方存在的，自我和他者必须和谐相处。这一关系表明一个人的行为直接影响另一个人。”① 以此，他们关照整个世界，强调不同人类整体的合作：这些领袖能够看到共同的责任，这来源于他们对地球上的人类存在的深刻关切的意识。②。

从管理者自身来看，任何事物内部都存在对立，领导内在地具有阴阳对立互补的冲突，在后现代的社会中面临撕裂，同样需要平衡和调整，这也就是前文所论及的整体性。对立平衡的原则在管理者中的具体体现，则更是一种对领导人内在特点的强调——管理者自身的“阴”“阳”性质的对立互补。如《力量之道》第二十八章中领导的特质同时由“阳”（强有力的、有决断力的）的一面和“阴”（治愈的、开放的、接受的、滋养的状态）的一面组成，做什么（doing）和是什么（being）、战斗者（warrior）和治愈者（healer）这些矛盾的方面，都是富有意义和潜力的。

“和”更多地体现在管理涉及的各种关系中，它是互补而不是对抗关系。《真正的力量》中提出，“老子的中心人物，他称之为圣人的男人或者女人，他的生活与事物的现状完美和谐。她或他是理想主义者或神秘主义者的对立面。事实上，他非常踏实、能干、灵活、性感、幽默、友爱、充满活力。圣人是成熟的人，明智的领导者，我们每个人都有可能变成他那样。我们都有可能成为圣人，因为圣人是真

---

① T Opincar John, *Exploring Ethical Intelligence Through Ancient Wisdom and the Lived Experiences of Senior Business Leaders* [D] (Universiy of Phoenix, 2012), 111.

② Thomas Thakadipuram, *The Quest for Wholeness: An Inquiry into Spiritual Leaders' Lived Experience* [D] (University of St. Thomas-Minnesota, 2009), 184.

诚的我们，怀着初心看到一切事物”①。聪明的领导人不偏不倚保持中立，明智的领导人知道控制自我中心主义，怀着原初的“朴”，这就形成了与万物的“和谐”。这种“和谐”一方面是基于对立双方的互补关系，另一方面则是因为以系统整体观为基础，所谓的正误是非等判断都只是一隅之见。

对阴阳互补关系的认识，决定了管理者对其他人关系的处理，这与前文的“雌弱”是相关的，“雌弱”原则可谓整体系统观在管理者与下属关系上的体现。《领导之道》第六十一章以大国与小国的关系说明聪明的领导和下属形成互补的关系。第六十二章指出管理者与团体是合一的（人与整体的统一），他们知道职位高的管理者是以职位并不高的被管理者为基础的，管理者不会贪图名利，因为名利会阻挡他们与下面的人的“一”。在管理艺术中，“昔之得一者，天得一以清”中的“一”和“多”的统一转化成为领导与下属的统一。②领导者视与自己相关的其他人处于同一个系统中，他不会得意于自己对对手的碾压，从长期来看，选择和解比选择对抗要有用。平静的领导会处理好与下级的关系，充分发挥下级的能力③。可以说，“从‘道’的视角来看，这样的‘领导’只是创造了一种氛围，这种氛围使得每个人都感觉他们是整个系统的一部分，他们都有一己之责任”④。领导不以自身权位去命令——这样将自己置于与他人对抗的位置，而是调节与他人的关系，让他人感觉到他与领导在一个共同体中，主动以共同体的发展作为自己的目标。如果说，传统管理者是

① James A. Autry and Stephen Mitchell, *Real Power: Business Lessons from the Tao Te Ching* (New York: Riverhead Books, 1998), xviii.

② R. L. Wing, *The Tao of Power: Lao Tzu's Classic Guide to Leadership, Influence, and Excellence* (London: Aquarian Press, 1986), ch39.

③ S. M. Herman, *The Tao at Work: on Leading and Following* (San Francisco: Jossey-Bass Publishers, 1994), 101.

④ ［美］韦恩·戴尔：《改变思想，改变生活——老子智慧的现代启迪》，第72页。

“lead”（带领），那么，道家领导者关注的是“follow”（随），当一个人行动的时候，其他人为之高兴，管理者是在满足其他人的意愿。“跟随既定的道路，管理者有机会慢慢地引导（guidance），并确定动和静、前进和后退的时间。”①

系统整体观还是管理者作为局外人处理事物的应有观念，它善于在各种不平衡力量形成的纠结中如庖丁解牛般游走，保存力量而又解决事情。科恩在其《庄子：文本与语境》（*Zhuangzi：Text and Context*）中，大量援引心理学家米哈里·契克森米哈赖（Mihaly Csikszentmihalyi）的研究说明道家中的“涌流”境界。契克森米哈赖提出，顺从心流而不是对抗形势，寻找一个开口切入，这种在各种力量的纠结中顺应形势避免冲突以发展的方法，既节省了能量，又利用了时间和空间。一个掌握了管理艺术的经理人应该像庖丁一样，能够顺应各种力量，反思、无为和心流这些庖丁的技巧均可以应用于领导术，不与环境形成冲突，不自我内耗。“在组织中，领导人是帮助所有成员发现他们的合适位置和指导他们……一个优秀的领导是为组织中的每一个人提供教育。这样，所有成员都融入到整体之中，领导的位置也由此确立了。”②

3. “过程”视角下的动态管理原则与可持续发展

“过程”视角与管理原则的结合，即是将公司管理视为天地自然一样的“过程”。以“过程”的视角去看公司运营，则强调公司管理是一个动态变化过程；作为公司的运营者和管理者，则需要采取相应的行动适应这一节奏。

首先，体道的管理者会视公司的运行为一个有着内在规律的

① Bob Messing, *The Tao of Management：An Age Old Study for New Age Managers*（*Green Dragon Books*, 1988）, 33.

② R. L. Wing, *The Tao of Power：Lao Tzu's Classic Guide to Leadership, Influence, and Excellence*（London：Aquarian Press, 1986）, ch62.

“过程”。因为视事物为过程，而过程都是事物自身的，因此，领导者就应该像小熊朴（Pooh）一样，“让生命、工作和其他人按他们自身规律呈现出来，而不是将秩序施于他们之上。我现在试图让事物按其自身发展和变化，既不去施加外力让它变化，也不将变化看成需要克服的障碍”①。《小熊维尼之道》中呈现了一个活得简单的小熊“朴”，它对生活、工作和其他人都报以接受态度，而不是试图强加自己设定的秩序，当遇到事情的时候，它总是傻乎乎的，但是，事情就自然地解决了。这是因为事物发展有一种自然的、必需的进程，当人想以外力推动它的时候，如若违背了其本然进程，只会劳而无功。所以，接受事件，并且和事件的发生保持同步，这是一种看似消极实则极为有效的方法，面对事情，不做出极端的反应和过分快速的行为，这时候“惰性（inertia）”是处理事情的好办法。②

由于事物的进程是由各个因素间的相互作用决定的，每一个时间点都是进程中的独特一点，此时每个因素处于特定的时期，它们一起决定事件的发展。意识到这一点的领导人，就会关注每个时间点的特定情况，并根据不同因素之间的关系，提前预计到事物可能的变化，防止形势失控。体道的领导人能够根据环境境遇灵活地调适自身，以一种柔性的力量去消解对抗力量；他不是自己去先验地规定公司的发展道路，而是根据公司的发展情况来决定对策，“灵活性原则”意味着存在许多选择和机会，因此事情永远都不是绝对的。“领导人展现了灵活性，他是动态的，能迅速适应变化，而不是按照既定的普遍行为规则来，经常在实际环境中寻找发现最合适的方法。这种灵活性，它可能取决于思考、做决定、发现问题中，与道教中基本的

① Archer, Michael, “The Tao of Pooh——a philosophy that changed my practice,” *British Medical Journal* (*International Edition*) 329, no. 7458 (2004), 151.

② S. M. Herman, *The Tao at Work: on Leading and Following* (San Francisco: Jossey-Bass Publishers, 1994). 52.

‘变’的概念有关，只有具备了某种灵活性，才能对应变化的形势。”① 不仅如此，从“过程”角度看事件发展，事件内部阴阳两方面的力量是不断增减消长的，因此，事件的变化过程也不是直线式的，而是充满波折。由于知道事件本身就有正有反，有高潮有低谷，它都是整体之不可缺少的方面，因此，管理者对看似“消极”的形势也抱有积极的看法：“管理者在高兴和热情之后会经历暂时的低谷，但是，他们知道低谷是修复的前提。”②

高明的管理者意识到，在道家影响下的这些领导能够更全面地看待问题，尤其是以此来应对危机。中国人有阴阳观念，也会有周期意识，但西方人尤其是欧美人，认为时间是不断向前的，其中的年轻人更是倾向于向前，他们叫着“向前，向上”和“年轻人，向西去”。对此，经历过经济周期的高管们则更为清醒，帝国化工（ICI）在澳大利亚的生产副总裁亚当·威斯特（Adam Westerfeld）说，年轻的MBA看到氯和苏打灰等商品的需求不可避免地下降时，他们很容易感到恐慌，对此，有经验的人知道一个周期的波峰与波峰、波谷与波谷之间相隔是15年，但波谷后雇佣的年轻人则会认为生意一直是稳定上升的，面临下降的时候，他们会有点惊慌。

然而，在体道的管理者看来，事物发展有其自身的内在节奏，因而他们强调不要干涉这一过程；与考虑到万物关联，从而处理好各因素的关系：这二者其实是统一的，因为过程本身就是万物关联才形成的动态，以此，包容事物的对立方面，同时又注意到这样的对立统一本身也是在变化中，对事物的所有方面，都接受、包容、尊重，在历时空和共时空下，都形成一个整体。曾在通用电气公司任职并在美国天合汽车集团担任人力资源总监的Herman认为：

---

① Hennig, Alicia, “Daoism in Management,” *Philosophy of Management* 16, no. 05 (2017), 168.

② Bob Messing, *The Tao of Management: An Age Old Study for New Age Managers* (Green Dragon Books, 1988), epub格式, 35.

> 好坏都是相辅相成的，都是生活中不可缺少的一部分，它一直在展开，不管家庭和组织都是如此。组织中人的行为都有持续性。做、买、卖、管理、服务是贯穿几代人的。当你进入组织生活时，你是进入一个持续的流中，在你进入之前，它已经在那里；你离开之后，它也还继续流动，这点非常重要，我们必须尊重它。想要改变这点，需要非常小心谨慎，做错的话，会有意想不到的后果。①

注意到事物是一个发展变化的过程，现在与将来在一个连续体中，人在“持续的流”中，处理事物的时候，就会注意当前与以后的联系，会考虑到其可持续发展，在经济管理中，不追求一时的成就，而致力于长远的发展，这是一种历时空的平衡。经常为小企业主提供财务建议和金融服务顾问的 Alex Galvin 说：

> 道教是一种中国哲学，基于阴阳两种对立但互补的力量。我们在整个人类中都看到了类似的二元性，包括在财务规划方面，我认为这需要我们平衡和理解金钱的当下利益和未来可能。换句话说，我专攻财富和兴盛之道（注：原文中这里有双关，“富贵之道”同时也是作者书名“*The Tao of Wealth and Prosperity*”的意思）。②

如是可见，体道的管理者会在时间的维度上在“当下利益”和“未来可能”中取得平衡，不着眼于一时，追求全过程的发展和利益，这就是道家管理者的长远目标。作为管理者，不管积极还是消极阶段，都有高瞻远瞩的格局，自然能获得长久的财富和兴盛。祖良荣在《负责任和可持续经营：道教的视角》一书中就说，联合国布伦特兰委员会［United Nations Brundtland Commission（世界环境与发展

① S. M. Herman, *The Tao at Work: on Leading and Following* (San Francisco: Jossey-Bass Publishers, 1994), 19.

② Alex Galvin, *The Tao of Wealth and Prosperity: Block out the Noise and Find Your Financial Centre* (Great Britain: Rethink Press, 2021), 1.

委员会)〕就坚持道家的可持续发展原则，他将之总结为3C原则，并在序言中说：这本书旨在为从业者和商业领袖提供易于理解和实践的方法。我提出的方法叫“3C模式”，它基于道家的智慧，特别是老子的“三宝”：慈（同理心、勇气、慈善等）、俭（适度、谨慎、有效等）和谦（谦逊、正直、负责等）。几个古老文明的出现和存留很好地证明了道教非凡的智谋和坚韧。道教的3C模式核心是对变化现象的辩证研究，故为企业可持续发展和负责任的领导提供了一种新的整体方法。它补充了西方实证主义方法，后者擅长在静止背景下对孤立主题进行分析调查。

注意到事物的发展是长远的，这赋予企业家面对困难和挫折的勇气。《影响之道：现代领导和企业家的古代智慧》（*The Tao of Influence*：*Ancient Wisdom for Modern Leaders and Entrepreneurs*）中，作者Kelly McGonigal声称感谢挫折，并以大量高管的管理工作呈现《道德经》思想在当代的影响，她往往先援引《道德经》，再引用商界案例来证明。以其第七章为例，她先援引《道德经》第六十三章“图难于其易，为大于其细；天下难事，必作于易；天下大事，必作于细”，其后提出要有坚持到底的勇气，说当她第一次进入商界时，很快就注意到是什么在阻碍她实现目标。她不断地有愿景，甚至开始实施这些想法，但没有坚持到底，因为害怕被说失败了或犯了错误。[①]《生意的中国之道》（*The Chinese Tao of Business*）的作者即TED演讲者凯利·麦格尼格尔（Kelly McGonigal）是一位思想领袖、全球演说家，她致力于成就在世界上创造积极变化的人，她支持领导人掌握内部外部环境和系统以及流程，从而成为变革的强大力量。

虽然关于道家经商管理的理论著作与研究大量出现于21世纪，但它其实是建立于道家在20世纪表现出的对管理术的影响力，发展

① 参见该书第七章，Kelly McGonigal，*The Tao of Influence*：*Ancient Wisdom for Modern Leaders and Entrepreneurs*（Florida：Mango Publishing，2020）.

到 21 世纪，相关理论更为深入，具体实践也更为细化，例如主张将人类本我（self）与自然融合，最后培养出具有生态敏锐力和与自然和谐相处的人类；将人与自然的关系转化为员工与环境的关系，提出员工对环境的态度本身也会影响发展，这些问题都值得我们进一步地深入研究。

第十三章 韦恩·戴尔对《道德经》的诠释和应用

韦恩·戴尔（Wayne Dyer，1940— ）是美国著名的心理学家、作家和教育家、励志大师，他解读《道德经》，将东方智慧融入西方生活，侧重于从实践的层面来诠释中国经典。他关于《道德经》的演讲一度风靡美国，深受广大民众的喜爱。笔者于2007年在美国访问和讲学时，就常有听众告知，有个老美正在公共广播电视台（PBS）讲《道德经》，很受大众的欢迎。后来，承蒙在美国罗特格斯大学任教的道学文化研究专家刘迅教授核实，这位在电视台讲《道德经》而大受欢迎的“老美”正是韦恩·戴尔，他的《改变思想，改变生活——老子智慧的现代启迪》一书的翻译者王强先生称他为“美国的于丹”。他将《道德经》视为“以和谐、道德、崇高的态度对待世间万物的生活总则”①，让他从中深受启迪，并改变了他的思想和生活。因此，他将这部解读《道德经》的作品命名为“改变思想，改变生活”，将自己对《道德经》的体悟特别是其中有助于提升人生、缓解困惑、优化性格的实践性智慧诉诸笔端。该书在出版后短短三周之内，就跃入《纽约时报》畅销书籍榜，并在随后的64周内保持在亚马逊畅销书TOP10之中。时至今日，该书的销路依然不错。该书封底刊载的《纽约时报》《华盛顿邮报》的评价说：“这本书最终能永久地改变你对生活的态度……体会到前所未有的平和

① ［美］韦恩·戴尔：《改变思想，改变生活——老子智慧的现代启迪》，“前言”。

心态”，“一部可运用于日常生活、追求平和幸福生活的宝典”。该书正式面世虽然是在2007年，但却反映了戴尔自20世纪以来对《道德经》的研究、思考和践行，我们将其视为世纪之交“道学西用”承先启后的作品，是非常成功的道学西用典型范例。

韦恩·戴尔对《道德经》的解读有以下几大特点：

第一是实践性。全书的每一章解读都紧密联系社会实践，都有如何进行操作践行的提示，体现出他希望用老子“以和谐、道德、崇高的态度对待世间万物的生活总则”为美国民众排忧解难的良苦用心。

第二是默会性，即通过静坐冥想来“试图获得老子的想法和意图”。他深契老子“为学日益，为道日损”主张的精蕴，认识到“体道就是要扫除信息的遮蔽”，试图“在沉思冥想中获得绝对认知，进入体‘道’而得‘道’的境界”，进而将这些有别于逻辑推导和理论阐述而得出的感悟流于笔端，传递给读者。

第三是融入性。根据伽达默尔的“视域融合”理论，诠释者对文本的阐发和理解是“诠释者与文本之间内在的互动，是发现文本所要回答的问题，与文本对话、讨论的过程，也就是解释者的视域（意义空间、问题域、世界）与文本的视域完全合为一体的过程”①。也就是说，经典诠释是诠释者以当下时代为背景对经典的理解和解说。任何经典诠释都无法摆脱诠释者的时代“印记”，面对阐释者自己面对的问题进行发挥，以经典原义为基础，从“原义”中延伸出“新义”，融入现实生活中。韦恩·戴尔作为《道德经》这一经典的诠释者，他认同《道德经》中呈现出来的人的现有存在的融入性路径，主张和行为主体即时的周边合二为一。一方面，他善于将自己融入到当下的生活情境中，从这一视角去发掘经典中的智慧；另一方

① 刘笑敢：《诠释与定向——中国哲学研究方法之探究》，北京：商务印书馆2009年，第15页。

面，他也力图让古老的经典走出书斋，将中华先祖的智慧融入到现代西方人的生活之中。

第四是存在一些“创造性误读”。在阐发《道德经》以及老子之道时，韦恩·戴尔有时将其与西方基督教文化中的某些概念相比附，这虽然是一种误读，但却有其积极意义。经典阐释当然应当以理解原文本为归宿，但也不应只是一成不变地照本宣科，而应当在此基础上融入时代精神，启迪后人。陈嘉映、刘笑敢等先生都曾谈及经典诠释对于原文本的解读的正误问题，他们都对于误读原文本的新论持某种肯定的态度，“如果出色的新论与误读原文有某种内在联系，这样的误读可以称作‘创造性误读’”①。的确，人类的思想史是一条奔腾不息的长河，只有不断地汇入新流方能具有永不枯竭的生命力，韦恩·戴尔的“创造性误读”实际上大大增添了老子思想的新鲜活力。不仅推动了中国优秀传统文化与西方大众文化的汇合交融，而且也为我们提供了如何让中华优秀传统文化“活起来”的生动借鉴。

从形式上看，韦恩·戴尔的解读流程与通常的经典诠释者相似，他将《道德经》从第一章到第八十一章全文列出，然后逐章阐发自己的诠释和感悟，再结合现代生活中的现实问题运用于具体的生活情境。但是，他的解读内容却显示出相当大的独特性：他在仔细领悟的基础上，列出各章的主旨；进而打破逐句逐段解读的传统方式，根据大致的文意，结合现代生活中的相关问题发挥自己的体会和感想；又根据本章的主旨以虚拟的口吻设想出老子给予现代人类的建议；最后在每一章的结尾处列出“现在行道”一栏，指导人们“行道”，即根据他所概括的本章意旨提出具体的操作建议，从而更为直接简便地指导读者当下行动，帮助人们改变思想、改变生活。我们在对全书内容进行梳理的基础上，概括出以下几大方面的内容。

---

① 陈嘉映：《谈谈阐释学中的几个常用概念》，《哲学研究》2020 年第 4 期，第 11—19 页。

第一节　韦恩·戴尔对“道”的崇尚

韦恩·戴尔对于老子之“道”极度尊崇，这是他将《道德经》的思想主张应用于现实生活的思想基础。

他跨越了时空的界限，充分认识到老子思想和老子之道的现代价值。他说：

> 虽然老子的著作已有3000年之久，但是他在这里给我们21世纪提供了建议，这条讯息就像是“道”本身一样没有时间的限约，自然也就不会过时……如果你体悟到“道性”中无限创造力的潜在可能，那么你会在内心深处引起共鸣……一切富有创意的新思路、新举措、新方法、新生活联袂而来，使你过着一种与道融合的创造性的生活。①

他在很多章节中都表达出对于老子和“道”的崇敬。在第三章中，他鼓励人们说：“在你做的所有事情中都要尽量无碍地听从‘道’的指引。”为了打消人们的疑虑，他又进一步阐发说：“相信‘道’的力量吧。任从它推你向前，从‘自我’束缚中挣脱，顺应自然，你将有更多的创造。先放下世俗的决断力，使那些内在的本然的东西从而萌生出来。这样，你的生命就不是被某种世俗设计的，而是原初的、无污染的、自如的。”②

从本书的多个章节中，我们都可以看到，在韦恩·戴尔的生活中，常常再现了“与道融合”的美妙境界，他向读者传达这种感受说：

> “道”是一种看不见的能量，充盈于虚无的空间并且给予你

① ［美］韦恩·戴尔：《改变思想，改变生活——老子智慧的现代启迪》，第28页。

② 同上，第14页。

如此多的欢喜。在那渴望已久的欢喜之中，你感觉到这是一种永恒的获得，超越了人类身体的自然局限。与“道”相接是超越任何快感的，就是那种我们认为能够获得无限满足感的高峰体验。①

我们注意到，戴尔对于“道”的臣服体现出现代西方人特有的方式，例如，他运用量子物理学这一现代西方科学理论来解读老子之道。他说：

量子物理学告诉我们：微粒是来自于看不见的或者无形的能量领域。那么，由此可以推知，所有的创造物，包括你自己，都是一种运动的作用：从一种无形的能量到有形，从精神到身体，从无名的“道”到有名的物体。伴随着这个创造过程的，就是对“恒久”“无名”之“道”的理解。此一主旨，贯穿于整个《道德经》的始终。这种不可捉摸的混沌引领你去沉思、包容和体味……这就是老子所描述的“其中有信”，并且它不需要保有神秘。在你的体内存在着相同的恒道，而且每天你都要用它百万次。它一直陪伴着你……它就是你。②

可以说，韦恩·戴尔对于“道”的崇尚达到了作为一个西方人可能企及的最高程度。他认为，老子之道与基督教的天国这一西方文化的理想境界是协调一致的。这可以从以下这段话充分地反映出来。他建议人们沉思《多马福音》中这段话语：“他的门徒乞问他说，‘天国什么时候会降临？’耶稣说：‘不会因为你向外看他就会前来……天国之父遍布于世，而众人却无法看见。”此语意在说明，天国不是一般人“向外看他”就能来到，而众人也看不到已经来到世间的天国之父。那么，如何才能看见天国呢？韦恩·戴尔的回答令我们

① ［美］韦恩·戴尔：《改变思想，改变生活——老子智慧的现代启迪》，第155页。

② 同上，第92页。

非常惊诧。他说："今天，要知道，抱'一'守道将有助于你看见天国。"①

我们知道，按照基督教的教义，天国指以上帝为中心，众多得救的灵魂安居的处所，是天父和他的儿女们同在的地方，是神为他的子民预备的国度，有时也用来指上帝在天上的居所。而进入天国或见到天国是需要具备诸多条件的。如，通过耶稣基督是进天国的唯一道路，遵行他的话语的人才能进天国，重生的人才能见天国。在《圣经·约翰福音》中，耶稣说："我就是道路、真理、生命，若不是借着我，没有人能到父那里去。""我实实在在地告诉你们，人若不重生，就不能见神的国。"《马太福音》中说："凡称呼我主啊、主啊的人，不能都进天国，唯独遵行我天父旨意的人才能进去。""清心的人有福了！因为他们必得见上帝。"可见，进入或见到天国必须对基督怀有虔诚信仰、遵守天父旨意、严守清心寡欲等基督教道德规范，并非一般人所能企及。而韦恩·戴尔却舍弃了基督教的内容而认定抱一守道将有助于人们看见天国，这显然将老子之道及遵循大道、按道的要求修炼之人与信仰虔诚、品德纯正的基督徒相提并论，反映出他融通中西文化的胸怀，是相当有意思的观点。

当然，我们知道，上面提到的《多马福音》是在 1945 年才于埃及被发现，而非《圣经》正典四福音书，不少人认为它是假托古人之名的伪经，但美国有数百位新约圣经学者加盟的"耶稣研究会"将其列为值得信赖的关涉耶稣信仰的第五福音书。我们认为，无论《多马福音》的真伪如何，它毕竟属于基督教的重要文献，韦恩·戴尔引用并建议人们沉思该书中的相关内容，也正体现出他兼收并蓄的宽阔胸怀。

针对世俗社会中人们无止境地被外物所牵累、所困扰的现状，韦

---

① ［美］韦恩·戴尔：《改变思想，改变生活——老子智慧的现代启迪》，第 46 页。

恩·戴尔建议人们牢记《道德经》中“孔德之容，惟道是从”这一章的教诲，放弃对金钱、成就、财富、名声等身外之物的追逐，转而朝向生命的本质，“它希望你去关注万物本初时的能量——不可捉摸且难以确定的‘道’……仔细观察它是如何在你的思想和行为之中发挥作用的，你就会了解‘道’的真面貌。”他体味老子“道之为物，惟恍惟惚”这段话，认为它启示现代人：“渴望混沌的生命力量，定期和本初进行交流：向它讨教，沉思冥想它的神圣。”①

韦恩·戴尔体悟到，“道”虽然无形无象，但是，崇道的生活却能够帮助人们摆脱身在世俗社会中所遇到的诸多心理问题。他劝诫人们说：

> 你施发的善意和尊敬越多，你就越会感觉到与它有更多的相通。和‘道’的相通，会把你从‘世俗自我’看世界的方式所产生的焦虑、压力、担心中解脱出来……当你确知你是在神圣、无所不知、供给万物的‘道’的陪伴之下，你就会感到无比的安全。②

因此，韦恩·戴尔建议人们要怀抱对于“道”的感恩，而且，他将这种虔敬心理与对于上帝的感恩等同起来。他建议说，每天都要拿出一些时间大声地说：“上帝，为了这一切，谢谢你。”③

显然，韦恩·戴尔已经将对于“道”的感恩与对于上帝的感恩放在几乎是同样的地位上了。顺着这一观点，他将与“道”相合视为获得幸福的方式。他说：“保持和‘道’的和谐一致，因为这样可以把完全包容式的幸福提供给你……当你在思想之中、感觉之中、行为之中都包含有这种和‘道’的和谐一致的精神，‘道’自然而然

① ［美］韦恩·戴尔：《改变思想，改变生活——老子智慧的现代启迪》，第93页。

② 同上，第93页。

③ 同上，第93页。

就会对你产生作用。”[①]

韦恩·戴尔又从反面来告诫人们说：

> 如果我们不是体道而用之，我们的行为就会有缺失，甚至会对人、事、物有一种理解上的错误。当我们试图从“道”的公正的本性中排除任何人的时候，“道”和它无穷无尽的力量就会相对地远离我们而消失不见了。[②]

韦恩·戴尔对于老子之道的崇尚来源于自己的亲身经历。在他的人生道路上，《道德经》滋养着他的生命，甚至帮助他度过了人生的困境。在本书的《后记》中，他回顾道，在写作过程中，他曾遇到“无法度过的危机”“一生中最大的挑战”，而在这种关键时刻，“老子通过《道德经》确实给了我‘道’的洞察力和处理问题的方法”。

因此，他没有停留于从精神层面对《道德经》和老子之道的崇敬，更不仅仅从文字或理论的层面对《道德经》进行诠释，而是强调将《道德经》的智慧付诸实践。“全身心地进入阅读、写作、阐释的状态，尤其是要按照这81章所说的去做”，“通过老子神秘而又实用的哲学，能够给你当下的生命带来愉悦”，他充满谦恭地体悟《道德经》的智慧，“感到备受祝福，充满荣耀，这些具有深刻影响的话语让我肃然起敬”[③]。

从自己的亲身经历中，韦恩·戴尔真实地感悟到《道德经》给予了他度过人生坎坷的力量，老子好像直接对他说：“保持平静；相信你的本性；认识到一切都是完美的；而最重要的就是无为，在隐匿着‘道’的德行下生活。如果你被拖入了战争，不要以任何人为敌，不要产生暴力的念头——绝对没有复仇也没有批判。在你面对无法

---

① ［美］韦恩·戴尔：《改变思想，改变生活——老子智慧的现代启迪》，第21页。

② 同上，第24页。

③ 同上，“前言”。

解决的难题的时候，就这样做——在充满爱意、无所不知的、完美的‘道’之下。这样，你就可以算作一个‘道’中之人了。”①

在《后记》中，韦恩·戴尔感慨地回忆起老子之道促使他改变思想、改变生活的亲身体会。他说：“我曾经认为老子所说的‘从来没有敌人’是不对的——我认为这是不可能的……当我阅读每一章的时候，这些疑问不断地出现。”然而，在深入学习的过程中，“我感觉到仿佛是老子龙的神性开始显现了”。当他重读那一章时，“感受到老子用他龙的神性火焰温暖着我。起初的无助和困惑都变成我最终的呼唤：带着我对给我这一切的‘道’的深深感激，快乐地生活”②。老子让他在困境中“保持平静，并且感受到与爱和安宁的‘本初’保持连接”，最终“出现好运就隐藏在厄运之中的情况”③。

可见，韦恩·戴尔对“道”的崇尚并不限于在书本、理论或思想意识的层面，而是以自己的亲证实验来启示人们，如果能够遵道而行，就将获得不一样的快乐人生。这显然比理论层面的说教更能打动人心。

他主张人们过“有德性的生活”，而这种德性不仅仅是伦理学意义上的德性，而是在“道”的指引下生活，其内涵是极其丰富的。例如，韦恩在第28章中诠释了老子以“道”指引人们的四种不同隐喻：

第一，“为天下溪”，让生命的河流流经你。韦恩·戴尔将其理解为“一种谦卑的境地”，“生活在完全的谦卑之中”。第二，“为天下谷”，引领你去过有德性的生活，看一看没有被文化侵损的自然。韦恩·戴尔将这种境界理解为“不被人类所触碰”，“放手并且顺其自然”，消除后天环境影响下形成的“世俗自我”，在“道”的引导

---

① ［美］韦恩·戴尔：《改变思想，改变生活——老子智慧的现代启迪》，第356页。

② 同上，第356页。

③ 同上，第356—356页。

下，“把你愉快地带回你本初的完美之所”，“改变看世界的方法，居住在这个世界上”。第三，“为天下式”，遏止“世俗自我”，与具有永恒力量的“道”保持一致，源源不断地流出一种永恒的力量去超越他人，这是“从一种无止境的良善的本初流出，是和你无尽的自然相协调的”。第四，保有本初质朴的品质。“老子所说的本初的品质就是爱、善良、美丽。”概括地说，就是根据“道”的指引，保持谦卑、包容、以身作则、质朴这四种本初的品质，从而“就会生活得和谐”。①

在这些论述的基础上，韦恩向人们提出建议说：

> 化敌为友，化干戈为玉帛。不要固执地认为自己比别人更优越，你可以选择做一个想象中的溪谷。在这种坚实的、肥沃的、善于接受的位置，情愿去聆听和接受。当你想要提供建议时，先要专心聆听。做一个谦卑的地球源泉，而不是一个高傲的自我激励的人。②

韦恩·戴尔强调，在“道”的指引下生活需要通过长期的努力，要按照老子的教导，一步一个脚印地在自己的生活中实践。比如，他以自己写作本书为例，曾对多个《道德经》的译本进行研究，从中撷取有启发的阐释，进而通过自己的体悟将这些古老的智慧呈现出来。面对这个项目的挑战和困难，他遵循着老子“天下难事，必作于易；天下大事，必作于细”的建议，从小处做起，向大里扩展，“把自己沉浸于独立的一章，让这些话语从我的心中流淌到纸面上”。历经一年而完成了81章的写作，这一作品成为在西方世界深受广大民众欢迎的诠释《道德经》的作品。他结合自己的经历总结第63章的智慧说：“当你生活在当下时刻，就做你现在能做的事情，没有什

① ［美］韦恩·戴尔：《改变思想，改变生活——老子智慧的现代启迪》，第122—123页。

② 同上，第124页。

么可以难倒你。”“当你从小处着手，你的成就将展示出伟大；这样做，你将出乎意料地看到巨大的成果。”①

在韦恩·戴尔看来，这些教导不仅有助于人们完成重要、困难的工作或研究成果，即使是面对平常的生活琐事，也同样能够从中获得帮助。他举例说，自己每天要做超过一个半小时的剧烈运动，这个过程充满挑战和困难，但是他训练自己保持一种朴素的毫无杂念的心态，就轻松地做了90分钟的瑜伽，他做到了“在简单过程中的伟大”。“因为我正视可能会出现的艰难，结果就是我并没有经历困难。”在“现在行道”栏目中，他建议说：“先不求‘大’——只是做你现在能做的，让其他的事情消退……就在现在，看一看就在这一时刻的‘道’是如何在保持‘小’和简单的情况下出乎意料地带来巨大的产出。”②

在韦恩这里，对于“道”的践行极其简单质朴，当下即是，可谓真正遵循了老子“千里之行，始于足下”的教诲。他诠释这一章说：“当你达到一个目的地，那就是下一个旅程的开始。所以，享受过程中的每一步，要记住从这儿开始，每一个目标都成为可能。”所以，在他看来，“现在行道”十分简单，他建议，选择一种自己想清除的习惯，采取“简单的一步超越这种习惯”，如，“不要抽烟或者喝咖啡，就在今天。只吃蔬菜和水果，就在今天。对有敌意的邻居和颜悦色地说话，观察一下这一天结束的时候，你是什么样的感觉。然后，决定你明天早晨是否还要继续实践《道德经》的智慧——就是在某一天某一刻按照流传了25个世纪之久的《道德经》中的某一句话去做。”③

难得的是，作为西方人的韦恩·戴尔遵道和行道的活动全方位

① ［美］韦恩·戴尔：《改变思想，改变生活——老子智慧的现代启迪》，第276—278页。

② 同上，第278页。

③ 同上，第281—282页 。

地贯穿于日常生活中，他提示说：“要意识到你的生命中的每一时刻都是与神圣的‘道’相一致的。”①例如，利用购物的机会来观察体“道”的活动：“进入到体‘道’的状态，并且聆听它的指引……通过你的感受，‘道’在那一刻将展现它的路径……你可能被指引带着感激去购买物品并且细细体味。”他认为，通过在每天不同情形下行“道”，人们就会“对‘满意’有更深层的理解和感知”②。

韦恩·戴尔主张在“道”的指引下生活，这种遵道的生活具有很强的实践性。而且，他对于“道”的践行丰富多样，既包括在社会生活中的实用与践行，还包括在个人修炼层面的践行与体悟。以下我们结合他在书中的相关论述分别从这两个层面进行阐述。

第二节 在生活层面遵循“道”的智慧

韦恩·戴尔强调，在生活层面践行“道”的智慧要从转变思想开始，“改变我们根深蒂固的想法来看看生活会有怎样的改变”，这是他写作本书的目标。在第一章中，作者就开宗明义地揭示出老子思想与西方思维方式的对立，他说，老子所说的“‘道’兼具‘有’和‘无’，这相对于我们西方的思维方式而言有些自相矛盾……‘自相矛盾’或者说‘相对待’的想法已经融入东方的概念之中，比如说阴和阳，或者说柔弱与刚强……‘此亦一是非，彼亦一是非’”。而在西方人这里，一对矛盾的事物，通常会用不相容的概念来表述其对立性。正是在这两种截然不同的思维方式面前，韦恩·戴尔认识到西方思想的局限性，因而高度认可老子的观点。希望改变西方人“根深蒂固”的想法来改变生活。他主张说：

① ［美］韦恩·戴尔：《改变思想，改变生活——老子智慧的现代启迪》，第127页。

② 同上，第17页。

> 更多地在看问题时运用相对待的、矛盾的思维，比如‘有（欲）’和‘无（化）’，既相同又不同，有时候就是一个问题的两个方面，更像是神秘两端的一个连续体。如果只是单向地看问题，就不是一个自然的整体，就很难体“道”……当我们聆听老子的教诲，就变得易于感知在我们的世界中存在着丰富的具有矛盾过程的事例。①

从思维方式的高度，韦恩·戴尔开启了在生活层面行道的历程，而这些内容涉及立身处世、待人接物、修身养性、保护环境等多个方面。

1. 顺应自然地生活

韦恩·戴尔认识到，遵循“道”的生活首先应当做到顺应自然，“自然地生活”，这是他对第23章之主题的概括：“道”的特性就是自然而然的。他说：

> “道”对于所有事物的反应，是自然而然的，是不带有任何强迫的。它提醒你，此时看起来具有破坏力的东西可能在另一个时刻是一种行善的美德。当你遵从宇宙的自然法则，你就和这种创造并滋养万物的力量合作无间。不要执行“世俗自我”驱使下制定的行动计划，代之以分享这种创造的力量——让它成为你生命中引导的力量。②

因此，他建议人们“积极地观察自然，这将改变你的生活”；“观察自然法则，和谐地依它而生存”。③ 显然，在韦恩·戴尔这里，自然法则、顺应自然与自然界这几个概念的内涵未进行明确的区分。

而在《道德经》的这一章中，也正是将自然界与人类社会的某

---

① ［美］韦恩·戴尔：《改变思想，改变生活——老子智慧的现代启迪》，第2页。

② 同上，第100—101页。

③ 同上，第100—101页。

种状态作了类比："希言自然，故飘风不终朝，骤雨不终日。孰为此者，天地。天地尚不能久，而况于人乎？"于是，韦恩·戴尔也顺理成章地沿袭了这一思路：

看一看狂风和暴雨是如何地处在一个暂时的、终将会过去的状态，而不是只把目光放在它们的破坏性和给人们带来不便上。但某种具有破坏力的、不愉快的状况发生时，要想到自然的循环，事物发展总是有"物极必反"的规律。要确信：这是一个暂时的挫折；我们总会从某人某事的控制中解脱出来……在这个时刻，用一种开放的心态对待难题。记住，这就是自然的法则。在你的头脑中要与自然法则——宇宙中"道"的坚忍保持完美融合。①

在他看来，通过观察自然界的现象亦可体悟"道"的那种非控制的质朴特性，自然界不会坚持、推动或者强迫任何事物。他要人们遵从老子的教诲："和自然保持一致。放下强迫任何人或者任何事的诉求，转而有意识地成为自然循环模式的一部分。"而在这种顺应自然的过程中，事物就将趋向一种理想的状态，"所有的行为只是一个暂时的现状，并且总会回归到一个平静的状态"②。

韦恩·戴尔从对天地自然的顺应进而转移到对人的外部环境的顺应，他说："相信自己能够对外部环境作出自然反应，这将改变你的生活。"于是，他认为，对于生活中的"暴风雨"同样采取顺应的态度：

在争吵或者压力的状态下，要记住安静与平和也在其中……甚至在混乱和气愤之中，都要提醒你自己对"道"保持开放的心态。牢记所谓"自然"就是"狂风过后，平静重

① ［美］韦恩·戴尔：《改变思想，改变生活——老子智慧的现代启迪》，第101、第100页。

② 同上，第第100页。

现”——这就是与“道”相通。跟随“道”的善意，你就会变得良善。从善意中迷失，你就会变成失败的人。①

紧接着，韦恩·戴尔建议人们，当遭遇人生中的暴风雨时，不要着急立刻做出某种反应，而是平静地面对，“放松一些，让这种无声的敦促告诉你什么是你真正想要的……保持静定，向‘道’的力量敞开你自己，使你和创造性的‘道’保持和谐一致”。“拿出完整的一天来观察自然以及数不清的有机循环的实例……去发现你象征性的想象力，无论它们可能是什么，邀约它们中的‘道’性和你一起成长。”②

在这一章中，韦恩·戴尔很好地将老子“物极必反”的辩证法融入进来，他要人们积极地观察自然，看一看狂风暴雨是如何处在一个暂时的、终将会过去的状态。而不要把目光只是放在它的破坏性上面，而要确信这是一个暂时的挫折，我们总会从某人某事的控制中解脱出来。有了这样的心态，无论遇到自然界还是人生中的暴风雨，人们都不会惊慌失措，不会暴跳如雷，而是会跟随“道”的善意，保持定力，在风雨中等待雨过天晴。在这里，我们真切地看到一位在西方世界中活着的体道、行道之人。

韦恩·戴尔鼓励人们坦然地接受命运的挑战，“我正敞开心胸，任从该发生之事的发生。我相信好运会使我趋利避害”。他告诫人们，保持这种顺应自然的良好心态，将有助于人们渡过难关。他说：

> 这种想法的改变将会给你带来好处，指引你在“道”的沾溉中生活。平和将代替压力，和谐将取代争夺，接纳与宽容将取代干涉和暴力，好运也将取代恐怖。你将心想事成，所以，甚至那些你以前认定是厄运的事情，现在也可以转换为帮助你实现

① ［美］韦恩·戴尔：《改变思想，改变生活——老子智慧的现代启迪》，第101、第100页。

② 同上，第101—102页。

完美和谐的航船。①

顺应自然也意味着要遵守自然法则。韦恩·戴尔将《道德经》中的遵守自然法则与爱因斯坦关于自然法则的描述相联系。他引用爱因斯坦的话："科学家的宗教信仰在自然法则的和谐上形成了一种狂喜和惊奇，显示出如此优越的智慧，和它相比较，所有系统的想法和人类的行为都是一种完全的无意义的折射，这种感觉是指导他生活和工作的原则。"韦恩·戴尔进一步引导人们将爱因斯坦所推崇的"科学家的宗教信仰在自然法则的和谐上"而形成的一种狂喜和惊奇与《道德经》的智慧结合起来，更深入地融入生活实践。他说：

> 就是这种感觉，我敦促你要把《道德经》第 29 章的智慧应用于实践。和这个世界神圣完美的这种狂喜的惊奇保持一致，将会帮助你减少控制任何人和任何事情的欲望。就像爱因斯坦所描述的那样，这样做将会使你体验到"自然法则的和谐"。②

韦恩·戴尔持守顺应自然的生活态度，这与他对于世界的整体性认识是密不可分的。他从第三十九章中深刻地体会到世界的整体性，他将这一章命名为"整体生活"，并对这一章的内容作了很有现代意义的引申。他说：

> 老子坚持认为宇宙是一个整体……天空、地球、精神、万物都是这个整体的一部分。
>
> 我们每一个人都是这个整体的组成部分，秉持这种态度，你情愿和整个的宇宙和谐地一起生存。
>
> 你将开始看到和感觉到每一样事物的关联性。例如，你的身体对于宇宙而言就是一个"小宇宙"。当它是一个整体，它必然有上亿个个体，而且是通过细胞互联。如果有一个细胞对整体是一种傲慢的态度，就会使得所有的细胞受损，并最终消亡，就像

① ［美］韦恩·戴尔：《改变思想，改变生活——老子智慧的现代启迪》，第 245 页。

② 同上，第 126 页。

一个个体通过污染天空、耗费土地、扰乱整体的平衡一样，干扰了“道”。一个拒绝和其他细胞相连接的癌细胞，最终将吞噬其他细胞，如果不去检查，最终将毁灭全体……因为这个癌细胞自绝于整体了。①

韦恩·戴尔将这一道理进一步推衍说：“同样，如果你去毁灭你所赖以存在的‘道’，你自己也将被毁灭。”这些警告的确是振聋发聩的。②

韦恩·戴尔从老子的教诲中获得了一种本体意义上的与万物的连接感，沿着这一思路，他告诫人类，应当保持和地球的友好关系，他说：

在整体的精神生活中，你的角色是“道”的一部分，提醒你自己，不干涉“道”，就能过一种伟大的生活……你可以做保护环境的提倡者，多花时间去捡垃圾，并且对它们循环利用，开对于环境有益的汽车，或者更好的是，尽可能地带着平静之心步行。

……在森林在海洋，在天空寻找自己——你这样做得越多，你就越能感觉到你想要保持的是一种合作的而不是竞争的状态。③

我们知道，在《道德经》的第三十九章的原文中并没有明晰地论述这种整体性思想，但文中“天得一以清，地得一以宁……侯王得一以为天下正”等语句，的确又透露出人类与天地自然息息相关、皆为“道”所支配的整体思维。而且，这种将人类、将个体生命与天地自然视为不可分割的整体的观念，也贯穿于《道德经》的全篇之中，韦恩·戴尔的这种阐发和发挥是相当有眼光和有价值的。

韦恩·戴尔又将顺应自然地生活视为一种养生和心理保健的良

---

① ［美］韦恩·戴尔：《改变思想，改变生活——老子智慧的现代启迪》，第 172 页。

② 同上，第 172 页。

③ 同上，第 173 页。

方，他从保持心理健康、防止疾病这样的视角来解读《道德经》“知不知”这一章，将标题定为“没有疾病的生活”。他认为，疾病意味着身体和心智的某一方面原有的健康状态变得失衡——也就是说，它与“道”不再协调一致了。这些疾病除了发烧、疼痛、哮喘、咳嗽等躯体层面的病态之外，还有思想层面的病态，如害怕、焦虑、生气、仇恨、担心、压力、没有耐心等症状。这些都标志着我们的思想与“道”背离，失去平衡了，也就是和那些纯粹的爱、善良、耐心、满足以及在《道德经》中说到的以“道”为中心的感情失衡了。在他看来，发烧、感冒、疼痛、痛苦等都是背“道”的；不耐烦、害怕、生气或者任何被“世俗自我”驱使的冲动等也一样是背“道”的。他启示人们说，当圣人发现这些背“道”的行为和思想时，他就会审视这种不健康的活动，及时作出调整。他这样诠释“圣人不病，以其病病，夫唯病病，是以不病”这段话：

> 我依然保持着自然的、以“道”为中心的健康幸福……所以，把病当做病来看待、来预防（它是疾病的疾病），这就是保持健康的秘密之所在……《道德经》这一章的智慧在很大程度上使我回到我本初的纯净和健康。当我不再觉得畏惧，当我不再因为自己的疾病缠身而内心痛苦，终于，我成为了我的疾病的疾病。我看到我的苦恼大多不在这个物质世界里，而是在于看不见的我的思想世界，总是不断地把我带回到疾病。当我最后改变对一切的看法时，我能够在这种似乎矛盾的话语中引申出深意，就是通过成为“疾病”这一点而不再变得生病。这真的是健康的奥秘所在。①

韦恩·戴尔以上的这些解读是否完全合乎老子的原意，当然值得讨论。但他强调在疾病中反省和学习，促使人们排遣疾病带来的内

① ［美］韦恩·戴尔：《改变思想，改变生活——老子智慧的现代启迪》，第308—309页。

心痛苦，特别是启示人们从“看不见的思想世界”去寻找疾病的根源，回归健康生活，这是对本章主旨的准确把握和有意义的发挥，也是对现代人类违逆自然的不健康生活方式的告诫。

2. 胸怀仁慈博爱

韦恩·戴尔认为，仁慈博爱也是“道”的特性，是他所倡导的“道性”生活的内容之一。他说：“大道流经各处，无论左右。它热爱和滋养了所有的事物，但是对于他们，它并不是居高临下。”①

仁慈博爱的精神让他超越了宗教的藩篱，他认为道的这种仁慈特性与基督教是相通的：“上帝之爱无所不在，而且不会遗忘任何人。我相信这种力量能够指引我……当你放松至不再恐惧、不再焦虑的状态，你的感觉是多么的无忧无虑、自由自在。”②

他不仅将《道德经》与基督教的一些思想相融通，而且也试图与《古兰经》的一些思想相协调。例如，在诠释第53章“‘道性’的生活”时，他就阐发了伊斯兰教的仁慈教义并以非常尊敬的口吻称呼伊斯兰教的先知，他说：“伟大的先知穆罕默德告诉他的追随者如何实现怜悯心。你可以在自己的生活中使用它的教义来做出日常改变。”接着，他从《古兰经》中摘录相关的语句：

> 对你的邻居表现出仁慈，你的邻居，他是一个同族者，他是一个陌生人，而他是你身边的共事者。那些对待自己的邻居表现恶劣的人不是信徒，也绝对不会成为信徒。那些自己衣食富足，而他身边的邻居正在忍饥挨饿，这样的人不是信徒。③

这些阐发非常有意义！我们知道，慈爱是老子和基督教所推崇的理念，但韦恩·戴尔却在此处单独列出伊斯兰教教义中的仁爱精神，

---

① ［美］韦恩·戴尔：《改变思想，改变生活——老子智慧的现代启迪》，第126页。

② 同上，第87页。

③ 同上，第236—237页。

在西方世界对伊斯兰教多有误解甚至排斥的社会背景下，这是具有特殊现代价值的。

在“道性”的生活中应当如何行道呢？韦恩·戴尔在这一章的“现在行道”栏目中，特别强调了对弱者甚至敌人的同情与怜悯，他说：

> 当你看到某些人比你更加不幸的时候，要敞开你同情的胸怀，要对她或者他做一个安静的祝福，而不是对其进行嘲笑、奚落、责备或者态度冷漠。但你知道在任何的小冲突中有多少这样的“他们”被杀戮时就要这样做——不是为敌人的死去弹冠相庆，为他们做充满爱和怜悯的祈祷吧。过一种“道性”的生活，它能使我“介然有知”。①

韦恩·戴尔将践行博爱的理念视为“拓展一种放眼世界的胸怀”，他以这种博大的胸怀来包容整个世界，认为“这个世界应该是没有仇恨、无礼和暴力的；整体的环境应该是值得尊敬和关心爱护的”。为了实现这博爱精神，韦恩·戴尔倡导人们向整个世界传递仁爱精神：“拿出片刻的时间安静地祈祷，把你的爱意传递给那些身居高位的人们。然后对整个世界也做同样的祈祷和爱意的传递，这其中也包括所谓的敌人。”② 应该说，韦恩·戴尔这些主张是对这个充满争斗与仇恨的现实生活的深刻反省，在这个冲突日益激化，仇恨不断生长的时代，韦恩·戴尔的这些呼唤显得多么可贵和重要！

3. 秉持守柔不争

守柔不争是老子的重要主张，这一精神贯穿于本书的诸多章节中，“天下之至柔”章较为集中地体现了这一主张。戴尔将这一章命名为“柔和生活”，建议大家用柔和的方式看待世界中的每一件事

① ［美］韦恩·戴尔：《改变思想，改变生活——老子智慧的现代启迪》，第237页。

② 同上，第240—241页。

物，认为如此就会有所收效："任务将会变得简单，你执行力的水平会得到提高，不再需要应用更多的坚强力量，想要比别人更好的这种压力也会消失。"他认为，以这种柔和的方式做事，那些争强好胜的行为就"不再是一个成功的关键因素了。通过在这种物质中带有艺术眼光的发现，让他人的努力成为你自己力量的一种源泉，你将自然地、平静地融入与'道'的和谐。你的柔和将超越别人的坚硬"。

他通过生活中的实例来印证老子"柔弱胜刚强"的原则。他说，伟大的高尔夫球手在他们挥动球杆时毫不费力，他们的一举一动都是那么柔和，最有天资的艺术家总是轻柔曼舞，不费力气。又如，马拉松的选手快要到达终点而开始感到极端疲劳时，就开始使自己放松，停止强迫拉动躯体，让他们的身体自由地摆动，当停止了这种精神上的干扰和指示的时候，他们神奇地到达了终点。韦恩·戴尔还建议人们，安静地绘画，不带有霸气；舒适地写作，没有纷争，就是让词语自然地来到面前。在他这里，老子的智慧可以渗透到人们生活的一切领域，"鲜有人能够以控制的方式生存"。"以'无为'之心去'为'，或者在'为'中不要太着力。让你的内心驱动你前行……柔和的态度和行为，使你在通向目的地的过程中变得更有耐心"，因此，韦恩·戴尔主张，"要在生活中引入柔和的无为方式"，"当你让柔和成为你生命中的一部分，坚硬的方式也会变得柔软。在你的所有欲望的领域，开始修为这样一种不费力气的'功法'"，这是"一种水路的方式""一种'道'的方式"①。

持守柔和也是要保持生命中的弹性，这也正是韦恩·戴尔所推崇的。"弹性生活"是他对"曲则全、枉则直"这一章的概括。他认为，老子这是引领人们培养弹性的品质，这种弹性来自"道"。他说：

---

① ［美］韦恩·戴尔：《改变思想，改变生活——老子智慧的现代启迪》，第191—192 页。

"道"养育了弹性，减少了僵化，并且创造出一种信任的氛围……

唯有"道"能够提供给你恢复力和原动力，帮助你像柔软的棕榈树那样去抵抗生命中的暴风雨。当破坏力量来临时，你要学会俯就，这样才能抵抗破坏……

有弹性的人对于所有的可能性敞开胸怀。①

他建议人们，在日常生活中寻找机会去体验这种弹性的感觉，当暴风雨来临时，不妨任他风吹雨打，放松和坦然地面对，而不要试图争斗或者逃避。如此，将会进入一种"道境"。进而将这种体验化入到生命的暴风雨中，"学会寻找、揭示导致你僵硬的根源所在。当你发现这种施发'道'性的肯綮，暴风雨就会转化为令人愉悦的事物，会展现出更多的真实本性，使你置身于爱中"②。看到这些文字，很自然地让我们联想到富有道家情怀的苏轼那首著名的《定风波》一词："莫听穿林打叶声，何妨吟啸且徐行。竹杖芒鞋轻胜马，谁怕？一蓑烟雨任平生……"苏轼在风雨来袭时从容不迫，高声吟啸，缓步前行，无论是面对自然界的暴风雨还是人生道路上的暴风雨，他都力图保持豁达的心态和顺应自然的弹性应对方式，从容而坦然地迈过人生的劫难和坎坷，从而变得"更加强大而且能够更好地存活"，成为流芳千古的一代文豪！在《道德经》的智慧之光照耀下，中西智者可谓是穿越时空而相遇相通了！

从"曲则全"这一章中，韦恩得到以下启示：第一，"改变对生活中"暴风雨"的看法……去除在争执中好胜的心态……去除对每一个人的僵化认识……老子还告诉你，当你不再采取强硬的态度时，其他人就会在你的弹性之中照见他们自己的身影，从而变得更加信

① ［美］韦恩·戴尔：《改变思想，改变生活——老子智慧的现代启迪》，第96页。

② 同上，第98页。

任你”。韦恩·戴尔要人们养成兼容并蓄的胸怀，当面对不同的意见时，他建议不妨对人说“你的话听起来很有道理，谢谢你提供给我一种新思路”等。而如果能够“改变思考的方式，你的生活也会改变”。第二，把自己想象成一棵高大伟岸的棕榈树。韦恩建议人们像棕榈树那样去经历暴风雨的洗礼，“敢于适应任何‘可能’的到来……要以屈求伸……对于风暴所象征的困难要保持一种内在的审视：我不再僵硬刻板。我能够在任何风暴之中保持弯曲而不被折断。我将用风暴的力量使我变得更加强大而且能够更好地存活”①。

戴尔将守柔提升到行为原则的高度，他说：“柔弱胜刚强可以当作一种力量信仰……要保持柔韧性，甘愿谦卑地处于下位，表现得柔弱”，就与“道”保持了和谐一致。他建议大家像水那样，持之以恒地“保持柔软并且超越强硬”，“当你们想要显示你们是多么刚强的时候要有所却步；试着保有耐心，而不是致力于严格的控制。要相信你们自己天生的温柔本性”，如此，“将会成为不可毁灭的”“‘攻坚强者莫之能胜’矣”。②

韦恩·戴尔特别警告那些倚仗权势而施暴者说：“那些不愿放弃权位的人最终都诉诸暴行，接下来就是相同的暴行反弹在他们自己身上。”他呼吁改变以暴易暴的行为，因为“真正的征服者是那种用最少的力量而能最大限度地化敌为友的人”。“保持平静，从容坦荡，你会发现其他人就像溪流终归大海一样，将最终来到你的身边。”而行为主体将会获得更多的信任和友谊。“发散出能量和力量，能够赢得其他人的信任……包括那些厌恶你的人也会改变。”而且，守柔不仅将获得更多的朋友，而且是应对危机的智慧，他告诫说，当危机来临时，要保持镇定，然后安静地对自己说：“俯就屈尊和保持低调才

① ［美］韦恩·戴尔：《改变思想，改变生活——老子智慧的现代启迪》，第 97—98 页。

② 同上，第 340—341 页 。

是取胜之道。”他认为，如此就能马上“发现你自己的处理方式，这种力量会直接指引你去克服纷争、沉溺或者自我统治之类的想法”，从而化解危机，渡过难关。①

为了敦促人们践行守柔弃暴这一原则，韦恩·戴尔跨越了宗教、种族和文化的界限。他推崇耶稣、佛、穆罕默德、琐罗亚斯德、阿西西的圣弗朗西斯、甘地、特蕾莎修女等不同宗教和民族的精神领袖，认为“他们明确反对用武力来征服，他们改变了人类历史的进程。而且，他们被所有的人以最高的崇敬铭记于心”。人类应当效法他们，他们“都是极好的榜样”②。

与守柔、有弹性密切相连的是去除争斗，韦恩·戴尔倡导协作式生活，将此作为第68章的篇名。何谓协作式生活呢？韦恩·戴尔列出了以下几个方面：第一，宣告你不会发动战争，不要和寒冷、疾病甚至严重的痛苦做抗争。不要和家庭成员或者政治观点对立的人做抗争，不要和癖好做抗争，最重要的，不要和你自己相抗衡。相反，把生活的方向转换为协作。如果你患有癌症或者关节炎，你可以想象着和那些疾病对话：“‘如果你们坚持在我的体内居住，我希望这是一种和谐的、平和的和完全健康的居住；否则，我要求你们另择门户。’这可能听起来很奇怪，但是它把你放置于和‘道’的和谐之中，这不是暴力的、憎恶的或者气愤的。”第二，要有推己及人之德。如果你爱的某个人受到伤害，你同样也会经历着他们的痛苦，对所爱的人做出的伤害也是对自己的一种伤害。

因此，韦恩建议人们说：“在你的下一次竞争中，要确信，你的对手是你自己的一种延伸。发誓要在心智上传送个人之爱，让光明包围他或者她，祈祷他或者她能够表现出最好的水平。然后记下你的表

---

① ［美］韦恩·戴尔：《改变思想，改变生活——老子智慧的现代启迪》，第269、第270页。

② 同上，第269页。

现是如何把你带到一个更高的水平。”①

保持一种协作式生活、有弹性的生活就需要去除争斗，这就集中反映在对待敌人的态度上。韦恩·戴尔主张，“生活中没有敌人”，并将其作为“用兵有言”这一章的命名。韦恩·戴尔要求人们从自身开始践行老子这一追求和平的理想。他说：“由你开始吧！从你的生命中删除‘敌人’的概念，并且以此影响你周围的人。最后，这种影响所泛起的涟漪会使得更多的人认同一个‘无敌人’的世界。”

为了更有力地推行“无敌人”的主张，他举出了一个人们为凶杀者祈祷的典型案例。一个疯狂的男人枪击了美国基督教阿米什人社区校舍中的几个女孩，人们遭到无法言说的巨大损失。但是，在哀悼的葬礼上，人们却邀请了凶手的家人一起进行哀悼，同时也为凶手祈祷。韦恩·戴尔在书中引用了阿米什人的领导在葬礼上的发言，文中说：“我们没有敌人，我们都是上帝的子民，基督教坚信宽恕是最重要的核心。如果我们不能原谅那些逝去的或者是对我们造成伤害的人，那么我们的信仰就毫无意义。”韦恩·戴尔高度赞扬阿米什人的这种宽恕精神，称这一发言为“美丽的话语”，它“和老子在这一章中所表达的情感如出一辙”。他还将这个阿米什人的社区视为“以‘道’为中心的和谐的社区”。②

阿米什人是美国基督新教再洗礼派门诺会的信徒，他们拒斥现代生活方式，崇奉和平主义和“无欲求，无浪费”的生活信条，与老子思想虽有相通之处，但其毕竟是基督教的一个教派，这个“以‘道’为中心的社区”所奉行的“道”当然并非老子之“道”。但是，从这些对阿米什人的评价来看，韦恩·戴尔自觉或不自觉地模糊了宗教的界限，而侧重从形而上的层面打通人际、教际的隔阂，以“道”来指引人类的生活，他心目中的“道”，超越种族、超越文化、

① ［美］韦恩·戴尔：《改变思想，改变生活——老子智慧的现代启迪》，第297—298页。

② 同上，第300页。

超越宗教，颇有几分“道通为一”的意味，体现出他融会东西方文化的良苦用心。

在他看来，战争和冲突皆是背“道”而驰的，“无论是言语上的竞争，还是肢体上的搏斗，都是一种暗示，也就是暗示着失掉‘道’了。”因此，他对于战争持彻底否定的立场，他说：“在战争的白热化阶段，战争本身就值得哀悼……没有什么值得庆贺的，每一场战争和冲突都应该被视为一场丧礼，是应该以怜悯去对待的场面。”①我们看到，这些话语其实是对《道德经》的另一章“兵者，不祥之器”中“战胜，以丧礼处之”一语的发挥，韦恩·戴尔在这里复述这一观点，既体现出他鲜明和一贯的反战立场，又反映出他对《道德经》的熟悉和融会贯通。

韦恩·戴尔将感觉到“我有一个敌人”视为非常不幸的事，那么，如何化解冲突，淡化敌意？如何才能够有一个对手而不是敌人呢？韦恩·戴尔向人们推荐了黛安·德雷尔的启迪之书——《内心平静的道》，书中的答案是：“把冲突看成战斗的传统观念只能限制我们的视野，局限我们的选择，把我们在竞争对立的情形下，推进无止境的战斗中。”“敌人会减弱我们的力量，阻止我们对自己的生命负责任。只关注冲突，就是只关注害怕、憎恨，并且冲突会迫使我们以全身之力猛击我们所认为的‘敌人’。”韦恩·戴尔总结说，从黛安的著作和《道德经》这一章以及阿米什人领导的评论中都可以得出结论：“冲突”不意味着必须“战斗”，“某些持有相反观点的人不一定就是敌人……如果战争变得不可避免，一个人应该是防御而不是进攻……没有‘敌人’的概念，内心充满怜悯，这个人就与‘道’和谐一致了”。②

---

① ［美］韦恩·戴尔：《改变思想，改变生活——老子智慧的现代启迪》，第301页。

② 同上，第300—301页。

我们看到，这种“道通天下”的立场贯穿于本书的很多篇章中。如，我们前面提到的，他跨越宗教、种族和文化的界限，对耶稣、佛、穆罕默德、琐罗亚斯德、阿西西的圣弗朗西斯、甘地、特蕾莎修女这些分属于不同宗教和国度的和平主义者的历史贡献予以极高的评价，预言他们将“被所有的人以最高的崇敬铭记于心”。① 充分反映出他从《道德经》中领悟的人类都是“道”的一部分、生活中没有敌人等思想已经深深地融入他的精神世界。

如何将这种和平反战的智慧落实到生活中呢？韦恩·戴尔提出了以下建议：“不要与人为敌……你商业上的竞争者，运动竞技中的对手、政党竞选中的对手都不是你的仇敌……回想老子所说的‘没有敌人才是真正的胜利’……发誓不要挑起战争。不要蓄意挑起争端，要时刻提醒你自己——战争，是你在和你自己作战，因为所有的我们都是‘道’的一部分，以一种神圣的态度看待人们之间的不期而遇吧。”②

如何培养去争守和的品德呢？韦恩·戴尔也设计了多种方法，这些方法散见于多章，我们归纳为以下几点：

第一，“静静地坐着，想象一个长期和你有矛盾的人就坐在你的面前。现在，对他或者她大声地说：‘我原谅你。我用爱和光明包围着你，同样，我也这样对待我自己。’”③

第二，立即去践行有弹性的行为方式，“听一听某些人所表达的对你的反对意见。它可以是关于任何话题的，比如说政治、环境、宗教、毒品、战争、死刑或者你的财产。不要把你的观点强加于人”，而是以宽容的态度接纳它们，通过倾听不同的声音，消除那种争强好

① ［美］韦恩·戴尔：《改变思想，改变生活——老子智慧的现代启迪》，第269页。

② 同上，第301—302页。

③ 同上，第114页。

胜的“世俗自我”的态度，“转而服膺‘道’的弹性”①。

第三，主动停止争吵。不要那么争强好胜吧，和你们有不同意见的人的观点也许是对的。停止争吵，用这样简单的方式告诉他们：“你们是对的，我很荣幸听到你们的观点。”他告诉人们说，通过这种方式可以获得很好的收效：“这在结束争吵的同时，也消除了责备和挑剔。可以通过学习以‘道’为基础的观点，来改变‘世俗自我’——‘你是对的’——欲求。这样做，你们的生活就会变得更加平和。”②

第四，把自己降至零或者无。将“圣人不积，既以为人己愈有，既以与人己愈多”这段话抄下来，经常研读和践行。通过这样的视角，人们将会发现，在这个世界上没有什么永远是真实的。当接近“无”“道”的本身的存在时，就会消减占有欲，“给予得越多，争执得越少”，用这样的方式生活，就能让“执着”远离人们的生活和身体，将会在“生命和世界的万物中，在‘道’的流淌中获得能量”。③

4. 培养宽容大度

对立统一思维方式在生活中体现为“充满矛盾的生活”，这是韦恩·戴尔对第二章的命名。他建议人们，不要逃避生活中的矛盾，而是要去体味这些矛盾的时刻，把它作为生活的一种方式。要在自己的思想上保持“对比”和“对立”的概念，容许自己保有兼容并蓄的思考方式。他根据老子对立统一的思想，告诫人们放弃善恶对立的思维方式，他说：

> “善”和“恶”是同一物体的两面……你不但要接受这个物质世界是具有“二元”性的，同时你要知道相对待的双方也是可以转换的，而站在不同的角度看，对它们的判断有可能就是恰

① ［美］韦恩·戴尔：《改变思想，改变生活——老子智慧的现代启迪》，第98页。

② 同上，第353页。

③ 同上，第352—354页。

恰相反的，你要做的就是在“个体”与“恒道”之间保持密切的关联。①

韦恩·戴尔反省现实生活中人们常常持有的二元对立传统思维方式，他指出，人们在个体世界中总是习惯于对事物进行好坏、对错、美丑等划分，然而，这都是世俗的标准而不是“道”的标准，“人们总是愿意用他们所看见的方式来对待事物”，而实际上，“谈论是非曲直并不总是必需的或有益的”，要改变这种错误观念，就必须“要在心中体会‘道’的力量，告诫自己与你所看到的事物要和平共处”。②

戴尔从老子“善者吾善之，不善者吾亦善之”这一段话语中体会到，应当用观察代替评判，因此，他将此章命名为“无须审判的生活”。他阐发说，老子在这一章“指引我们去探究一个充满和平的世界，对待万物要给予积极的肯定，要如同对待自己一样宽容”，这样才能与万物和谐地相处。

他提醒人们，要改变看待世界的方式，“用观察代替评判”，而不要带着批评的眼光看世界。这是因为，有评判就有好、坏之分，就会把自己陷入和别人的竞争中。而心存这种竞争心、惩罚心或者厌恶之心，就会成为人们的行为动机，于是，“满世界充斥的就只有仇恨、气愤和威胁”。相反，如果从旁观的角度看问题，“你将很快地体会到观察比评判的感觉要美妙得多”，“你就将你的友善遍及他人”。③

戴尔说，老子在这一章中思想敏锐，目光如炬。老子为何主张“善者吾善之，不善者吾亦善之”呢？因为他提醒你，“你本善良”，你能给予人们的都是“善”，而且这种给予是不带有评判性的。你在

① ［美］韦恩·戴尔：《改变思想，改变生活——老子智慧的现代启迪》，第9页。

② 同上，第9页。

③ 同上，第216—217页。

每一个人之中看见你自己，“不要刻意去评判你自己或者其他人”。如果认为自己独立而有主见，你就要意识到这“可能是建立在某种偏见的基础上”。因此，他建议人们，“要把你自己看成是灵活的和有弹性的，因为开放的存在具有更高的价值……即使别人对你的主意表示反对，你也要表现得友好，这才是你值得骄傲之处”。他再三强调，把自己当作一个“观察者”而不是“评判者”，不要用一种观点看待万事万物且固执己见，要“与所有的人和谐相处，尤其是那些与你的观点相冲突的人”。①

更值得令人重视的是，韦恩·戴尔从老子思想中诠释出了超越国家、宗教和文化的全人类和谐共处的理念，他说：

> 不管你出生在哪个国家，不管你在出生时已经注定要信奉何种宗教，不管熏陶你的是何种文化……你都应该把过一种“无须审判”的生活视为你的第一选择。和“道”在一起的和谐生活，就会把任何人关于“背离”以及“忠诚”的概念排除在你的字典之外……这是解决战争和冲突的基本方法。②

读到这些话语，再放眼当今世界由于不同宗教或文化而引发的愈演愈烈的冲突和战争，我们不得不由衷地敬佩韦恩·戴尔，他对老子思想的这些理解和诠释是多么深刻，又多么具有现实意义和前瞻性！

当然，韦恩·戴尔深知，对于一般人而言，要做到以上要求并非轻而易举，他循循善诱地开导说，如果人们能够努力这样做，将带来更为开放、平和等良性的心态，“你将会从牢骚（或者生气）转为感恩，因为你能够同时感受到劳累和休息，神圣和安全，不被关爱和喜欢。所有的这些都是自然法则的一部分”③。当人们以这种豁达宽容

---

① ［美］韦恩·戴尔：《改变思想，改变生活——老子智慧的现代启迪》，第217页。

② 同上，第216页。

③ 同上，第127页。

的胸怀来应对人世间的一切，将有利于淡化灾祸带来的创伤。

同样，对于灾祸这类不好的事物，韦恩·戴尔也主张以积极的态度来对待，他启示人们，当观察到如犯罪、艾滋病、饥饿和战争等灾祸发生之时，“正是应用这一思想的好机会，不要让自己身处憎恨或者愤怒之中”，而是应当转而用一种更为积极的方式来应对，用老子提供给你的这一智慧，领悟事物都有转换的契机，进而“为改变这类事情做点什么……通过保持内心的平静和避免极端，你将会以爱的方式影响这个世界，在爱与善良之中，‘道’得到了恒久展示”。①

在日常生活中，遇到或看到犯罪或灾祸等不好的事情，人们常常会产生憎恨、愤怒、悲伤等情绪，但沉浸于其中而不能自拔，不仅于事无补，还会受到负面情绪的伤害，甚至可能导致不理智的行为，从而更加放大了坏事的负面效应。因此，韦恩·戴尔提醒人们选择理性的态度，“转而用一种更为积极的方式来应对”，这就是运用老子祸福相倚等智慧，“领悟事物都有转换的契机”，进而“为改变这类事情做点什么”，“保持内心的平静和避免极端”。这些都是极为有教益、有针对性的提示。韦恩·戴尔又从老子“人之不善，何弃之有”等教导中得到启发，主张培养宽容、善良的处世态度。他说：

> 面对所谓仇恨、邪恶或者罪恶者，你可以修正你的境遇……按照老子说的，没有人是罪恶或者邪恶的；相反，那些在生活中否认“道”的教义的，只是表现如此而已。不是要把他们排斥在一边，你必须让他们与大“道”重新相连。要在与所有的爱、所有的“道”的和谐中去思考和行动，保持以“道”为中心……改变你对消极事物的看法，要看到纯粹的爱和善良受到某种指引。②

---

① ［美］韦恩·戴尔：《改变思想，改变生活——老子智慧的现代启迪》，第127—128页。

② 同上，第272页。

从老子“道者万物之奥，善人之宝，不善人之所保”等句中，韦恩·戴尔体悟到，即使那些表现出邪恶的人，同样也是神圣的“道”的创造物，他主张遵循老子的建议，要“从精神上把这些个体和他们邪恶的行为分离开”。因此，“当出现不良想法的时候，首先要宽恕，不急于评价”。不要轻易作出“卑鄙、错误的做法”“上瘾的或者伤害性的行为”等判断，“要容许这些家伙改正其恶行。在他们之中要看到‘道’的展开，把他们看作无辜的小孩，他们只是暂时地被‘世俗自我’占据而过度亢奋。在你的思想中，饶恕这些邪恶的行为，尽全力用爱的臂弯环绕这些出现在你面前的孩子。”① 韦恩·戴尔对老子上述话语的理解和发挥虽然未必符合老子的原意，但却能让人们从中深受启迪！

同样，他也认为，老子在这里也敦促人们用类似的方式对待自己的不足和缺陷：

> 去除所有你不喜欢的行为；要知道生命总有哀伤痛苦；有时候要学会自我解脱，不要过于苛责自己。当这些行为完成以后，在心中清楚地呈现出对你自己的拥抱，注意观察想象中的你闪耀着光芒。利用“道”的力量提升你自己的境界，用善良救助你自己和其他的人，这就是本章教你的应用“道”的方法，确实，它能够疗治所有的邪恶。②

有意思的是，在这一章中，韦恩·戴尔还提出了一条培养宽容和善良品质的独特道路。他建议人们，在物质世界中寻找一个神圣的地方，获取一种有力的“能量”，“它从它的本初中离开，而不是在精神的循环中回归和补充”。这一神圣的地方就是“道之宝境”。这是他在解读《道德经》第六十二章时的“发现”，故这一章名为“居于

① ［美］韦恩·戴尔：《改变思想，改变生活——老子智慧的现代启迪》，第273至274页。

② 同上，第274页。

道之宝境"。所谓"道之宝境"，是韦恩·戴尔所设想的通过冥想而进入一种与"道"相合的境界。他比喻说，这是一栋前门已经打开的房子，"欢迎你在它神圣温暖的内部取暖，当你进入的时候，要让自己远离气愤和恐惧之类的坏情绪，把这个'道'的家当作一种个人的港湾，你可以自由地进入。'道'的家，能够在任何时候成为你的避难所"。他向人们保证，他自己和所有人都能够进入这一"神圣的宝境"。在这里，人们"被给予去除所有邪恶的秘密力量，我们每一个人都将不再被'欲求'所左右，'世俗自我'的遮蔽已经去除。这是个无比美妙的场所，因为在这儿，我们能够完全了解善良的'本初'是如何疗治'邪恶'的"。① 我们看到，韦恩·戴尔所说的"道之宝境"虽然颇有几分神秘色彩，但也是他所独创的一种方法，是通过心理调节而达到心理平和，这种由他独创的消解不良情绪、提升身心健康的调治方法也是值得关注的。

5. 信守知止知足

基于对现代社会中享乐主义等弊病的反思，韦恩·戴尔推崇老子知足的思想，他将"持而盈之不如其已"这章命名为"知足的生活"，认为"这一章就是指点我们与'道'的这种知足知止的品性保持精神上的和谐一致"。他警醒现代人类说，"知足""知止"乃是"天道原则"，它与现代西方人"沉迷于获取更多——所谓'多多益善'的原则——正好相反"。②

基于这一认识，他反省现代人类一味地追求物质财富和感官享乐等世俗的生活方式，他说："用财产、欢乐、自豪感以及各种活动充斥我们的生命，好像我们活得很充实，其实这只能说明我们已经到达了老子所说的'满'的境地。"韦恩·戴尔告诫人们对此保持警

① ［美］韦恩·戴尔：《改变思想，改变生活——老子智慧的现代启迪》，第272—273页。

② 同上，第40页。

惕，因为“满”就意味着将要溢出，这种“所谓的‘充实’是与世俗‘自我’的更多的融通，而不是与‘道’的和谐”，这恰恰是应该避免的。接着，他厘清人们关于“知足”的误解说：“做到‘知足’不是让你只做减法不做加法地生活”，“知足的真正含义就是适可而止”，“知道何时应该停止，应该放手，尽情享受我们劳动的果实”。①

他警告人们，不知休止的生活不仅“只会显示出愚昧”，而且直接危害了人们的健康，他认为，不知止足的生活方式是导致西方现代社会中出现一些健康问题的原因：“西方世界，尤其是美国，肥胖的危机就是没有理解或者按照《道德经》第九章的朴素智慧来生活的一个直接结果。”因此，韦恩·戴尔告诫人们吸收《道德经》的智慧，“下一次你再陷入太多欲求的泥潭时，你就要停下来，想一想‘道’的存在”，牢记老子在这章中的教诲：适时地停止，“功遂身退，天之道也”。②

老子倡导的知止的生活态度深得韦恩·戴尔的推崇，他将《道德经》“名与身孰亲”一章命名为“‘知止’的生活”，认为“知止不殆”的思想是《道德经》中“最重要的部分”，将“知止”奉为引导人们“复归本初的一种方法”。他说：

> 回归本初就不会再对名望和财产充满欲望……要转变“成功或者占有才是最重要的”这种认识，正是这种认识遮蔽了你与“道”的连接。要注意我们潜意识里的贪欲，这种贪欲会使你在无度的追逐中被弄得筋疲力尽，因为你已经陷入了一种“这山望着那山高、永不满足却永远也无法满足”的怪圈。③

韦恩·戴尔特别认可老子“甚爱必大费，多藏必厚亡”的教诲，他用自己的生活经验来开导人们说：“你的所得比你的失去带来的麻

① ［美］韦恩·戴尔：《改变思想，改变生活——老子智慧的现代启迪》，第40—41页。

② 同上，第41—42页。

③ 同上，第194页。

烦要多得多……当你搞明白生命中的孰重孰轻，你将会发现你渴望的爱和富足，都可以直接获得，因为你已经改变了你看待世界的方式。”他启迪人们说，保持这种对于外物的知足态度将引导人们更为明智地对待生活，从而让他们获得更多的幸福感，“将会在所有的方面感受到完满的爱和丰裕”。①

面对那些为外物所累的人们，韦恩·戴尔呼吁：

> 如果那种物欲追逐消耗了你的健康，那么就停止！如果这种追逐给你与他人的关系带来紧张，那么就停止！如果这种追逐让你筋疲力尽，那么就停止！如果这种追逐让你不能享受生活，那么就停止！当你知道何时应该停止，你就从所有的危险中脱身出来，而且你将享受一个充盈的存在，这是一种与“道”相通的长久满足。②

这段话可谓是对那些沉迷于物欲之人的当头棒喝！深刻地阐发了老子“知足不辱，知止不殆”的警句。那么，什么才是人生真正的快乐呢？这是每个人都关心的问题。韦恩·戴尔引导人们说，超越感官享乐才是最为明智的选择：“你将不再沉溺，因为你不再试图通过对世俗快乐的追逐来满足你自己……你清楚地看到，它从不会过多要求，也从不会消耗殆尽，绝不会要求任何的回报。”而一旦超越了以自我物欲满足为快乐的境界，就能体悟到真正的愉悦，“你在平和之中，感觉到安全和欢喜，因为你已经改变了你的世界观，其中包含着无限的‘道’……沉溺于欢乐怎么能是真欢乐呢？怎么可能与“道境”中的欢喜相提并论呢？”③

韦恩·戴尔进一步从老子“乐与饵，过客止。道之出口，淡乎其无味”的教诲中发掘思想资源，他说：

---

① ［美］韦恩·戴尔：《改变思想，改变生活——老子智慧的现代启迪》，第194页。

② 同上，第195页。

③ 同上，第155页。

> 重新审视什么是真实、持久和享受。“道”的影响可能在最初的时候对你的视觉、听觉、触觉、味觉和嗅觉的器官是没有吸引力的……当你追逐任何暂时的快乐，你要意识到它的价值不过就在现在这一会儿，所以要停止追逐世俗快乐的努力，去为了满足一个更伟大的渴望而寻求道境的欢喜。①

这就是说，超越世俗的愉快，努力在体悟大道的精神层面提升自我，了解进入“道境”的美好感受，才是真正值得追求的、更为永恒的快乐。他以老子这些思想启迪现代西方人：“关注伴随着你的永久福佑，不以感官享受作为快乐标准。不要把自己只当一个物理的人看待……不要再将感官的欢乐和‘大道’作用于你的福佑等同起来……超越身体，探究‘道境’中的欢喜。”②

戴尔的这些观点，的确是对于现代西方社会中腐蚀人们灵魂的拜金主义、物质主义、享乐主义带来的弊病的深刻反省。他看到，一些人被物欲所左右，用他们的整个生命在追逐获得更多的财产、金钱、鼓励、朋友、地位、物质、食物等。这种无止境地追逐外物的满足，其结果就是为外物所牵累。他警示这些人说：“如果你也是按照相同的逻辑在生活，那么你就和充满挫折以及不满足的一生签约了，因为这种追逐的本身成为你的桎梏。”③ 在这里，我们似乎听到了两千年前《庄子·骈拇》中的警示：“小人则以身殉利，士则以身殉名，大夫则以身殉家，圣人则以身殉天下。故此数子者，事业不同，名声异号，其于伤性以身为殉，一也。”我们不知韦恩·戴尔是否接触过《庄子》，但他的这些观点，难道不是庄子思想在现代西方社会的某种回响吗？

在韦恩·戴尔看来，知止知足、去除物欲遮蔽随时都可以在生活

---

① ［美］韦恩·戴尔：《改变思想，改变生活——老子智慧的现代启迪》，第156页。

② 同上，第156页。

③ 同上，第194页。

中践行。因此，他一如既往地提出了“现在行道”的方式，他说：“挑选你生活中的一个场景，用决定何时应该停止来去除遮蔽。例如，当你在百货店里快买完东西的时候，留出十分钟的时间，不要再去购买任何没有在你的购物计划中的东西。”①

6. 保持内心平静

韦恩·戴尔认识到，保持内心的平静是支撑知止知足的生活态度、保持身心健康的心理基础，他倡导人们“平静地生活”，这也是他对《道德经》“重为轻根，静为躁君”这一章给出的标题。

他这样向人们传达老子此章的思想：“无论周围风云变幻，你都应保持内心的平静。当你能够做到泰山崩于前而不惧，处乱世而不惊的时候，你会发现：能否具有这种保持平静的能力完全取决于你内心世界的弹性……不要苛求周围的人都和你的感觉一样……即便你每天听到的都是责备和挑剔，那又如何呢？素志岂可轻移？我行仍是我素嘛！”他认为，行为主体是处在思绪烦扰混乱还是心境平和安详的状态，这完全取决于自己！过于在乎周围的责备声会使你缺失内心平静的掌控力，将永远不会获得你想要的那种生活和境界。因此，他鼓励人们作自己的主宰，“不要让环境左右或决定你的内心世界，因为那种平静的力量源于你自身而非他物。当你能够保持住内心的平静，即使身处闹市也不为之所乱，你的生活质量就会有向高层次提升的改变。”“如果你每天都有意识地、认真地在乎你自己的感受并身体力行，那么，自律和自乐之花就会开放。”② 这些话语是他对于《道德经》中“重为轻根”一章的阐发，这种诠释方式大大超越了本章的原意，将老子那种“虽有荣观，燕处超然”的独立精神发挥得淋漓尽致。

---

① ［美］韦恩·戴尔：《改变思想，改变生活——老子智慧的现代启迪》，第196页。

② ［美］同上，第112页。

我们知道，《道德经》的语句高度凝练，要体会出其中丰富深刻的内涵相当不易。例如，如何让现代西方人充分理解本章中“轻则失根，躁则失君”等句的告诫？这实在是颇有难度的事情。但不得不说，韦恩·戴尔在这一方面做得相当成功。他解读说，这一章会督促你不停地思索下面的问题：

外部的风吹草动还对你有些影响力的时候，面对身外之物，你究竟会是一种什么样的感觉呢——你会觉得压抑吗？你有没有觉得焦躁不安？你会有受挫的感觉吗？你能感受到愉悦吗？你会在爱中沉醉吗？无论你身边发生什么事情——好的或者坏的，都不要把它们当作你马上做出反应的理由，千万不要因为外部环境的原因而急于改变你内心的想法。因为，如果那样，不管你现在处于什么状态，你都会丧失你的“根本”。这就是老子所说的“失根”的状态……随波逐流，因外物而改变，自身逐渐异化。①

我们看到，韦恩·戴尔紧紧地扣住现代生活中的实际问题，通过设身处地的情景描绘来解读老子“轻则失根”的状态，可谓是生动而又贴切。进而又对那种“失根”状态的危害性进行揭示。这些对于内心浮躁、心为外物所扰的现代人类生存状态的描述与警示，可谓是成功地将道家思想融入到现代生活，很好地起到了指导人生的作用。

同样，韦恩·戴尔又将老子的这些思想精华实现可操作化，我们试总结如下：

第一，“任何时候，都不放弃寻找内心平静的努力。”他列举现实生活中可能导致不安的一些场景：与人争执，交通堵塞，金融危机，或者任何其他的事情，面对这些令人烦恼的问题的应对方式是：

---

① ［美］韦恩·戴尔：《改变思想，改变生活——老子智慧的现代启迪》，第112页。

“不要犹豫，马上做出你要保持内心平静的决定。这时，你就会发现藏在你心底的平静。深呼吸，不要考虑得太多，不受你脑海中各种东西纷至沓来的干扰，你的内心就不会‘轻天下’……要相信你自己天生就有保持平静的能力，尤其是在极度混乱和气愤的时候。让自己成为‘躁之君’的‘静’，要以静制动，你的意志会帮助你实现这一点。曾经有一段时间，我认为我做不到。但是，现在我知道，即使在最麻烦的时候，我的反应也应该是保持平静……这才是‘道’的生活方式。”

第二，“不要失去和‘根’的联系。”韦恩·戴尔建议人们写出如下宣言：“如果没有你的同意，谁也无法割断你和‘根’的联系。”将这句话挂在家里或办公室的某处，以便随时警示自己。还可经常以下面这句话告诫自己：“无论何时，无论何事，我都会一如既往地保持平静。”韦恩·戴尔试图让人们通过这种长期的自我暗示，形成良性的心理定式，“当焦躁不安突然出现的时候，要努力借助这句话的精神力量使自己保持平静。提前做好类似的心理准备，你就会获得老子在这一章所提及的‘自律’”，进而趋近与“道”和谐一致的“终生追寻目标”。①

第三，花上十分钟的时间静静地坐着，同时思量你之所有以及由“神”精心安排有序流入你生命的所有。保持平和与静定，并感激那些融入你生命的“道”的完美施发，把所有急躁的想法放在一边吧。② 我们注意到，在这一操作方法中，韦恩·戴尔试图通过静坐而思量由“神”的安排流入行为主体的“生命之所有”，感激那些“融入生命的‘道’的完美施发”，在这静坐的过程中，基督教的“神”与老子的“道”相遇了，融会了。

① ［美］韦恩·戴尔：《改变思想，改变生活——老子智慧的现代启迪》，第113—114页。

② 同上，第66页。

韦恩·戴尔从“挫其锐，解其纷，和其光，同其尘”一章中，提炼出“安静明智的生活”这一宗旨，对老子“同尘解纷”的生活信条作了以下的诠释：

> “挫其锐”。在对别人做出评判或者攻击之前，聆听你自己来实现“挫其锐（不露锋芒）”。最好的做法就是只是聆听，然后安静地把爱和同情心给你自己也给别人。“解其纷”。把你自己从世俗的生活模式中解脱出来。摆脱那些为某种利益而贡献生命的束缚，代之以“秘密拥抱”道的静思。“和其光”。当你觉得你自己是对的，而且表现得很强硬，我希望你可以换一种态度，即用你内里的柔和来替换外表的刚硬。你要知道，在你身上存在的对外界事物怒目而视的冲动就是一种警告，它在告诉你，你已经丢掉了内里的安静。“同其尘”。在你处于优势位置的时候千万不要忘记它。当你不满于他人的表现要发表训诫的时候，就要意识到此刻你在犯“好为人师”的毛病。①

在现实世界中，人人都拥有过上“安静明智的生活”的美好愿望，但实际情况却往往事与愿违。暴力、邪恶等负面事件或行为主体自身的恶念都会打破宁静和明智的生活，让人们无法保持平和的心态。对此，人们该如何应对呢？韦恩·戴尔从《道德经》第六十章“夫两不相伤，故德交归焉”这段话语中，将该章的章旨概括为“对邪恶要有免疫力”。他认为，老子在这里向人们提供了对邪恶产生免疫力的方法：“控制恶的念头，鼓励自己对‘消极’具有免疫力。”显然，韦恩·戴尔是具有自我反省精神的，他首先将控制的向度朝向行为者自身。他强调说：“当你有了一种可能伤人也会伤及自己的对外界批判的念头，就要学会控制你自己的想法。”②而这种自我控制的理

---

① ［美］韦恩·戴尔：《改变思想，改变生活——老子智慧的现代启迪》，第249页。

② 同上，第265页。

性也正是老子在本章所倡导的“挫其锐，解其纷，和其光，同其尘”的修养和“玄同”境界，是“不可得而害……故为天下贵”的道德责任和自尊、自爱的精神。

韦恩·戴尔引导人们说：“如果你把自己看成是不值得尊敬的人，那种破坏的想法就会随之而来。”对于那些仇恨和邪恶的事件，韦恩·戴尔建议人们走出以牙还牙的世俗方式，不要用防守性的反抗去反击伤害，“不要想象着去对作案者报复……把爱和善良的想法送给所有的人，并且相信这种爱会帮助他们看到仇恨的愚蠢”。[①] 当然，韦恩·戴尔对老子以上主张的诠释未必合于原意，但在当今这个冤冤相报、永无尽头的动乱世界中，却有助于人们远离以暴易暴的传统方式，具有非常积极的现实意义。

韦恩·戴尔为了帮助人们“对伤害具有免疫力”，也提出了可操作性的方法：

> 设想有一个盾牌保护着你，指引你对抗在这个世界上感觉到的邪恶。你的“盾牌”只有在与“道”的和谐中才显现出价值。爱、善良和帮助都能够使你达到目的……
>
> 当你认定，你的家庭成员或者工作伙伴像伤害一个陌生人一样伤害你的时候，你要尽自己最大的努力，返璞归真，也就是要恪守大“道”，用爱、善良作为回应，然后回归到安静平和的状态。

如此，行为者就“已经进入了对于伤害的免疫过程”，不断地加以践行，就会形成一种行为模式，进而深入到内心，“你将会见证它是多么有影响力。用你内心的‘道’接近宇宙。”[②]

---

① ［美］韦恩·戴尔：《改变思想，改变生活——老子智慧的现代启迪》，第265 页。

② 同上，第 265—266 页。

第三节　从修炼层面感悟“道”的力量

殊为难得的是，作为一位西方学者，韦恩·戴尔对于《道德经》的践行还超越了世俗生活世界，他十分重视从修炼的层面去体“道”，以图悟到更为深刻的智慧。

长期以来，学者们将老子的“道”视为一个哲学范畴，从理论的层面进行了深入的研究和论述。但是，随着人们研究的深入，越来越多的人认识到，的确如老子所说，通过“可道”“可名”的方式表述的这个“道”不是那个“常道”“常名”，仅仅从理论层面的分析是不够的，还需要辅以亲证实验进行感悟。关于这一点，韦恩·戴尔有清楚的认识，他说：“就像老子在第一章中所言，‘道’是‘玄之又玄’的‘众妙之门’，体‘道’也在一个‘玄’字，用的是顿悟的方式，而不是推理的方式。”接着，韦恩·戴尔身体力行地向人们展现自己“体道”的经验，他说：

> 体道意味着在神秘体验中培养一种存在的实践，去欲存真，无碍地超越。它意味着对矛盾事物的包容，体验一种整体的接纳，道性在你的周围弥漫，你所见的宇宙万物是自然完整的宇宙万物，而不是被某种思想、学说肢解、诠释的世界，更不是被流俗豆剖瓜分的土地。①

看到这些话语，真让人很是惊异！一位远在异国他乡又不懂中文的外国人，居然能够超越西方人常用的“推理的方式”，努力地让自己沉浸于老子倡导的体悟性认知方式。

在“谷神不死”一章中，韦恩·戴尔显然已经非常明确地认识到体道活动所具有的创造性意义，他指出，老子在这一章启示人们：

---

① ［美］韦恩·戴尔：《改变思想，改变生活——老子智慧的现代启迪》，第3页。

“对‘道’的无限创造力要有一种觉知…… 我们通过体道能把这种无限的创造力融合在我们体内……‘道’之不死的构造力都作为一种谱系运程、文化遗产在我们身上发生着作用。通过对‘道’的体悟，使我们也进入这个具有创造力的谱系之中，从而富于创造性地栖居在大地上。”①

老子用“谷神”来隐喻“道”的虚空和深远，“谷神不死”意味着“道”那种生生不息的本源性和创生万物的神秘变化特性。韦恩·戴尔启示人们要觉知“道”的无限活力和创造力，他主张通过体道、悟道的活动以获得“无限的创造力”，这就为人们揭示虚静悟道的认知功能和创造功能提供了另一条路径。作为一位地地道道的西方学者，韦恩·戴尔如此服膺于老子之“道”，坦言它作为“谱系运程、文化遗产在我们身上发生着作用”，更是令炎黄子孙感动并深受启迪！

当然，我们无法确认他是否真正进入到了“体道”的玄境，但却可以非常清楚地看到，韦恩·戴尔对《道德经》的相关理解，已经超越了通常的理论诠释这一传统方法，采取了理论和修炼、言说和默会等多种方式进行解读，目的是能够从中体悟大道。那么，如何才能体道呢？韦恩·戴尔根据自己的践行经验提出了一些建议。

1. 复归本真之性

韦恩·戴尔非常尊重不同个体的本真之性。他认为，在不同的个体那里，体道的方式是各有差异的。他说：“行道，实际上就是一种自然而然的向着神秘境界的探寻，在神秘境界的探寻中，你会寻找到你自己的体道方式。”因此，行道，就要“把你所有的注意力转向于敞开心胸，让自己对‘神秘’有着友好的认可……你可以独自以自

① ［美］韦恩·戴尔：《改变思想，改变生活——老子智慧的现代启迪》，第 28 页。

我为考量，准备神秘生活的体验之旅”。[①]

因此，体道就是要扫除常规知识的遮蔽，通过致虚守静的方式来与道相合。他阐发老子在第十四章中所表述的内容说：“在沉思冥想中获取绝对认知。激活所有生命的恒久准则，持续保持着这种觉醒的状态……这就是一种持平，一种复归，将会带你回到本初的平衡之中，重建你的本真的、无我的、天性的和谐一致，那是体‘道’而得‘道’的境界。”[②] 在这里，韦恩·戴尔根据《道德经》的思路提出了特殊的感知世界的方式，帮助人们超越表象世界去体悟背后的本质。他说：“面对你所注目的东西，问问你自己：‘我看到的这些东西，它们真正的本质到底是什么呢?”他举例说，在春风当中百花绽放、在蚊子滋生的背后、在我们每一种想法的背后，“隐匿着什么样的能量”，又如，你听见的所有东西的响声“从何而来，归于何处”。[③] 他认为，老子“视之不见名曰夷，听之不闻名曰希，搏之不得名曰微”是三种形而上的生活方式，“这些无形的疆域融入了一个精神的世界（即‘道’），能够创造和规约所有的生命……这一章要求你把自己沉浸于灵性而不是信息遮蔽之中，成为一个总是自如的个体”[④]。这样的解读，相当有独特性，也为人们进入自我心性修炼境界打开了探索的门户。

韦恩·戴尔从《道德经》返璞归真、致虚守静等思想中体悟到，人的本初之性是静寂的状态，他说：“你的本初是静寂的，从静寂开始，天地万物随之而来。你要努力保持这种原初的、创造性的、质朴的状态，就像老子说的‘若朴’，这象征着初始者的想法和无限的潜能。”[⑤]

---

① ［美］韦恩·戴尔：《改变思想，改变生活——老子智慧的现代启迪》，第4—5页。

② 同上，第61页。

③ 同上，第61页。

④ 同上，第60页。

⑤ 同上，第64页。

2. 进入“无境之境”

既然本初之性是静寂的，那么，就需要持守致虚守静的方法。为此，韦恩·戴尔将其表达为进入“无境之境”。他说：“要保证自己更警醒于内在的‘无境之境’，也就是从那里你所有的真本的想法才得以溢出。”① 这里所说的体悟内在的‘无境之境”并非引导人们坠入空冥或虚幻之境，而是通过致虚守静的修炼功夫获得某种心理体验。它要求暂时排遣意识活动，停止感官的活动，进入一种空灵寂静的状态，以图达到与“道”的合一。

韦恩·戴尔建议人们，按照“古之善为道者”这一章所描写的道者之境界“逐一检视你自己：留意，依然保有放松和平和；警惕，依然不急躁和自负；放下，依然保持静谧，就像等待水变得清澈”②。他以自己的实践经验告诉人们，有很多独特的方式可以每天都能体验寂静的力量，进而通过这些方法与“道”相通相连。他阐发自己对于《道德经》的这一独特研究方式：“通过冥想和研究《道德经》，试图获得老子的想法和意图”，去感知我们自身的——那些不可察觉的，但却令人敬畏的力量”。③ 他向人们推荐冥想的方法说：

> 冥想就是一个极好的方法，它可以帮助你感受到你和你内在的虚无之间具有某种关联的快乐体验，这就是你与“道”相连接的地方……冥想可以使人澄静，静可以使人与“道”接伍，人在这时往往表现为澄静、纯粹，与爱的和谐一致……
>
> 学习冥想或者安于寂静的基本目的，要焕发你的本质呈现，让你自己生活于虚无之中。④

冥想是流行于现代西方的修行和心理治疗方法，与印度教、佛

① ［美］韦恩·戴尔：《改变思想，改变生活——老子智慧的现代启迪》，第50页。

② 同上，第64页 。

③ 同上，第64、第50页。

④ 同上，第50页。

教、道教都有渊源关系，古希腊和罗马文明中亦有这一概念。

韦恩·戴尔将它视为道学的修炼方法。他建议人们通过这一方法体悟大道，进而提出了非常具体的操作建议，他说：

> 每天至少花上15分钟生活于虚无之中去体验你的道性。忽略你的身体和你周围的环境；让你的名字、年龄、种族、职务头衔等等诸如此类的识别符号，或者说“名象”离你而去，你只是在空域之中的存在——那种虚无对你自身的存在绝对至关重要。体味“无之以为用”的玄机，向外看你的世界，感念你作为物质存在的效用完全依赖于这种虚无。①

从现代科学的角度来看，这种通过冥想来感悟古人之想法和意图，似乎充满了神秘色彩。但笔者以为，这其实反映出韦恩·戴尔对于西方传统理性思维方式和文本研究方式的大胆跨越。他向两千多年前的老子敞开心扉，运用人类穿越时空的想象力，将老子的智慧融入到一个更为广阔的现代生活场景之中，通过理性思维和直觉思维相结合的认知模式来体悟老子的思想。

我们知道，在对《道德经》进行解读时，对第一章中的“常有欲以观其徼”“常无欲以观其妙”这两句在断句和解读方面存在诸多不同意见。

韦恩·戴尔则从修炼的视角对这一问题作出了独特的诠释，他这样理解“有欲”和“无欲”说：

> 在道的教义中，“无”意味着信任、不经意、认可和包容……当你感觉到在你的体内正经历着强烈的欲望冲动和试图排遣化解这些“有欲”的连续体验时……把那些强烈的欲望降降温，排遣一下，化解一点……应该是在一种轻松自如的心理体验之中。这种心理体验将带来对于不可见之神秘的“道”与万物

① ［美］韦恩·戴尔：《改变思想，改变生活——老子智慧的现代启迪》，第50页。

（即我们世界中的可见的物象）的更多和更深的觉醒。[①]

他认同《道德经》中呈现出来的现有存在的两种路径："第一种是融入，因此，和你即时的周边合二为一，同时保持放松，你的静定就会让你周围所有的事情保持安定，并产生一种深刻的清澈。第二种就是保持警惕和微妙的觉醒——不要急于有所为或者有所欲求，而是完全由你内在的本我当家作主。"[②] 他的这种建议正是对现代社会普遍存在的浮躁心态所下的良方。

在现代这个喧嚣和浮躁的社会氛围中，人们脚步匆匆，忙忙碌碌，在对外物无止境的追求中消耗着宝贵的生命，而失去了与生命之根的联系，陷入焦虑的深渊。这就需要重新回归到静寂的本初状态。韦恩·戴尔深刻地认识到现代人类的困境，他引导人们通过致虚守静的方式让这种状态得到缓解。他建议说："在一个寂静的世界里——通过聆听'寂静的声音'来提升你的听觉。""当你信奉这种永久的准则，敬畏和感激之情将会与日俱增。但是比这更伟大的是，你将会对你的神性的、恢宏的、崭新的'可能性'有所觉醒。你的思想将不对一个短暂世界做无谓的辨别，你将会看到所有事物的恒久。"[③]

基于这些认识，韦恩·戴尔从老子"有之以为利，无之以为用"这一章的教导中得到启示，倡导"虚无生活"，要人们从老子这一章中体味到"在当今世界虚无生活的概念"，体察"难以觉察的'无'才是你至关重要的本质"。他建议说：

> 花点时间把你的注意力转向你本质中所谓的"无"……你内里的"非存在"并不是你分离的一部分，也就是说，你的所谓"有"和"无"是一而二、二而一的，那个"无"、那个"非存在"是你所固有的，只是它好像隐藏得很深，所以要找寻那个

---

① ［美］韦恩·戴尔：《改变思想，改变生活——老子智慧的现代启迪》，第2—3页。

② 同上，第64页。

③ 同上，第61页。

神秘的核心层并且挖掘它，你的肉体自我若是一个容器，它就是这“容器”的“空处”，你所有的想法和期望从那儿流入世间。[①]

韦恩·戴尔倡导人们过“虚无生活”，绝非追求无所事事、无所作为，而是针对现代人类不知止足地求“满”的弊端而发。他期待人们从忙碌的疲惫和平庸中解脱出来，提升生命的境界，进入体道的精神的生活。

3. 放慢生活的脚步

为了有助于体悟大道，韦恩·戴尔力图从《道德经》中体悟老子要向人们传达的思想。他将《道德经》的第十五章命名为“生活不需要急躁”。他在本章中诠释说，老子今天要对我们说的话可以归纳为下面几个方面：

第一，倡导慢生活。他建议说：“放弃追逐你的梦想。放慢你急切的脚步，体验像洞一样的空无，像未经雕琢的树木一样敞开所有的可能性。在不容置疑的时机，让一切‘可能’以完美的秩序来到你的面前。在你每日的实践中保持静定……只做一个观察者和一个接收者，而不是你生命的直接推动者。通过这样一种不急躁的展开，你会以‘道’的方式主宰你的存在。”

第二，暂时停止那些积极进取的念头，静心向内。“把握生命中的流动，让自己温柔地行进于‘道’之中……始终相信‘道’的智慧”，而不是像世俗之人那样，追逐生命中的所有需要。对于这种不同于现代人积极进取的常态，是否太消极了呢？这是人们必然会质疑的。针对人们的这类质疑，韦恩·戴尔告诉人们：“其实，当你不再试图激流勇进，你之所需会自然地来到你的面前。现在，你应该相信恒久之道的智慧，让它流动着穿越你，使你具有‘道性’。”[②] 也就是

① ［美］韦恩·戴尔：《改变思想，改变生活——老子智慧的现代启迪》，第49页。

② 同上，第65页。

说，当行为主体静下心来，倾听内心的呼唤，往往会更清楚自己究竟需要什么，会更明白人生的真正意义，而不再随波逐流，盲目从众，虚度光阴。

顺着这一思路，韦恩·戴尔主张“超越世俗的‘愉快’”，他在第三十五章“现在行道”一栏给出建议：“通过关注于让‘道’的能量流进你的身体，感受‘道’与‘世俗自我’的不同本质，‘道’将会自己发生作用——会使你满足、兴奋和获得福佑。注意观察这种感觉和世俗欢乐的不同。”在修炼实践中，韦恩·戴尔体悟到，放下自我，打开身体，这是修道的基本要求，他建议人们：

> 开放你自己，面向无限的爱和充盈的“道”，你将会吸引相同的更多的爱和完美，你的世界已经改变，因为你看见了“道”，而以前你只是注意到你“世俗自我”的需要和世俗的欢乐。①

4. 在生活中悟道

更值得我们关注的是，韦恩·戴尔的修炼实践不仅仅限于闭门静坐的传统方式，而且试图探索更易于普及、更接地气的修炼途径，即倡导在日常生活中体悟大道。他从《道德经》“侯王若能守之，万物将自宾”“譬道之在天下，犹川谷之于江海”等句中体悟到：“规约万物的‘道’以其‘简单微妙’的方式将其能量灌注在你开阔的心田，带来生命的欢喜。有了它，在你生活的诸方面顺其自然就好。”②

基于这些认识，他还创造了在日常生活中自由地悟道的方法，他建议人们，抽出点时间，从控制你生活的事件中有意识地解脱你的思维，去散散步，信步而行，体察这种自由的行走是怎样的一种感觉。

① ［美］韦恩·戴尔：《改变思想，改变生活——老子智慧的现代启迪》，第156—157页。

② 同上，第142页。

同时，进一步体悟这种自由的状态，“让自由成为你的指引。意识到交通、你生活中的人们、证券交易所、天气、潮汐……所有这一切的运作都有着自己的步伐和自己的方式，你也可以融入永恒的完美的‘道’”。①

此外，还可以注视一棵树、远方的一颗星星、一座大山、一片云彩或者这个自然世界的任何东西，“尽你所能地记下隐匿其中的诸多的不可见。信奉这条准则，会任从它们顺其自然，然后反观本心，对你自己的物质的存在做同样的尝试。这条准则会延展到你的肺，敲击你的心脏，让你的手指也会有所感觉——今天，在这样的准则下生活十分钟，然后记下你所感觉到的你和你存在的本源是如何连接的”②。总之，在人的生活中，随时随处都可以体悟“道”的存在，体悟行为主体与“道”这一存在本源的连接。这无疑将深奥的老子思想更为圆融地融入到生活之中，让其中的思想精华更顺畅地化为现代人类的生活指南。

韦恩·戴尔对于《道德经》的深奥思想和语言作出了这些既接地气，又极富操作性的阐发，这正是他为何那样受广大美国民众喜爱的奥秘之所在。

在对《道德经》最后一章的诠释中，韦恩·戴尔以充满崇敬的情感说出了下面这番话：“这是持久且充满魅力的《道德经》的最后一章，它鼓励你：即使活在尘世之间，也要持之以恒地仿效天堂一般的生活。试试老子所给予你们的建议，改变你们的想法，终将永远改变你们的生活。”③ 这既是韦恩·戴尔对第 81 章的概括，又是对全书的总结性建议，集中地体现出西方智者运用老子智慧改变生活、提升生命的殷切期待！

---

① ［美］韦恩·戴尔：《改变思想，改变生活——老子智慧的现代启迪》，第 144 页。

② 同上，第 62 页。

③ 同上，第 353 页。

结语：道学西用的经验及当代启示

古中国和古希腊、古印度、古犹太是并列的人类四大轴心文明，这四大文明对人类的初始文明实现了突破，对周围的文明产生辐射作用，造就了一个以这些文明为轴心的世界，从而构成了世界文明发展史。人类发展的历史充分证明，不同文化的交流互鉴是历史发展和文化繁荣创新的强大动力①，更是人类和平共处、构建人类命运共同体的思想基础。各种文化的交流、互补与融合，对人类历史的进步发挥着巨大作用。而道学西用正是中西文化交流、互补与融合而结出的丰硕成果。

在近代以来的数百年时间里，西方文明随着工业革命和科学技术的兴起而产生了突飞猛进的发展，在人类文明发展过程中长期处于支配地位。但是，进入20世纪以来，西方世界在政治、经济、文化和社会等方面皆面临着多种矛盾和危机，现代科学的发展让人重视物质追求却忽略精神追求，从而失去了价值和意义，西方文明观的基本思路显现出很大的局限性，人们对于西方文明的优越性产生了怀疑。于是，一部分人士将目光投向东方，将道家思想视为救治社会弊病之良方。译介和研究老子思想已经成为国际汉学界的一种风尚，

---

① 关于“文化”这一概念的内涵有多种观点，从广义的层面说，文化包括物质、制度、习俗、精神等层面的内容；从狭义的层面说，主要指人类的精神活动及其成果。本书从狭义的层面进行论述。一般认为，“文明”是文化发展到一定阶段的产物，是人类改造自然、社会及自身达到一定程度的成果，是文化发展的高级阶段。

人们希望“从中国道家典籍中寻找民族持续发展的智慧动力”①。“道学西用”并非个案或偶然产生的文化现象，而是有其深厚的社会、文化背景和理论根源，更与道学自身所具备的超越时空之价值密切相关。它发生在玻尔、李约瑟、普里戈金、卡普拉、荣格、马斯洛、韦恩·戴尔等诸多文化精英身上，他们超越西方文化中心论、西方文化优越论的藩篱，以各自的方式吸收道家智慧进而应用于心理学、物理学、管理学、政治学、立身处世、养生保健等多个领域，获得了突破性成果，其现实影响大大超过了以往学术界较关注的汉学研究这一小众领域。

20 世纪“道学西用”是中西文化在现代社会交流、互补而绽放出来的璀璨花朵，时至今日，它还在以各种形式延续和拓展。体察 20 世纪以来西方学者对道家思想的吸纳与应用，为中国学者提供了从西方反观中华文化之现代价值、开启优秀传统文化“双创”的“他者”视角，有助于我们超越“身在此山中”的视域而获得启示。正如中西文化交流史专家张西平先生所说：“实现文化自觉的一个重要的方法就是在世界范围内重新审视自己的文化。”②

对中华优秀传统文化进行创造式转化与创新性发展，反思中国哲学之研究向度，深化文明交流互鉴，推动中华文化更好地走向世界，这是当前我国文化建设和哲学研究的重大课题。因此，总结经验，获得启示，借鉴他山之石促使国人更自觉地吸收道学智慧滋润中华母土，进而造福于人类，这是十分重要且必要的工作。以下拟从态度立场、研究向度和文化互鉴等角度略述己见，抛砖引玉，以期引起学界同仁的进一步思考和探索。

---

① 王华玲、辛红娟：《〈道德经〉的世界性》，《光明日报》，2020 年 4 月 18 日。

② 张西平：《“他者”眼里的中国》，《光明日报》，2007 年 7 月 31 日。

一、虔敬谦恭与理性扬弃结合

以何种态度或立场来看待中国经典和先贤？陈寅恪先生主张“同情的理解”，不苛求古人，而要抱有同情之理解、理解之同情的态度。在当时特殊的历史环境中，这一主张已是十分难能可贵。在中国学界曾产生很大的影响。但细究其意，这种态度基本上局限于理性和知识的层面，限制和窄化了人们对中国经典进行更深层次的体悟和认识，难以深契先贤思想之奥义与精髓。

这种“同情的理解”与西方学者对道家深怀崇敬的态度是大不一样的。例如，著名瑞士心理学家荣格对道学代表人物老子推崇备至，他在其自传的“结语”中称：“老子是有着与众不同的洞察力的一个代表性人物……见多识广的这位老者的原型是永恒地正确的。”① 他在阅读了道学修炼作品《太乙金华宗旨》之后坦言：“作为一名地地道道的西方人，我别无选择地被这部中国著作的奇思异想深深迷住了。”在其他西方心理治疗学家那里，同样也表现出对老子的服膺。美国心理治疗家、“哈卡密疗法”的创立者和实践者格雷格·约翰逊（Gregory J. Johanson）和荣·克尔兹（Ronald S. Kurtz）以大量的案例证明，“老子的智慧如何在特殊时刻为有效技术的介入提供了基础和框架”。老子柔弱虚静无为等思想被他们奉为心理治疗的“根基”。他们强调，治疗者是否在心理治疗中自觉地运用这些“根基”性的原则，将会导致完全不同的治疗结果，“如果治疗者紧紧依靠这些原则，时时不离这些原则，那么，在治疗过程进行时，就会自然演化出各种技巧来”，否则“他们用的各种技巧简直就起不了什么作用”。

将《道德经》融入民众生活的美国作家、教育家韦恩·戴尔更

① 凡在本书相关章节引用过的引文出处，皆不再重复标注。

是对老子深怀崇敬。在《改变思想，改变生活——老子智慧的现代启迪》一书的前言中，他谦恭地说，《道德经》中“具有深刻影响的话语让我肃然起敬”，“全身心地进入阅读、写作、阐释的状态，尤其是要按照这81章所说的去做”，“通过老子神秘而又实用的哲学，能够给你当下的生命带来愉悦”。正是对老子思想的虔敬与践行，让韦恩·戴尔受益良多，甚至帮助他度过了人生的困境。因此，在该书的“结语”中，他深切地说：“我深感内心的平和。谢谢你，老子！”这些满怀深情的话语竟然出自一个从未到过中国又不懂中文的美国人之口，令人感动和震撼。正是这种虔敬的态度，为西方学者深切体悟老子智慧提供了坚实的心理基础，而仅以“同情的理解”去研读《老子》的人是不太可能获得这些深切感受和宝贵启示的。

在以敬畏之心面对道家的同时，西方学者又注重理性分析。如，英国著名历史学家汤因比在人类文化的视域中对多种文明进行考察和比较，从中找出各自的特征。在这种理性分析的基础上，他对于道家在人类文明中的地位和价值有了更为清晰的判断。他在《人类与大地母亲》中说：“在所有哲学中，道家最早预料到，在通往文明的路上，人类无法与其生活、运动和存在的终极现象的灵性和谐相处，最终影响了自己在宇宙中的状态。”①通过这种理性分析，汤因比将改变世界不和谐状态的希望投向了道家思想。他认为，人类应该按照“终极实在”的精神生活、行动和存在。因此，道家思想的意义就不仅限于它产生的那个时代和环境，“而且与所有的时代和地区，尤其是20世纪70年代人类的全球状况有关”。

西方学者尊重和谦恭地面对道家思想这一文化遗产，绝非不加分析地盲从。例如，玻尔虽然推崇老子主客一体的认识方法，但仍强调需要借助观察仪器这一人类感官的延长，运用实验、观察、推理等

① Arnold Toynbee, *Mankind and Mother Earth: A Narrative History of the World.* (New York: Oxford University Press. 1976), p. 220.

方法，来研究认识微观世界。英国著名的中国科学史家李约瑟虽然十分崇尚道家，充分肯定道家的科学成就，甚至曾为自己取了丹耀、十宿道人、胜冗子等道号，但他亦清醒地指出道家的缺陷说："可惜他们未能对实验方法达到任何明确的定义，或把他们对自然界的观察加以系统化。"他虽然高度评价《抱朴子》这部道教经典"包含着某些看来是高水平的科学思想"，"大大高出于同时代的西方所能提出的任何东西"，但同时也清醒地指出其中存在"许多荒诞的、幻想的和迷信的东西"。

马斯洛亦是在改造或选择的基础上吸收道家思想的。他虽曾自诩为道家，并倡导科学家、医师、教师、父母将自己"转换为更符合道家追求的形象"，但却主张"以一种'美国式的道家'为指导"。他在《谈谈高峰体验》中强调，要想进行深邃的思索和理论研究，要想保持良好的人际关系，就必须将道家顺应自然、不加控制、谦恭、信赖、松弛与坚定、顽强、固执、戒备、警惕、气盛、好胜等"两个不同方面的特点和能力恰当地结合在一起"。他对道家自然无为等思想也并非盲目崇拜或照搬，而是结合实践中出现的放任自流等弊病，指出"无为"所可能产生的问题。可见，西方学者对道家既虔敬谦恭，又坚持理性分析；既吸收其精华，又对相关理论做出必要的弃旧图新和修正。

西方人士对道家思想的虔敬谦恭与理性扬弃并举的态度及其总结的经验值得我们借鉴和学习。我们看到，在国内外一些心理学工作者那里，还存在着"非西方精神生活的理论不值得研究"等片面观点。心理学界的有识之士呼吁"建设心理中国"，"回到中国心理学的本土叙事"①，这些心理学家的观点道出了我们的心声。一方面，现代中国人需要虔敬谦恭地体悟那些超越时空的道家智慧，将理性

① 李明在第二届文化与心理治疗论坛大会发言——《心理中国——时代困顿的中国方案》。

知识和现代技术与中国先贤的思想智慧融会，让这些思想精华融入实际生活，化为指导人生的生命智慧，决不应对先贤的智慧不屑一顾甚至全盘否定，唯西方马首是瞻，盲目崇拜洋人和西方科学技术。另一方面，我们亦应清醒地认识到，传统文化是特定社会历史环境下的产物，不可避免地存在局限性，不能对其不加分析，盲目崇拜，全盘继承。在当今中国的国学教育中，一度出现良莠不分、封建糟粕沉渣泛起的现象，就很值得人们警惕。文化发展的长河既绵延不断，又是大浪淘沙的过程，根据时代精神对传统文化披沙拣金并加以现代诠释，不断地改进和创新，才能保持文化发展的健康方向。

二、理论阐释与应用践行并举

反思中国哲学的研究方法和路径是当代学者所关注的话题，对优秀传统文化的创造性转换和创新性发展更是时代赋予我们的使命。这就需要进一步深化对中国传统思想文化资源之应用价值的研究和发掘，特别是吸收现代诠释学重视应用的思路，考察中国传统经典在回应不同的时代问题时所可能展发的意义。

劳思光先生等前辈学者曾概括中国哲学“不在于思辨，而在于实践”的基本旨趣，并批评以唐君毅、牟宗三为代表的“新儒学”忽视了“实践性的努力”①。其实，缺乏“实践性的努力”是学术界普遍存在的问题，在较长时期内，先贤的哲学思想和生活智慧主要成了理论思辨和分析的对象，而较少做“实践性的努力”，这显然窄化了中国哲学的研究视野。

在这方面，西方有识之士的研究向度和经验颇有启示意义。我们看到，西方一些人士不仅对道家思想进行理论阐发和现代诠释，而且

① 劳思光：《关于中国哲学研究的几点意见》，载刘笑敢主编：《中国哲学与文化》第一辑“反向格义与全球哲学”，桂林：广西师范大学出版社 2007 年。

加以应用。这种重视践行的取向正好切中了道家注重实践和体悟的基本旨趣。在实修或践行过程中，一些通过分析、思辨、推理等常规学术研究方法难以呈现的道家高妙智慧或可得以彰显。

例如，荣格、罗杰斯、海灵格等心理治疗家将道家自然无为、抱朴守真、虚静冥想等概念或方法与他们的治疗实践相结合，创造出了潜意识理论以及“以人为中心疗法”“家族排列疗法”“内在之旅治疗法”等新的治疗方法。荣格更将道家的精神贯穿于自己的实际生活之中，他的学生冯·弗兰兹说：“荣格崇尚道家，并且身体力行于道家哲学的生活方式。”马斯洛则明确地说，当他“在心理学中探险并走遍了各条道路”，并在“认真考虑全部道家的观点”之后，对道家更是推崇备至，主张科学家、医师、教师、父母“必须把我们的形象转换为更符合道家追求的形象”。美国心理学家罗杰斯沿着人本心理学的思路，将老子“无为”“真朴”等思想具体应用到心理治疗实践之中，形成“以人为中心”的心理治疗方法。马斯洛、罗杰斯还分别将顺应自然等宗旨推广到教育领域，提出“学习者中心”教育论，主张学校教育的基本方法应是帮助“任其自然”，教师应以“道家的辅导者或教师”为楷模，从而推动了美国的教育改革。

又如，美国的肯尼思·克洛克等管理学家在《管理的终结》一书中列举大量案例论证自我管理的功效，并在多处引用老子的话语，强调民主型组织中的领导者必须能够接受和允许别人领导自己，“就如中国大哲学家老子数千年前说的那样：‘如欲先之，必先后之。’”① 该书作者区分了三种类型的领导，并将这三类领导与老子“太上不知有之，其次亲而誉之，其次畏之”的论述相联系，“‘不知有之’这种领导随时随地都让人感到非常自然，他总能及时出现，尤其是在

① ［美］肯尼思·克洛克、琼·戈德史密斯：《管理的终结》，第156页。（该书中此处所引“如欲先之，必先后之”一句的原文应为《道德经》中“后其身而身先”——笔者。）

紧急情况下。‘不知有之’的领导是民主式的领导，他不以身份、地位、金钱、权力和特权来区分领导者和被领导者”。而作者以“管理的终结”来命名此书，充分表达出对管控型管理方式的否定。他们将“没有管理的管理”奉为管理的最高境界，这让人明显地感觉到老子“无为而治”的管理思想在西方管理实践中的影响。

具有丰富的养生保健理论和方法是道家具有普遍意义和吸引力之处。早在20世纪初，来华传教士卫礼贤翻译的《道德经》和《太乙金华宗旨》就曾引起西方学者和民众对道教哲学和养生保健智慧的关注。20世纪80年代以来，人们更是对现代西方主流医学进行反思，在这一过程中，卡普拉的反思尤为深刻。他指出：“在笛卡尔观念的影响下，医生们看不到疾病的潜在的有利因素，疾病被当做应当消灭的敌人。医学追求着一种企图消灭所有疾病的乌托邦式的理想。”接着，卡普拉将目光投向了道家的生命智慧，他赞赏说：“道家的圣人意识到，流动在观察生命世界时具有重要意义。他们意识到，对立的但又互补的倾向看来是生命的精髓。”卡普拉看到，道家以变化流动的眼光来观察生命世界以及对立又互补的方法论具有重要意义。经过这些有识之士的努力，道家的生命智慧日益渗入西方民众的实际生活之中。

美国著名教育家韦恩·戴尔更是将《道德经》视为“以和谐、道德、崇高的态度对待世间万物的生活总则”，将自己对《道德经》的体悟特别是其中有助于提升人生、缓解困惑、优化性格的智慧诉诸笔端，撰写了《改变思想，改变生活——老子智慧的现代启迪》一书。他还在全书各章的结尾处列出“现在行道”，指导人们身体力行地实践书中的智慧。该书出版后深受美国民众的欢迎，不仅跃入《纽约时报》畅销书籍榜，并在随后的64周内保持在亚马逊畅销书TOP10之中。时至今日，该书的销路依然不错。《纽约时报》称赞道：“这本书最终能永久地改变你对生活的态度……体会到前所未有的平和心态。”《华盛顿邮报》称它为“一部可运用于日常生活、追求平和幸福生活的宝典”。韦恩·戴尔对《道德经》生动而又深刻的诠释，让该书和与其同名的讲座备受欢迎，他促进了古老道家思想的生活化、普及化，从而“活起来”“火起来”，是非常成功的道学西用之典范。

这些将道家思想与应用践行相结合的成功范例，让道家思想在千年之后、万里之外的现代西方遇到了众多的知音，使道家思想在更大范围内生根、开花、结果。

西方人士在理论和实践方面吸收应用道家思想的成功尝试向人们昭示，中国哲学具有融通东西文化并进行现代转换的可能性和现实性，对于人类的安身立命和文化发展具有重要的普遍意义。中国哲学研究特别是道家思想研究不仅需要人们沿袭传统的思辨、分析、论说、考据等“纯学术”方式，还需要在“实践”等“核心部分着力”；从事中国哲学研究的理论工作者需要与从事心理学、管理学、教育学、养生学等应用型学科的同仁携手并肩，共同体悟和发掘道家思想等中国传统哲学中的思想宝藏，真正让中华优秀文化和思想精华“活起来”。

自20世纪90年代以来，中国一些心理治疗家探索出了将道家理论与实践相结合的成功经验。如，杨德森、张亚林将《老子》思想与心理治疗实践相结合，借鉴西方的认知疗法，创造出“道家认知疗法”；邓云龙将儒释道思想与现代心理治疗相结合形成“悦纳心理疗法”。他们将这些方法相继在湖南和全国多地推广应用，取得了很好的临床治疗效果。可见，将理论研究与应用践行相结合有着广阔的前景，我们应当在理论层面展开研究，同时进一步深入生活世界，总结并践行道家智慧以滋养民众的身心健康，推动优秀传统文化的活化，更好地担负起知识分子“关注当下，关注世界，关注未来”的崇高使命。

三、中华文化与西方文化互鉴

倡导世界文明的多样性，开展文明交流互鉴，这是习近平文化思想的重要组成部分。习近平曾于2014年3月在联合国教科文总部发表演讲时强调说："文明因交流而多彩，文明因互鉴而丰富。"不同文化都承载着不同的思维方式，各有其自身存在的合理性；"接受并承认文化多样性……有利于推动不同文明和文化间的对话、尊重和相互理解……是交流、革新和创作的源泉。"① 同样，对客观世界之本质规律的反映和总结也是有着多个面向的，科学研究的途径和方法更是多种多样的，"任何方法和方法论思想都有其一定的作用，又有一定的适用范围和局限性，它们之间可以取长补短，具有互补效应"②。

东西方虽然具有不同的思维方式、价值理念和表达方式，但各有其优点和局限，需要相互交流、相互融通、相互理解和相互借鉴，才能促进人类文化的健康发展，促进世界的和谐与和平。乐黛云先生曾在考察18世纪"中学西渐"文化现象时指出，伏尔泰、莱布尼茨、黑格尔这些文化精英从中国文化中汲取重要灵感和启迪，其目的是"为了寻找一个外在的视角，以便更好地审视和更深刻地了解自己"③. 同样，20世纪西方精英对道学文化的吸收也正是建立在对于西方文化之缺陷进行反省和超越之基础上。也就是说，他们是在中西文化互鉴的大视野下来审视和了解自身，进而取长补短，为我所用。

例如，荣格、马斯洛等心理学家认识到，西方机械主义心理学盲

---

① 2001年通过的联合国教科文组织《世界文化多样性宣言》。

② 刘大椿：《科学活动论 互补方法论》，桂林：广西师范大学出版社2002年出版，第540页。

③ 钟玲：《史耐德与中国文化》，乐黛云主编："中学西渐"丛书"总序"第5页。

目照搬自然科学的还原论方法，导致以“人”为研究对象的心理学偏离了健康的轨道，西方传统的非此即彼或排斥异己的思维方式造成了种种问题，应该转而接受道家“整合一统的、协同一致的思维”。

荣格在与老师弗洛伊德分道扬镳之后，曾经在探索的道路上徘徊了十五年，是《太乙金华宗旨》帮助他走出了困境。从这些经典中，荣格看到了蕴含于其中的智慧，促使他认识到“西方的理性主义和片面分化不得不屈服于东方的兼容并包和简易单纯”，“大大地澄清和确证了我在努力缓解欧洲人的精神痛苦时所一直寻找、追求、思考和致力的许多东西”。他推崇对立面彼此平衡等道家智慧，坦言东方富有哲理性的相对论“具有无比贡献”，“对我们产生深远的影响力”。他认识到，西方逻辑分析的思维方式让理性意识膨胀，因而产生了“意识过度发达”的弊病，“从未让心灵在平静的环境中质朴地发展”，而道家自然无为的修炼方法正是针对后天意识过度发达的对治之法，是获得自身解放的关键。这种“让一切顺其自然”“无为而为”的思想正是西方文化中所缺乏的，非常需要借鉴道家质朴无为的处事态度。故他将无为原则贯穿于“积极想象”的程序与步骤过程中。在对西方两端对立、非此即彼的传统思维进行深刻反思的基础上，他吸收道家的自然无为、对立统一等思想，开创了分析心理学这一独树一帜的心理学流派。

西方科学家在科学研究过程中也认识到了西方科学范式的不足。西方经典科学遵循的是寻找一个建立在基本概念基础上的无矛盾的逻辑体系。在经典物理学的语言框架中，粒子是物质，波是能，但在量子力学中，这一科学信念与科学事实之间却发生了矛盾。为了解决这一矛盾，1927年9月，玻尔提出了“波粒二象性”，即量子系统的对象既是粒子又是波，或者既不是粒子又不是波，“波粒二象性”是任何辐射与物质都具有的内在的和根本的性质，二者是互相排斥的，但同时又都是确定存在的，只有将这相互对立又相互补充的两个方面结合起来，成为一个和谐的整体，才能获得对微观世界的全面理解。玻尔上述思想及思维方式在西方文化史上是少有先例的，西方思想强调理性和逻辑上的一致性，不能容忍对事物的解释中出现矛盾。

而老子思想恰恰包含着丰富的对立统一的互补思想，《道德经》认为，万物负阴而抱阳，万物包含着相互对立的两个方面，万物的存在是以包容对立面为基础的。“波粒二象性”这一不同于西方思维模式的理论与老子思想有着密切联系。玻尔在年轻时就曾读过丹麦文版《基督以前的老大师和他的著作——〈道德经〉》，他关于基本粒子的波粒二象性理论，是受到老子对立互补思想影响并将其运用于科研领域而开出的现代文明之花。他进而将互补理论发展成为互补哲学，应用于学科之间的互补与综合，为人们提供了一种更为客观的观察和分析问题的方法。他更将互补理论拓展到民族文化领域，强调民族之间、文化之间的互补性。他顶着巨大的压力，针锋相对地否定当时纳粹所鼓吹的“雅利安人种文化优越论”，阐明人类不同民族文化之间的平等与互补，体现出了一个科学家的勇气和良知。

又如，理性知识和理性思维活动是西方科学研究的重要部分，但这并非科学研究的全部。理性和非理性思维活动都不可或缺，直觉思维和顿悟、灵感这些非理性的方法同样也会给予科学家新的领悟，并使他们富有创造性。在这方面，卡普拉这位卓越的美国物理学家的观点具有启示意义。

卡普拉从世界观的高度来看待道家思想等中国传统思想的借鉴意义。他认为，“笛卡尔、牛顿以来，我们的文化就一直被推理知识、客观性、定量概念所困扰，致使我们在对待人的价值和人的经验上常感到不保险”，过分强调科学方法，强调理性的、分析的思维方式“已经形成了一种根深蒂固的反生态的态度”，因此，应当从世界观的层面进行转变。他在《转折点：科学·社会·兴起中的新文化》一书中指出：“物理学已发生了数次观念革命，它们清楚地揭示了机械论世界观的局限性，并且走向有机的、生态的世界观。”他明确地指出“道家提供了最深刻和最美妙的生态智慧”，揭示了道家智慧对于西方“根深蒂固的反生态的态度”所具有的警示意义。

耗散结构理论创始人普里戈金亦从东西方文化互鉴、互补的立场强调理性思维与直觉思维相结合的重要性。他多次强调，应当将西方传统的实验和定量方法与中国传统自发的自组织的世界观结合起来。

西方科学家的这些观点揭示出以“无为”“静观”“顿悟”为特色的中国传统直觉致思方式对于西方理性思维、定量方法的补充意义。我们知道，老子的对立统一等思想不是通过科学实验发现的，也没有逻辑推导的过程，而是以经验或直觉的方式获得的。老子认为，通过言说、分析、推理等方法无法体认大道，而只能通过“致虚守静”、向内反求、直觉体认的方法来领悟和把握“道”。这是一种无法依赖感官、不能借助于逻辑推理的内向直觉体悟的认知方法。因此，一味地崇拜西方理性知识或非此即彼、逻辑分析的思维方式，而对中国文化传统中的“虚静”“内观”“顿悟”等非理性智慧妄自菲薄甚至粗暴地否定和排斥，显然是不可取的。

一方面，我们固然需要学习和吸收西方的科学知识和理性思维方式；另一方面，我们也决不可对中国先贤的无为、直觉、顿悟等非理性智慧弃之不顾。将二者结合，实现东西方文化的互补，才是明智的态度。

同时，我们也应当看到，道家思想在西方绽放异彩，离不开现代科技和理论的深厚土壤以及有识之士兼收并蓄的博大胸怀。玻尔、普里戈金、卡普拉等科学家对道家思想的吸收是建立在西方已有科学理论、方法和现代科学技术发展基础之上的。同样，分析心理学、人本心理学、超个人心理学等流派也是西方科学心理学和科学技术进一步发展的产物，是在科学心理学充分发育之后再对其缺陷进行反思的结果。因此，这是一个否定之否定的发展过程，是经过科学洗礼的文明发展链条上新的一环，他们对道家思想的借鉴和吸收是在更高层面上的博采众长。

诚然，由于社会、文化等诸多因素的差异，西方人士对于道家的理解和诠释不可避免地存在着局限性，有的认识甚至还很偏颇。例如，汤因比一方面推崇道家思想的现代价值，另一方面也指责说："道家肤浅地忽视了社会道德的理想……它对社会则是不负责任的。然而，正是由于不切实际，道家学说才在中国影响久远。作为与中国思想中占主导地位的实用倾向进行抗衡的力量，道家学说有着自身的天地和社会对它的需求。"显然，认为道家"忽视了社会道德的理想""对社会不负责任"等评价不符合历史事实①，是对道家伦理思想及其关注政治、关注民生的责任意识缺乏了解而产生的偏见。

对于这些偏见，我们应予以澄清，但由此也更可看到中学西传过程中的复杂和艰辛。乐黛云先生曾指出，18 世纪的伏尔泰、莱布尼茨等西方文化精英从中国文化中汲取灵感和启迪，"是一个十分复杂的过程，包括误读、改写、吸收和重建"。同样，在 20 世纪，"道学西用"也是一个"包括误读、改写、吸收和重建"的复杂过程。道家思想和现代西学代表着人类认识发展的不同阶段，属于不同的文化传统，不能等量齐观，更不应产生"古已有之"之类的盲目自大。

因此，我们今天研究"道学西用"，绝非要简单地回到道家道教或对本土文化盲目自大，而是应当站在文明互鉴的高度上，在比较和澄明中西文化的"同中之异"与"异中之同"的基础上，借鉴"道学西用"的经验和相关理论及方法，清醒地认识"道学西用"过程中的"误读、改写、吸收和重建"，厘清原典的本来意涵与现代诠释之间的联系与区别，为道学现代文明之花的绽放开垦沃土，浇灌营养。

尤其值得我们思考的是，如何总结这些融会东西文化的经验进

① 关于这方面的内容，可参见吕锡琛：《善政的追寻：道家治道及其践行研究》，北京：人民出版社 2014 年，第 475—500 页。

而借鉴其成果？因为这些成果经过了现代科学的洗礼和哺育，蕴含不少合理的思想和研究方法，吸收和运用这些思想、理论和方法，对道家思想进行现代诠释，有助于我们从现代科学的新视角审视这一落满了历史尘埃的学术资源，拨开笼罩在道家修炼活动之上的神秘迷雾。例如，道教内丹心性修炼方法对于身心健康具有重要作用，但其中的理论、概念往往只可意会，不可言传，其操作方法和程序难以掌握，其作用机理不易解释。借鉴现代西方心理治疗学的理论和方法可能有助于这些修炼理论和方法的现代转型和操作、普及；借助现代心理学的手段对其调治效果进行测评，其中的功效或将更具有实证意义；借鉴荣格的“潜意识”等现代心理学理论来解读道家“致虚守静”“心斋”“坐忘”等心性修炼方法，或通过脑波检测仪器对其开展相关实验，获得定量分析数据和实证结果，可沟通道学心性修炼与现代西方心理学，有助于揭示道家养生智慧和心性修炼的内在机理。在中西文化互鉴的视角下，道家智慧与当代科学理论和相关知识体系有望有机地结合，道家思想这一古老的学术资源可焕发出新的生机，从而更有效地调治现代人类的心理问题，开发人类的潜能。

又如，老子与哈耶克虽然都认识到理性和知识的局限性，但老子的时代和《老子》的文体等因素决定其对此缺乏理论论证和阐发，而哈耶克的“默会知识”“必然无知”等概念背后则有一套完整的理论，他对于人类理性之局限性的分析是建立在深厚的理论论证之上的。吸收这些理论，有助于我们更深刻地理解老子“自见者不明，自是者不彰”“不自见故明，不自是故彰”等箴言的意义，在中西方文化互融、互鉴的开阔视野中认识人类理性的局限性，从而在进行决策时更为谨慎小心，广采博纳，融会东西。

我们还应看到，中西方文化互融、互鉴的意义绝不限于某些具体学科领域，更可以修正西方现代社会的身心二元、人类与自然对立、自我中心等错误理念。在这些问题上，西方文化存在着先天不足的问题。西方哲学从古希腊时代即充斥了主客对立、人我对立、人与自然的对立，“现代西方思想家（即使是非理性的思想家）理论仍包含着这种对立观。东方思想的种子，恰恰可以在西方思想的抛荒地上生根发芽”①。

同样，西方科学家所创建的中西融汇成果亦可为我所用。例如，普里戈金吸收道家思想智慧创建的耗散结构理论，就被不少中国人借鉴运用到党建、思想教育、企业管理、经济学甚至建筑工程等多个领域之中；吸收了道家智慧的分析心理学、人本心理学、超个人心理学等心理学理论和心理治疗方法，亦被应用于中国的心理学理论建构和心理治疗的实践当中。这一切，都展现出中西文化互鉴、互动、互补、互融带来的现代文化发展的光明前景。

今天，我们正在致力于推动中华文化更好地走向世界。但不少人似乎还未注意到，道家思想早已在西方有识之士的接引下而扎根于异国他乡，进而开出了现代文明之花，更结出了中西文化嫁接的硕果，这让我们自豪、自信，更激励我们自省和奋进！

道家是中国的，更是世界的。西方学者吸收、应用道家思想的事实有力地证明：道家思想中蕴含的有机整体思维模式、对立统一的方法论、虚静默会的认知方法等思想智慧有助于为西方科学研究提供独特的观察视角、思维方式和认知路径；正反相因、抱朴守真等处世智慧有助于为充满焦虑和不安的现代人类构建安顿心灵的精神家园；尊道贵德重生、性命双修的生命整体观和身、心、灵互动的养生方法，有助于弥补西方主流医学的短板，促进人类的整体健康；自然无为、谦下包容、和谐弃争等行为原则更是缓和冲突、协调人际、优化性格的良方。在全球冲突加剧的今天，这些智慧更加凸显出独特的救世价值。

① 周生春、王诗宗：《整合是否可能——老子与玻尔认识论思想异同析》，《自然辩证法通讯》1995年第6期，第17—24页。

当前，人类又一次面临着巨大的生存危机，冲突加剧，硝烟四起，生灵涂炭，核战争的阴云笼罩着全球！荣格、卡普拉、汤因比等有识之士在上个世纪对人类发出的警告以及吸收道学精华以救世的呼吁在今天更加振聋发聩！倡导贵和反战、兼容并包的道家思想有助于世界缓和冲突、找到共存共荣、构建命运共同体的最大公约数，人类比任何时候都更需要弘扬道学精华以扶危解难！

从我们自身来说，总结和借鉴“道学西用”之经验和启示，有助于中国学人更好地反思、拓展中国哲学研究的方法和向度，深化中国优秀传统文化的“双创”工作，推动中华传统智慧的当代表达和世界表达，促进中西文明的互鉴与平等交流。

我们期待中西方有识之士同心协力，续接和拓展 20 世纪道学西用的精彩乐章，让道学思想精华“活起来”，“火起来”，结出更多现代文明之果，创建中西文化融合互补的新辉煌！

参考文献

一、中文著作

1. 郭庆藩：《庄子集释》，中华书局 1982 年。

2. 陈鼓应：《老子注译及评介》，中华书局 1984 年。

3. 刘笑敢：《老子古今》，中国社会科学出版社 2006 年。

4. 陈鼓应：《庄子今注今译》，中华书局 2016 年。

5. 胡孚琛主编：《中华道教大辞典》，中国社会科学出版社 1995 年。

6. 卿希泰、詹石窗：《中国道教思想史》，人民出版社 2009 年。

7. 任继愈主编：《中国道教史》，上海人民出版社 1990 年。

8. 胡孚琛、吕锡琛：《道学通论》，社会科学文献出版社 2004 年。

9. 胡孚琛：《道教与丹道》，中央编译出版社 2008 年。

10. 冯友兰：《中国哲学史新编》，人民出版社 1988 年。

11. 朱越利：《道经总论》，辽宁教育出版社 1991 年。

12. 张汝伦：《现代西方哲学十五讲》，北京大学出版社 2003 年。

13. 楼宇烈、张西平：《中外哲学交流史》，湖南教育出版社 1998 年。

14. 朱谦之：《中国哲学对欧洲的影响》，河北人民出版社 1999 年。

15. 赵敦华：《现代西方哲学新编》，北京大学出版社 2001 年。

16. 刘放桐等编：《现代西方哲学》（修订本），人民出版社 1990

年。

17. 谢庆绵主编：《现代西方哲学评介》，厦门大学出版社 1989 年。

18. 万俊人：《现代西方伦理学史》，北京大学出版社 1990 年。

19. 张祥龙：《海德格尔思想与中国天道》，三联书店 1996 年。

20. 那薇：《道家与海德格尔相互诠释》，商务印书馆 2004 年。

21. 张世英：《天人之际——中西哲学的困惑与选择》，人民出版社 1995 年。

22. 葛荣晋主编：《道家文化与现代文明》，中国人民大学出版社 1991 年。

23. 江光荣：《人性的迷失与复归：罗杰斯的人本心理学》，湖北教育出版社 2000 年。

24. 辛红娟：《〈道德经〉在英语世界：文本行旅与世界想像》，上海译文出版社 2008 年。

25. 董光璧：《当代新道家》，华夏出版社 1991 年。

26. 刘笑敢 ：《诠释与定向——中国哲学研究方法之探究》，商务印书馆 2009 年。

27. 洪汉鼎主编：《理解与解释——诠释学经典文选》，东方出版社 2001 年。

28. 石元康：《自发的秩序与无为而治》，《国际中国哲学研讨会论文集》，1986 年。

29. 邓正来：《规则、秩序、无知——关于哈耶克自由主义的研究》，三联书店 2004 年。

30. 谈敏：《法国重农学派学说的中国渊源》，上海人民出版社 1992 年。

31. 宛樵、吴宇辉：《亚当·斯密与〈国富论〉》，吉林大学出版社 1986 年。

32. 石元康：《当代西方自由主义理论》，上海三联书店 1997 年。

33. 王国忠：《李约瑟与中国》，上海科学普及出版社 1992 年。

34. 何兆武：《本土和域外——读李约瑟〈中国科学思想史〉》，《西方哲学精神》，清华大学出版社 2002 年。

35. 湛垦华、沈小峰编：《普利高津与耗散结构理论》，陕西科学技术出版社 1982 年。

36. 汪新建：《西方心理治疗范式的转换及其整合》，天津人民出版社 2003 年。

37. 蔡元培：《新教育与旧教育之歧点》，人民大学出版社 1983 年。

38. 钟启泉、黄志成：《美国教学论流派》，陕西人民教育出版社 1993 年。

39. 吴杰主编：《外国现代主要教育流派》，吉林教育出版社 1989 年。

40. 车文博：《人本主义心理学》，浙江教育出版社 2003 年。

41. 劳思光：《关于中国哲学研究的几点意见》，载刘笑敢主编：《中国哲学与文化》第一辑“反向格义与全球哲学”，广西师范大学出版社 2007 年。

42. 申荷永：《荣格与分析心理学》，广东高等教育出版社 2004 年。

43. 刘大椿：《科学活动论 互补方法论》，广西师范大学出版社 2002 年。

44. ［美］邰谧侠：《〈老子〉译本总目：全球老学要览》，南开大学出版社 2022 年。

45. 武志勇、甘莅豪：《老子思想域外传播研究》，商务印书馆 2023 年。

46. 钟玲：《史耐德与中国文化》，首都师范大学出版社 2006 年。

二、中译文献

1. ［德］莱因哈德·梅依著，张志强译：《海德格尔与东亚思想》，中国社会科学出版社 2003 年。

2. ［瑞士］荣格著，刘国彬、杨德友译：《荣格自传》，上海三联书店 2009 年。

3. ［瑞士］荣格著，黄奇铭译：《现代灵魂的自我拯救》，工人出版社 1987 年。

4. ［德］卫礼贤、［瑞士］荣格著，通山译：《金华养生秘旨与分析心理学》，东方出版社 1993 年。

5. ［美］马斯洛著，林方译：《人性能达的境界》，昆明：云南人民出版社 1987 年。

6. ［美］马斯洛著，李文湉译：《存在心理学探索》，云南人民出版社 1987 年。

7. ［美］马斯洛著，邵威等译：《科学与科学家的心理》，北京大学出版社 1989 年。

8. ［日］铃木大拙、［美］弗洛姆著，洪修平译：《禅宗与精神分析》，辽宁教育出版社 1988 年。

9. ［美］弗兰克·戈布尔著，吕明、陈红雯译：《第三思潮——马斯洛心理学》，上海译文出版社 1987 年。

10. ［美］马斯洛、罗杰斯等著，林方主编：《人的潜能和价值》，华夏出版社 1987 年。

11. ［美］爱德华·霍夫曼编，许金声译：《洞察未来：马斯洛未发表过的文章》，改革出版社 1998 年。

12. ［美］霍夫曼著，许金声译：《做人的权利：马斯洛传》，改革出版社 1998 年。

13. ［美］夏洛特·布勒等著，陈宝铠译：《人本主义心理学导论》，华夏出版社 1990 年。

14. ［美］Barry A. Farber，Debora C. Brink，Patricia M. Raskin 主编，郑钢等译：《罗杰斯心理治疗——经典个案及专家点评》，中国轻工业出版社 2006 年。

15. ［美］罗杰斯著，李绍昆主编，杨广学、尤娜、潘福勤等译：《个人形成论——我的心理治疗观》，中国人民大学出版社 2004 年。

16. ［美］约翰逊、克尔兹著，张新立译：《道德经与心理治疗》，中国轻工业出版社 2004 年。

17. ［美］李绍昆编：《精神学研究》第一辑，台湾商务印书馆 1998 年。

18. ［瑞士］方迪著，尚衡译：《微精神分析学》，北京：生活·读书·新知三联书店 1993 年。

19. ［日］铃木大拙、［美］弗洛姆、［美］德马蒂诺著，洪修平译：《禅宗与精神分析》，辽宁教育出版社 1988 年。

20. ［美］弗洛姆著，欧阳谦译：《健全的社会》，中国文联出版公司 1988 年。

21. ［美］古尔德著，常晓玲等译：《弗兰克尔：意义与人生》，北京：中国轻工业出版社 2000 年。

22. ［奥］弗兰克著，游恒山译：《生存的理由》，台湾远流出版事业公司 1991 年。

23. ［奥］弗兰克著，赵可式、沈锦惠译：《从集中营说到存在主义——活出意义来》，台湾光启出版社 1987 年。

24. ［美］T. H. 黎黑著，刘恩久等译：《心理学史》，上海译文出版社 1990 年。

25. ［德］库尔特·考夫卡著，黎炜译：《格式塔心理学原理》，浙江教育出版社 1997 出版 。

26. ［美］Wayne Viney，D. Brett King：《心理学史：观点与背景》，北京大学出版社 2005 年，英文影印版。

27. ［美］布伦南：《心理学的历史与体系》，北京大学出版社 2004 年，英文影印版。

28. ［美］李绍昆：《美国的心理学界》，商务印书馆 2000 年。

29. ［加］李安德著，若水译：《超个人心理学》，桂冠图书公司 1998 年。

30. ［美］杜·舒尔茨著，杨立能等译：《现代心理学史》，人民教育出版社 1981 年。

31. ［德］埃利希·诺伊曼著，高宪田、黄水云译：《深度心理学与新道德》，东方出版社 1998 年。

32. ［瑞士］F. 弗尔达姆著，刘韵涵译：《荣格心理学导论》，辽宁人民出版社 1988 年。

33. ［美］卡尔文·S. 霍尔、沃农·J. 诺德拜著，张月译：《荣格心理学纲要》，黄河文艺出版社 1987 年。

34. ［美］路格· 阿伯罕著，廖瑞雯译：《人生黑暗面》，伊犁人民出版社 1998 年。

35. ［美］罗森著，申荷永等译：《荣格之道：整合之路》，中国社会科学出版社 2003 年。

36. ［德］胡塞尔著，倪梁康编：《胡塞尔选集》，上海三联书店 1997 年。

37. ［法］萨特著，陈宣良等译：《存在与虚无》，生活·读书·新知三联书店，1987 年。

38. ［法］萨特著，周煦良、汤永宽译：《存在主义是一种人道主义》，上海译文出版社 1988 年。

39. ［德］海德格尔著，陈嘉映、王庆节译：《存在与时间》，三联书店 1999 年。

40. ［美］罗森著，申荷永等译：《荣格之道：整合之路》，中国社会科学出版社 2003 年。

41. ［德］尼采著，张念东、凌素心译：《权力意志》，商务印书馆，1991 年。

42. ［法］柏格森著，刘放桐译：《形而上学导言》，商务印书馆 1963 年。

43. ［比］普里戈金、［法］斯唐热著，曾庆宏、沈小峰译：《从混沌到有序：人与自然的新对话》，上海译文出版社 2005 年。

44. ［英］怀特海著，杨富斌译：《过程与实在：宇宙论研究》，中国城市出版社 2003 年。

45. ［英］阿诺德·汤因比著，徐波、徐钧尧、龚晓庄等译：《人类与大地母亲》，上海人民出版社 1992 年。

46. ［美］弗·卡普拉著，冯禹、向世陵、黎云编译：《转折点：科学·社会·兴起中的新文化》，中国人民大学出版社 1989 年。

47. ［美］肯尼思·克洛克、琼·戈德史密斯：《管理的终结》，中信出版社 2004 年。

48. ［德］利奇温著，朱杰勤译：《十八世纪中国与欧洲文化的接触》，商务印书馆 1962 年。

49. ［英］约翰·霍布森：《西方文明的东方起源》，山东画报出版社 2009 年。

50. ［法］魁奈著，谈敏译：《中华帝国的专制制度》，商务印书馆 2018 年。

51. ［法］魁奈著，吴斐丹、张草纫选译：《魁奈经济著作选集》，商务印书馆 2011 年。

52.. ［英］G. F. 赫德逊著，李申、王遵仲、张毅译：《欧洲与中国》，中华书局 2004 年。

53. ［英］埃里克·罗尔著，陆元诚译：《经济思想史》，商务印书馆 1981 年。

54. ［英］李约瑟著，何兆武等译：《中国科学技术史·科学思想史》，科学出版社、上海古籍出版社 1990 年。

55. ［法］杜阁，南开大学经济系经济学院教研组译：《关于财富的形成和分配的考察》商务印书馆 1961 年。

56. ［英］亚当·斯密：《国民财富的性质和原因的研究》上卷，商务印书馆 1972 年。

57. ［英］哈耶克著，邓正来译：《自由秩序原理》，生活·读书·新知三联书店 1997 年。

58. ［英］哈耶克著，冯克利等译：《致命的自负》，中国社会科学出版社 2000 年。

59. ［英］哈耶克：《法律、立法与自由》（第一卷），中国大百科全书出版社 2000 年。

60. ［丹麦］D. 否尔霍耳特著，戈革译：《尼耳斯·玻尔的哲学背景》，科学出版社 1993 年。

61. ［丹麦］N. 玻尔著，戈革译：《尼耳斯·玻尔哲学文选》，商务印书馆 1999 年。

62. 普里戈金，曾庆宏等译：《从存在到演化》，北京大学出版社 2007 年。

63. ［瑞士］卡尔·古斯塔夫·荣格著，王永生等译：《荣格文集》，国际文化出版公司 2012 年。

64. ［德］伯特·海灵格著，叶劲廷译：《活出内在的力量》，广东经济出版社 2011 年。

65. ［德］伯特· 海灵格著，陈丽芬译：《这一生为何而来——海灵格自传·访谈录》，广东经济出版社 2012 年。

66. ［德］伯特·海灵格著，张虹桥译：《谁在我家——海灵格家庭系统排列》，世界图书出版公司 2003 年。

67. ［德］伯特·海灵格著，霍宝莲译：《心灵活泉》，广东经济出版社 2011 年。

68. ［德］伯特·海灵格著，张钧雯、林逸柔译：《再见耶稣》，世界图书出版公司 2012 年。

69. ［德］伯特·海灵格著，蔡凯文译：《成功的人生——系统排列中的隐秘力量》，世界图书出版公司 2012 年。

70. ［美］克里希那南达、阿曼娜著，方志华等译：《拥抱你的内在小孩》，漓江出版社 2011 年。

71. 杨鑫辉主编：《心理技术应用研究》第 2 辑，河海大学出版社 2003 年。

72. ［美］罗杰斯：《当事人中心治疗——实践、运用和理论》，中国人民大学出版社 2013 年。

73. ［美］罗杰斯、弗赖伯格著，王烨晖译：《自由学习》，人民邮电出版社 2015 年。

74. ［美］罗杰斯著，刘毅、钟华译：《罗杰斯著作精粹》，中国人民大学出版社 2006 年。

75. ［美］韦恩·戴尔著，王强、刘飒译：《改变思想，改变生活——老子智慧的现代启迪》，天津科技翻译出版公司 2009 年。

76. ［英］李约瑟著，张卜天译：《文明的滴定》，商务印书馆 2017 年。

77. ［荷兰］彼得·李伯庚：《欧洲文化史》（下卷），上海社会科学院出版社 2004 年。

78. ［美］李晨阳：《道与西方的相遇：中西比较哲学重要问题研究》，中国人民大学出版社 2005 年。

79. ［荷兰］许理和著，张海燕译：《东西方的老子观》，《国外社会科学》1993 年第 9 期。

80. ［美］凯文·凯利著，张行舟等译：《失控：全人类的最终命运和结局》，电子工业出版社 2016 年。

81. ［美］安乐哲著，彭国翔编译：《自我的圆成：中西互镜下的古典儒学与道家》，河北人民出版社 2006 年。

82. ［美］郝大维、安乐哲著，施忠连等译：《期望中国：中西哲学文化比较》，学林出版社 2005 年。

83. ［美］安乐哲、郝大维著，何金俐译：《道不远人：比较哲学视域中的〈老子〉》，学苑出版社 2004 年。

84. 张世英：《中西哲学对话：不同而相通》，东方出版中心 2020 年。

三、英文参考文献

1. David Boaz, *Libertarianism: a Primer* (New York: Free Press, 1997).

2. James Behuniak, "Two Challenges to Market Daoism," in *Value and Values: Economics and Justice in an Age of Global Interdependence*, eds. Roger Ames, Peter D. Hershock (Honolulu: University of Hawai' I Press, 2015).

3. Aleksandar Stamatov, "The Laozi and Anarchism," *Asian Philosophy* 24, no. 3 (2014).

4. Ken McCormick, "The Tao of Laissez-Fair," *Eastern Economic Journal* 15, no. 3 (1999).

5. Alex Feldt, "Governing Through the Dao: A Non-Anarchistic Interpretation of the Laozi," *Dao: A Journal of Comparative Philosophy* 9, no. 3 (2010).

6. William Hongsong Wang, Javier Carames Sanches, "A Primary Comparative Analysis and Integration of the Hayekian-Laozian Theories of Knowledge, Market Process, and Law," *Procesos de Mercado: Revista Europea de Economia Politica* 16, no. 2 (2019).

7. Friedrich Hayek, *Law, Legislation and Liberty, Vo*1 (Chicago: The University of Chicago Press, 1973).

8. Cameron Sinsheimer, "The Call is Coming From Inside the House: Chinese Classical Liberalism Eats its Own Tail," *New York University Journal of Law & Liberty* 12, no. 3 (2019).

9. Matthieu B. Agustoni, "The Laozi and Anarchism," *Dao: A Journal of Comparative Philosophy* 22, no. 1 (2023).

10. James Behuniak, "Two Challenges to Market Daoism," in *Value and Values: Economics and Justice in an Age of Global Interdependence*, eds. Roger Ames, Peter D. Hershock (Honolulu: University of Hawai' i

Press, 2015).

11. George Hong Jiang, The Imperial Mode of China: *An Analytic Reconstruction of Chinese Economic History* (London: Palgrave Macmillan, 2023).

12. Robert E. Allinson, "Complementarity as a Model for East-West Integrative Philosophy," *Journal of Chinese Philosophy* 25, no. 4 (1998).

13 . Keekok Lee, "Bohr, Quantum Physics and the Laozi," *Australasian Philosophical Review* 1, no. 3 (2017).

14. Bart Van Steenberge, "Influence of the East on the Cultural Renewal of the West," *Futures* 12, no. 4 (1989).

15. Themistoklis Xanthopoulos, "Preface," in *Is the Future Given*? By Ilya Prigogine (New Jersey: World Scientific, 2003).

16. Cai Juemin, "A False Dao? Popular Daoism in America," *Journal of Daoist Studies* 01, (2020).

17. Craig E. Johnson, "The Tao of Personal Leadership," review of *The Tao of Personal Leadership*, by Diane Dreher, *Journal of Leadership Studies* 3, no. 4 (1996).

18. James A. Autry and Stephen Mitchell, *Real Power*: *Business Lessons from the Tao Te Ching* (New York: Riverhead Books, 1998).

19. Liangrong Zu, *Responsible and Sustainable Business*: *The Taoism' s Perspective* (Springer Nature Switzerland AG, 2022).

20. Thomas Watters, *Lao - tze*: *A Study in Chinese Philosophy* (HongKong: "China Mall" Office, 1870).

21. James Legge, "The Tao Teh King," *British Quarterly Review* LXXVIII, no. 78 (1883).

22. Kuan Chen Tsai, "Lead the Way: Tao of Leadership," *Oriental Journal of Social Sciences* 1, no. 1 (2012).

23. S. M. Herman, *The Tao at Work*: *on Leading and Following* (San

Francisco: Jossey-Bass Publishers, 1994).

24. Brian J. Ford, "Cellular Intelligence: Microphenomenology and the Realities of Being," *Progress in Biophysics & Molecular Biology* 131, (2017).

25. Paul Carus, *Lao Tzes's Tao Teh Ching* (Chicago: the Open Court Publishing Company, 1898).

26. Arran Gare, "Chreods, homeorhesis and biofields: Finding the right path for science through Daoism," *Progress in Biophysics & Molecular Biology* 131, (2017).

27. John Heider, *The Tao of Leadership: Lao Tzu's Tao Te Ching Adapted for a New Age* (Atlanta: Humanics Limited, 1985).

28. L. J. Bourgeois, Serge Eygenson, and Kanokrat Namasondhi, *The Tao of Strategy: How Seven Eastern Philosophies Help Solve Twenty-First-Century Business Challenges* (Charlottesville: University of Virginia Press, 2021).

29. Thomas Thakadipuram, *The Quest for Wholeness: An Inquiry into Spiritual Leaders' Lived Experience* [D] (University of St. Thomas-Minnesota, 2009).

30. Richard Wilhelm, *The Secret of the Golden Flower: A Chinese Book of Life* (New York: Routledge, 2013).

31. Satinder Dhiman and Mark Kriger, "Eastern Approaches to Organizational Well-Being: Ontological Levels of Leadership," in *The Palgrave Handbook of Workplace Spirituality and Fulfillment*, eds. Dhiman, Satinder, Gary Roberts, and Joanna Crossman (New York: Palgrave Macmillan Cham, 2018).

32. Mark M. Schaefer, *The Tao of Twitter* (Creater Space, 2011).

33. Jesse S. Bettinger and Timothy E. Eastman, "Foundations of anticipatory logic in biology and physics," *Progress in Biophysics & Molecular*

Biology 131, (2017).

34. Stephen, Mitchell, *Tao Te Ching: A New English Version* (New York: Harper Perennial, 1990).

35. J. J. Clarke, *The Tao of the West: Western Transformations of Taoist Thought* (London: Routledge, 2000).

36. R. L. Wing, *The Tao of Power: Lao Tzu's Classic Guide to Leadership, Influence, and Excellence* (London: Aquarian Press, 1986) .

37. Mary Buffett, David Clark, *The Tao of Warren Buffett: Warren Buffett's Words of Wisdom* (Scribner, 2006).

38. Vlado Dimovski , Sandra Penger, Judith Peterlin, et al, "Entrepreneurial Leadership in The Daoist Framework," *Journal of Enterprising Culture* 21, no. 04 (2013).

39. Bob Davids, Brian M. Carney, Isaac Getz, *Leadership without Ego* (London: Palgrave Macmillan, 2019).

40. Diane E. Dreher, "Leading with the Tao: the energizing power of respect," *Learning Organization An International Journal* 9, no. 5 (2002).

41. Alicia Hennig, "Daoism in Management," *Philosophy of Management* 16, no. 05 (2017).

42. John T. Opincar, "Exploring Ethical Intelligence Through Ancient Wisdom and the Lived Experiences of Senior Business Leaders" (PhD diss. Universiy of Phoenix, 2012).

43. Bob Messing, *The Tao of Management: An Age Old Study for New Age Managers* (Green Dragon Books, 1988).

44. Michael Archer, "The Tao of Pooh—a philosophy that changed my practice," *British Medical Journal* (International Edition) (2004).

45. Alex Galvin, The Tao of Wealth and Prosperity: Block out the noise and find your financial centre (Great Britain: Rethink Press, 2021).

46. Kelly McGonigal, *The Tao of Influence: Ancient Wisdom for Modern Leaders and Entrepreneurs* (Florida: Mango Publishing, 2020).

四、中文报刊

1. [德] 卜松山著，赵妙根译：《时代精神的玩偶——对西方接受道家思想的评述》，《哲学研究》1998 年第 7 期。

2. 刘笑敢：《道家，花开他乡》，《光明日报》2007 年 01 月 18 日。

3. 杨富斌：《怀特海过程哲学思想述评》，《国外社会科学》2003 年第 4 期。

4. 王治河：《过程哲学：一个有待发掘的思想宝库 》，《求是学刊》2007 年第 4 期。

5. 刘翔平：《论西方心理学的两大方法论》，《心理学报》1991 年第 3 期。

6. 许苏民《论莱布尼茨的中西哲学比较研究》，《福建论坛 》2014 年第 6 期。

7. [德] R. 艾尔伯菲特著，朱锦良译：《德国哲学对老子的接受——通往“重演”的知识》，《世界哲学》2010 年第 6 期。

8. 曹街京：《海德格尔与老子思想》，2001 年在“北京大学—香港大学现象学讨论会”的报告，载于“爱思想”网站。

9. 李雪涛：《论德国哲学家雅斯贝尔斯对老子的认识》，《国际汉学》2012 年第 2 期。

10. 莫善钊：《台湾、港澳〈老子〉研究》，《哲学动态》1985 年第 11 期。

11. 高陆：《梅纽因与老子》，《音乐世界》1982 年第 11 期。

12. 王充闾：《庄子在西方》，《文化学刊》2013 年第 3 期。

13. 张平：《200 年前法国的中国文化热》，《外国史知识》1983 年第 8 期。

14. 谈敏：《重农学派经济学说中的中国渊源》，《经济研究》

1990 年第 6 期。

15. 耿兆锐：《法国重农学派视野里的中国形象》，《中国经济史研究》2015 年第 4 期。

16. ［英］L. Young：《市场之道：司马迁与看不见的手》，《太平洋经济评论》1996 年第 2 期。

17. 陈林林：《无为而治和自发秩序：历史的耦合与分殊》，《苏州大学学报》2010 年第 4 期。

18. 罗建国：《哈耶克“自生自发秩序”概念评析》，《武汉理工大学学报》2005 年第 2 期。

19. 韦森：《韦森：为什么要重读哈耶克》，《商周刊》2013 年第 25 期。

20. 沈湘平：《老子与哈耶克之自然秩序思想比较》，《齐鲁学刊》2001 年第 1 期。

21. 邓正来：《哈耶克方法论个人主义的研究》（上、中、下），《环球法律评论》2002 年第 2、3、4 期。

22. 束景南：《老子太极图与玻尔》，《书城杂志》1996 年第 2 期。

23. 李增智、动艳艳、孟湛祥等：《玻尔的并协原理与我国古代阴阳学说》，《物理与工程》2003 年第 2 期。

24. 戈革：《尼耳斯·玻尔与他的互补原理》，《自然辩证法通讯》，1987 年第 5 期。

25. 李约瑟：《中国科学传统的贫困与成就》，《科学与哲学》1982 年第 1 期。

26. 周瀚光：《李约瑟〈中国科学技术史·科学思想史〉述评》，《哲学研究》1994 年第 5 期。

27. ［美］席文：《研究中国经验中科学的下一步骤》，《科学史研究动态》1997 年第 7 期。

28. 董光璧：《当代新道家兴起的时代背景》，《自然辩证法通讯》1991 年第 2 期。

29. 普里戈金：《从存在到演化》，《自然杂志》1980 年第 1 期。

30. 李曙华：《演化与创造——普里戈金的科学自然观与历史观》，《复旦学报》1990 年第 4 期。

31. 马增彩：《罗杰斯“非指导性”教学的现代启示》，《天津市教科院学报》2002 年第 1 期。

32. 刘萍：《对罗杰斯“学生为中心”教学思想的再思考》，《江苏教育学院学报》2003 年第 3 期。

33. 豆宏建：《基于个人成长和自我实现的创造性——卡尔·罗杰斯的创造观》，《甘肃联合大学学报》2006 年第 4 期。

34. 吕锡琛：《试论道家哲学对人本心理学的影响》，《哲学研究》2003 年第 4 期.

35. 卜松山：《时代精神的玩偶——对西方接受道家思想的评述》，《哲学研究》1998 年第 7 期。

36. 陶宏斌、郭永玉：《现象学方法论与现代西方心理学》，《华东师范大学学报》，1997 年第 4 期。

37. 刘耀文：《从实证主义到现象学——两大方法论影响下的心理学》，《理论月刊》2005 年第 2 期。

38. 冯达：《老庄道家的批判精神》，《华东师范大学学报》2011 年第 3 期。

39. 陈嘉映：《谈谈阐释学中的几个常用概念》，《哲学研究》2020 年第 4 期。

40. 李翔海：《从中国哲学对启蒙时代欧洲的影响看“早期启蒙”说》，《江西社会科学》2015 年第 4 期。

41. 王为理：《论海德格尔哲学和禅宗相互诠释的可能性及其意义》，《华南师范大学学报》1996 年第 5 期。

42. 马钰滢、蒋述卓：《道家思想在美国的百年传播研究》，《东南学术》2023 年第 1 期。

43. 蔡觉敏：《以神秘主义为中心的科恩道教研究》，《中国道教》2020 年第 4 期。

44. 蔡觉敏：《全真、苦行、存思与道教身心观——苏德朴道教研究》，《生命哲学研究（总第 5 辑）》，商务印书馆 2023 年。

45. 蔡觉敏：《论美国之 Dao 与老庄自由精神》，《老学研究（第二辑）》，华夏出版社 2020 年。

后　记

《花开异域——20 世纪道学西用概论》即将付梓，心头百感交集！这一艰难的工作虽至今日方才完成，但却缘起于 42 年前。1982 年 1 月，我从湖南师范大学历史系毕业后分配到湘潭师范学院工作，学校安排我做该校科技史研究室主任周士一先生的助手，和当时的自学成才典型万里一道参与周先生主持的湖南省教委科研项目《周易参同契集注》的点校工作。这一项目受到英国著名中国科技史专家李约瑟的关注和赞扬，他特意邀请周先生赴剑桥大学李约瑟研究所开展为期半年的学术交流。周先生学贯中西，我作为他的助手，受益甚多！初识《周易参同契》这一被誉为“万古丹经王”的道教经典及诸家注释，后又参加全国“老子思想研讨会”等学术活动，我这个刚出校门的大学生逐渐认识到中国文化特别是道学文化的博大精深和现代价值，激励我从践行的层面和世界的视角来学习与研究道学文化，并相继出版了《论老子思想对贞观之治的影响》《道家、方士与王朝政治》等论文和专著。

1992 年，著名伦理学家曾钊新教授将我调入中南大学，参与他主持的伦理学博士点学科建设。曾老师建议我在原有基础上研究道家伦理思想这一长期被学界所忽略的课题。当时的中南大学以工科为主，不久，我就感到在此研究道家文化的艰难，不仅专业资料匮乏、缺少相关的学术氛围，更有不少人对道家道教存有误解，这让我一度陷入彷徨和苦闷之中。无奈之中，我尝试顺应环境，对自己的研究作些调整。于是，一些新的机缘出现在面前：学校注重应用和学科交叉的学术环境，为紧贴生活、实现学科交叉研究提供了契机：曾钊新教授勇于学科交叉并深入生活而创建道德心理学、伦理社会学的研究思路给我启迪；应邀参与湖南省监狱系统的道德与心理教育活动幸遇著名心理治疗家杨德森教授，了解并参与他创立的道家认知疗法，为我打开了道学与现代世界接轨的通道；我所在的政治学与行政管理学院的教研活动又促使我注重研究道学政治思想与管理智慧；人力资源管理和国学践行名家颜爱民教授邀我研究和讲授道家与企业管理更促使我努力践行道学精华。这一切，都成为我展开学科交叉研究、探索“道学今用”和“道学西用”的动力。

2006年6月，我应邀赴美参加哈佛大学费正清研究中心“道教在现代的发展”国际学术会议，后又在纽约法拉盛图书馆等文化机构作道家心理保健的讲学，受到欢迎。讲学期间，罗特格斯大学刘迅先生和一些听众告知，美国著名作家和教育家韦恩·戴尔正在美国公共广播电视台讲《道德经》，深受民众喜爱，让我颇受鼓舞。此后，我又相继在罗耀拉大学、圣约翰大学、桥港大学、世界中华文化艺术基金会、英国威尔士大学等机构讲《道德经》和道学养生，均收到较好的效果。西方人士对道学的喜爱让我深受感动，也更加深切地体悟到道学所具有的世界意义，激励我进一步从世界看中国文化、从中西文化融通互鉴的视角研究道家道教。

回首往事，一切看似随缘而动，自然而为，实则皆为展开“道学西用”研究的增上缘。

2010年，我主持完成国家社会科学研究项目“道学与西方心理治疗学的互动研究”，探究西方的分析心理学、人本心理学等心理学流派对道家的吸收应用及其社会文化背景与启示，得到评审专家的肯定。曾于2008年出版的《道学健心智慧：道学与西方心理治疗学的互动研究》一书由中国社会科学出版社出版后亦收到不错的反聘，增加了我进一步研究道学西用并拓展视域的信心。我于2015年申报并获批“20世纪道学西用回顾及借力弘道之策略研究”国家社科项目。本课题近六年完成，评审专家经大半年的认真审阅，给予高度肯定并提出了中肯的修改意见。本人又历时两年对书稿加以修改和完善，拙作即是八年艰辛研究的主要成果。

全书的整体框架和基本思路由我设计，具体分工情况如下，吕锡琛：引言，绪论，第一、二、三、五、六、七、八、九、十三章，结语；Daniel Sarafinas、吕锡琛：第四章；肖兵：第十章；杨杰：第十一章；蔡觉敏：第十二章；最后由我对全书进行统稿和修改。我的外文不好，做得非常辛苦，幸亏我的留学生、现为华东师范大学哲学系副研究员的Daniel Sarafinas帮我查找英文资料，并更正书中英文资料的一些错漏之处；天津外国语大学国际传媒学院的蔡觉敏副教授虽出身中文专业，但英文功底甚深，为我提供不少英文资料，我还多次就书中的一些汉译或英译问题向她和Daniel Sarafinas请教。有时，我们会围绕某个字词的翻译反复讨论，蔡老师还曾就相关问题请教南开大学“全球老学研究中心”主任郃谧侠（Misha Tadd）先生，让我非常感动。可以说，本书展现了集体的智慧。

20世纪90年代后期，我在学术会议上拜见著名学者何兆武教授并向他讨教，他是李约瑟主撰的《中国科学技术史·科学思想史》一书的主要翻译者，得知我在研究道家与中国古代政治并关注李约瑟与道家这些课题，特意寄赠他亲笔题签的《科学思想史》，这是我在研究时经常翻阅的重要参考文献，捧读大作，如见故人，心中涌起无限感慨和感激！

本课题研究期间，在中南大学相关部门的支持下，由笔者牵头成立了中南大学道学国际传播研究院，虽因多种原因而今不复存在，但研究院曾开展道学国际交流和传播活动，为本课题的深入研究赋能。因此，本书也是向迄今国内唯一曾经存在的道学国际传播研究院提交的迟到的总结和成果。

本课题得到国家社科基金办公室、湖南省社科基金办公室、中南大学人文社科部、国际交流处、公共管理学院、哲学系的领导及同仁及道教界高道大德的支持；湖南省出版集团、岳麓书社和中南大学人文学院的领导对本书的出版予以了大力支持，责任编辑彭卫才等老师为本书的编辑出版付出了艰辛的努力。在此，特献上我的深切感激！

拙稿付梓，深感如释重负，但我却不敢说打下了句号。因为“道学西用”这一课题太宏大，太复杂，太艰难！凭着对中国优秀传统文化特别是道学文化的景仰和热爱，我们以微薄之力推开了这扇大门，还有更多胜景值得人们进一步探索，殷切期待更多高士大德探赜索隐，登堂入室，共同拓展和深入这一融会东西、文化互鉴的事业！

此时已进入龙年，在龙年的爆竹声中，我仰望苍穹，心中默默许愿：祈求老子的和平、智慧之光更多地温养中国龙，普照全世界。

吕锡琛

甲辰春节于梅溪湖寓所